Der Römische Limes

Wolfgang Moschek

Der Römische Limes

Eine Kultur- und Mentalitätsgeschichte

Kartoffeldruck-Verlag
Speyer 2011

Überarbeitete Fassung der Dissertation an der Universität Erfurt 2009

Die Deutsche Nationalbibliothek verzeichnet diese Publikation in der Deutschen Nationalbibliografie; detaillierte bibliografische Daten sind im Internet über http://dnb.d-nb.de abrufbar.

Layout, Satz, Umschlaggestaltung: grafik:stein – www.grafik-stein.de
Umschlagsfoto: Mauer des Hadrianswalls westlich des Sycamore Gap © Sonja Stein

Der Kartoffeldruck-Verlag publiziert - zum reinen Selbstkostenpreis - in kleiner Auflage Bücher insbesondere für Expertinnen und Experten in Altertumswissenschaft und Schule.

2011

www.kartoffeldruck-verlag.de
ISBN 978-3-939526-10-0

Inhaltsverzeichnis

Vorwort

Dies ist die korrigierte, um neue Literatur und neuere Forschungsergebnisse ergänzte und in einigen Teilen gekürzte und zusammengefasste Version meiner am 09.10.2008 in der Philosophischen Fakultät der Universität Erfurt eingereichten Dissertationsschrift mit dem Titel „Der Römische Limes – eine Untersuchung zur Kultur- und Mentalitätsgeschichtlichen Bedeutung der Bauwerke an den geographischen Enden des Römischen Reiches."

Besonderer Dank gilt meinen Doktorvater Prof. Dr. Kai Brodersen, ohne den diese Arbeit nie vollendet worden wäre. Ebenso Herr Prof. Dr. Veit Rosenberger, der mir mit kritischen und wichtigen Impulsen sehr geholfen hat. Dr. Detlev Mares (TU Darmstadt) für seine lange und immer wieder motivierende Zusammenarbeit gebührt gleichsam ein tiefer Dank. Die jahrelange Beschäftigung mit dem Limes und die immer wieder zu verschiedenen Gelegenheiten zur Diskussion gestellten Thesen brachten viele Ideen, Einzelheiten, Kritik und Hinweise von vielen Wissenschaftlern, die rund um die Römische Geschichte und den Limes forschen und arbeiten. Den vielen Kollegen aus der Archäologie, die ich auf den Fachkonferenzen treffen durfte und die meinen Fragen und Thesen kritisch und konstruktiv begegneten, sei an dieser Stelle gedankt – vor allem Dr. Mark Driessen (Universität Amsterdam) für seine konstruktive und inspirierende Zusammenarbeit.

Meiner Frau Sonja Stein danke ich nicht nur für das Text- und Grafikdesign dieser Arbeit, sondern auch für ihre Geduld und ihr Verständnis über eine lange Zeit, die es mir ermöglicht haben, mich so intensiv mit dem Thema Limes zu beschäftigen.

Widmen möchte ich diese Arbeit meinen Eltern Wolfgang und Margarethe.

1 Einleitung

τίς, ἔφη, ὅρος;

οἶμαι μέν, ἦν δ᾽ ἐγώ, τόνδε: μέχρι οὗ ἂν ἐθέλῃ αὐξομένη εἶναι μία,

μέχρι τούτου αὔξειν, πέρα δὲ μή.

„Welche Grenze meinst Du?“

„Ich meine folgende: soweit ein Staat wachsen kann, ohne die innere Einheit zu verlieren, soweit lasse man ihn wachsen, weiter nicht.“

Platon, politeia 4, 423b

In dieser Untersuchung soll eine Grenze fallen, um danach unter neuen Gesichtspunkten wieder aufgebaut zu werden. Der römische Limes – oder das, was man normalerweise damit in Verbindung bringt – ist ein aus scheinbar einleuchtenden Gründen gebautes Sperrwerk der römischen Antike, das neben archäologischen Feinheiten nicht mehr viel ‚Grundlagenforschung' bedarf. Die großen Fragen nach dem ‚Wann', ‚Wo' und ‚Warum' scheinen seit fast 100 Jahren geklärt zu sein und werden nur mehr durch Verfeinerungen ergänzt.

Am Beginn einer Arbeit über den römischen Limes steht nicht nur die Suche nach literarischen Quellen, sondern ebenso eine geographische Fragestellung, die versuchen sollte, topographische oder allgemeine geographische Konstanten des Limes des Imperium Romanum herauszuarbeiten. Schnell wird dem Betrachter jedoch klar, dass es keine völlig einheitlichen Konstanten gab, sondern dass der Limes auch innerhalb ähnlicher Landschaftsabschnitte, innerhalb der gleichen Provinz oder militärischen Zuordnungseinheit, Variationen in Bauart und topographischer Platzierung aufweist.

Die Frage nach dem Limes wurde so zur Frage nach seinem kleinsten gemeinsamen Nenner, dem alle Limesabschnitte – von Britannien bis Nordafrika – zugeordnet werden konnten. Es war damit gleichzeitig auch die Frage nach der richtigen Frage zum Sinn und Zweck des Limes. Hierbei ist der wichtige Punkt der Benennung des Limes in den Vordergrund zu stellen. Wie später noch weiter ausgeführt wird, ist der Begriff „Limes“ nicht der (in der Antike verwendete) lateinische Fachbegriff für das, was wir heute in den Rekonstruktionen und Bodendenkmälern dieser römischen Grenze wiederfinden.

1.1 Gang der Arbeit

Die verschiedenen Einflüsse auf die Wege der Forschungen zum Limes sollen in ihrer Rezeption durch die letzten Jahrhunderte erfasst werden, um Klarheiten über Präliminarien, Begriffe und Interpretationen zu schaffen. Der Zusammenhang zwischen Betrachter und betrachtetem Objekt soll dargestellt werden, um damit für das Kapitel, in dem in der antiken Literatur nach Grenzen und Grenzbegriffen gesucht wird, eine fundierte Grundlage zu bilden.

Der folgende methodische und begriffsklärende Teil der Arbeit sucht nach der mentalitätsgeschichtlichen und kulturellen Bedeutung des Limes und erörtert damit eine bislang oft unterschätzte Sichtweise auf diese Grenze. Sieht man diese Grenze als Symbol, muss zugleich die Symbolsprache von Grenzen überprüft werden und mit entsprechende Parallelen verglichen werden.

Die grundlegende Untersuchung am Objekt der Grenze in seinen verschiedenen Ausgestaltungen in der römischen Geschichte soll im folgenden Kapitel beispielhaft nachvollzogen werden. Dabei gilt es nicht nur, die wenigen schriftlichen Quellen zum Limes zu analysieren und in den Kontext ihrer Entstehung zu setzen, sondern vielmehr auch darauf einzugehen, warum der Limes in der Antike selbst so wenig rezipiert wurde. Welche Faktoren in Raum, Zeit und Kultur der antiken Welt beeinflussten das imaginäre Bild des Limes bei seinen zeitgenössischen Betrachtern?

Es lassen sich ganz klar zwei Ebenen der Sichtweisen erkennen: a) die theoretische und b) die praktische. Hier ist es vor allem wichtig, zu bedenken, dass eine Grenze zuerst gedacht wird – sie entsteht also im Kopf der Menschen, bevor sie praktisch umgesetzt wird. Innerhalb dieser theoretischen Ebene des Denkens mit bzw. in Grenzen spielen wiederum einzelne Teilfaktoren der Verhältnisse der römischen Gesellschaft eine wichtige Rolle, die es zu erörtern gilt. Die Frage, wie der Mensch der antiken Welt die Mauern und Palisaden an den Enden des Imperium Romanum verstand, lässt sich durch die Suche in der antiken Lebenswelt klären.

Kaiser Hadrians Bedeutung für den Bau verschiedener Limites in Obergermanien, Britannien und Dakien bilden ein weiteres Zentrum dieser Untersuchung. Da die antiken Quellen nur wenige explizite Äußerungen zu Gründen für den Bau der Limites oder zu ihrer Wirkung auf Wirtschaft, Militär oder die angrenzende Bevölkerung hergeben, soll diese Grenze im römischen Ursache-Wirkung-Geflecht von Geschichte und Kultur der Regierungszeit Hadrians reflektiert werden.

Dass der Bau von Grenzen an den Enden des Imperium Romanum und das Verständnis derselben weder Einzelhandlungen noch reiner Zufall der historischen Entwicklung waren, soll die Erörterung der Pflege und des Ausbaus der Limites unter verschiedenen Kaisern bis zum Beginn des 3. Jahrhunderts am Ende dieser Arbeit aufzeigen.

1.2 Arbeitsbereiche dieser Arbeit

Innerhalb jeder Kultur – und im Besonderen im Fall einer Grenze – spielt die praktische Umsetzung des Denkens von und in Grenzen eine große Rolle. Jeder Mensch hat eigene, durch seine individuelle Physiognomie und Psychologie bestimmte, Sichtweisen auf die verschiedenen Formen von Grenzen. Unabhängig davon ist jeder Mensch noch zusätzlich durch seine Geschichte, seine Kultur, seine Erziehung und seine Erfahrungen meist unbewusst in Aspekten seines Habitus und seiner Denkweisen vorgeprägt. In eine Kultur fließen unterschiedliche Lebensbereiche – Dimensionen – eine nach Situation vorgegebene Bedeutung.

Die rezeptionsgeschichtliche Dimension

Es sollen die unterschiedlichen Blickwinkel der Erforscher des Limes in der Neuzeit in ihrem zeitgenössischen Kontext erörtert werden. Auf diese Weise können eventuell tief verwurzelte Widersprüche, Missinterpretationen oder ganz einfach die unterschiedlichen Interpretationsansätze verständlicher werden. Zu der rezeptionsgeschichtlichen Dimension dieser Arbeit gehört ebenso die Rezeption der Grenzen des Reiches in den Quellen der Zeitgenossen oder möglichst zeitnah an den Sperrwerken verfassten antiken Quellen.

Die philosophisch-soziologische Dimension

Ganz im Sinn der Geschichtsforschung, die auch den Zeitgeist inkorporiert, sind Grenzen wie Geschichte. Seit Urzeiten steht der Mensch in der Aporie der Abgrenzung von Gruppe und Individuum. Diese Aporie entsteht in dem Augenblick, in dem Handlungsnotwendigkeiten oder gar Probleme zwischen dem Einzelnen und der Gruppe entstehen. Das Individuum existiert in einer Gruppe, die sowohl das Verhältnis des Einzelnen zur Gruppe als auch untereinander durch das der Gruppe eigene Beziehungsgeflecht der Kultur definiert. Kultur ist das Bedeutungsgewebe, in das die Menschen als Wesen eingebunden sind. Die Untersuchung der Kultur „... ist daher keine experimentelle Wissenschaft, die nach Gesetzen sucht, sondern eine interpretierende, die nach Bedeutungen sucht."[1]

Die militärische Dimension

Der Limes war ein von römischen Militärs geplantes, gebautes, bewachtes und auch verteidigtes Bauwerk. Eine militärische Funktion ist dem Limes also nicht abzusprechen; jedoch bleibt einzuschätzen, wie hoch die der militärische Wert im Verhältnis zu anderen Zwecken anzusetzen ist. Hinzu kommen die weiterreichenden Auswirkungen des Dienstes an dieser Grenze für die Soldaten.

Die wirtschaftliche Dimension

Viele Theorien zum Zweck des römischen Limes nehmen Bezug auf das auch für das antike Militär wichtige wirtschaftliche Handeln. Jenseits der Kriegszügen mit Beute für die Soldaten und der wirtschaftlichen Bedeutung des Infrastrukturaufbaus durch römische Militärs war der Limes wohl auch die Zollgrenze zu den barbarischen Gebieten, aus denen Waren in das und aus dem Reich gebracht wurden.

Es geht in dieser Arbeit nicht darum, den Widerspruch des unter Augustus[2] proklamierten „imperium sine fine"[3] und der Aufgabe der Expansion im Zeichen der Limes-Mauern zu erörtern, sondern um die Erarbeitung einer unterschiedlichen Sichtweise auf den Limes unter dem Aspekt der kulturellen und damit letztlich mentalen Vorprägung – es geht also um die Frage danach, welche Bilder der antike Bewohner des Imperium Romanum vor seinem inneren Auge hatte, wenn er an die Grenzen des Reiches dachte. Wie sah die „mental map" eines Bewohners des Imperium Romanum in Bezug auf die konkrete Grenze aus?

[1] Geertz (1995) S. 9. Geertz nimmt hier die Meinung von Max Weber auf.
[2] Tacitus ann. 1, 11, 4 legt Kaiser Augustus den Rat an seinen Nachfolger in den Mund, das Reich solle innerhalb seiner geheiligten Grenzen bleiben: *„consilium coercendi intra terminos imperii"*.
[3] Verg. Aen. 5, 279.

Der Limes ist nicht als Zeichen des unbedingten Endes aller Expansionen, sondern vielmehr als sichtbares Zeichen der Definition eines Identitätsraumes zu verstehen, gleich den Steinen des Pomeriums und der Mauer der Stadt Rom.

War diese „mental map" ein Bild geprägt von Flüssen und Gebirgszügen, wie in den Erdbeschreibungen der Antike üblich, oder kamen Bilder von endlosen, stark befestigten Mauern hinzu?

Wie lässt sich also insgesamt das historische Spannungsfeld zwischen *orbis terrarum/Romanus* der späten Republik und frühen Kaiserzeit ohne Sperranlagen mit den Eindrücken von Zeitgenossen und Augenzeugen der Mauern in Britannien, Ober-Germanien, Rätien und Nordafrika in Einklang bringen?

Allerdings soll es nicht Aufgabe dieser Untersuchung sein, alle Grenzen möglichst erschöpfend zu untersuchen und intensiv in die Untersuchung mit einzubeziehen. Viele Abschnitte der Grenzen der Imperium Romanum sind bei Weitem nicht so gut erforscht wie jene in Britannien, Deutschland oder Österreich. Große Teile im ehemaligen Osten des Reiches, in der heutigen Osttürkei/Kappadokien, in Syrien, Jordanien und den Regionen Nordafrikas von Ägypten bis Marokko bergen noch viel archäologische Forschungsarbeit zum Limes. Völlig ausgeschlossen sollen diese Region jedoch nicht werden; die bisher bekannten Strukturen dieser Grenzen sollen in diese Arbeit mit eingeflochten werden.

Es geht also um das umfassende Verständnis von der äußersten Grenze der römischen Kultur und mehr noch, um eine viel fundamentalere anthropologische, mentalitätsgeschichtliche Sichtweise dieser Grenze. Eine Erweiterung des Konzepts „Grenze" in die zuletzt genannten Bereiche macht es infolgedessen möglich, eine Grenzmentalität zu entwickeln.

Verdeutlichen lässt sich die Fragestellung auch an zwei Bildern, dem Relief aus der Porticus der Octavia aus dem frühaugusteischen Rom (Abb. 33) und dem in die rätische Mauer eingebauten ‚Limestor' bei Dalkingen aus dem frühen 3. Jahrhundert nach Christus.

Es liegen über 200 Jahre zwischen diesem Relief und dem Limestor von Dalkingen. Wie lassen sich die stadtrömischen Idealvorstellungen der Grenze, die auf dem Relief dargestellt werden, mit der gebauten Realität der Sperrwerke und ihren Entwicklungen bis hin zum Tor bei Dalkingen in Verbindung bringen?

2 Die Grenze des Römischen Reiches in der Forschung: Interpretationen

„Our preconceptions about frontiers have been shaped by our own history."[1]

C. R. Whittaker

Historische Forschung ist gebunden an die Zeit, in der sie stattfindet, an deren gesellschaftliche und politische Verhältnisse, ihre Kultur und ihre Wertvorstellungen. Diese bilden stets den Hintergrund, auch für diese Arbeit, vor dem allein die Menschen denken und vor dem sie auch Forschung und Wissenschaft betreiben. Nicht anders verhält es sich mit der Wissenschaft und der Erörterung von Grenzen und – hier – des Limes.

Das Problem und die Tradition der ‚gefärbten' Deutung von Grenzen hat C. R. Whittaker in seinem Artikel zu den ‚Frontiers' des römischen Reichs in der *Cambridge Ancient History* auf den Punkt gebracht. Er fordert, die Geschichte von Grenzen und deren Gestaltung in die Arbeit des Historikers und seinen daraus resultierenden subjektiven Vorprägungen mit einzubeziehen.[2]

Bereits Whittakers frühere Arbeiten[3] hatten den größeren Zusammenhang und den prozesshaften und vor allem nicht nur militärischen Charakter[4] der römischen Reichsgrenze in der Antike betont.[5] So reichen die Interpretationen zur Funktion des Limes in der jüngsten Forschung vom Vorschlag einer „displacement activity" für die Soldaten in Friedenszeiten[6] bis hin zu der Idee einer großen, über Jahrzehnte aufgebauten Grenzstrategie der Verteidigung in die Tiefe[7] oder gar einer ‚ethischen' Grenze, die, dem Eisernen Vorhang gleich, die kultivierte römische Welt von der barbarischen Gesellschaft trennen sollte.[8]

Viele Untersuchungen[9] betrachten die technischen, wirtschaftlichen und planerischen Voraussetzungen für den Bau dieser Grenze – die Gründe, warum der Limes dort verlief, wo er später ausgebaut wurde, oder die Frage, warum das römische Reich die Expansion scheinbar aufgab.[10] Was jedoch letztlich noch nicht befriedigend beantwortet werden konnte, ist die Frage nach der Funktion der Palisaden, Mauern und Gräben der Grenzanlagen, wenn man, wie die neuere Forschung, [11] von einer reduzierten militärischen Funktion des Limes ausgeht.[12] In den letzten Jahren wurde

[1] Whittaker (2000) S. 276.
[2] Siehe Whittaker (2000) S. 293.
[3] So das 1994 erschienene Werk von Whittaker "Frontiers of the Roman Empire. A social and economic Study."
[4] Kritik an Whittakers Arbeiten übt schon Wheeler (1993) S. 9-19.
[5] Dies betont auch schon Isaac (1990), bes. S. 416-418.
[6] Mann (1979) S. 543.
[7] Luttwack (1978) The Grand Strategy of the Roman Empire.
[8] Alföldy (1949) Die ethische Scheidegrenze am Limes.
[9] Siehe dazu die Kongresspublikationen in den „*Roman Frontier Studies*" oder „*Limesstudien*" die seit 1949 in ständig steigender Aufsatz- und Themenzahl etwa alle 3 Jahre zu den entsprechenden internationalen Kongressen erscheinen. Siehe dazu die Liste im Literaturverzeichnis.
[10] Hanson (2002) S. 25-34.
[11] Siehe z. B. Kemkes/Scheuerbrandt/Willburger (2002) S. 161ff.
[12] Zuletzt z. B. Klee (2005) S. 153 und Baatz (2007) S. 24.

weniger vom ‚Fall' des Limes geschrieben, sondern sein Ende immer mehr als ein Verlassen charakterisiert, denn die Bauten (Kastelle, Wachttürme, Mauern und Gräben) waren stärker durch Verwitterung zerstört worden als von Barbarenstämmen aus dem Osten.

Zur Verdeutlichung: Das Problem der Limesforschung liegt für heutige Verhältnisse – in Belangen, die mit Grenzen zu tun haben – im unverständlichen Missverhältnis zwischen dem archäologisch nachweisbaren Objekt „Limes" und der fehlenden zeitgenössischen Rezeption dieser Grenze in den Quellen. Weltweit ist der Limes des römischen Reiches das größte Bodendenkmal nach der chinesischen Mauer. Dennoch ist noch nicht einmal die exakte lateinische Bezeichnung für dieses Gesamtobjekt bekannt. Die antiken Quellen, die sich explizit auf die Funktion und Wirkungsweise des Limes beziehen, lassen sich in wenigen Sätzen wiedergeben. Diese ergeben jedoch keine schlüssige, das Objekt erklärende Lösung. Teilfunktionen, wie eine lokale, taktisch-militärische Funktion oder eine wirtschaftliche Funktion als Zollgrenze, lassen sich ebenso plausibel aus den archäologischen Befunden erschließen, jedoch erfassen diese Deutungen nicht die vollständige Dimensionen des Bauwerkes Limes in seiner zeitlichen und räumlichen Ausdehnung, sowie in seinem kulturellen Gesamtzusammenhang. Warum bauten die Römer eine durchgehende, über drei Meter hohe Mauer durch ganz Nordengland? Warum eine hunderte Kilometer lange Palisade durch Obergermanien?

Als Forschungsfrage über Jahrhunderte hin interessant, ist seine Erforschung gekennzeichnet durch das Aufeinander-Folgen, -Aufbauen und Sich-Ablösen der verschiedenen Befunde und Thesen. Wenn wir uns heute mit dem Limes befassen – wenn wir also fragen, warum diese in der Summe größte Hinterlassenschaft des Römischen Reiches nicht nur auf auf deutschem Boden ist, wie sie ist, ja was sie eigentlich ist, welchem Zweck sie diente und warum sie in ihrer singulären Art bis heute von großer Faszinationskraft ist. Es gilt also, die Vergangenheit der Forschung und deren Präkonzeptionen sich gewissermaßen vor Augen zu führen, um sie für die eigene Gegenwart und damit für die eigenen Fragen fruchtbar zu machen.

Die verschiedenen Traditionen und Voraussetzungen der Geschichte brachten ebenso unterschiedliche Interpretationen für die Forscher und den Forschungsgegenstand mit sich. Das bedeutet beispielsweise, dass die angelsächsische Historiographie zum Hadrianswall von der deutschen Limesforschung hinsichtlich ihrer Lösungsansätze und ihrer Ergebnisse zu unterscheiden ist. Diese Differenzierung fand ihre stärkste Ausprägung im 19. Jahrhundert, als zudem die Politik der einzelnen Nationalstaaten darauf zielte, die eigene Nation von anderen abzugrenzen und Identitätsbildung durch Geschichte zu betreiben. Folglich wurde in Großbritannien der „Hadrian's Wall" erforscht, in Deutschland formierte sich – in ersten Anfängen bereits seit dem 16. Jahrhundert und schon bald auch mit sehr unterschiedlichen Denkansätzen – die „Limesforschung".[1] Aus der staatlich organisierten und finanzierten Reichslimeskommission entwickelte sich die Provinzialarchäologie als eigenständiges Fach an deutschen Universitäten.

[1] Das Wort „Limesforschung" ist ein noch heute gebräuchlicher Germanismus in der englischsprachigen Forschungsliteratur. Eine umfassende Beschäftigung mit der fast fünf Jahrhunderte währenden Forschung zu den verschiedenen Limites ist ein Desiderat der Grenzforschung im allgemeinen und der Limesforschung im speziellen. Die kurzen Überblicke in Werken wie „Die Römer in Hessen" oder „Der Limes zwischen Rhein und Main" sind nur fragmentarisch und geben kein befriedigendes Gesamtbild ab. Wie ertragreich die Forschungsgeschichte zum Limes allerdings sein kann, zeigt zum Beispiel Baumgarten (2003), der die Rezeptionsgeschichte der Saalburg untersucht hat.

In dieser Arbeit soll der Blick auf die Forschungen zu den deutschen Limites als Teil der gesamten römischen Grenze gerichtet bleiben. Dabei ist zu bemerken, dass es an einer umfassenden Arbeit zur Limesforschung und -rezeption bislang fehlt.[1] Die in der Vergangenheit vorgelegten Arbeiten[2] gehen in der Regel von archäologischen Fragestellungen aus und sind daher der mentalitätshistorischen Annäherung an den Limes nur begrenzt dienlich.

Die französische Forschung zu den Grenzanlagen in Nordafrika tritt in dieser Arbeit weitgehend in den Hintergrund. Gleiches gilt für Rumänien und Österreich. Das ist allerdings nur möglich und zulässig, weil für alle Limites gilt, dass sie – was in dieser Arbeit gezeigt werden soll – generell keine ausschließliche militärische Absperrfunktion hatten. Zieht man daraus den Schluss, dass sie demnach einen auch ‚ideellen' Zweck verfolgten und setzt man voraus, dass sich dieser in den verschiedenen Teilen des Römischen Reiches nicht unterschieden hat, dann ist es legitim, der Idee des Limes anhand der Hinterlassenschaften nachzuspüren, die für uns heute die am besten fassbar sind, nämlich die der Anlagen in Britannien und Deutschland.

Im folgenden Kapitel werden die Grundzüge der Forschungsgeschichte beschrieben[3] und analysiert, um daraus die für die Historiker relevanten Fragestellungen nachzuvollziehen. Zentral dafür ist es – erstens – die deutsche Limesforschung in der zweiten Hälfte des 19. Jahrhunderts genauer zu betrachten. Denn in den Jahrzehnten zwischen dem Wiener Kongress und dem Ersten Weltkrieg wurde nicht nur die gesamte professionelle Geschichtswissenschaft maßgeblich geformt, sondern insbesondere die Limesforschung erhielt ihre entscheidende Prägung, die erst von der – zweitens – internationalen Limesforschung nach dem Zweiten Weltkrieg abgelöst wurde. Diese wiederum war eingebettet in das die zweite Hälfte des 20. Jahrhunderts kennzeichnende sich Auseinandersetzen der Wissenschaft – vor allem der geographischen Grenzforschung – mit der Entstehung von Grenzen und deren Funktionen und Auswirkungen.[4]

2.1 Die frühen Humanisten

Die Wiedergeburt der Antike, initiiert durch das Interesse an Schriften, Erkenntnissen und Ideen der heidnischen Denker, belebte die Geisteswelt des ausgehenden Mittelalters. Gelehrte, die mit der Suche nach vergessenen Schriften lateinischer und griechischer Autoren begannen, welche den Zerfall des Römischen Reiches und seiner Kultur, die Völkerwanderung und Christianisierung überstanden hatten, gaben mit dem Studium und auch der Neupublikation der antiken Werke Anstöße für die nachfolgende Antikenrezeption. Die geistige Bewegung des Humanismus suchte aus dem Bezug auf die wieder erschlossene altgriechische und römische Antike ein neues Bildungsideal und Selbstverständnis zu gewinnen.[5]

[1] Napoli (1999) ist lediglich ein Gesamtkatalog der archäologischen Forschungen ohne weitergehende historische Interpretationen.

[2] Braun (1984) und Braun (1991) und zuletzt Nick (2004), welche die einzigen Monographien zum Thema sind. Sehr gute Artikel in Lexika sind Schallmayer/Schmidt (2001) und Schallmayer/Becker (2001).

[3] Grundlegend für dieses Thema sind die Artikel von Schallmayer/Becker (2001) in der RGA 18 Sp. 403 -442 und der Artikel von Schallmayer/Schmidt im DNP 15, 1, Sp.156-170 und zuletzt Schallmayer (2006) S. 35-42.

[4] Herausragend ist die Arbeit von Frederic J. Turner, der mit seiner „Frontier-Theory" die Auswirkungen einer Grenze auf die Formung einer Gesellschaft betont. Siehe Turner (1893).

[5] Vgl. dazu Rüdiger (1988) S. 511-524.

Die Bemühungen um eine solche Sicherung und Belebung des antiken Wissens hatten wiederum bereits eine eigene, mehrere Jahrhunderte währende Tradition, doch entscheidend für den Fortgang der Forschung sollten die planmäßigen, zum Teil von den Päpsten veranlassten, Untersuchungen zum Schrifttum der Römer werden.[1] Die 1480 gegründete Bibliotheka Vaticana wurde zum Hort dieses Wissens, das sich von dort aus verbreiten konnte. Die sich parallel entwickelnde strenge Philologie, die die alten, meist mehrfach kopierten und teils verfälschten Texte reinigte und interpretierte, ebnete den Weg zu einem neuen Verständnis der antiken Welt.

Als Gelehrte 1425 im Kloster Hersfeld die Germania des Tacitus entdeckten, waren sie begeistert: Ein weiteres Werk der Antike half „auf der Suche nach den eigenen Wurzeln und der eigenen Identität".[2] Die Germania brachte das Licht der Renaissance auch in die Beschäftigung mit den „Barbaren" auf deutschem Boden und machte das Germanische quasi „salonfähig". Neben den literarischen Quellen sollten auch die Funde römischen Ursprungs, die an vielen Orten der ehemaligen Provinz zu Tage kamen, die Suche nach der eigenen antiken Vergangenheit anregen.[3]

Der Humanist und Wiederentdecker des rätischen Limes, Aventinus, berichtete in seiner 1566 posthum in deutscher Sprache verlegten Bayerischen Chronik[4] von einer römischen "landwer mit aufgeschüttetem graben und aufgeworfener were". Aventinus ist damit, soweit wir wissen, der erste nachantike Gelehrte, der durch Quellenstudium in Verbindung mit der Interpretation von Funden in der Landschaft die archäologischen Überreste der römischen Kultur zuordnete. So identifizierte Aventinus bei einer seiner Recherchereisen[5] ein kleines Stück Straße zwischen Kösching und Pförring zwar als römisch, hielt es aber fälschlicher Weise für die oben genannte Landwehr und ordnete es – ebenso falsch – den Kämpfen der Römer gegen die Barbaren, über die in der Vita des Kaisers Probus (276–282 n. Chr.) in der Historia Augusta berichtet wird, zu.[6] Aventinus sah in diesen Überresten die Vorgänger der Landweh-

[1] Die unmittelbare Überlieferung der antiken Literatur ist mit Namen wie Martianus Capella, Boëthius, Cassiodor, Isidor von Sevilla oder Hrabanus Maurus verbunden. Weite Teile dieses Wissens wurden aber trotz der Karolingischen oder der Ottonischen Renaissance nur durch die Kreuzzüge und vor allem durch arabische Übersetzer entdeckt. (Vgl. Bodmer (1988) S. 18.) Nachdem in der Schule von Chartres die antike Kultur eine deutliche Wiederbelebung erfahren hatte (Vgl. Bichel (1937) S. 27ff.), folgte Ende des 12. und Anfang des 13. Jahrhunderts eine wahre Fülle von Überlegungen und Schriften, die den Einfluss und die Bedeutung der antiken Bildung zum Thema hatten, so etwa bei Gottfried von Straßburg oder Heinrich von Morungen (Vgl. Fortmann (1966) S. 10ff.).

[2] Braun (1984) S. 39. Interessant ist dies, weil der Blickwinkel, unter dem in dieser Zeit die Suche nach antiken Quellen betrieben worden ist – anders als dann im 19. Jahrhundert, in dem gerade das allgemeine Patriotismus-Bewußtsein den Hintergrund für alles historische Denken abgab – noch nicht von der Absicht geprägt war, die historischen Erkenntnisse und Wissensbestände zur nationalen oder völkischen Abgrenzung zu benutzen. Dazu Düwel (1986) S. 358-395, Nuber (1983) S. 110.

[3] Siehe dazu ausführlich Maurer (2002) S. 8f.

[4] Aventinus, mit bürgerlichem Namen Johannes Turmair (1477-1534) aus Abensberg bei Kelheim, hatte schon 1518 mit den Vorarbeiten zu diesem Werk begonnen, das zunächst ein Auftrag seines Landesfürsten und Brotgebers Herzogs Albrecht IV. war. Für dessen Sohn war der Gelehrte 1508 als Prinzenerzieher an den Hof nach München berufen worden. Die lateinische Erstveröffentlichung des Werkes, an dem – und vor allem: an dessen Übersetzung ins Deutsche – Aventinus ab 1522 bis zu seinem Tod arbeiten sollte, erfolgte 1554 unter dem Titel „Annales Ducum Boiariae". Aventinus war aber der Meinung, dass Geschichtsdarstellungen auch jenen zugänglich sein sollten, die das Lateinische nicht beherrschten, und so legte er seine Übersetzung sehr gründlich an, indem er sogar Begriffe wie ‚Konsul' oder ‚Legionär' als ‚Bürgermeister' bzw. Landsknecht' ins Deutsche brachte.

[5] „... ganz Baierland durchritten, alle stift und clöster durchfahren, (...), allerlai handschriften (...) überlesen und durchfragt, nichts zue solcher sach tauglichunderwegen und untersuecht gelassen ..." Zit. nach Dünninger, E./Stadler, E.: Aventinus zum 450. Todesjahr 1984. o. O. 1986, S. 14.

[6] "Alda haben die Römer zu weren den Teutschen ein landwer mit aufgeschütten gräbn und vorst herumb gemacht, gêt von Nassenfels durch Kässing bis hinab gên Pfering; (...) Man sicht noch alle anzaigen dieser lantwer, welche die Römer <valum> nennen." Chronik II 49, zit. nach Aventinus, Sämtliche Werke. Hrsg. v. d. K. Akademie der Wissenschaften, Bd. IV 2 (1883), S. 690f. Zur Vita des Probus vgl. ausführlich Kreucher (2003) S. 91ff.

ren seiner Zeit. Die „römisch landwere" war für ihn ein militärisches Bauwerk, das aus dem Konflikt der „Teutschen" mit den „alten wälschen Kaisern" hervorgegangen war. Diese Interpretation[1] sollten für das Verständnis des Limes lange Zeit prägend sein. Betrachtet man die Verwendung des Begriffs „landwere" in Aventinus' Zeit, so stellt man fest, dass Landwehren, wie Rechtsurkunden des 9.–15. Jahrhunderts zeigen, eine wichtige Einfriedungs- und Verteidigungsfunktion hatten.[2] Diese Funktionen liegen Aventinus' Auffassung zugrunde, dass die römischen Kaiser versuchten, mit diesen Wällen das Land der „Teutschen" mit militärischen Mitteln einzugrenzen und so die wahren Grenzen der „Teutschen" – nämlich Rhein und Donau – von den räuberisch Umherziehenden schon im Vorfeld abzugrenzen.[3]

Auch das geographische Ausmaß des Bauwerkes erkannte Aventinus noch nicht. Zwar bemerkte er fast korrekt, dass eine der Mauern in England[4] dem Kaiser Septimius Severus als Bollwerk gegen die nördlichen Picten zuzuordnen sei.[5] Seine zeitliche wie sachliche Zuordnung des rätischen Limes – so weiß man heute – war jedoch falsch: Es seien beide Wälle aus militärischen Gründen gebaut worden, aber anders als der Hadrianswall hatten die weder in literarischen Beschreibungen überlieferten, noch tatsächlich in nennenswertem Umfang sichtbaren Reste der römischen Landwehr in deutschen Landen in den Augen des Humanisten nichts mit der Begrenzung des Römischen Reiches zu tun, sondern die Landwehr war ein Überbleibsel der letztlich gescheiterten militärischen Eroberungsversuche der Römer.

Ein weiterer deutscher Humanist, Simon Studion (1543–1605), schrieb den Überresten des Limes und den Funden aus dessen Umgebung eine Grenzsteinfunktion zu, jedoch aus einem Übersetzungs- bzw. Deutungsfehler heraus: Den auf einem Weihestein[6] erwähnten Beinamen des Stifters „Terminus" interpretierte Studion als die Grenze des Römerreiches unter Kaiser Probus.

Die Beschriftung von Simon Studion auf dem neuen Marmorsockel des Weihesteins:

Ut de Romanis Alemannas finibus oras
Dividerem, fueram Terminus Imperii.
Nam me Germanis Caesar Probus inde remotis
Iussit in hoc rure iugisque Nicri.
Me reperit vomis, sed in hoc me marmore sistit
Wirtembergiaci dux Fridericus agri.
Hic stetit urbs castris munitia Veneria, miles
Teutonus hanc Rex Attila stravit humi

[1] Vgl. Neumaier (1993) S. 27.

[2] Siehe dazu z. B.: KölnReg. IV 275: *"fossatas et fortalitia vulgariter dicta landtwehren" Datierung* von 1320; oder *„ad custodiendum castra et propugnacula, uel quod wlgariter landwere dicitur, numquam de cetero tenebuntur"* von 1296. – In: JbMeckl. 2 (1837) S. 236; *"volumus, ut cuiuscumque nostrum homo, in cuiuscumque regno sit, cum seniore suo in hostem vel aliis suis utilitatibus pergat; nisi talis regni invasio, quam lantweri dicunt, quod absit, acciderit, ut omnis populus illius regni ad eam repellendam communiter pergat"* Datierung: 847. Cap. II 71 und *„de lantweri, id est de patriae defensione" Datierung:* nach 847.

[3] Wie Aventinus Kap. 160 beschreibt.

[4] Zur bereits sehr frühen Erforschung der Mauer in Nordengland vgl. Collingwood (1921) S. 48-54. Die Engländer hatten nie ein großes Problem, den Zweck ihres Limes zu finden: die Bezeichnung war bekannt, die Lage und das Aussehen ebenso wie die Funktion als Mauer (*murus*) oder Wall (*vallum*) z. B. gegen die Caledonier (Cass. Dio 71, 12) oder allgemein gegen die Barbaren, wie Collingwood (1921) S. 39-41 mit der Sammlung antiker Quellen zum Hadrianswall aufzeigt, schien eindeutig und durch seine archäologischen Überreste einleuchtend.

[5] Vgl. Aventinus Kap. 176.

[6] Weihestein für die Göttinnen des Exerzierplatzes (*campestres*). Inschrift wiedergegeben in: CIL 13, 6449. Vgl. Filzinger (1980) S. 41; Abb. 13, S. 44 und Abb. 3, S. 15 und Braun (1991) S. 66 Abb. 14. Dieser Stein steht heute im Lapidarium in Stuttgart.

Ich wurde für den Grentz- und Bannstein aufgestellt
Daß ich der Römer Reich abtheilt vom Teutschen land
Durch Kayser Probus hier an diesem Necker-Strand.
Wo er die Teutschen weg verjaget und gefället.
Herr Herzog Friedrich hat mich wieder aufgerichtet,
Als ich durch pflügen ward gerissen auss dem Grund
Wo vor Veneria die Stadt und Vestung stund,
Vom König Hetzeln und den Teutschen gantz vernichtet.[1]

Dies stützte und verstärkte die Auffassung Aventins, die damit lange nicht angefochten wurde; der Übersetzungsfehler Studions wurde erst 1831 von August Friedrich Pauly berichtigt. Der Fund blieb zudem singulär, denn es wurden keine weiteren vermeintlichen termini-cippi am Limes gefunden.[2] Die in der Beschriftung des Altars vertretene Meinung über die durchaus kriegerischen Handlungen am Limes, die zur Festlegung der Grenze führten, lässt sich in den Zeilen eindeutig festmachen.

2.2 Die Gelehrten der Frühen Neuzeit

Nach dem Dreißigjährigen Krieg begannen zumeist reiche Adelige mit dem Aufbau großer Antiken-Privatsammlungen. Von Reisen nach Italien oder Griechenland brachte man Büsten, Statuen und andere Wertgegenstände und Kulturgüter mit nach Hause. Wo man konnte, suchte man aber auch auf eigenem Grund und Boden nach Zeugen aus der „Caesarenzeit", doch bis zu einer wirklichen „wissenschaftlichen" Auseinandersetzung mit der Antike sollten noch einige Jahrzehnte vergehen. So dauerte es etwa bis zur Mitte des 18. Jahrhunderts, bis der aufkommende Neuhumanismus die Hinwendung zum klassischen Altertum über eine reine Sammelleidenschaft der Antiken hinaus entflammte. Gelehrte und Mäzene bemühten sich um die griechischen und römischen Altertümer und deren Überreste in Europa.[3] Bereits im Vorfeld dieser geistigen Entwicklung, die den Boden für das Interesse an allem Antiken endgültig bereitete, hatte der Weißenburger Rektor der Lateinschule und ‚Universalhistoriker' Johann Alexander Döderlein 1723 die erste Monographie zum Limes vorgelegt: „Antiquitates in Nordgavia Romanae, oder genauere Vorstellung des alten römischen Valli und Land-Wehre" war der Titel der erweiterten deutschen, 1731 erschienenen, Fassung.[4] Der Hauptteil der Arbeit galt der Suche nach dem Verlauf des Limes in deutschen Landen. Hinsichtlich der Funktion des Bauwerks folgte Döderlein Aventinus in dessen Auffassung, der Limes sei eine Art Landwehr mittelalterlichen Zuschnitts mit Wall und Graben gewesen.[5] Zwei Jahrzehnte zuvor hatte der Pfarrer

[1] Filzinger (1980) S. 41 und zuletzt Nick (2004) S. 19. Übersetzung von Joh. U. Pregizer (1647-1708). Er war Historiker in Tübingen und Archivar in Stuttgart.

[2] Ungeachtet der genannten Fehlinterpretation ist Studions Verdienst um die Limesforschung dennoch unbestritten. Er war der erste Forscher der Neuzeit, der gezielt in einem Kastell grub und dies sogar in einem Plan festhielt. Vgl. Kemkes/Scheuerbrandt/Wiliburger (2002) S. 265 und Braun (1991) S. 15/16.

[3] Eine wichtige Person stellt der Graf Franz I. zu Erbach-Erbach (1754-1823) dar, dessen bemerkenswerte Sammlung von antiken Gegenständen nicht nur aus dem gesamten Mittelmeerraum stammte, sondern unter dessen Ägide auch die ersten Grabungen am Odenwaldlimes vorgenommen wurden. Im „Erbacher Katalog" sind viele seiner Sammlungsstücke und Berichte über Funde aus römischer Zeit auf seinem Land verzeichnet worden. Siehe Schallmayer (1984) S. 12-14.

[4] Vgl. Braun (1986) S. 45 und Neumaier (1993) S. 28ff.

[5] Döderlein (1731) S. 69: „Bleibet also der wahre End-Zweck unseres Valli die von Spratiano angegebene und hin und wieder zum Öfteren erwehnte Separatio Barbarorum, oder Absonderung und Abhaltung der barbarischen Nachbarn, der Teutschen, von den Römischen Conquêten in den Nordgauischen und benachtbarten Gegenden." Hier zitiert

Christoph Wägemann mit der Ankündigung für eine – dann aber nie veröffentlichte – Schrift erstaunliche Ideen zum Limes aufgebracht. Der Limes, den er, wohl dem Volksmund folgend, als „Teufelsmauer“[1] bezeichnete, sei wie die „Römische(n) Termini von der Donau bis an den Rhein gezogen“.[2] Wie Wägemann auf diese Idee kam oder wie er sie begründete, bleibt im Dunkeln.

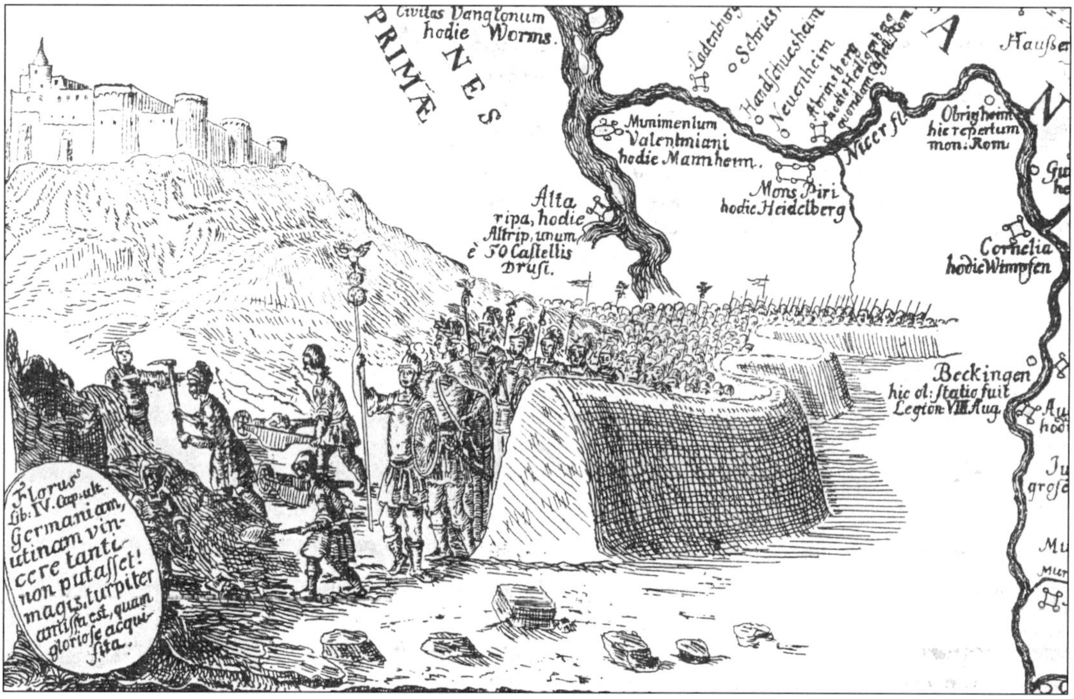

Abbildung 1: Ausschnitt aus der Karte Hanßelmanns (1768), welche die zeitgenössische Vorstellung von Landwehr/vallum, Heerzug und Kastellen wiedergibt.

Epoche machte Christian Ernst Hanßelmanns[3] Beitrag zu dem Wettbewerb der Preußischen Akademie der Wissenschaften zu Berlin im Jahr 1748. Mit seiner Antwort auf die Themenstellung: „Wie weit die Römer in die deutschen Lande vorgedrungen sein und wo sich Spuren ihres Aufenthaltes finden lassen...“, mit dem „Beweiss, wie weit ...“[4] und der „Fortsetzung des Beweises ...“[5] waren für die vom heutigen

nach Neumaier (1993) S. 31.

[1] Joseph Andreas Buchner (1746-1854) nannte seine zwei Reiseberichte „Reisen auf der Teufelmauer“ die 1818 und 1821 erschienen, in denen er von seinen Funden an dem „Vallum Hadriani“ in Deutschenlanden berichtete.

[2] Wägemann (1712) S. 23 §80; zitiert nach Braun (1986) S. 45. Es ist unbekannt, aus welchen Quellen Wägemann seine Schlüsse zog. Jedenfalls zeigt aber seine Charakterisierung des Limes als Terminus, dass er den Limes als eine Art sakraler Grenze des Römerreiches begriff. Bemerkenswert weitsichtig für die Zeit etwa auch sein Vergleich mit der chinesischen Mauer. Vgl. Neumaier (1993) S. 28.

[3] Eine ausführliche Bearbeitung zu Hanßelmann und seiner Forschung bietet Neumaier (1993).

[4] „...der Römer Macht, in den mit verschiedenen teutschen Völkern geführten Kriegen, auch in die nunmehrige Ost-Fränkische, sonderlich Hohenlohische, Lande eingedrungen, dargestellt aus denen noch nicht bekannt gewesenen merkwürdigen römischen Monumenten und Ueberbleibseln; Nebst einer historischen Beschreibung der unterschiedlichen teutschen Völker, als gewesenen Inwohnern jetzgedachter Landen selbiger Zeit bis auf Ankunft der Franken (Schwäbisch Hall 1768).

[5] „...., wie weit der Römer Macht in denen verschiedenen teutschen Völkern geführten Kriegen, auch in die nunmehrige Ost-Fränkische, sonderlich Hohenlohische, Lande eingedrungen, dargestellt aus denen in den Jahren 1768, 1769 und 1770 noch weiter entdeckten und bisher noch nicht bekannt gewesenen merkwürdigen römischen Monumenten und anderen Überbleibseln; Nebst ebenfalls fortgesetzter historischen und geographischen Beschreibung der Provinz Ost-Franken, bis auf die Zeit, da ein Theil derselben den besonderen Nahmen von Hohenlohe zu führen, angefangen

Standpunkt aus noch „vorprofessionelle" historisch-archäologische Forschung außerordentlich wichtige Werke entstanden. Hanßelmann gewann zwar nicht den Preis, aber die Methoden seiner Analyse der Geschichte des Limes unter Zuhilfenahme von epigraphischen und literarischen Quellen, sowie eigenen Ausgrabungen waren richtungsweisend für die Archäologie.[1] Christian Hanßelmann fertigte in seinem Werk eine Karte an, die über weite Strecken den korrekten Verlauf des Walles zeigt und die zudem seine Interpretation von der Funktion des Limes verdeutlicht: Angeführt vom lorbeerbekränzten Feldherrn zieht ein langer Heerzug römischer Soldaten am Limes entlang, seitlich durch einen Wall gegen das „Barbaricum" geschützt. Auf einem Schild zitiert Hanßelmann Florus:[2] „Germanien mit so viel Mühen zu erobern, sei nicht wünschenswert gewesen. Viel schändlicher ist der Verlust, als die Ehre seiner Eroberung." Hanßelmanns Textquelle ist klar: Für ihn weist der Bericht des Florus über den Germanischen Krieg des Drusus auf die Funktion von Wall und Kastellen hin, die Drusus zum Schutz der Provinz an Mosel, Weser und Elbe sowie durch den Hercynischen Wald – heute die Mitte Deutschlands – errichtete. Der Limes war also Drusus' Versuch, die germanischen Stämme vom Reich ab- oder fern zu halten.

Im Jahre 1767 erschien als späte Reaktion auf die Schrift Döderleins von Johann Friedrich Schöpperlein „Von der Teufelsmauer im Nordgau". Darin lehnte dieser die bisherigen Erklärungsversuche, in den römischen Überresten Teile einer riesigen Landwehr zu erkennen, ab und behauptete aufgrund seiner Funde, die rätische Mauer sei gar keine Mauer, sondern eine Straße gewesen.[3]

Grund für diese Annahme mag wohl auch das Bild von Hanßelmann gewesen sein, das tatsächlich eine seitlich geschützte Heerstraße darstellt. Diese These verbreitete und festigte sich im Laufe der Jahre in verschiedenen bayerischen wissenschaftlichen Institutionen und in Württemberg, wo unter der Ägide des Mitglieds des zivilen „Topographischen Bureaus", Edward Paulus des Älteren (1803–1878), die „Heerstraßenthese" zur festen Lehrmeinung wurde. Erst sein Sohn Edward Paulus der Jüngere (1837–1907), der erste Landeskonservator Württembergs, konnte nach exakten Grabungen 1884 die Idee der seitlich geschützten Heerstraße widerlegen.

Geprägt waren die Forschungen und Schriften damals vor allem durch die Suche nach den Hinterlassenschaften der Römer. Bei Franz I. von Erbach-Erbach[4] hatte die Forschung eher den Charakter einer Schatzsuche und der romantischen Verklärung von Ruinen in einem Landschaftspark nach zeitgenössischem englischen Vorbild.[5] Die bedeutende Sammlung von Antiken des Grafen in seinem Erbacher Schloss zeigt alle Ansichten und Absichten zur Antike, wie es in anderen gelehrten und adeligen Kreisen dieser Zeit üblich war. Man zeigte sich damit als mondäner, kunstliebender

(Schwäbisch Hall 1773).

[1] Vgl. Nuber (1983) S. 111. Tatsächlich wird Hanßelmann zu Recht als der bedeutendste Limesforscher seines Jahrhunderts bezeichnet. Vgl. Kemkes/Scheuerbrandt/Willburger (2002) S. 266.

[2] Florus 2, 30: „*Germaniam quoque utinam vincere tanti non putasset! Magis turpiter amissa est quam gloriose adquisita*"

[3] Bis zum Ende des 18. Jahrhunderts kamen immer wieder Theorien auf, die „Teufelsmauer" habe gar keinen römischen Ursprung. Man mutmaßte ihre Entstehung im Mittelalter als territoriale und regionale Landwehr, beschrieb sie als ein Werk der Karolinger oder der bayerischen Herzöge. Dazu Braun (1986) S. 46.

[4] Vgl. Braun (1991) S. 21f.

[5] Beispiele hierfür seien der Eulbacher Park bei Michelstadt im Odenwald oder die bereits als solche erbaute Klosterruine bei Schloss Heiligenberg im südhessischen Seeheim-Jugenheim. Auch die Malerei hat diesen Impuls aufgenommen, deutlich sichtbar etwa an den Bildern von Kehrer: Typisch für Landschaftsbilder dieser Zeit werden verschiedene Landschaftselemente aus unterschiedlichen Orten zu einem Idealbild zusammengefügt. Ein besonders schönes Beispiel dafür ist das Titelblatt des „Erbacher Katalogs", auf dem im Hintergrund Wall und Graben zu sehen sind, die es am Odenwaldlimes wohl nie gegeben hat. Vgl. auch Schallmayer (1984) S.14f.

und geschichtsbewusster Mensch, der von seiner „Grand Tour" nach Italien oder anderen Ländern der klassischen Antike bedeutende Kunstwerke mitgebracht hatte.

Eine etwas kleinere „Grand Tour" sollte für das Bild des Limes und seiner Erforschung wichtig werden. Joseph Andreas Buchner, der mit seinen „Reisen auf der Teufelsmauer" den Grenzwall in seiner Entstehung Hadrian und seinen Untergang dem Ansturm der Germanen im 3. Jh. zuordnete, teilte Buchner diese Grenze in *„limes transdanubius"* und *„limes transrhenus"* auf und schuf damit die Basis für die Entstehung des historischen Fachbegriffs „Limes" in wissenschaftlichen Kreisen.[1] Angeregt von Buchner kamen auch englische Gelehrte wie James Yates oder James L. G. Mowat[2] in die deutschen Lande. Das Interesse lag primär im Auffinden römischer Überreste und des Limesverlaufs, nicht so sehr in der Interpretation der Funde, die ja dem Anschein nach so eindeutig war. Die Funktion schien allen Forschern und Sammlern mehr oder weniger definiert: Eine militärische Landwehr oder – trotz Paulus d. J. Widerlegung – eine römische Heerstraße mit seitlicher Verteidigung gegen die Germanen blieben die grundlegenden Vorstellungen zur Funktion des Limes.

2.3 Das 19. Jahrhundert und der Aufstieg der professionellen Limesforschung

Eine wichtige Neuentwicklung des beginnenden 19. Jahrhunderts waren die genauen topographischen Kartenwerke, die auf exakten Vermessungen fußten. Nach französischem Vorbild wurden in den deutschen Ländern einzelne topographische Bureaus eingerichtet, [3] die die fiskalisch und militärisch bedeutsame Aufnahme der Landschaft in topographische Karten vornahmen.[4] In den einzelnen Blättern wurden im Maßstab 1:50.000 nicht nur topographische Gegebenheiten vermerkt, sondern auch viele Altertümer und Flurbezeichnungen mit historischem Hintergrund in ihren volkstümlichen Bezeichnungen wie „Teufelsmauer", „Pfahl" oder „Schweingraben" eingezeichnet. [5]

Einer der wichtigsten Bearbeiter dieser Karten war der schon genannte Edward Paulus d. Ältere, [6] der ab 1835 die im Gelände auffällige „wallartig geführte Hochstraße" des rätischen Limes östlich von Lorch[7] als *limes transdanubius* bezeichnete und multifunktional als Heerstraße, Grenzlinie und Brustwehr beschrieb. Paulus' wissenschaftliche Autorität war durch die Vorlage der ersten archäologischen Karten von Württemberg[8] begründet, auch wenn durch diese seine „Heerstraßen-Theorie" gefestigt wurde.

[1] Wie ihn z. B. James Yates gebrauchte.

[2] Mowat (1885) „A Walk along the Teufelsmauer and Pfahlgraben."

[3] Braun (1984) S. 26f.

[4] Allerdings ist es eine Zeit, in der auch das gesellschaftliche, gar das individuelle Interesse an der Vorstellung von Welt im Allgemeinen und an der Kartographie als Hilfsmittel zu ihrer Erkundung im speziellen eine deutliche Ausweitung erfuhr. Dies sei verdeutlicht an den Kartenwerken von Karl Baedeker, der eigene Karten des Deutschen Kolonialreiches vom Nordkap bis nach Indien zunächst zur Illustration und Verbesserung seiner Reiseführer erstellte. Dies tat er aber so exakt, dass sie sogar von Kriegsgegnern wie Lawrence von Arabien benutzt wurden. Verantwortlich für den Aufschwung des Kartenwesens waren die Errungenschaften von Wissenschaft und Technik, die es nun ermöglichten nach mathematischen Prinzipien die Welt zu erfassen und zu ordnen. Dass solche Möglichkeiten wiederum das Interesse an den Kulturgütern – so dem Limes – auch des eigenen Landes gesteigert haben, liegt auf der Hand. Man konnte zum ersten Mal scheinbar neutral auch Objekte der Geschichte korrekt abbilden und einordnen und war nach damaligem Verständnis auf der Höhe der Zeit.

[5] „Topographischer Atlas des Koenigreichs Württemberg in 55 Blättern" Stuttgart 1821-1851.

[6] Siehe Nick (2004) S. 28f.

[7] Braun (1991) S. 33.

[8] Die erste Karte erschien 1859 im Maßstab 1:200000. Dazu Braun (1986) S. 62, Anm. 139.

Noch 1879 vermerkte eine Karte des Main- und Odenwaldlimes bei Miltenberg die „Paulus-Linie“ als die gedachte Verlängerung des geraden Limesstückes zwischen Haghof und Walldürn.[1]

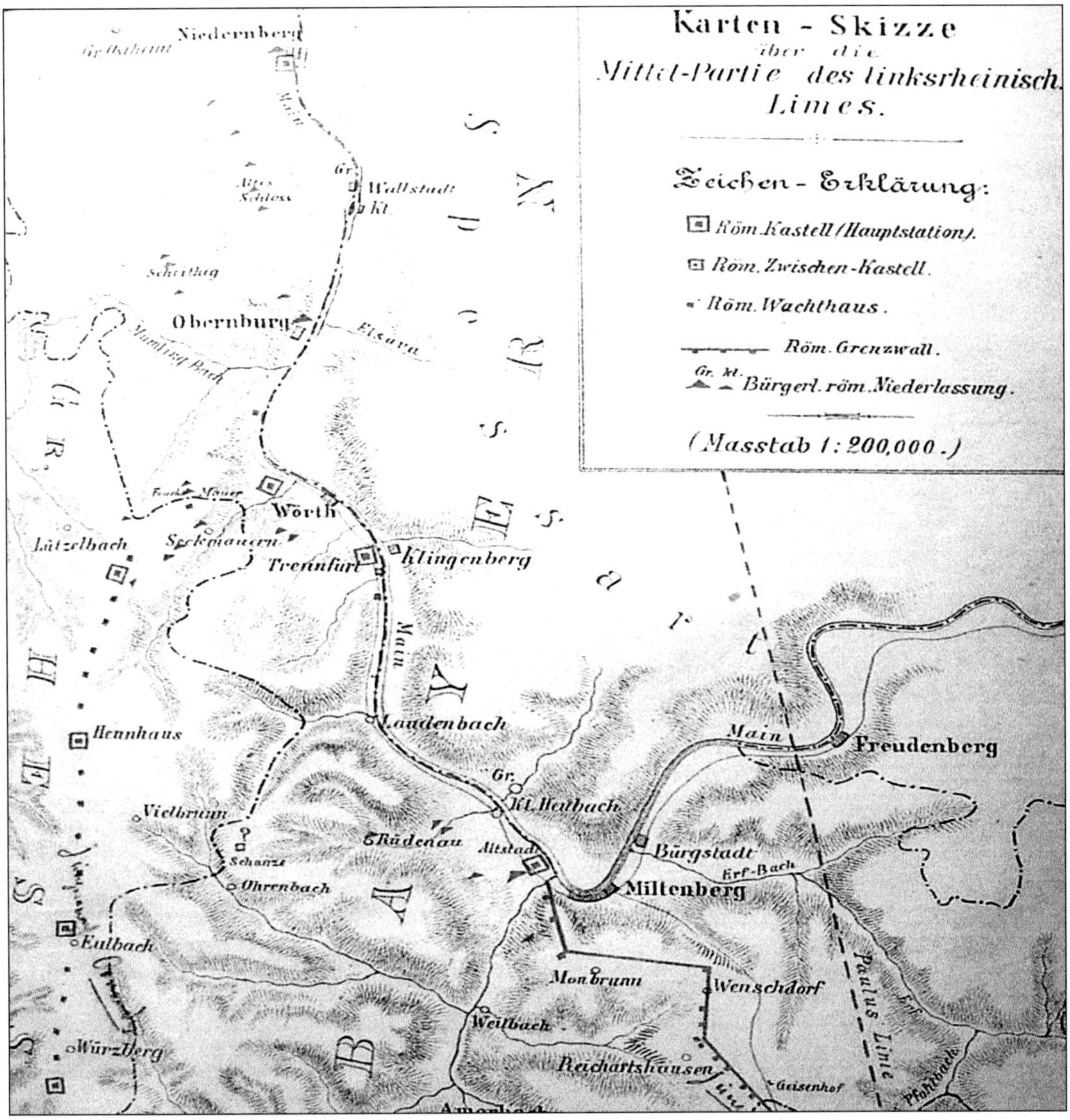

Abbildung 2: Karte der Limesanlagen und Kastelle im Odenwald und an der Mainlinie. Rechts in Nord-Süd-Richtung verlaufend – als gestrichelte Linie dargestellt – ist die „Paulus-Linie“ zu erkennen. Aus Hübner *(1879) Taf. XI.*

Das 19. Jahrhundert rief im Bestreben nach einer systematischen, reichsweiten Limesforschung viele lokale historische Vereine auf den Plan.[2] Mögen deren Frageansätze

[1] Die in den Spessart führende Paulus-Linie, die bei Freudenberg östlich von Miltenberg den Main überquert, findet sich bei Hübner (1879), Tafel XI.

[2] Zu Beginn des Jahrhunderts hatten Vereinigungen aller Art eine wichtige Bedeutung im politischen und kulturellen Leben der einzelnen deutschen Staaten. Die Zahl der Vereine nahm seit der 2. Hälfte des 17. Jahrhunderts so zu, dass man im Vereinswesen einen neuen Typus sozialer Organisation in einer sich wandelnden Gesellschaft erkennen und dies auch am Beispiel der historischen Vereine nachvollziehen kann. Dazu: Nipperdey (1972) S. 2ff. Zur Bedeutung der Vereine für Gesellschaft und Staat; siehe zuletzt Hoffmann (2003) mit ausführlichem Literaturverzeichnis.

aus heutiger Sicht nicht historisch, die Methoden der Antwortfindung nicht wissenschaftlich erscheinen – für ihre Zeit war es das geeignete Mittel der Beschäftigung mit der Vergangenheit.[1] Die Freunde dieser aus heutiger Warte „Spaten-Archäologie" getauften, mehr oder minder zum gelehrten Freizeitvergnügen betriebenen Wissenschaft trafen sich am Wochenende mit Gleichgesinnten aus dem Verein zum Ausgraben von Altertümern. Funde aus der – insbesondere römischen und germanischen – Vergangenheit ließen auch auf die eigene Heimat wenigstens einen Abglanz des Strahlens der großen Denkmäler und weltbekannten Ausgrabungen im Orient oder in Italien fallen, das sich im Laufe des Jahrhunderts zum Zentrum jeder bildungsbürgerlichen Grand-Tour entwickelt hatte.

Das Bürgertum strebte dem Glanz der einzelnen fürstlichen Antikensammlungen nach, und die Emanzipation der neuen bürgerlichen Idee war begleitet von dem Streben, die eigene Geschichte für sich zu entdecken und dieser ein Existenzrecht zu entlocken. Viele Relikte der Vergangenheit sind den auf das reine Sammeln von Funden zielenden, oft unbekümmert durchgeführten Grabungen ohne die heute unabdingliche Präzision unwiederbringlich zum Opfer gefallen.[2] Ein Vorwurf ist den Vereinen jedoch nicht zu machen, denn es bleibt ihr Verdienst, viele Menschen für die in ihrer Heimat erhaltenen archäologischen Reste der Vergangenheit sensibilisiert zu haben und auch den Grundstein für eine ‚Verwissenschaftlichung'[3] der Vorgehensweisen gelegt zu haben. Schließlich konnte erst aus der Beschäftigung mit den Funden das Bewusstsein entstehen, dass die Antike die Quelle sei, aus der auf der Suche nach einer gemeinsamen deutschen Identität geschöpft werden konnte. Nur in diesen „Tiefen der deutschen Vergangenheit" schien der typisch „deutsche" Partikularismus des Mittelalters und der Frühen Neuzeit von der Gemeinsamkeit einer römischen – oder auch gerade nicht-römischen – Vergangenheit aufgefangen zu werden.

2.4 Die Arbeit historischer Vereine

Ein Blick auf die Entwicklung der geistigen und realen Arbeiten im Rahmen von historischen Vereinen[4] ist gleichzeitig ein Längsschnitt durch die Limesforschung im 19. Jahrhundert. Zunächst war es eine der wichtigsten Aufgaben vieler Vereine, die Altertümer ihrer jeweiligen Region zu entdecken und auszugraben.[5] Dieses klare und von allen bewusst vertretene Ziel kam nach 1848 aber ins Wanken, und für die historisch und archäologisch-historisch ausgerichteten Vereine begann eine schwierige, von politischen Aufladungen und Instrumentalisierungen gekennzeichnete, [6] bis in die Zeit der Reichsgründung dauernde Periode der Vermischung von staatlichen, partikularen und bürgerlichen Interessen und Entwicklungen.

Das Interesse speziell an der römischen Vergangenheit ließ in Deutschland aber nicht nach – im Gegenteil: War es bislang von „archäologisch-praktischem" Charakter gewesen, also bestrebt, Teilchen um Teilchen dem ‚Wie-es-gewesen-ist'-Bild hin-

[1] Heimpel (1972) S. 55.

[2] Vgl. Schleiermacher (1959) S. 11.

[3] Kritik an diesem Begriff siehe Vogel (2004).

[4] Zuletzt umfassend zur Bedeutung der Vereine im 19. Jahrhundert siehe Clemens (2004).

[5] Dieses Selbstverständnis spiegelt sich schon in den Namen der Vereine, etwa dem „Verein zur Aufsuchung der Altertümer in der Gegend von Rottweil" (gegründet 1832) oder der „Gesellschaft zur Erforschung der vaterländischen Denkmahle der Vorzeit" (gegründet 1830).

[6] Beispiele für die „politische Aufladung" der Vereine im Vorfeld der „Vereinigungswut" und die damit verbundenen Problemen bringt Hoffmann (2003) S. 56.

zuzufügen, so verlagerte es sich nun auf eine mehr „historisch-theoretische" Ebene, auf der dem bekannten Bild der Vergangenheit und den hergebrachten Forschungsmethoden ein neues historisches Erkenntnisinteresse und somit eine ganz neue, politisch aber weniger angreifbare Qualität verliehen wurde. Einen Höhepunkt erreichte diese neue Geschichtswissenschaft schon sehr bald, als Theodor Mommsen zwischen 1854 und 1856 die drei Bände seiner „Römischen Geschichte" veröffentlichte; ein Welterfolg, der 1868 in die fünfte Auflage gehen sollte.[1] Der Erfolg dieses Werkes trug zu einer erheblichen Verbreitung des Interesses an der Geschichte und den Hinterlassenschaften der Römer bei.

Bereits ein Jahr vor Mommsens großem Werk war 1853 der „Gesamtdeutsche Geschichtsverein" gegründet worden, aus dem sich zwei Jahre später die erste Sonderkommission zur Erforschung des deutschen Limes bildete. Zwar konnte diese Kommission für die Erforschung des Limes keine greifbaren Ergebnisse liefern, aber sie zeigt das Bestreben, die Tätigkeiten vieler Vereine überregional zu koordinieren. Diese Bündelung der Kräfte wiederum und die in ihr zum Ausdruck kommende These von der großen Bedeutung des deutschen Limes lockten bald auch einzelne Gelehrte aus dem Ausland in die deutschen Lande, die in den 1850er Jahren in den Wällen in Schottland und England Äquivalente zu den germanischen Limites sah, [2] wie es schon Aventinus tat.

Diese Entwicklungen hatten der Etablierung der Limesforschung den Weg bereitet, und nun war es an den Vereinen, nicht mehr nur für die Popularisierung von Archäologie und Historie zu sorgen[3], sondern auch die teils enormen Geldmengen aufzubringen, die für Vermessungen und Grabungen notwendig waren. Inhaltlich erbrachte die Vorarbeit der Vereine die Grundlagen für die weiteren Forschungen der Reichslimeskommission (RLK) und viele der lokalen Vereinsmitglieder sollten dort ihre Kenntnisse einbringen.

Einer von diesen war der Schriftführer des „Gesamtdeutschen Geschichtsvereins", August von Cohausen, in dessen Buch „Der römische Grenzwall in Deutschland"[4] seine persönlichen Interessen und Erfahrungen seiner Vergangenheit als Offizier und Vermessungsingenieur der württembergischen Armee zum Ausdruck kamen. In der Erforschung des Limes in Deutschland gilt er als eine bemerkenswerte, wenn auch letztlich umstrittene Person. Dem „Nestor der Limesforschung"[5] ist das erste wissenschaftliche Gesamtwerk über den deutschen Limes zuzuschreiben.[6] Entstanden war es aus Cohausens eigenen Forschungen in Zusammenarbeit mit lokalen historischen und archäologischen Vereinen sowie mit den Landeskonservatoren. Mit dem Blick des Militärs aus der Mitte des 19. Jahrhunderts interpretierte Cohausen in Rekonstruktionszeichnungen die Bauten des Limes recht frei.

---

[1] Vgl. Rebenich (2002) S. 88.

[2] Vgl. Yates (1858) S. 7, Anm. 2.

[3] Es ist großenteils den Vereinen zu verdanken, dass „im Jahre 1892 (...) die Hinwendung zur Vergangenheit so selbstverständlich wie das Vaterland" war. Heimpel (1972) S. 54.

[4] Cohausen (1884).

[5] Protokoll der 205. Sitzung des Reichstages von 28.03.1892, S. 5069.

[6] Die von Mommsen an Cohausens Werk geäußerte Kritik in Mommsen (1885); S. 46/47. Darauf erhob sich bei der Diskussion im Reichstag um die Bewilligung der 40.000 Reichsmark grobe Kritik von einem Dr. Lieber an Mommsen, der sich in der Zeitung „Die Nation" am 30. Januar 1892 in einem Leserbrief verteidigte. Mommsen (1908) S. 452-455. Diese Diskussion um das Werk Cohausens zeigt unter anderem das Kompetenz- und Fachgerangel um die Ägide bei der Erforschung des deutschen Teil des Limes.

Abbildung 3: Cohausens Vergleich der Limestürme und Kastelle mit Kosacken-Posten am Kuban (Russland). Aus Cohausen *(1884) Tafel XIX, Fig. 4 und 5.*

Seine Darstellung von Grenzkontrollen am Rande des Römischen Reiches waren deutlich von den Grenzanlagen seiner Zeit inspiriert. In seiner Arbeit gab er auch zeitgenössische Beispiele für Grenzanlagen an, die dem Limes seiner Meinung nach funktionell und baulich vergleichbar sein sollten.[1]

Trotz der anderen Absichten und der Interpretationen einzelner Limesstrecken bzw. Kastelle und Türme gelang es mit Hilfe der lokalen Altertumsforscher und Vereine, einen großen Teil der Hinterlassenschaften am Limes zu einem Funktionszusammenhang zusammenzufassen. Das Problem von Cohausens Vorgehensweise ist jedoch darin zu sehen, dass er sich bezüglich des zu interpretierenden Materials auf Berichte Dritter verließ, da er manche Strecken wegen der noch fehlenden zentralen Organisation und ohne größere Geldmittel nicht selbst oder nur unzulänglich begangen hatte. So sind seine Angaben für den Raum von der Donau bis nach Lorch nur knapp und teils fragwürdig.[2] Um so bemerkenswerter ist, dass Cohausen sich des mangelnden militärischen Wertes der Limesanlagen wohl bewusst war und erstmals den Gedanken einer nichtmilitärischen Grenze artikulierte. Zwar bezeichnet er den Limes als Grenzwall, bemerkt jedoch, dass die Wallanlagen aber militärisch völlig ineffizient seien: „Der Pfahlgraben ist keine Grenzwehr, wenigstens keine mechanische, sondern eine moralische – er hat keinen taktischen Zweck (...)"[3], urteilte Cohausen im Jahre 1884.[4]

2.5 Die Reichslimeskommission

In den 1870er Jahren wurde die Limesforschung – der Hauptzuständigkeit von Amateurarchäologen endgültig sowohl offiziell als auch de facto entzogen[5] – zu einem Politikum. Der neue Staat sah es nun als eine seiner Aufgaben, ein solches

[1] Cohausen verglich den Limes mit der österreichischen Grenze zur Türkei oder der russischen Militärgrenze am Kaukasus, und das Hauptelement des Obergermanischen Limes sei die Palisade, wie sie in der Vita des Hadrian in der Historia Augusta genannt wurden. Vgl. Cohausen (1884) S. 324.

[2] Vgl. ORL A 7, S. 7.

[3] Cohausen (1884) S. 17.

[4] Vgl. auch Fabricius (1903) Limesblätter 35, S. 950, der dem Limes ebenso seine militärische Effizienz anzweifelt und dessen militärischen Zweck in Frage stellt.

[5] Das Eindringen der professionell betriebenen archäologischen und historischen Wissenschaft seit der ersten Hälfte des 19. Jahrhunderts in die Limesforschung beendete nun endgültig die große Zeit der Amateurarchäologen und einzelner Vereine in vielen Teilen Deutschlands, sofern diese nicht ohnehin bereits zuvor durch Gesetze der Länder und die Kontrolle der Landeskonservatoren eingeschränkt worden waren. Zu den gesetzlichen Reglementierungen vgl. Nuber (1983) S.112 und Jorns (1974) S. 17ff.

gemeinsames Erbe zu erfassen und unter seiner Lenkung für den ‚Gesamtstaat' zu nutzen. Eine Limesforschung, die die Idee eines gesamtdeutschen Kulturerbes Limes verfolgte und damit das Deutsche Reich als Ganzes zur ihrem – und sei es nur ideellen – Auftraggeber machen wollte, musste die deutschen Staaten mit ihren jeweiligen Einzelinteressen polarisieren. Die Reichstagsdebatte um die Gründung der RLK und die nachfolgenden (Personal-)Diskussionen[1] lassen dies erkennen.[2] Die Skepsis gegenüber dem Berliner wissenschaftlichen Großbetrieb unter Mommsens Ägide war deutlich spürbar und ein Zeichen des vorhandenen Misstrauens gegenüber Preußen in Teilen des jungen Kaiserreichs.

„Mommsen war nicht einer der Architekten des Zeitalters, (...) aber das Jahrhundert hat sich in Mommsen einen gewaltigen Ausdruck verschaffen", urteilte Alfred Heuss.[3] Und tatsächlich: Der bereits hochbetagte Theodor Mommsen sollte zu einer der führenden Figuren der Limesforschung und ihrer Organisation werden. Nicht zuletzt der glänzende Erfolg seiner „Römischen Geschichte" hatte den gelernten Juristen Mommsen über die Grenzen Deutschlands hinaus zu einem der angesehensten Historiker in der zweiten Hälfte des 19. Jahrhunderts gemacht.[4] Die Geschichte Roms von ihren Anfängen bis zum Ende der Republik mit dem End- und Höhepunkt Julius Caesar ließ sich gut als Analogie zu einer Beschreibung der Suche des deutschen Volkes nach einem Staat lesen, den Mommsen selbst als einen Verfassungsstaat obrigkeitsstaatlicher Prägung kennenlernte.[5] Diese Analogie und die darin speziell herausgehobene Determinante der römischen Geschichte, auf die Figur eines Caesars hinauszulaufen, mag als Indiz dafür gelten, dass Mommsen in seiner „Römischen Geschichte" seine Zeit auf die römische Antike projizierte. Speziell der Limes als ein dem gesamten Deutschen Reich zugehöriges Kulturgut und seine Erforschung als Aufgabe des Reiches passte in die Vorstellung, dass ein Volk mit einem starken Kaiser an der Spitze eine ebenso starke Grenze haben müsse. Die Aufbruchsstimmung bestimmte auch den Rahmen, innerhalb dessen der Gelehrte seine wissenschaftlichen Großunternehmen seit den siebziger Jahren des 19. Jahrhunderts betrieb, allen voran das Corpus Inscriptionum Latinarum (CIL) als systematische Aufarbeitung sämtlicher inschriftlicher Überlieferungen. Diesem Ziel hatte nach Ansicht Mommsens auch die RLK zu dienen, und ihre erste Aufgabe hatte die Sammlung und Aufzeichnung aller Altertümer zu sein, die mit dem Limes in Verbindung standen.

Ein reichsweites Gremium zur Limesforschung ins Leben zu rufen, war seit der Reichsgründung 1871 Mommsens Idee. Doch das auf dem Papier gerade geborene neue, föderativ verfasste Reich war de iure schon ein gemeinsamer Staat, de facto aber von der Mentalität vieler seiner Bewohner her immer noch weit von einem gemeinsamen deutschen Staat entfernt. So lehnten etwa die Länder Bayern und Württemberg den Einsatz preußischer Militärs zur Vermessung der Limes-Linie schließlich unter dem sogar offen geäußerten Verdacht der Spionage rundweg ab.[6] Die Limesforscher sollten sich nach Mommsens Vorstellung frei und nach eigenem Ermessen im Gelän-

[1] 149. Sitzung vom 16.01.1892 und 205. Sitzung vom 28.03.1892.

[2] So war z. B. August von Cohausen 1890 noch auf der den Anstoß zur Gründung der RLK gebenden Sitzung in Heidelberg dabei, konnte aber wegen seiner Differenzen mit Mommsen und seines hohen Alters nicht mehr weiter in die Limesforschung eingreifen. Wie aber die Debatten im Reichstag zeigten, waren die Einzelinteressen der Länder stark von den Standpunkten ihrer jeweiligen Forscher abhängig.

[3] Heuss (1996) S. 225.

[4] Zum Wirken und Schaffen Theodor Mommsens vgl. Rebenich (2002).

[5] Vgl. Christ (1972) S. 108. Ebenfalls Rebenich (2002) S. 95.

[6] Dazu Braun (1984) S. 38.

de bewegen können um die Überreste des Grenzwalls zu vermessen, auszugraben und die Ergebnisse einer Zusammenführung zugänglich zu machen. Dafür setzte sich Mommsen bereits im Jahre 1873 mit dem Großen Generalstab unter General von Moltke in Verbindung und versuchte, mit den disziplinierten, bestens organisierten Spezialisten für Vermessung und Militärbauten in kürzester Zeit die Vermessung des Limes in Deutschland gar abschließen zu können. Es stellte sich allerdings heraus, dass nicht nur die Bedenken der meisten betroffenen bzw. beteiligten deutschen Länder das Projekt verhinderten, sondern es scheiterte wider Erwarten auch an Personalfragen: Mommsen fand unter den Vorschlägen des Generalstabes keinen geeigneten Mitarbeiter. Ähnlich endeten drei weitere Anläufe in der Sache in den Jahren 1876, 1878 und 1882. Das einzige Zwischenergebnis war die so genannte „Römerstraßen-Sektion" des Generalstabes, die aber nach gescheiterten Bemühungen und fehlender Finanzierung nach vier Jahren 1880 aufgelöst wurde. Weil diesen Bemühungen aber von vornherein keine großen Erfolgschancen zugemessen worden waren, zahlte der Generalstab bereits parallel Gelder für die Limesforschung an Oberst von Cohausen, dessen Tätigkeit dem Generalstab als ein ‚Feigenblatt' für eine versäumte, nicht einheitliche Limesforschung diente.[1]

An eine gemeinsame Kommission unter der Führung Berlins war also zunächst nicht zu denken, doch dem in Berlin immer einflussreicher werdenden „Wissenschaftsorganisator" Mommsen lag – nicht zuletzt aufgrund eines gemeinsamen Interesses mit dem Ministerialdirektor Friedrich Althoff – zu viel daran, diesen antiken Grenzwall endlich zu untersuchen[2], als dass er an eine Aufgabe des Projektes hätte denken wollen. Tatsächlich ist es wohl eben jenem Friedrich Althoff und dessen Streben, die deutsche Forschung in allen Bereichen zu professionalisieren, modernisieren und international zu Ansehen zu bringen, [3] zu danken, dass die Limesforschung letztlich doch noch Reichssache wurde. Allerdings nur unter dem Kompromiss, die Landeskonservatoren, Vereine und deren einflussreiche und teils bereits in der Limesforschung berühmt gewordenen Mitglieder in die vorgesehene Arbeit der RLK einzubinden.

1891 schrieb Mommsen in seinem Memorandum an Kaiser Wilhelm: „Es ist der Limes das älteste größte Bauwerk, welches Deutschland besitzt, seine Aufklärung ebenso folgenschwer für die Geschichte des Römerreiches, das nicht bloß an seiner germanischen Grenze sich nach diesem System geschützt hat, wie für die Urgeschichte unseres Vaterlandes. Das geeinigte Deutschland wird jetzt nachzuholen haben, was bei der Ungunst früherer Zeiten unterblieben ist. Es darf aber nicht vergessen werden, dass von den noch erhaltenen Zeugen dieser fernen Vergangenheit jeden Tag weiteres abbröckelt; was geschehen soll, muss bald geschehen."[4] Mommsen ließ also an der Sache keinen Zweifel: Limesforschung hing für ihn untrennbar mit der nationalen Vergangenheit zusammen; jene musste stattfinden, um diese für die Gegenwart fruchtbar zu machen.

Der Limes war sowohl als Grenzwall als auch als ein Symbol der römischen Kultur ebenso wichtig wie die Staatengrenze der deutschen Nation. Beide verband der jeweils doppelte Charakter[5] der gleichzeitig nach innen und nach außen gerichteten

[1] Vgl. Irmscher (1966) S. 138ff.
[2] Vgl. Rebenich (2002) S. 146f.
[3] Vgl. Rebenich (2002) S. 145.
[4] Akten des Reichstages von 1892/93, Beilage C zum Etat für das Reichsamt des Inneren, Anlage IV, S. 56.
[5] Vgl. Mommsen (1894) S. 138.

Wirkung einer Grenze. War der Limes eine mit Wachtposten eingerichtete Grenzbarrikade, die „das Fundament der augustischen Militär- und vor allem des augustischen Zollsystems ist", [1] so lag darin die innere Berechtigung des Bauwerkes als Basis für die Konstituierung eines Kaiserreiches, sei es das Römische oder auch das Deutsche.

Am 16. Januar 1892 beschloss der Reichstag die Gründung der RLK, und der Kaiser leistete seine Unterschrift.[2]

2.6 Die Zeit zwischen der Gründung der RLK und dem Ersten Weltkrieg

Die konzentrierte Arbeit im Gelände und die Forschung an den Universitäten brachte viele neue Erkenntnisse und räumte nach und nach mit mancher alten Deutung auf. Das Organ der RLK waren die „Limesblätter", in denen zwischen 1892 und 1903 die Mitteilungen der einzelnen Streckenkommissare und Ausgräber erschienen. Kurz- und Vorberichte von Strecken- und Kastellgrabungen sowie Darstellungen interessanter Funde, aber auch neue Theorien zur Funktion einzelner Teile oder der Gesamtfunktion des Limes wurden publiziert.[3] Eine heute vielleicht eher unbekanntere Interpretation von Funden am Limes ist die Zuordnung der Steine und Materialreste im „Gräbchen" vor Wall und Graben. Die „Aussteinung" unter der Erde sei, so erklärte Louis Jacobi 1894[4], „die wirkliche Reichsgrenze, der wichtigste und ursprünglichste Teil des Limes."[5]

Die Vermutung Jacobis, in den Steinen sei eine sakrale und juristische Grenze, ein *terminus*, zu sehen, war aus dem Gedanken geboren, dem Limes eine erklärbare Grundfunktion zuzuweisen, die bisher noch nicht bezeugt wurde. Diese Vermutung der unterirdischen Absteinung veranlasste W. Kohl[6] ein halbes Jahr später dazu, an geeigneter Stelle am rätischen Abschnitt bei Mönchroth-Witten Grabungen am „Gräbchen" zu machen. Dabei fand er den archäologischen Grund für die Ursache des Gräbchens heraus: Es nahm die Palisade aus Eichenbalken auf, die im Boden mit Steinen und anderem Material verkeilt wurden, bevor der Graben wieder bis zur ursprünglichen Bodenhöhe verfüllt wurde. Die Palisade des Hadrian[7] aus der Vita der Historia Augusta war gefunden; der endliche Zweck des Limes und seine tatsächliche Gestalt sollten aber weiter unterschiedlich gedeutet werden.

Bis zum Beginn des Ersten Weltkrieges waren der Streckenverlauf des ORL, seine Kastelle und Wachttürme zum größten Teil gefunden, vermessen und archäologisch aufgenommen. Die im Jahr 1906 und 1910 erschienenen, jedoch nicht weiter rezipierten philologischen Arbeiten zum Thema Limes, der Aufsatz von Wilhelm Gebert zur „Bedeutung des Wortes *limes*" und August Oxés „Der Limes des Tiberius", brachten

[1] Mommsen (1886) S. 111f., Anm. 1.

[2] Das Entstehen der RLK spiegelt mit vielen seiner Unwegsamkeiten und Umwegen bis zur Gründung viele der Probleme des jungen Kaiserreichs auf einer „wissenschafts-organisatorischen" Ebene wider.

[3] Limesblätter 1, Sp. 1.

[4] Limesblätter 8, Sp. 191-225.

[5] Limesblätter 7 & 8 (1894) Sp. 224-225. Wie Jacobi zu dieser Interpretation kam, legt er nicht offen. Diese Idee der immens wichtigen Bedeutung des Limes als nicht militärische, sondern vielmehr als sakrale Grenze ist sehr bemerkenswert; jedoch ist diese Idee der Funktion des Limes in der Forschung nicht weiter fortgeführt worden.

[6] Limesblätter 10 (1894) Sp. 302-312.

[7] Es stellte sich 100 Jahre später bei dendrochronologischen Untersuchungen von erneuten Holzfunden bei Mönchroth heraus, dass diese Reste der Palisade aus den 230er Jahren stammten. Vgl. dazu Schallmayer (2004) S. 33ff.

eine neue Frage zum Limes ins Spiel. Die Autoren wiesen nach, dass das Wort *limes* nicht die lineare Außengrenze und auch nicht einen Grenzwall des Imperium Romanum meinte. Erst 1988 wiederholte B. Isaac die Argumentation, allerdings aus einer eigenen Idee heraus und ohne das Wissen um Geberts und Oxés Aufsätze.[1] Der Grund, warum diese Aufsätze keine größere Rezeption in der Limesforschung erfuhren, ist nicht mehr genau nachzuvollziehen. Es mag sein, dass sie durch die Jahrzehnte dem Mainstream der Limesinterpretation in der Frage nach der ursprünglichen römischen Benennung entgegenstanden oder auch zur Lösung der Frage nach der Funktion des Bauwerkes nicht beitrugen.[2]

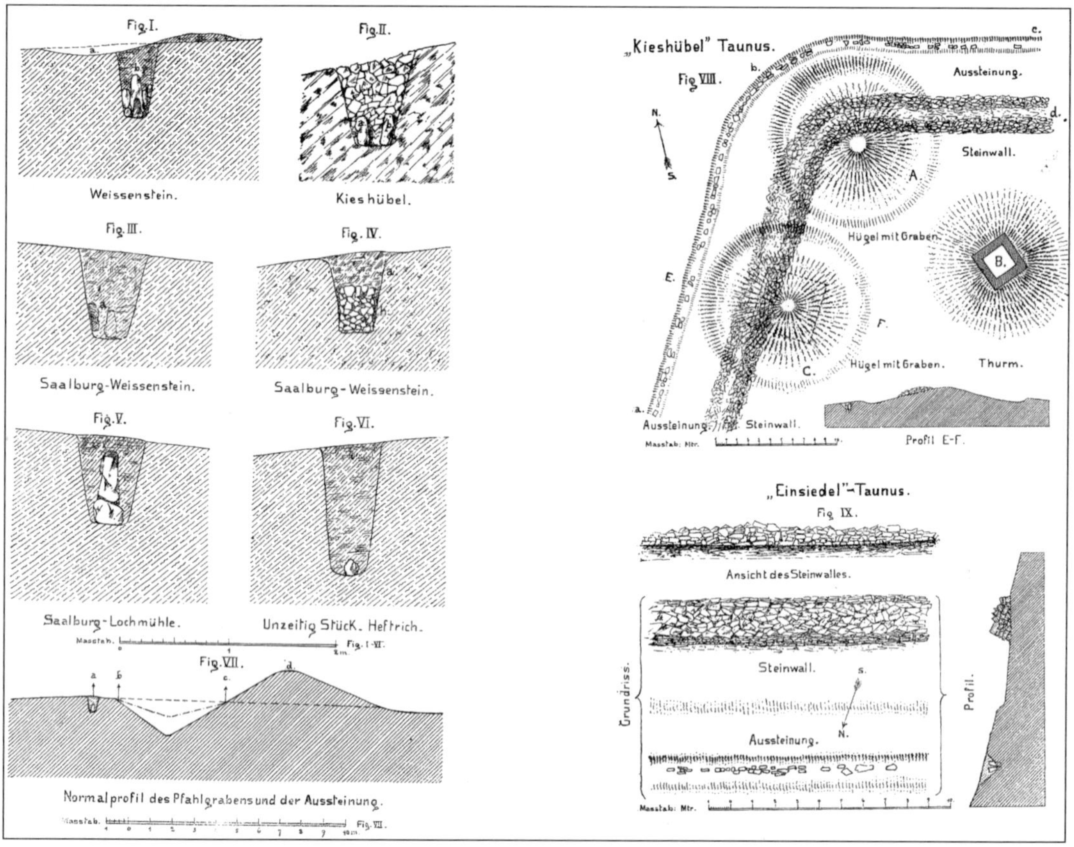

Abbildung 4: Jacobis Absteinung im Gräbchen vor dem Wall im Taunus bei ‚Einsiedel' und ‚Kieshübel'. Aus: Limesblatt 1894, S. 198f.

Als Grundbedeutung des Begriffs *limes* schlug Oxé „eine freie Bahn zu ebener Erde, ohne künstliche Aufschüttung hergerichtet, mit schnurgeraden Strecken oft von ansehnlicher Breite", [3] „eine quer durch etwas gehende Bahn" vor. Das war grundlegend neu, vermerkten doch seit der Mitte des 19. Jh. die Wörterbücher unter dem Stichwort ‚Limes': ‚Pfahlgraben oder Außengrenze[4] des römischen Reiches'.[5] Gegen diese klare und einfache Deutung von Funktion und Aufgabe der Wallanlagen kam

[1] Vgl. Brodersen (2003) S. 171, Anm. 3.
[2] Fabricius (1926) Sp. 572 nennt beide Autoren mit diesen Aufsätzen, zieht daraus jedoch keine weiteren Schlüsse.
[3] Oxé (1906) S. 121.
[4] Man kann hier wiederum erkennen wie sich Begriffe und Übersetzungen zum konkreten Wissen der Zeit verhalten und wie die Antike in der Zeit ihrer Interpretation gedeutet wird.
[5] Meyers Konversationslexikon 1864 s.v. Limes.

auch Geberts eher schwierige und nicht auf Anhieb verständliche These nicht an.[1] Auch Mommsen hatte schon 1885 zum Begriff ‚limes' Stellung bezogen.[2] Mommsen leitete den Begriff von ‚limen', der Türschwelle, und ‚limus', quer, her ab und sprach sich aufgrund der Deutung der Funde von Jacobis „Absteinungsgräbchen"[3] für eine irgendwie zweifach markierte Außengrenze des Römerreiches aus. Also blieb der Limes die überwachte und militärisch verteidigte Grenze zum Land der Barbaren. Gegen etwaige Einfälle der Germanen sollten Palisade oder Wall, Graben und Mauer schützen. Dabei hatte sich schon so mancher Militär gefragt, wie sinnvoll eine Zerstreuung der Streitkräfte auf eine solch lange Linie sei;[4] spätestens seitdem von Clausewitz in seinem Handbuch zur Kriegführung die Verteilung und Aufsplitterung der militärischen Kräfte als sinnlos und kontraproduktiv bewertet hatte.[5]

Die Frage nach der ursprünglichen Funktion des ja auch erst in der Neuzeit als Limes bezeichneten Bauwerkes stand also wieder auf der Tagesordnung. Die Versuche, ‚Pfahl'[6] oder ‚Phol'[7] vom lateinischen Begriff ‚palus' abzuleiten, [8] waren nur für die Erkenntnis hilfreich, dass einer der frühesten deutschsprachigen Begriffe für diese Palisade in vielen Orts- und Flurbezeichnungen in der Nähe des Limes wieder zu finden war.[9] Schon 791 im Raum Idstein und 899 bei Weißenburg lassen sich die Ortsbezeichnungen von „Phal" nachweisen.[10] Wie weit die Begriffe „Pfahl" oder „Pfahlgraben" selbst etymologisch zweifelsfrei dem Bauwerk Limes zugeordnet werden können, ist aufgrund fehlender antiker Quellen immer noch ungewiss. Der lateinische Begriff *palus* wurde nie im Sinne eines Schanzpfahles gebraucht, was jedoch die Forschung am Limes nicht weiter beeinflusste, denn obwohl man sich bewusst wurde, dass der Deutung der Bezeichnungen für den Limes als Pfahlgraben etc. größte Bedeutung für sein Verständnis zukam, [11] wählte man in wissenschaftlichen Kreisen den Begriff Limes.[12] Diese Bezeichnung des Gesamtkomplexes als Limes setzte sich nach dem Ersten Weltkrieg durch und verdrängte rasch alle anderen Begriffe in den Bereich der Volks- und Laiensprache.[13]

[1] Alle drei Aufsätze von Isaac (1987), Gebert (1910) und Oxé (1906) kann man immer noch als Grundlage zum Verständnis des Wortes Limes gelten lassen.

[2] Mommsen (1885) S. 134ff.

[3] Limesblätter 7&8 (1894) Sp. 221-224. Aber auch der Befund des *„vallum"* und anderer parallel laufender Gräben am Hadrianswall in England führte zu dieser These Mommsens.

[4] Vgl. Koepp (1912) S. 57.

[5] Dazu v. Clausewitz (1788) Vom Kriege. 6. Buch, 22. Kapitel: Der Kordon.

[6] Siehe dazu grundlegend Fabricius (1914), passim und im Gegensatz dazu Ohlenschlager (1895), der Versucht ‚Pfahl', bzw. ‚Phal' von lateinischen *vallum/vallus* herzuleiten.

[7] Zum Begriff ‚Pfahl' siehe auch das Grimm (1875) S. 189, der versuchte, den Begriff ‚Phol' von einer Gottheit herzuleiten.

[8] Walz (1900) S. 11 und Fabricius (1914) S. 1.

[9] Aventinus ist für die früheste Verknüpfung von Limes, bzw. *vallum* und dem ‚Phal' verantwortlich, die sich bis zum Ende des 19. Jh. in der Bezeichnung des Limes hielt. Vgl. Braun (1986), S.43.

[10] Zu Idstein: Preuschen-Liebenstein (1856) S. 123 und zu Weißenburg: MGH DDIII, 1077 Nr. 72.

[11] Vgl. Fabricius (1914) S. 1.

[12] Dies ist jedenfalls für den deutschsprachigen Raum zu beobachten. Viele ausländische Forscher und Besucher zeigen, dass noch 1885 der Begriff ‚Teufelsmauer' oder ‚Pfahlgraben' für sie der Begriff für den Limes in Deutschland war. Siehe Mowat (1885).

[13] Fabricius (1926) erwähnt in seinem RE-Artikel zum Limes mit keinem Wort die anderen neuzeitlichen Bezeichnungen wie Pfahlgraben o. ä. Es ist zu vermuten, dass Fabricius bewusst nur den neuen, wissenschaftlichen Fachbegriff verwendet, um sich bewusst von der „laienhaften" Forschung der Zeit vor der RLK zu differenzieren.

2.7 Die Limesforschung zwischen den Weltkriegen

Nach dem Ersten Weltkrieg kam die Limesforschung zunächst nur schleppend voran. Die Hauptarbeit war nun nicht mehr im Gelände zu verrichten, sondern bestand darin, die Funde zu publizieren und vereinzelte Nachgrabungen durchzuführen. War die RLK mit dem Ziel angetreten, alle Kastelle, Türme und Wallanlagen in nur fünf Jahren zu erfassen, dauerte es tatsächlich bis 1937, bis der letzte Band des ORL-Grundwerkes erschien. Die Forscher der RLK unter der Ägide des Freiburger Professors Ernst Fabricius führten schließlich das zu Ende, was 1892 begonnen worden war. Fabricius veröffentlichte sogar noch vor dem Erscheinen des letzten ORL-Bandes den großen zusammenfassenden Artikel zum „Limes" in der RE, der immer noch als Grundlagen-Artikel gelten kann.[1] Fabricius zieht darin das Resümee über die Funktion des Limes in einer sehr nüchternen und pragmatischen Weise: Der Limes diente der Kennzeichnung eines „möglichst vollkommene(n)"[2] und geschlossenen Reichsgebietes, das in flavischer Zeit zusätzlich mit einem Grenzverteidigungssystem versehen worden sei.[3] Nirgendwo am Limes, so Fabricius' Feststellung, seien Grenzsteine gefunden worden, die auf eine Funktion des Limes als *terminus* hinwiesen.[4]

In den Zwischenkriegsjahren wurde die Forschung am Limes eher als altertumswissenschaftliches ‚Mauerblümchen' behandelt. Spätestens mit der Machtergreifung der Nationalsozialisten rückte die römische Vergangenheit noch stärker in den Hintergrund. Das historisches Interesse an der römischen Geschichte war nicht mehr ihr Aspekt als Teil der eigenen Vergangenheit, sondern als dem ideologisch zu verwertenden historischen, allerdings gleichsam ex negativo gedachten Exempel: Waren die Germanen bereits einmal unterjocht und ihrer Freiheit und Identität beraubt worden, so sollte dieses Schicksal die nun deutschen Nachfahren nicht nochmals ereilen. Deutschland zu erhalten und zu mehren sei die daraus zu ziehende Schlussfolgerung.[5]

Das Bild des römischen Limes musste, trotz der Vollendung des monumentalen Werkes zum ORL, in diesen Jahren in der breiten Bevölkerung ein Bild des mit allen Mitteln verteidigten Bollwerks gegen Feinde gewesen sein und so – obwohl es immer wieder Versuche zur Klärung von wissenschaftlicher Seite gab[6] – blieb der Limes in den Köpfen der Menschen ein militärisches Bollwerk. Verstärkt wurde diese Ansicht durch die zeitweise verwendete Bezeichnung „Limes" für den später so genannten Westwall mit seinen Bunkeranlagen und unterirdischen Verteidigungsstellungen von Kleve bis Basel.[7] So sehr war also in den Köpfen der Menschen das Bild des befestigten römischen Grenzwalles zum Schutz gegen anstürmende „Barbaren" verhaftet, dass sich selbst die NS-Ideologie der Ausstrahlungs- und Faszinationskraft des monumentalen Bauwerkes nicht entziehen konnte, und tatsächlich musste das Bild des gegen die verrottete Kultur der Römer vorstürmenden gesunden Germanen besonders dem deutschen Landser oder Arbeiter, der gegen die Maginotlinie Frankreichs

[1] RE XIII, 1 s.v. Limes (1926) Sp. 572-671.

[2] Vgl. Fabricius (1926) RE XIII, 1, Sp. 574.

[3] Vgl. Fabricius (1926) RE XIII, 1, Sp. 574.

[4] Vgl. Fabricius (1926) RE XIII, 1, Sp. 575.

[5] Siehe dazu Briefs (1939) S. 448f.

[6] Verschiedene Publikationen – etwa über den „Limes Romanus" in der Neuwieder Zeitung und deren Heimatblatt (dazu Goerbig (1936), S. 3) – belegen, dass der Limes und seine Erforschung beziehungsweise Deutung immer wieder in das öffentliche Interesse vorgedrungen ist.

[7] Dazu Bettinger/Hansen/Lois (2002) S. 23-44 sowie schon Briefs (1939) „Limes Germanicus – Bridge and Frontier", der die Gründe für den deutschen Sonderweg schon im römischen Limes fundiert sieht.

anging, sehr eingängig sein. Jeder Soldat konnte sich so in der Tradition des Arminius fühlen[1] – und obwohl dies historisch völlig falsch war, erfüllte es doch ideologisch seinen Zweck.

Die Medaille der Firma Grün & Bilfinger aus dem Jahre 1938 zeigt beispielhaft die mit dem Bauwerk verknüpften Vorstellungen: Durch den Bau der Befestigungsanlage wird die Heimat, die Familie, vor dem Feind aus dem Westen geschützt. Die Signatur, die den Verteidigungswall des Dritten Reiches darstellt, ist die gleiche Signatur, wie sie auch auf den Karten und Abbildungen dieser Zeit für den römischen Limes genutzt wurde. Was wissenschaftlich schon längst widerlegt war – der Limes sei ein Bollwerk gegen die Barbaren – nutzte die nationalsozialistische Propaganda für ihre ideologische Fundamentierung des Bauprogrammes aus.

Abbildung 5: Medaillen für die Arbeit an den Limesbauwerken am Westwall im Abschnitt Offenburg der Firma ‚Grün und Bilfinger' aus dem Jahr 1938. Privatbesitz W. Moschek.

Es wurde rasch klar: Eine Mauer gegen den vermeintlichen Erbfeind war zwar perfekt in die nationalsozialistische Ideologie einzupassen, [2] doch der Begriff Limes passte nicht zu einem Bauwerk, das sich gegen Frankreich richtete, während sein namensgleicher Vorgänger einst vermeintlich zur Abwehr der ‚deutschen' Germanen erbaut worden war. Zudem war der Limes in römischer Zeit ‚gefallen' – und dies passte wiederum nicht zur Idee des ‚1000jährigen Reiches'. Sehr schnell verschwand also die Bezeichnung Limes wieder aus den offiziellen Schreiben, und als Bezeichnung des Bauprogramms. Das Festungsbauwerk wurde schließlich unter dem Namen „Westwall" bekannt. „Ein unüberwindliches Festungswerk, das größte der Weltgeschichte, der Westwall, schützt nach des Führers Plan und Willen das Reich der Deutschen gegen jeden denkbaren Angriff von Westen."[3] Zuvor, so der um eine der NS-Ideologie angemessene Einordnung des Limes bemühte Autor dieser Zeilen, Curt Hotzel, hatte „er [der Limes] (...) sich nicht halten können, weil er (...) eine Eroberungsgrenze immer weiter in den Lebensraum eines bodenständigen Volkes vorschieben (wollte)." Und nun – in der Tradition der römischen Eroberungspolitik – erhebe der Westen mit

[1] Siehe dazu die Schrift von Hotzel (1940) z. B. S. 25ff.

[2] Als Beispiel für eine verbreitete „Limesrezeption" ist die Plakette des Bauunternehmers „Grün und Bilfinger" anzusehen. Auf ihr ist ein Soldat zu sehen, der – vor einer Frau mit Kind stehend und den Blick nach Westen gerichtet – das deutsche Reich am „Limes 1938" gegen Frankreich verteidigt. Das Reich, symbolisiert durch den Reichsadler im Hintergrund, wird durch eine Mauer am Rhein von Frankreich, dargestellt durch das Straßburger Münster, abgeschottet. Die Zinnen-Mäander-Linie entspricht der gängigen Darstellung des Limesverlaufs in Karten bis in unsere Zeit. Ebenso kann man mit den häufigen ‚Stacheln' der Limeslinie auf Karten einen wehrhaften-abwehrenden Charakter beim Betrachter evozieren. Siehe dazu ausführlich Moschek (2010) zu Hitlers Limes.

[3] Hotzel (1940) S. 1. Zur Benennung des Bauwerks auch Goertz (1939) S. 261 und 456 Anm. 20.

Frankreich als seinem aggressivsten Vertreter einen „völkisch" und politisch völlig ungerechtfertigten Anspruch auf deutschen Lebensraum. Darauf aber sei „der deutsche Westwall von 1940 die einmalige Antwort (...). Nach zweitausend Jahren steht das Großdeutsche Reich als Ergebnis einer langen, schmerzlichen Klärung. Der Westwall ist sein Sinnbild. Am Wall der Fremden wurde einst Armin sich dessen bewußt, was sich nach ihm in Jahrhunderten vollziehen mußte. Am deutschen Wall steht geeint und selbstgewiß sein Volk."[1]

Die noch heute sichtbaren Überreste des „Westwalls", dessen dritte Phase des Bauprogramms immerhin für ein halbes Jahr offiziell als „Limesbauwerk" bezeichnet worden war, zeigen, womit der Begriff Limes verknüpft wurde.[2] Die Begriffe von Verteidigungswällen und -gräben waren danach in den Köpfen vieler Menschen mit Bildern von schrecklichen Stellungskriegen und Kämpfen Mann gegen Mann belegt. So verlegte noch Egon Eis 1963 in seinem Buch „Bollwerke der Menschheit – die gefährliche Illusion der Menschheit" einen Abwehrkampf einer deutschen Einheit gegen die heranrückenden Amerikaner 1945 in das römische Kastell Abusina (Eining). Eis' Schluss ist allerdings ein anderer, als ihn die Nationalsozialisten gezogen hatten: Diese statischen linearen Bollwerke könnten auf Dauer keine Sicherheit bieten. Daran, dass sich die Vorstellung des Römerwalls als Verteidigungsbollwerk gegen anstürmende Feinde in den Köpfen festgesetzt hatte, konnte eine sachliche Argumentation bei einer breiten Menge der Bevölkerung aber scheinbar nichts ändern – auch dann nicht, als z. B. W. Goerbig versuchte, durch eine Reihe von Aufsätzen in der „Neuwieder Zeitung" im Jahr 1936 das Bild des römischen Limes in ein rechtes Licht zu rücken, welches nicht nur die ‚Bollwerk'-Funktion gegen Barbaren hatte.[3]

2.8 Der Neubeginn der Limesforschung 1949

Nach dem Zweiten Weltkrieg begann die Limesforschung 1949 in Newcastle vielversprechend mit dem seither regelmäßig stattfindenden „Congress of Roman Frontier Studies".[4] Dieser Austausch im internationalen Rahmen sollte der in den 1930er Jahren de facto ‚eingefrorenen' deutschen Limesforschung viele fruchtbare Anstöße geben.[5] Weitete sich das Feld der Forschungen – nicht nur geographisch – auf viele auch entlegenere Gegenden der römischen Herrschaftsausübung aus, so waren die Kongresse andererseits bis in die 1990er Jahre thematisch sehr eng angelegt und sind aufgrund ihrer sehr stark militärgeschichtlich ausgerichteten Inhalte überspitzt als ‚Roman Fortification Studies'[6] bezeichnet worden. Diese jüngeren Interpretationen einer befestigten Grenze der Antike sind wiederum im Schatten des ‚Eisernen Vorhangs', [7] wie er in der Form der Innerdeutschen Grenze über Jahrzehnte das Bild von Forschern beeinflusste, nicht verwunderlich. Beginnend mit dem Aufsatz von A. Alföldi auf dem ersten Limeskongress von 1949 bis zum Ende der 1980er Jahre lag der

[1] Hotzel (1940) S. 125ff.

[2] Siehe dazu ausführlich: Moschek (2010).

[3] Goerbig (1936) S. 15ff.

[4] Für einen sehr guten Überblick über die Limeskongresse zusammen mit den wichtigsten Werken der letzten 50 Jahre siehe Birley A.R. in: Limes XVIII, S. 1-9.

[5] Vgl. Nuber (1983) S. 116.

[6] Elton (1996) S. VIII.

[7] Andreas Alföldi (1949) zeigt in seinem Aufsatz „Die ethische Grenzscheide am römischen Limes", wie die politische Situation und die ideologische Aufspaltung in der Zeit des Kalten Krieges in die der römischen Herrschaft transponiert werden. Alföldi betont damit die Funktion des Limes als Kulturgrenze.

Fokus auf den Forschungen im militärischen Bereich des Limes. Erst seit der Einrichtung der „Roman Military Equipment Conference" (ROMEC) im Jahr 1990 verlagerte sich der Schwerpunkt der Limeskongresse wieder auf ein breiteres Spektrum der Kulturentwicklung an den Grenzen des römischen Reiches.

Bereits 1959 betonte W. Schleiermacher erneut die geringe militärische Wirksamkeit des Limes, [1] der aber durch die durchgehende Palisade einen bleibenden Eindruck bei den Germanen hinterlassen habe.[2] Dagegen vermutete Ed. N. Luttwak[3] 1976 hinter dem Limes eine große, über Jahrhunderte geplante Strategie zur Verteidigung des Reiches: Von einzelnen Stationen und Vorposten über einer feste Linie mit Verteidigungsmöglichkeiten in der Tiefe des Hinterlands bis zu den beweglichen Spezialeinheiten der Limeszone passe alles in einen großen Plan, der über Jahrzehnte und Jahrhunderte auf dem imperialen Reißbrett gediehen sei. Dagegen sprechen etwa J. C. Mann und A. Móscy dem Limes letztlich jede tiefere Bedeutung ab. Vielmehr seien die Bauwerke auf dem Limes nur ein bürokratischer Akt gewesen, eine Notlösung für die Beschäftigung der Soldaten der Grenzprovinzen in Friedenszeiten.[4]

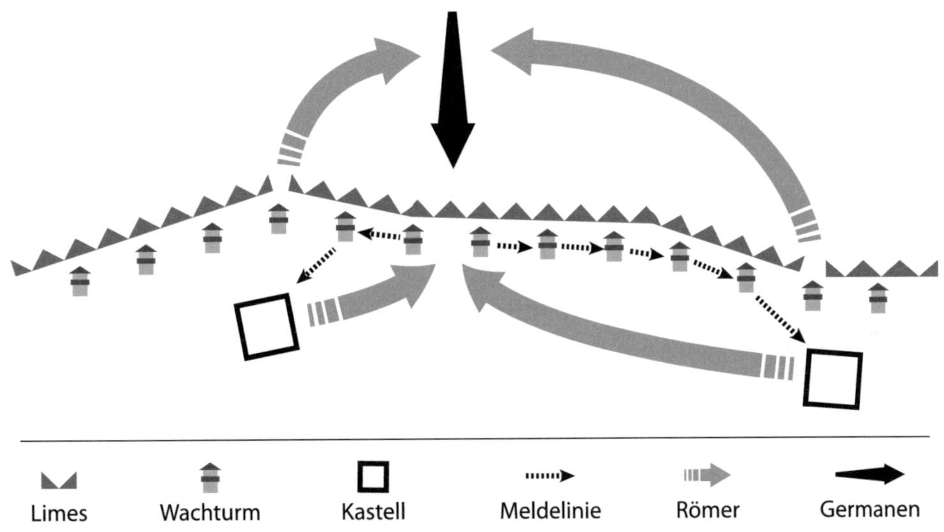

Abbildung 6: Taktisches Konzept des Limes bei Angriffen von Außerhalb. Nach Baatz *(2000) S. 53. Grafik: Moschek/Stein*

Die Theorien in den Veröffentlichungen der Reihe „Der Limes zwischen Rhein und Main" oder „Die Römer in Bayern" zeichnen fast durchgehend das gleiche Bild von den Theorien zur Funktion des Limes: Militärische Kontrolle des Grenzverkehrs und im 3. Jahrhundert die erste Abwehr eindringender Barbaren[5]; der steinerne Ausbau des rätischen Limes und eine stärkere Wehrhaftmachung der Kastelle in den Jahren zwischen 155 und 160 n. Chr.[6]; die Palisade als Schutz gegen kleine, lokal begrenz-

[1] Schon Cohausen (1884) S. 347-349. Schleiermacher (1959) S. 14f.
[2] Vgl. Cohausen (1884) S. 9 und 323f.
[3] Vgl. Luttwak (1976) „The Grand Strategy of the Roman Empire" .
[4] Vgl. Mann (1976) S. 512 und Móscy (1978) S. 22 und 24-29.
[5] Vgl. Beck/Planck (1980) S. 21-23.
[6] Vgl. Ulbert/Fischer (1983) S. 23-25.

te räuberische Übergriffe[1]; schließlich der Limes als die trockene Fortsetzung der „ripae"[2] und sprechendes Zeichen des Konfliktes zwischen Rom und den „Barbaren".[3]

D. Baatz entwarf zu der These vom Schutzwall gegen „Räuberchen"[4] ein dem Limes zugrunde liegendes taktisches Konzept, welches jedoch von B. Dobson schlüssig widerlegt werden konnte.[5] In Anlehnung an Baatz rekonstruierte E. Schallmayer die hier gezeigte und häufig wieder zu findende Zeichnung eines solchen in den Quellen nicht belegten Überfalls, der letzten Endes die Vorstellung des Limes als Landwehr fortführte.[6]

Endlich gab die schon zu Beginn des Kapitels erwähnte Arbeit von C. R. Whittaker „Frontiers of the Roman Empire" den Anstoß für ein neues bzw. anderes Nachdenken über die Funktion des Limes. Die Grenzen des Reiches seien Zeichen seiner inneren wirtschaftlichen Stärke, die am Ort des Aufeinandertreffens von römischer Kultur und nicht-römischer Unkultur ihren deutlichsten Ausdruck und – geographisch – ihr Ende gleichzeitig als Zone des Übergangs gefunden hätte.[7] Daraus folge unter anderem die reichsweite Dimension des Bauwerkes. Gestützt auf Analysen von wirtschaftlichen und militärischen Entwicklungen konnte Whittaker seine These entwickeln und für die Argumentation, warum der Limes genau dort ist, wo er ist: „The Roman engine was running out of steam"[8] eine bildreiche Begründung finden. Die Ausbreitung des Reiches hatte ein territoriales Stadium erreicht, in dem die intensiv bewohnte und bewirtschaftete oikoméne ins Reich eingefügt war.[9] Jedes Ausgreifen darüber hinaus hatte konkrete militärische oder wirtschaftliche Ziele. Laut Strabon war Britannien eine Gegend, die schwerlich das einzubringen versprach, was sie an Kosten verursachte.[10] In späteren Jahren dürfte die regelmäßig durch Aufstände geschüttelte Provinz kaum gewinnbringender gewesen sein.

Warum der Limes unter Hadrian zu einer durchgehenden Palisade, beziehungsweise einer Mauer ausgebaut wurde, bleibt auch in den Arbeiten Whittakers unbeantwortet[11], doch Whittakers Verdienst liegt darin, den Limes erstmals als eine Zone des Kontaktes und des wirtschaftlichen und kulturellen Austausches verstanden und möglich gemacht zu haben. In der jüngsten Forschung[12] findet sich daher schließlich betont die Idee vom Limes als fiskalischer Grenze. Diese sicherlich wichtige Aufgabe, als Kontroll- und Zollanlage zu dienen, wird von vielen Archäologen und Historikern favorisiert.[13] Dass der Limes aus Kostengründen gebaut wurde, da eine hunderte Kilometer lange Palisade/Mauer/Graben preiswerter sei als ständige Subsidienzahlungen an Stämme jenseits des Limes, um diese von Plünderungen abzuhalten, stellt eine

[1] Vgl. Klee (1989) S. 15-17; Schallmayer (1984) S. 28. Siehe auch Baatz (2001) S. 16. Aber auch schon Cohausen (1884) S. 348.

[2] Klee (1989) S. 15; Ulbert/Fischer (1983) S. 20.

[3] Vgl. Beck/Planck (1980) S. 13.

[4] Abgeleitet von den „*latrunculorum*" der Inschrift CIL 6, 40833 aus *Intercesia* am Donaulimes.

[5] Zuletzt wieder in Baatz (2000) S. 53. Dieses Konzept ist von Dobson (1986) S. 21-25 auch für den Hadrianswall widerlegt.

[6] Vgl. Schallmayer (1984) S. 29.

[7] Vgl. Whittaker (1994) S. 131.

[8] Whittaker (2000) S. 356.

[9] Vgl. Whittaker (1994) S. 86/87. Die Dichte der Besiedlung nimmt südlich der Solway-Tyne-Line deutlich zu.

[10] Strab. geogr., 2, 5, 8 C 115; 4, 5, 3 C200; dazu auch Brodersen (1998) S.49.

[11] Siehe Whittaker (2000) S. 296.

[12] Einen guten Überblick über die Limesforschung seit 1949 mit den wichtigsten Werken gibt Birley (2003) in seinem Eingangsvortrag zum Limeskongress in Amman.

[13] Zuletzt Baatz (2007) S. 24.

weitere These der letzten Jahre dar.[1] Auch im ‚Neuen Pauly' liegen die Schwerpunkte immer noch auf den ‚traditionellen' Erklärungsansätzen, [2] also der archäologischen Beschreibung des Bauwerkes und der Erklärung des Limes als militärischem Festungswerk, obwohl seine Bedeutungs- und Deutungsvielfalt angedeutet wird.[3]

Zusammen mit C. R. Whittaker und B. Isaac[4] sieht daher E. Schallmayer den Limes nicht zuletzt als ein Ergebnis wirtschaftlicher Erwägungen in den Grenzprovinzen.[5] Die Kontrolle der über die Reichsgrenze verlaufenden Handelswege und Warenströme zur Finanzierung der Grenzprovinzen verlangte nach einer intensiveren Beobachtung an bestimmten Punkten. So hätten die ökonomische Kraft und der historische Zufall dem Limes seine Idee und sein Gepräge verliehen. [6] Die wirtschaftliche Bedeutung des Limes scheint sich jedoch ins Negative zu wenden, wenn man bedenkt, dass nicht nur die wichtigen und gangbaren Handelswege, Pässe und Furten mit Kastellen, Wachttürmen und Palisaden weiträumig versehen wurden, sondern gerade auch unbegehbare, unzugängliche und unbewohnte Gebiete mit Palisade, Wall und Graben ausgestattet wurden. Dabei gebrauchten die römischen Soldaten eine der wenigen für sie nutzbaren Ressourcen der Provinz: Eichenholz. Die Menge der gefällten Eichen muss enorm gewesen sein für eine Palisade von Rheinbrohl bis an den Neckar und muss auch bei vorhandenem germanischen „Urwald" mit Laubholz-Dominanz ein einschneidendes Ereignis mit ökologischen Folgen gewesen sein.[7] Auf Jahrzehnte hin dürften große Gebiete von Eichenholzbestand frei gewesen sein.

2.9 Der Limes: Das erste „europäische" Weltkulturerbe

Jüngst ist der Obergermanisch-rätische Limes in eine weitere wichtige Phase seiner Geschichte eingetreten, denn seit Juli 2005 ist er Weltkulturerbe der UNESCO. Seit 2008 gehört der Antoninus Wall in Schottland als dritte Erweiterung der Grenzen des Römischen Reiches zu diesem Welterbe. Eventuell später könnte der Donau-Limes bis hin zum Schwarzen Meer dem bereits 1987 zum Weltkulturerbe erhobenen Hadrianswall angegliedert werden. Damit wären die europäischen Limesstrecken Teil des ersten Staaten-übergreifenden Weltkulturerbes überhaupt. Möglich geworden ist dies erst durch die speziellen politischen, gesellschaftlichen und kulturellen Entwicklungen im Europa der letzten 40 Jahre. Ausschlaggebend war jedoch das Ende des Kalten Krieges, die Öffnung des ‚Eisernen Vorhangs' und das Zusammenwachsen der europäischen Staatengemeinschaft, die den erneuten Anstoß zur Suche nach gemeinsamen, d. h. europäischen, wie individuellen, also Volks-, Staats- bzw. Nationen- oder Regionen-spezifischen Wurzeln von Kultur und Gesellschaft gaben.

Indem dabei politische und ideologisch-mentale Grenzen nach der Beendigung des Kalten Krieges fielen, wird eine antike römische Grenze zum Anknüpfungspunkt und

[1] Vgl. Reuter (2007) S. 28ff.

[2] Vgl. dazu den Artikel von Fabricius (1926) s. v. Limes, in: RE XIII, 572ff. und vgl. dazu auch Schallmayer/Becker (2001) s.v. Limes, in: RGA 18, Sp. 402-405.

[3] Vgl. Olshausen (1999) s.v. Limes, in: DNP 7, Sp. 192..

[4] Isaac (1990) S. 417: „Territory was only important as a source of income."

[5] Whittaker (1994) S. 96/97; Schallmayer (2004) S. 12.

[6] Diese These vertritt auch B. Isaac, der die Funktion des Limes ebenso deutlich als eine wirtschaftliche erkennt. Die konkrete Gestalt der *limites* scheint für Isaac dabei eher nach lokalen Gegeben- und Besonderheiten und aus der Situation zum Zeitpunkt des Baus heraus entstanden zu sein. Isaac (1990) S. 408-418, bes. S. 417.

[7] Unbeachtet ist bisher die ökologische Frage nach der Auswirkung auf den Tierbestand, der durch die Palisade und die spätere Mauer über Jahrzehnte getrennt war. Der Limes verstärkte auch in dieser Hinsicht den Unterschied zwischen Kulturland und Wildnis.

zum Ort der Begegnung von Forschung, Politik und Gesellschaft zwischen mitunter jahrzehntelang verfeindeten Staaten.[1] Die Linie, die Fremde und Feinde und das eigene Kulturvolk über Jahrzehnte des 20. Jahrhunderts vermeintlich trennte, könnte jetzt ein kulturelles Bindeglied zwischen Staaten werden. Auf wissenschaftlicher Ebene wurde mit dem Projekt zu den *Frontiers of the Roman Empire* seit dem Jahr 2000 ein Anfang gemacht.[2] Explizit wird der Limes als europäisches Weltkulturerbe spätestens seit Von der Deutschen Limeskommission wird seit 2007 eine Zeitschrift „Der Limes" herausgebracht, die sowohl aktuelle Forschung[3] als auch touristisches Interesse wecken will und in der Tradition der „Limesblätter" der Reichslimeskommission steht. Mit den „Beiträgen zum Welterbe Limes" bringt die Deutsche Limeskommssion mit einer Reihe von Kolloquien auf nationaler Ebene die Limesforschungvoran und findet in dieser Publikationsreihe eine weitere Möglichkeit den Limes in Deutschland für ein fachinteressiertes Publikum lebendig zu halten.[4]

Bemerkenswert sind einige Untertitel populärwissenschaftlicher Werke der letzten Jahre. Wie z. B. die DVD des Bayrischen Rundfunks „Der römische Limes – Grenzwall gegen die Germanenflut"[5] findet im Untertitel eine Wiederbelebung alter Vorstellungen zur Absicht des Limes einen Platz. Besonders ist auch eine Steigerung der Aufmerksamkeit in der Öffentlichkeit zu vermerken, die sich durch publikumswirksame Aktionen an den Ausgrabungsstätten des Limes und den Museen in den Medien ausdrückt Viele weitere Medien- und Tourismus-Ereignisse spielen sich mehr und mehr an den Orten des Limes ab. Von den „Limes-Cicerones" bis zu den Römer-Tagen, Festspielen und Märkten und den Reenactment-Gruppen tummeln sich eine größer werdende Menge an der römischen Grenze und seinen Einrichtungen. Interessant wäre hierbei eine Untersuchung über die Rezeption des Limes seit der Ernennung zum Weltkulturerbe in den Medien.[6]

2.10 Zusammenfassung der Theorien zu Funktion und Absicht des Limes

Aventinus sah eine Landwehr in den Gräben und Wällen des Limes, da ähnliche Gräben und Wälle überall bei Städten und Ländereien zu finden waren. Die „landwere"-Interpretationen beeinflusste das Bild des Limes für fast 200 Jahre. Döderlein und Hanßelmann vermehrten nur das Wissen um die Verortung des Limes in Deutschland, blieben aber bei der ‚Landwehr-Theorie'.

Das 19. Jahrhundert ist angefüllt mit Theorien zur Funktion des Limes. Die vielen Lokal- und Laienforscher brachten eine Vielzahl von Theorien zu Papier. Die systematische und organisierte Limesforschung der letzten Jahrzehnte des 19. Jh. brachte

[1] Bereits heute ist abzusehen, welche positiven Auswirkungen allein schon von der Anerkennung des ORL als Weltkulturerbe der UNESCO im Jahr 2005 ausgehen. So zeigte etwa der letzte große Limeskongress in Newcastle/GB nicht nur ein deutlich gesteigertes internationales Forschungsinteresse, sondern auch und vor allem die Bandbreite der neuen und traditionellen Forschungsansätzen, die zu neuen Erklärungen dieses Bauwerkes führen können. Dazu ausführlich Alföldy (2005) S. 25ff..

[2] Siehe dazu die Projektzusammenfassung von Breeze/Jilek (2008) und die aus dem Kulturprojekt enstandene Buchreihe „Frontiers of the Roman Empire" die einzelne Abschnitte der Limites in einem europäischen Rahmen und mehrsprachig darstellt.

[3] Viele der fast 20 Jahre alten Dokumenationen zu den Limites in den deutschen Bundesländern wurden jüngst aktualisiert und neu herausgegeben: Klee (2009), Fischer (2008).

[4] Zuletzt Heinrich (2010) mit der Publikation zu Vorträgen zu den Perspektiven der Limesforschung.

[5] Regie: Elli G. Kriesch, Produktion des Bayerischen Rundfunks. 2005.

[6] Siehe dazu die Dokumentation der TV-Sendung „Der Limes" des ZDF. Giersch (2009).

im Spiegel der sich konstituierenden Geschichtswissenschaft und Provinzialarchäologie zunehmend wissenschaftlich haltbare Ergebnisse. So schreibt von Cohausen dem Limes eine militärische Form, aber keine militärisch-effektive Funktion zu; dies jedoch aus eigener Erfahrung als Oberst und Vermessungsingenieur. L. Jacobi suchte in den unterirdischen Steinen die sakrale Grenze, einen terminus, zu finden, was aber bald durch die Funde der Palisadenstümpfe widerlegt wurde. Trotzdem wurde seine Theorie, den Limes als mehr zu sehen als nur die rein militärische verteidigte Linie oder von den Römern festgelegte Demarkationslinie zu den Germanen, in der Limesforschung nicht weiter rezipiert.

E. Fabricius sah im Limes eine militärische Grenze mit zweifelhaftem Wert und A. Alföldi war in seiner Sicht des Limes geprägt von seinem eigenen Schicksal und verknüpfte den Limes mit einer ideologischen und ethischen Wertetrennung, wie es der ‚Eiserne Vorhang' und die sich polarisierende Welt in ‚Ost' und ‚West' seiner Zeit nicht besser erfüllen konnten und transferierte diese Sicht auf den Limes mit den Eigenschaften von ‚kultiviert' contra ‚barbarisch'. J. Mann und A. Mócsy sahen den Limes als militärische Spielerei, um die Soldaten in Friedenszeiten zu beschäftigen. Dagegen sah Ed. N. Luttwak den Limes als Konsequenz einer über Kaiser-Generationen aufgebautem Verteidigungswerk gegen die Barbaren. Die eigentliche Frage nach der Bedeutung der Bauwerke Mauer und Palisade auf dem Limes ist in der zweiten Hälfte des 20. Jahrhunderts jedoch hinter die Fragen nach der Kulturentwicklung an der Grenze gerückt.

Deutlich, wie auch bei vielen anderen Forschungsgegenständen aus der Antike, wird beim Limes die zeitgenössische Interpretation seiner Erforscher sichtbar. Das Thema Grenze scheint, besonders wenn kein expliziter Grund in den Quellen zu finden ist, immer ein aktuelles und wichtiges Element einer politischen, moralischen und kulturellen Umwelt zu sein. Grenzen in verschiedenen Größendimensionen, Orten oder Absichten sind Elemente der Lebenswelt der Menschen, die auf verschiedenste Art und Weise damit verbunden sind. Der Limes wurde interessanterweise scheinbar erst dann zum Forschungsthema gelehrter Forschung und Diskussion, als Grenzen zum Zeichen von Macht und Territorium wurden. Das Eindringen des Wortes ‚Grenze' in den deutschen Sprachgebrauch im 16. Jahrhundert[1] mag ein Merkmal für ein neues Denken in Bezug auf den Raum zum Ende des Mittelalters im Übergang zur Frühen Neuzeit sein. Erst wenn eine Art der Herrschaftsverdichtung[2] auftritt, beginnt die Grenze als trennende Linie von mindestens zwei Territorien zu funktionieren.

Die Tradition der Limesforschung war von Anbeginn durch die Archäologie und deren Funde geprägt und dominiert. Die Suche nach Wall und Graben selbst hat über Jahrhunderte die Frage nach seiner Funktion oder nach seinen Funktionen überlagert. Die archäologischen Funde gaben dafür ein zu deutliches Bild der militärischen Verknüpfung ab: Soldaten lebten an der Grenze, Soldaten überwachten und bauten eine Überwachungsschneise, Türme, Palisaden, Mauern, Wälle und Gräben. Viele militärische oder aus Militärbauten entwickelte Bauwerke, über die es oft keine explizite Auskunft jenseits der reinen Beschreibung in den historischen Quellen gibt, waren die zentralen Fundorte am Limes. Die Interpretation der Funktion des Limes fand daher verständlicher Weise aufgrund der Dominanz der Archäologie primär von den Funden her statt; die passenden schriftlichen antiken Quellen dazu konnten erst meist se-

[1] Vgl. dazu z. B. Medick (1995) S. 211ff., Wokart (1995) S. 280f. und zuletzt Müller (2007) S. 76f.

[2] Vgl. Müller (2007) S. 77.

kundär gesucht werden. Erst in der Limesforschung der 1990er Jahre kommen Interpretationen zu dieser Grenze zum Tragen, die den Prozesscharakter der Entstehung dieser antiken Grenze stärker betonen (z. B. Whittaker, Isaac). Je nachdem welcher Aspekt der Grenze betont wird, lassen sich die logischen Konsequenzen solcher wirtschaftlicher oder militärischer Funktionen im Gelände an Bauten und Strukturen des Limes wieder finden.

Ein weiterer Aspekt ist die bis in die 1990er Jahre breit gefächerte Limesforschung. Bezeichnend dafür sind nicht nur die unterschiedlichen Benennungen der Limites des Reiches in Großbritannien, Deutschland usw.; auch wirkt die Betonung der vielgestaltige baulichen Ausgestaltung als Differenzierungsmerkmal der britischen und deutschen Limites schon zum Ende des 19. Jahrhunderts. Erkennbar war dies noch in dem Versuch, den ORL als separates Weltkulturerbe, d. h. als ein einzigartiges Bauwerk, vom Weltkulturerbe Hadrianswall[1] zu unterscheiden.[2] Die Limesforschung betonte die letztlich marginalen Unterschiede des gleichen Phänomens, des Limes.

Ein zusätzliches Hauptproblem stellt die sich wechselnde Gestalt des Limes im 2. Jahrhundert dar. Das System der Überwachungsschneisen und der ‚grünen' Grenze mit einzelnen Wachtpunkten an strategisch und taktisch günstigen Standorten war ohne weiteres der römischen Militärkompetenz zuzuordnen. Keiner der Limesforscher, weder Archäologen noch Historiker, konnte schlüssig, nachdem die grundlegenden Bauphasen und deren differenzierte Ausgestaltung der Limites nach und nach geklärt worden war, [3] die militärisch sinnvolle Bedeutung der Grenze durch die oben genannte Art und Weise auf den Limes des Hadrian übertragen. Für die Gestalt des Limes, wie ihn Hadrian bauen ließ, fand sich nur in der spätantiken Historia Augusta die deutliche Aussage, der Limes solle mittels der Palisaden die Barbaren vom Reich abtrennen[4] – und dies betonte wiederum die militärische Funktion des Limes und wurde ebenso interpretiert.

Der Limes wird für einzelne Gelehrte scheinbar erst dann interessant, als sich die ersten Anzeichen für territorialstaatliche Organisation jenseits der Kirche herausbilden und sich das Nachdenken über den ‚Staat' als Gesamtkörperschaft entwickelt.[5] Der Blick der Humanisten in die antike römische Vergangenheit ist einer der Ausgangspunkte für die Entstehung des Denkens von Staaten mit festen Außengrenzen, die jedoch aus der Erfahrung ihrer Zeit heraus mehr (politische) Konfrontations- als Kontaktlinien sind. Die Vielfalt der persönlichen Zugehörigkeiten und Abhängigkeiten des mittelalterlichen Personenverbundstaates zeigte sich in den häufig überlappenden Grenzen und verstreuten Territorien. Besonders die Aufhebung der Trennung in politische und wirtschaftliche Zugehörigkeiten einzelner Gebiete war die Hauptbestrebung der modernen Staatenbildung. Dieser Verbund war zuvor das letzte Mal im römischen Imperium vorhanden gewesen, was besonders die neuzeitliche Rezeption der griechischen und römischen Quellen zur staatlichen Ordnung zeigt.[6] Die Limesinterpretation ist soweit ein Zeichen dafür, wie Außengrenzen in einer Gesell-

[1] Der Hadrianswall ist seit 1987 Weltkulturerbe.

[2] Der erste Antrag bei der UNESCO, den ORL zu einem separaten Weltkulturerbe zu machen, wurde zurückgezogen und dann neu als „Angliederungsantrag" zum Weltkulturerbe Hadrianswall gestellt.

[3] Neue Befunde aus der Dendrochronologie, Archäobotanik, Luftbildanalyse und verfeinerten Grabungstechniken bringen zuweilen neue Erkenntnisse über die unterschiedlichen Ausbauphasen und -gestaltungen in der Antike.

[4] Vgl. HA Hadr. 13, 6.

[5] Vgl. Reinhard (1999) S. 42f.

[6] Vgl. Reinhard (1999) S. 34f.

schaftsordnung der Zeit gesehen wurden und es ist nicht verwunderlich, dass erst nach dem Ausgang der mittelalterlichen Gesellschafts- und Herrschaftsordnung der Begriff der Grenze nicht als Grenzsaum oder Mark, sondern als festgelegte, markierte Territorialgrenze Einzug in die staatliche Ordnung findet.

Parallel zu dieser politischen Entwicklung ist das Aufkommen von Karten und den darauf verzeichneten Grenzen zu sehen, die erst seit dem Anfang des 19. Jahrhunderts von den Fortschritten in der Vermessungstechnik profitiert. Nicht nur die technischen Möglichkeiten waren die Voraussetzungen für den Wandel von den jetzt auf Karten festlegbaren Grenzen von Staaten, sondern auch das säkularisierte und moderne Bild von Staat, Individuum und der Welt selbst verschoben die Bedeutung der Grenzen von einer kleinräumlichen, personenorientierten Relevanz in eine abstraktere und gleichzeitig allgemeinere Sphäre des täglichen Lebens. Die Verbreitung dieser neuen Sicht der Welt durch Karten in Schule, Politik, Zeitungen und Büchern seit dem Beginn des 19. Jahrhundert führte zur weiteren Verstärkung dieses Effektes.[1] In dieser aus dem wachsenden Einfluss von Karten entstehenden Macht der weit verbreitbaren Meinungsbildung spielen die gezeichneten Grenzen von Völkern, Nationen, Religionen usw. eine entscheidende Rolle und erfuhren dadurch eine für die heutige Welt nicht mehr wegzudenkende Bedeutung.

Der Blick auf Grenzinterpretationen einer Epoche scheint ein Blick in die inneren Mechanismen und Prozesse der Kultur zu dieser Zeit selbst zu sein und zeigt, wie stark der Einfluss von Wandel und Struktur einer Kultur und Gesellschaft sich in seinen Grenzen widerspiegelt.

Daraus folgt als Konsequenz für diese Arbeit: Die Entwicklung der Außengrenzen des Imperium Romanum ist in ihrer reichsweiten Dimension zu betrachten. Im historisch-chronologischen und semantischen Prozess der Entwicklung des Limes muss eine Funktion dahinter stehen, die grundlegender ist als eine insgesamt als ineffektiv und ‚übertrieben' zu sehende Abgrenzung gegen „Barbaren". Die Außengrenze des Reiches ist zuerst anhand ihrer Entwicklung in die Geschichte der römischen Kultur der Grenzen einzubetten. Die Begrifflichkeiten zu den Grenzen, wie sie in den Quellen zu finden sind, bilden die Basis für ein Verständnis von ‚Grenze' in der Zeit, in der die Limites geschaffen wurden. Erst wenn die Methoden und Begriffe und die damit verbundenen Funktionen von Grenzen vorab geklärt und eingeordnet sind, können die Interpretationsmöglichkeiten für den Limes als Grenze der römischen Kultur festgelegt werden.

[1] Siehe dazu Schneider (2004), bes. S. 8f. und 78ff.

3 Eine Quellenanalyse: Grenzen und Grenzbegriffe im zweiten Jahrhundert

Dem Großteil der Quellenübersetzungen und den daraus resultierenden Ergebnissen zur Funktion des Limes – besonders den älteren Werken – liegt ein Bild dieser Grenze zugrunde, das von ihrer vermeintlich[1] endgültigen Gestalt ausgeht. Vermeintlich deshalb, weil in der Forschung der Ort von Palisade, Graben und Wall größtenteils bekannt ist, [2] jedoch über die zeitliche Stellung dieser Teile des Limes immer noch Unklarheit herrscht. Wie zuvor in der Erörterung der Limesforschung ersichtlich wurde, ist das Bild dieser Grenze des Römischen Reiches vom kontemporären Bild der Grenze des Betrachters geprägt.

Folglich wurde mit dem gearbeitet, was bislang ausgegraben wurde, was dazu führte, dass die Faktoren, die der Idee und dem Umfeld der Genese des Limes zugeschrieben wurden, fast exklusiv einem militärischen Kontext zugeordnet werden[3] und, wie schon betont, vom Endprodukt ausgehen. Die folgende Aufgabe ist es also zu ermitteln, wie und in welchem Kontext die Grenze am Ende des Reiches in das kulturelle Umfeld der Erbauer und Betrachter des Limes als ‚Kulturprozess' jenseits des Militärs einzufügen ist. Dazu gehört vorab die Erörterung, ob überhaupt, wo, in welchen Texten und mit welchen Worten die Außengrenze des Imperium Romanum in der Kaiserzeit benannt wurde.

Eine kurze Auflistung[4] der schriftlichen Quellen aus der Antike macht deutlich, dass sehr wenig direkte Texte zur Funktion oder zum zeitgenössischen Verständnis der Sperranlagen des Reiches zur Zeit ihrer Entstehung vorhanden waren.

1. Die stark zerstörte und restaurierte Inschrift aus Jarrow, südlich von Newcastle upon Tyne, am östlichen Ende des Hadrianswalles, wahrscheinlich aus dem Jahr 122 n. Chr.[5] CIL 7, 498 = RIB 1051, schreibt von einer „Notwendigkeit, eine Mauer quer über die Insel zu legen". (S. 81)
2. Inschrift auf dem 'Staffordshire Moorland Cup', ca. 130 n. Chr. nennt eine gerade Linie des Aelius (Hadrianus?) unterhalb einer Liste von Namen römischer Kastelle am Hadrianswall, wie sie auch die ‚Amiens Patera' und der so genannte und sehr ähnliche 'Rudge Cup' trägt letztere zusätzlich wahrscheinlich eine stilisierten Abbildung der Hadriansmauer auf seinem Äußeren.[6] (S. 82f)
3. Aelius Aristides in 'Auf Rom' – Εἰς Ῥώμην, Kapitel 81-83, am 21.4.153 n. Chr., gibt die ausführlichsten Erörterungen zur Mauer am geographischen Ende der römischen Welt. (S. 71ff. und bes. 210ff.)
4. Appian in seinem Prooimion zur Geschichte Roms, 7, ca. 160 n. Chr., beschreibt eine kreisförmige Mauer um die römischen Welt, die wie eine einzige Festung scheint. (S. 74f.)

[1] Zur Diskussion um die Gestalt und die Phasen der *limites*, besonders des ORL siehe Schallmayer (2005).
[2] Weite Teile der in Rumänien vermuteten Limesanlagen sind nur z.T. rudimentär erkundet und archäologisch aufgenommen.
[3] Zur Entstehung dieses militärischen Kontextes und seiner Bedeutung für die Forschung siehe Kapitel 3 dieser Arbeit.
[4] Vgl. dazu Birley (2003) S. 439-441; Ireland (1996) S. 87-100.
[5] Birley (2003) S. 440 vermutet bei dieser Inschrift eventuell eine Zeitstellung aus der Zeit des Septimius Severus zur Zeit dessen Feldzügen in Britannien um 208-211 n. Chr., da das Wort Hadrian in der Inschrift kleiner geschrieben wurde.
[6] Vgl. dazu auch Opper (2008) S. 84.

5. Fronto erwähnt in einem Brief an Marcus Aurelius um 166 n. Chr. den Wall Hadrians in Bitannien als verlustreichen Einschnitt (De bello Parthico 226). (S. 66f.)
6. *Itinerarium provinciarum Antonini Augusti* – Wess. 464, 1, aus der Zeit des Caracalla; erwähnt für den Norden Britanniens, als die beschriebene Strecke den Hadrianswall kreuzt. (S. 77)
7. Inschrift der Fratres Arvales aus dem Jahr 213 n. Chr., CIL 6, 2086, beschreibt den Übergang Caracallas in das Feindesland und das Übertreten der Grenze. (S. 86ff.)
8. Cassius Dio *Römische Geschichte* 77, 12 ca. 220 n. Chr. berichtet von der Trennung zweier britonischer Völkerschaften durch eine Mauer. (S. 76f.)
9. Historia Augusta (HA) *Hadrian* 11, 2 verfasst Ende des 3. Jahrhunderts, erzählt von der Errichtung einer Mauer auf Hadrians Veranlassung hin. (S. 78)
10. HA *Hadrian* 12, 6 beschreibt technisch recht genau, dass an vielen Orten eine Palisade die Barbaren von Reich abtrennt. (S. 78)
11. HA *Pius* 5, 4 erwähnt den Bau einer Torfmauer gegenüber den Barbaren in Britannien (S. 84).
12. HA *Severus* 18, 2 beschreibt, dass Septimius Severus Britannien durch eine Mauer befestigt hat.
13. HA *Severus* 22, 4 beschreibt, dass Mauer und Wall nicht nur den Sieg, sondern ebenso den Frieden auf der Insel sicherten.
14. Aurelius Victor *de Caesaribus* 20, 18 zu Septimius Severus, geschrieben um 360 n. Chr., wiederholt den Bau der Mauer durch Severus.
15. Aurelius Victor *Epitome de Caesaribus* 20, 4 zu Septimius Severus die in der Historia Augusta gemachten Aussagen (Nr. 12 und 13).
16. Eutropius *Breviarium ab urbe condita* 8, 19, 1 in der 2. Hälfte des 4. Jahrhunderts, wiederholt in einem ähnlichen Wortlaut die Aktionen des Severus in Britannien zur Mauer quer durch die Insel.
17. Ammianus Marcellinus 17, 1, 11 in den letzten Jahrzehnte des 4. Jh. schreibt zu den Feldzügen des Iulian jenseits des Rheins, beschreibt eine Befestigung Traians, die von ihrer Örtlichkeit her mit den Limesanlagen in Germanien übereinstimmen kann.
18. Ammianus Marcellinus 28, 3, 7 erwähnt neben den Anlagen (castrae) des Valentian in Britannien auch *limites* dort.
19. Orosius *Historiarum adversum paganos libri VII* , 7, 17, 7 bezüglich auf Septimius Severus, verfasst um 400 n. Chr.[1] wiederholt in ähnlichem Wortlaut Nr. 12 und 13.
20. Die *Historia Ecclesiastica Gentis Anglorum* 1, 5 des Beda Venerabilis aus dem 7. Jh. n. Chr. zu Severus' Aktionen in Britannien nutzt offensichtlich ebenso die gleichen Quellen wie Orosius und verändert den Inhalt nicht maßgeblich.

Weitere spätere Quellen[2] kopieren die oben genannten Autoren z. T. bis in den Wortlaut. Auf der einen Seite mögen diese Quellen zwar zahlreich sein, auf der anderen Seite bleiben die Erwähnungen der Mauer/des Walles, der über Britannien oder auch

[1] Vgl. Ireland (1996) S. 113, Nr. 185. Dt. Übersetzung v. Lippold (1985/86) und Textkritik Lippold (1952) und neuer Goetz (1980).

[2] So z. B. Hieronymus *Chronica* zum Jahr 207. Vgl. Ireland (1996) S. 114, Nr. 187

anderswo gebaut wurde jedoch ohne einen kulturhistorischen Hintergrund rätselhaft und geben vielmehr ein anachronistisches oder rein militärisches Bild des *limes* und seiner Bauwerke ab.

Wie schon festgestellt und als Hauptrichtung dieser Arbeit festgelegt, sollte die Suche nach der Funktion des Limes nicht nur anhand von Quellen möglich sein, die hauptsächlich geographische, historische und militärische Themen beinhalten und direkt den Limes erwähnen, sondern auch mit Hilfe der Interpretation archäologischer Funde oder der strukturellen Entwicklung von Recht und Religion, die ebenso einen Einblick in das Verhältnis des Menschen zur Außengrenze im Römerreich geben können.

3.1 Zeitraum der Untersuchung

Um mehr über die Umstände und Entwicklung von Grenzen in einem Jahrhundert zu erfahren, das sich innerhalb von nur zwei Generationen von „der glücklichsten Zeit der Menschheit“[1] zu einer Zeit mit den Schrecken der Markomannenkriege und der Pest – als Vorboten eines von inneren Unruhen bewegten 3. Jahrhunderts[2] – wandelte, ist es notwendig, den Rahmen der Analyse der Quellen sinnvoll und aussagekräftig abzustecken.

Da das zweite nachchristliche Jahrhundert im Mittelpunkt steht, soll eingehender der Zeitraum vom Tode Nervas 98 n. Chr. bis zur constitutio Antoniniana des Caracalla im Jahre 212 n. Chr. bearbeitet werden. Der Grund für die zeitliche Eingrenzung liegt in dem auch von den Zeitzeugen[3] empfundenen bzw. erkannten Wandel in der römischen Politik. Der aus Griechenland stammende Senator Cassius Dio sprach von einem ‚goldenen Zeitalter‘ des Reiches. Die moderne historische Forschung nennt es den Beginn des Adoptivkaisertums und der Althistoriker E. Kornemann diagnostizierte einen ‚Systemwandel‘ im Römischen Reich mit der Thronbesteigung durch Hadrian.[4] Ist mit diesem Wandel auch ein Wechsel in der Gestaltung der Grenzen verbunden? Die römische Kultur beruft sich in weiten Teilen auf das ‚Prinzip‘ des mos maiorum, den Traditionen und Erfahrungen der Ahnen.[5] Damit stellt sich in der Konsequenz die Frage nach einer ‚Tradition‘ der Außengrenzen in der römischen Kultur.

Der Endpunkt der Quellenbetrachtung liegt auf einem wichtigen, für die weitere römische Rechtsgeschichte und vielmehr noch für die gesamte Zukunft des römischen Reiches vielleicht sogar entscheidendem Edikt des Caracalla von 212 n. Chr., das alle freien Reichsbürger zu römischen Bürgern erklärte. H. Berve nannte das Edikt „Vollendung und Auflösung“[6] des Reiches und unterstrich damit die erlangte innere Einheit des Reiches und den Beginn der sogenannten Wirren, bzw. der Krise des 3. Jahrhunderts. Der Wandel in dieser Zeit wird durch die weltpolitisch bedeut-

[1] Gibbon (1987) S. 52.
[2] Zum 3. Jahrhundert und seiner „Krise“ vgl. Alfödi (1967), Strobel (1993) und quellenkritisch Witschel (1999) und Potter (2004).
[3] So zum Beispiel: Tac. Agr. 3, 1: „*Nunc demum redit animus;*“ und vielmehr deutlicher sind die Verhältnisse unter Domitian in Tac. Agr. 2 mit Sittenverfall, Morden und Bücherverbrennungen beschrieben. Cassius Dio sah einen Niedergang der Politik in seiner Zeit (Cass. Dio 80, 4, 1; vgl. Bering-Staschewski (1981) S. 112f.), den er zwar auch schon für die hadrianische Zeit beschrieb (Cass. Dio 69, 9, 1) jedoch prangern Philostrat gymn. 1, 44 und Herodian (vgl. Alföldy (1971) S. 429ff. und Zimmermann (1999) S. 119ff) die Verweichlichung von Sportlern, Kämpfern und der Politik an.
[4] Siehe Kornemann (1980) S. 308ff.
[5] Zuletzt und sehr wichtig zur Bedeutung des *mos maiorum* Pina Polo (2004) S. 148/149 und 178/179.
[6] Berve (1966) S. 465.

samen Ereignisse der Kriegszüge gegen die Germanen, der Feldzüge im Osten gegen die Perser und schließlich der Ermordung Caracallas geprägt, die die kommenden Jahre der ‚Soldatenkaiser' einläuten sollten.

In jenem Zeitraum von ca. 120 Jahren findet scheinbar ein Paradigmenwechsel statt. Von einer römischen Gesellschaft, die auf den ersten Blick ohne festgeschriebene und künstlich markierte Grenzen ihres Reiches auskommt, hin zu einer Zeit, in der das römische Reich an allen seinen Landgrenzen über eine nahezu geschlossene und sichtbare Grenze verfügt. Wenn die zuvor gemachten theoretischen Ausführungen zutreffen, müsste mit diesem Wechsel von Politik, Kultur und Mentalität ein Wandel des Verständnis von Grenzen einhergehen.

Das Fehlen von vollständigen zeitgenössischen Geschichtswerken aus jener Zeit macht es zweckdienlich, die für das 2. Jahrhundert wichtigen, jedoch sensibel quellenkritisch zu betrachtenden Viten der ‚Historia Augusta' in den Überblick mit einzubeziehen; des weiteren folgende, kritisch heranzuziehende Quellen: Pausanias (*um 115 n. Chr., † 180 n. Chr.), [1]Aulus Gellius (*um 125–130 n. Chr., † um 180 n. Chr.), [2] Tertullian (*um 150 n. Chr., † um 230 n. Chr.), [3] Herodian(os) (*um 178/180 n. Chr., † um 250 n. Chr.), [4] Eusebius von Caesarea (*ca. 264 n. Chr., † um 340 n. Chr.), [5] Aurelius Victor (*320 n. Chr., † um 389 n. Chr.), [6] Ammianus Marcellinus (*330 n. Chr., † 395 n. Chr.)[7] und Orosius (*385 n. Chr., † um 420 n. Chr.)[8]. Diese Autoren können selbstverständlich nicht pauschal ausgegrenzt werden, denn immerhin stellen sie den Hauptteil der schriftlichen Quellen dar, von denen wir etwas über den Untersuchungszeitraum dieser Arbeit erfahren. Leider sind in diesen Werken Informationen über Grenzen und deren Verständnis und Funktion – wenn überhaupt – nur in beiläufigen Bemerkungen und kurzen Absätzen erwähnt und sind wie z. B. im Falle von Tertullian unter einem vom Autor bewusst oder unbewusst gewählten Blickwinkel geschrieben, der zusätzlich den Bezug zum Gesamtwerk und zu den Grenzen des Reiches ausklammert oder stark verzerrt. Besonders bei einigen spätantiken Autoren (Aurelius Victor, Amminanus Marcellinus) wurden zeitgenössische Schriften wie die „Geschichte des Kaisertums nach Mark Aurel" von Herodian oft als Vorlage für die eigenen Werke genommen. Auch die Historia Augusta nutzte wohl Herodians Schrift.[9] Die häufigen Abschriften der spätantiken Autoren aus früheren Werken werden besonders in den o. g. Quellen Nr. 12, 13, 14 und 17 deutlich.

Die Bedeutungen von Grenzen und deren differenzierte Terminologie in der römischen Kultur soll anhand von Beispielen in den folgenden Abschnitten offen gelegt und gedeutet werden. Die gewählten Beispiele zielen u. a. darauf ab, eine aussagekräftige Nomenklatur zu erstellen, die einen nachweisbaren Gesamteindruck der Grenzen innerhalb und am Rande des römischen Reiches gibt. Es stehen also vor allem jene zeitgenössischen schriftlichen und materiellen Überreste im Vordergrund, die Grundstrukturen von Räumen und deren Grenzen nicht nur auf den ersten Blick wi-

[1] Beschreibung Griechenlands, Ἑλλάδος Περιήγησις. Dazu textkritisch Habicht (1985)

[2] Noctes Atticae. Vgl. Holford-Strevens (2005).

[3] Vgl. z. B. Tertullian und dessen Haltung zur „Roma aeterna-Idee" und des „Orbis-Romanus-Gedanke" Klein (1968) bes. 64f. und 69f. Zuletzt als gute Interpretation des Gesamtwerkes Zilling (2004).

[4] ‚Ab excessu divi Marci libri octo', Übersetzt von Whittaker (1969).

[5] ‚Historia Ecclesiastica' oder die ‚Vita Constantini'.

[6] ‚Liber de Caesaribus'.

[7] ‚Res Gestae', kritische Quellenanlayse von Rosen (1982), übersetzt und eingeleitet von Seyfahrt (1968).

[8] ‚Historiarum adversum paganos libri VII'.

[9] Vgl. Franke (1998) s. v. Herodian, in: DNP 5, Sp. 467. Vgl. ausführlich dazu Müller (1996), S. 7-26.

derspiegeln, sondern diese auch in einer viel grundlegenderen Art interpretieren lassen. Die folgende Auswahl von Quellen stellt somit einen Querschnitt dar, der sich an den wichtigsten Autoren ihrer Zeit und ihren Werken im genannten Untersuchungszeitraum orientiert. Diese Auswahl der besprochenen Quellen gibt natürlich nicht die große Bandbreite kleinerer Corpora von aussagefähigen und zu interpretierendem Material wieder.[1] Zuweilen könnten auch Einzelfunde, wie z. B. die „Staffordshire Moorland Schale"[2] hilfreiche ‚Puzzlestücke' für das Gesamtbild des Grenzverständnisses des ausgewählten Zeitraumes sein.

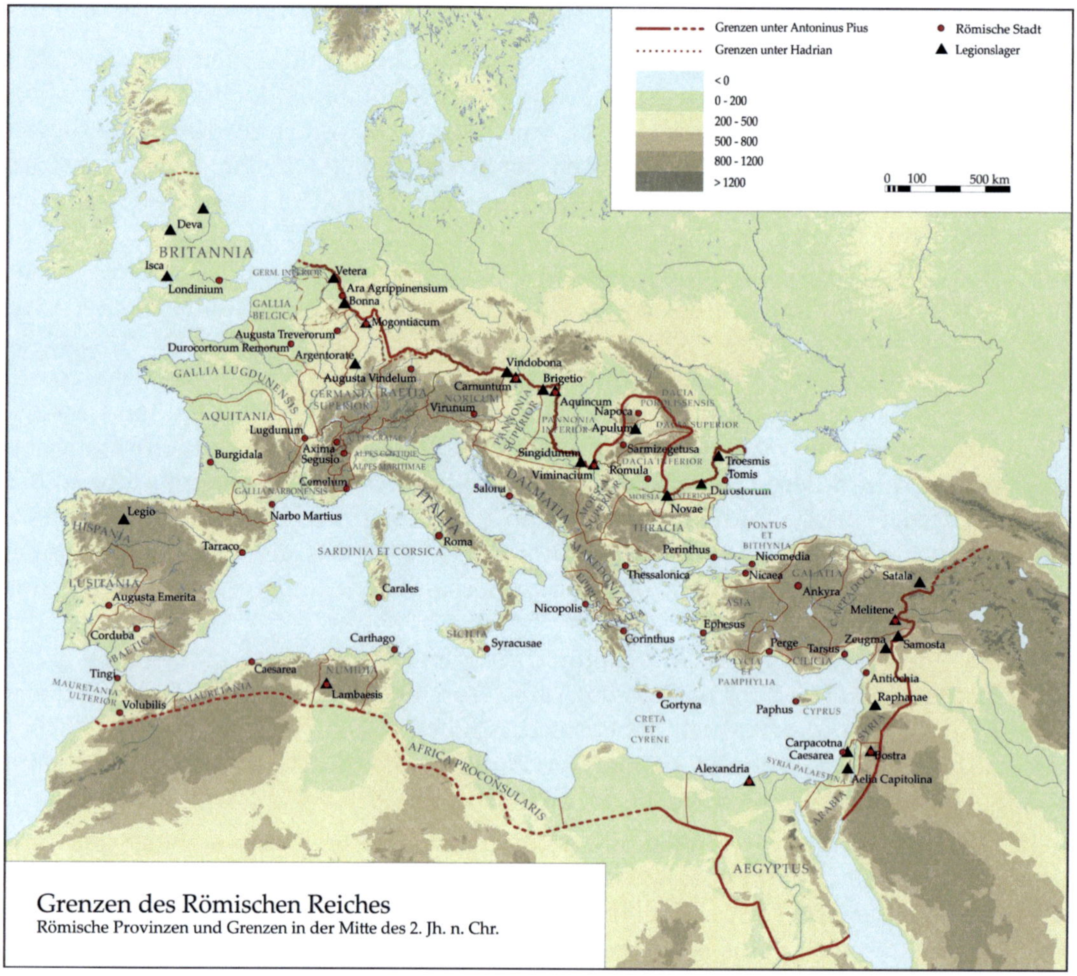

Abbildung 7: Übersicht über die Grenzen des römischen Reiches Mitte des 2. Jh. n. Chr. Mit genehmigung der Deutschen Limeskommisson.

[1] Eine größer Auswahl an einzelnen Quellen, die sich z. B. thematisch und chronologisch an Nerva, Traian und Hadrian orientieren, bietet z. B. Smallwood (1966).

[2] Vgl. Pitts/Worrell (2003) und Tomlin (2004); sowie (19.12.2010) http://www.britishmuseum.org/explore/highlights/highlight_objects/pe_prb/e/enamelled_bronze_pan.aspx.

3.2 Die römischen Quellen

3.2.1 Cornelius Tacitus, der Historiker Roms

Das Werke von P. Cornelius Tacitus ist eine der wichtigsten Quellen[1] für die gesamte römische Geschichte des 1. Jh. n. Chr. Seine Schriften „Agricola" (ca. 96 n. Chr.), „Germania", „Historien" und „Annalen" (um 118 n. Chr. geschrieben) geben uns einen einmaligen Einblick in die römische Geschichte. Besonders die beiden letztgenannten Werke setzen nicht nur die traditionelle annalistische römische Geschichtsschreibung fort, [2] sondern gehen vielfach neue Wege: Die für Tacitus typische Mischung von Biographie, Geographie, Ethnographie und selbstverständlich politischer Geschichte ist für die Antike selten.[3]

Im Folgenden stehen die Schriften über seinen Schwiegervater Agricola in Britannien und über das Volk und den Raum der Germanen im Fokus, denn in beiden Werken behandelt Tacitus den geographischen Raum, in dem knapp 25 Jahre nach Veröffentlichung dieser Schriften die Bauwerke des Hadrianswalls und des Obergermanisch-raetischen Limes entstehen werden. Die intensive Auseinandersetzung mit den für Tacitus sehr zeitnahen Ereignissen und wohl auch geographisch gut bekannten Räume machen seine Äußerungen in hohem Maße bedeutsam für das römische Verständnis der Außengrenzen vor dem Bau eines Steinwalls oder einer Palisade am Rande der Provinzen.

In seiner Schrift „de vita Iulii Agricolae"[4] beginnt Tacitus die Biographie über Agricola, den Statthalter Domitians in Britannien, mit dem traditionellen Anspruch „berühmter Männer Taten und Charakter der Nachwelt zu überliefern"[5]. Wie Tacitus später selbst in seinen Annalen formuliert, legt er „sine ira et studio"[6] und mit kritischem Blick dar, wie Agricola zwischen den Jahren 77 und 84 n. Chr. in verschiedenen Feldzügen ganz Britannien für das Römische Reich eroberte. Es bleibt bei Tacitus aber nicht bei einer ‚Caesar-gleichen' Beschreibung der Eroberungskriege und Kampfhandlungen, sondern Tacitus versucht, die Verhältnisse an jenem Ende der Welt als ‚Kontrastmittel' für Kritik an Politik und Gesellschaft seiner römischen Zeitgenossen zu nutzen. Es wird offensichtlich, dass die Romanisierung für Tacitus nicht das alleinige Heil- und Segenbringende der römischen Eroberungen war;[7] er sieht vielmehr ebenso den Missbrauch und die Fehler in der römischen Verwaltung.

Traditionelle Elemente römischer Geschichtsschreibung, [8] wie die Charakterisierung der Protagonisten durch traditionelle römische Herrscher-[9] bzw. Feldherren-

[1] Zur literarischen Einordnung des Gesamtwerkes und seiner Entwicklung siehe Flach (1973), bes. S. 13-53.

[2] Dazu Flach (1985) S. 56-79. Siehe auch Mehl (2003) S. 113ff.

[3] Zur Bewertung Tacitus siehe auch Dihle (1989) S. 226: „...der vielleicht größte unter den römischen Prosa-Schriftstellern"; oder Classen (1993) S. 225: Tacitus ist einer „der größten Historiker". Für Heuss (1968) S. 70 ist Tacitus der Autor, der „...neben Cicero als der kunstvollste lateinische Prosastilist gelten [kann]."

[4] Zur Einordnung der Agricola-Vita in das Gesamtwerk des Tacitus siehe Städle (2001) S. 171f.

[5] Tac. Agr. 1, 1.

[6] Tac. ann. 1, 1, 3. Trotzdem ist selbstverständlich eine kritische Bearbeitung von Tacitus unabdingbar.

[7] Tac. Agr. 21, 1-2: „Sequens hiems *saluberrimis consiliis* adsumpta. ..." Mit diesen und den folgenden Zeilen beschreibt und kritisiert Tacitus zugleich die Praxis, die Bevölkerung mit den Vorzügen der römischen Kultur (z. B. Bäder, Märkte und Häuser) vertraut zu machen und durch Integration in die römische Machtstruktur gleichsam zu beherrschen. Tacitus beschreibt bemerkenswerter Weise die Auswirkungen von Romanisierung und Romanisation der britischen Stämme und erwähnt dabei nicht nur die positiven Effekte.

[8] Vgl. Hose (1994) S. 3 und 19 ff.

[9] Die für die römische Kaiserzeit paradigmatischen Herrschertugenden sind z. B. im ‚Tugendschild' des Augustus aufgezählt und gelten bis in die Spätantike als Ideale des Kaisers: *virtus, pietas, iustitia, clementia.*

tugenden, [1] die sich am Gegenstand der Außenpolitik[2] konkretisieren lassen, finden sich durchaus, jedoch hierbei keine direkten Hinweise auf Grenzen-schaffende Tätigkeiten.

Innerhalb der inhaltlichen Struktur des „Agricola" finden sich wichtige Anhaltspunkte für das Verständnis von Außengrenzen, denn die Bandbreite der Themen und Tacitus' Wortgewalt eröffnen eine differenzierte, stringente und logische Darlegung der Begrifflichkeiten zum Thema Grenze. Tacitus beschreibt militärische Operationen und geographische Sachverhalte und benutzt konsequent die Worte fines[3] oder terminus[4] in festgelegten Zusammenhängen. Dies macht es möglich, aus den Texten heraus die Kontextualität der Begriffe für Grenzen festzustellen.

Die Geschichte Britanniens erhält für die Suche nach der Benennung und das Verständnis der Außengrenzen eine Sonderrolle, da auf dieser Insel im *oceanus* und damit letztlich „extra orbem"[5] eine Provinz errichtet wurde. Unweit der Solway-Tyne-Linie[6], auf die sich Agricola nach seinen Feldzügen zurückzog, sollte fast 40 Jahre später der Hadrianswall entstehen.

Eine ähnliche Eroberungsgeschichte finden wir im germanischen Raum: Auch Germanien sollte nicht ganz erobert werden und wenige Jahre später eine Palisade bekommen.

Doch zunächst zum ersten Beispiel: Obwohl letztlich nicht ganz Britannien zur römischen Provinz wurde, hatten die Römer es gleichwohl umsegelt.[7] In seiner Rede vor der Entscheidungsschlacht am Mons Graupius[8] resümiert Agricola bei Tacitus das Erreichen eines neuen Horizontes, nämlich des *okéanos*, durch erfolgreiche Feldzüge und Entdeckungen:

> *„Ergo egressi, ego veterum legatorum, vos primorum exercitum* ***terminos, finem*** *Britanniae non fama nec rumore, sed castris et armis tenemus: inventa Britannia et subiecta."*[9]

> *„Also sind wir hinausmarschiert über die [heilige] Grenze, ich über die der alten Feldherren, ihr über die der früheren Heere, und halten deshalb die [Land-] Grenzen Britanniens nicht der Sage und Gerücht nach, sondern mit Lagern und Waffen: Britannien ist entdeckt und erobert."*[10]

Jenseits üblicher Propaganda lässt sich die Wortwahl Tacitus' zu den überschrittenen und erreichten Grenzen eindeutig und beispielhaft differenzieren:

---

[1] Pfordt (1998): Studien zur Darstellung Außenpolitik in den Annalen des Tacitus.

[2] Außenpolitik gibt es als Begriff nicht in der lateinischen Sprache. Ideologisch kann es vom römischen Selbstverständnis nicht einmal eine in unserem Sinne völkerrechtliche Außenpolitik geben, da es nur die Möglichkeit der Unterwerfung oder des Ignorieren gibt. Siehe dazu ausführlich: Bleicken (1978) S.219-234 und Dahlheim (1968), passim.

[3] Siehe zu diesem Begriff Georges Bd. 1, Sp. 2767f. und ThLL Bd. 6, 1 Sp. 786-799, bes. 788-791 mit den maßgebenden Fundorten.

[4] Georges Bd. 2, Sp. 3075. Das Lemmata ‚terminus' ist im ThLL noch nicht publiziert. Siehe dazu ausführlich Piccaluga (1974), z. B. S. 143 ff. Zur Bewertung des Wortfeldes ‚Grenze' auch Troussett (1992) S. 116.

[5] Cat. 11, 22 und 39, 4 *„ultima Britannia"* sowie Horaz in seinen Oden z. B.: 1, 35, 29-30 & 4, 14, 48-49.

[6] Unter Traians Herrschaft entsteht an dieser Stelle die so genannte ‚Stanegate'-Linie. Siehe dazu Breeze/ Dobson (2000) S. 25ff.

[7] Tac. Agr. 10, 4.

[8] Der genaue Ort ist unbekannt, die Schlacht ist in den Highlands zu verorten, wo die ‚Grampian Mountains' den antiken Namen aufnehmen.

[9] Tac. Agr. 33, 3.

[10] Übersetzung, Ergänzungen und Hervorhebungen: W. Moschek.

Der Feldherr und Statthalter überquert zusammen mit seinem Heer *termini*, deren Passieren dem Beginn eines Krieges entspricht und einem ‚Hinter-sich-lassen' der Provinz[1], und somit dem Verlassen des sakralen und juristischen Gebietes des römischen Reiches gleichkommt.[2] Der Begriff *terminus* wird im Zusammenhang mit dem vordringenden Heer in eine ‚nicht-römische' und damit potentiell feindliche Gegend verwendet.[3] Die mit der Kriegserklärung und dem Betreten von Feindesland verbundenen Riten bildeten die unabdingbare Basis für das römische Verhalten fremdem Land und unbekannten Göttern gegenüber.

Auf der anderen Seite stehen die erwähnten *fines Britannicae*. Die geographisch-physischen Grenzen der Insel Britannien werden so bezeichnet, d. h. die Landschaft, der geographische Raum wird mit der theoretischen und natürlichen Linie der *fines* umrissen. Hier wird der grundsätzliche Unterschied zu den *termini* deutlich: der Begriff *terminus* ist vielmehr sakral und rechtlich konnotiert, [4] das Überschreiten bedeutet einen Wandel eben jener rechtlichen und sakralen Qualität. Eine natürliche Form, wie ein Ufer oder ein Fluss, kann ein Gebiet terminieren, falls diese Linie eine künstliche, bewusste Festlegung erfährt, z. B. mittels eines Weges, einer Schneise oder einzelner gesetzter Marken im Gelände. Dies bedeutet, dass *termini* von ihrer Wertigkeit her über den einfachen geographischen *fines* stehen.

Im Bericht von Tacitus klafft zusätzlich eine Lücke zwischen geographischer Realität und der fiktiven Eroberung der gesamten Insel, die offenbar aber für Tacitus kein Problem darstellt.[5] Die Aussage der von Tacitus wiedergegebenen Rede weist auf einen Grundzug der römischen Ideologie und ein Weltbild hin, das seit der von Vergil in augusteischer Zeit formulierten Weltmachtstellung des römischen Reiches als „*imperium sine fine*"[6] proklamiert wird.

Die ganze *oikumené* – im Sinne der bekannten und bewohnten, kultivierten Welt – ist eine römische Welt. Tacitus steht im festen Glauben, das römische Reich seiner

[1] Dass dem Statthalter das Verlassen der Provinz nur in Ausnahmefällen erlaubt war: Mommsen (1904) RStR Bd. 2, S. 100. Dazu auch Cass. Dio 38, 31, 1.

[2] Der wichtigste *terminus* war das *pomerium* der Stadt Rom. Siehe dazu ausführlich Rüpke (1990) S. 30ff. Ab dieser heiligen Grenze Roms durften keine Waffen getragen werden, wie Tac. ann. 16, 27 und hist. 1, 6, 2 berichtet.

[3] Tac. Agr. 27, 1; Tac. Agr. 30, 3: „(...), *nunc terminus Britanniae patet, atque omne ignotum pro magnifico est*" Aus der Sicht des Calgacus gesprochen, ist keine Grenze auf der Insel mehr vorhanden, die als Grenze des römischen Einflusses zu bezeichnen ist, denn alles was unbekannt und unbetreten war, ist nun bekannt und erobert. Vgl. Tac. Agr. 33, 3. Dazu auch Heubner (1984), S. 89. „Jetzt dagegen liegt der äußerste Norden Britanniens offen vor den Römern, und bekanntlich übt das Unbekannte auf Eroberer stets den Zauber des Gewaltigen aus." Vgl.: Caes. bell. Gall. 7, 84, 5 und Liv. 45, 27, 5.

[4] Siehe dazu ausführlich Piccluga (1974) und Trousett (1993) S. 115f.

[5] Ein solcher Gegensatz zwischen geographischem, wissenschaftlichem und einem ideologisch bedingten Weltbild war für die römische Kultur und Wissenschaft ohne weiteres miteinander zu vereinbaren. Ein besonderes Beispiel ist die Erdbeschreibung von Plinius d. Ä. in seiner Naturalis Historiae 2, 5 und 2, 242-248, der die Erkenntnis des Erathostenes über Form und Umfang der Weltkugel einerseits anerkennt, aber andererseits zugleich anzweifelt und sich rein auf den eigenen Erdkreis beschränkt, da der Rest jenseits von Indien und den Säulen des Herakles nicht vom menschlichen Geist zu fassen sei. Wie bei Strabon erfolgt bei Plinius d. Ä. die geographische Darstellung der *oikumené* primär gegliedert nach Kontinenten, Kontinentteilen und deren Landschaften, und in diesem Rahmen werden *gentes nationes* und *oppida* beschrieben. Wie Strabon legt Plinius Wert auf die Weitergabe neuartiger Kenntnisse mit wissenschaftlichem, aber ebenso auch wirtschaftlichem Wert. In seiner Argumentation und seinem Stil nach versteht er sich nicht originär als Wissenschaftler, sondern eher mit ‚Understatement' als ein wissenschaftlich interessierter Laie und ist mit dem Inhalt seines Werkes als repräsentativ für das systematische Wissen über Länder, Völker und Kulturen seiner Zeit anzusehen. Der Zuwachs an geographischem Wissen über die bewohnte Welt seit der Zeit Strabons ist nicht nur an der militärischen Expansion des *Imperium Romanum* mit neuen Provinzen, sondern ebenso an Nachrichten über Expeditionen zur Zeit Neros über neue Handelwege zur Ostsee oder in das Innere Afrikas abzulesen. Vgl. Plin. nat. hist. 5, 83; 6, 40; 6, 160f; siehe zu den Entdeckungsfahrten ausführlich Romm (1992) und McMullen (2000) S. 95ff.

[6] Verg. Aen. 1, 275.

Zeit sei mit dem *orbis terrarum* gleichzusetzen.[1] Sein *orbis noster,* [2] und damit der römische, ist die *oikumené.*[3] Britannien ist in dieser Definition ideologisch aufgrund seiner schon erwähnten geographischen Stellung als *extra orbem* – jenseits des Weltkreises – anzusehen. Dies bedeutet jedoch nicht, dass die Bezeichnungen für Grenzen durch diese Ausnahme verloren gehen. Es fällt hier besonders auf, dass der fehlende geographische ‚Rest' der Insel so lange nicht von Belang für römische Interessen war, bis sich eine Notwendigkeit (andauernde Raubzüge) oder die Gelegenheit für eine Eroberung ergab.

Das Beispiel Germanien

Verschiedene Arten von Grenze lassen sich auch in *„de origene et situ Germanorum"* des Tacitus finden. Die „Germania" ist nicht nur eine der wichtigsten Quellen über die Volksstämme in Germanien zum Ende des 1. Jahrhunderts, sondern ebenso ein Spiegel der römischen Sicht auf das Germanien, gegen welches fast 210 Jahre von den Römern ‚angerannt'[4] wurde und das damit über lange Zeit im Blickfeld der römischen Politik stand. Die Schilderung des geographischen Raums gestaltet sich ähnlich wie in Caesars Berichten aus Gallien[5] und bereits der Titel lässt die Erwähnung von Grenzen durch Tacitus erwarten. Das Gebiet der Germanen wird anhand einzelner topographischer Land- und Orientierungsmarken umrissen und dann von innen her mit einer Beschreibung der dort lebenden Stämme gefüllt.

Der geographische Raum wird so dargestellt, dass idealerweise die Grenzen eines kulturellen Habitus mit morphologischen Oberflächenformen koinzidieren. Das heißt, einzelne Stämme sind nicht a priori durch Landmarken wie Flüsse oder Gebirge definiert, sondern durch eine Eingrenzung über ihre Kultur: Dort, wo ein Stamm mit diesen Riten lebt, dort ist sein Gebiet. Dahinter kommt in der Beschreibung der Germania ein anderer Stamm, der sich in seiner Lage auf zuvor erwähnte Stammesgebiete relativ bezieht. Dadurch kann eine absolute Gebietsbeschreibung, eine exakte Definition des Gebietes wegfallen, welche lediglich anhand einzelner ausgeprägter Landmarken, wie sehr großen Flüssen, Gebirgen oder Wäldern, die wiederum in Relation zu den Stämmen gebracht werden, erfolgt.

Vergleicht man die „Germania" z. B. mit den *„res gestae"* des ersten Kaisers Augustus, [6] stellt man fest, dass sich das Wissen um die Lage von Flüssen und Gebirgen zwar deutlich weiterentwickelt hat, [7] die Art und Weise der Darstellung jedoch gleich geblieben ist.[8] Die geographischen Beschreibungen in der Germania werden immer schwerer nachvollziehbar, je weiter man nach Osten oder Norden kommt. Jenseits der letzten sicheren Landmarken, wie z. B. der Elbe[9], finden sich nur noch Beschrei-

[1] Siehe dazu ausführlich: Vogt (1929) Orbis Terrarum.

[2] Tac. Agr. 12 und Ger. 2.

[3] Tac. Agr. 31; hist. 1, 4; 3, 60; 4, 3, 58; ann. 11, 24; 12, 5; 16, 28.

[4] Tac. Ger. 37, 2: *„ex quo si ad alterum imperatoribus Traiani consulatum computemus, ducenti ferme et decem anni colliguntur: tam diu Germania vicintur."*

[5] Der Beginn der Germania erinnert sehr an die Anfangszeilen Caesars': *„Gallia est omnia divisa in partes tres, (...). Gallos ab Aquitanis ab Garunna flumen, a Belgis Matrona et Sequana dividit."* bell. Gall. 1, 1-2. Vgl.: Johne (1998) S. 397 und Lund (1988) S. 108-110; dagegen Städele (2001) S. 301.

[6] Aug. RG 26.

[7] Vgl. die Karte in Nicolet (1991) S. 271.

[8] Zur Eigenart der römischen Raumbeschreibung siehe Brodersen (2003).

[9] Ausführlich hierzu: Johne (1998): „Einst war sie ein hochberühmter und wohlbekannter Fluss". Die Elbe in den Schriften des Tacitus. S. 399-409. Zuletzt ausführlich Johne (2006).

bungen von Fabeltieren und damit eine Zone der durch diese Fabeltiere[1] definierten und ausgefüllten Unzivilisiertheit bis zum Ufer des weltumfließenden *okeanos.*

Die von den Römern entlang natürlicher Barrieren, wie dem Rhein oder anderer Flüsse und Gebirge beschriebenen Landgrenzen sind Hilfskonstruktionen zum Überblick über Großräume.[2] Diese z. B. als *ripa silva* oder *montes* bezeichneten geographischen Oberflächenformen dienen primär einer räumlichen Strukturierung. In der Folge bilden sie dadurch die Grenze zwischen zwei Räumen. Es ergibt sich ein qualitativer Unterschied, ob eine vorhandene lineare Struktur (z. B. der Rhein) oder eine von Bergen umfasste Landschaft (z. B. die Wetterau) zur Differenzierung von Landschaften, Völkern und damit von Sitten, Gebräuchen und Rechten dient, oder ob ein Gebiet von künstlichen Grenzmalen, die ein kulturelles Zeichen darstellen, eingefriedet wird. Anhand der Art, wie Grenzen bei Tacitus bezeichnet werden, erkennt man den Status der Kultur der Eingegrenzten.

Die relative Positionierung eines Stammes in der „Germania" anhand einer Kette von relationalen Ortsangaben bietet auch ohne exakte Grenzziehung eine für römische Verhältnisse scheinbar ausreichende Methode zur Erfassung geographischer Räume. Die thematische und inhaltliche Verquickung geographischer, politischer und ethnographischer Beschreibungen hat die Verbindung zur entsprechenden Grenzkonstruktionen zur Folge. Das enge Verhältnis von Ethnographie zu Geschichtsschreibung, Geographie und Politik in der „Germania" des Tacitus ist für die Antike kein Einzelfall, sondern der Regelfall.[3] In der Tradition von Herodot[4] sind geographische Beschreibungen zugleich ethnographische und historische Werke. Besonders hier wird klar, dass Tacitus ethozentrische Gebietsbeschreibung betrieb, denn nur die potentiell zu besiegenden Völkerstämme waren es, die die Römer interessierten – nicht der ‚leere' potentielle (Siedlungs-)Raum.[5]

Tacitus gebraucht in der Germania nur zweimal Worte aus dem Begriffsfeld *terminus*. Beide Male (29, 2 im Singular und 32, 1 im Plural)[6] geht es um die Grenze(n) des Imperium Romanum, die in beiden Textstellen der Rhein bildet. Die Stämme der barbarischen Germanen werden dagegen in der Beschreibung Tacitus' nicht durch *termini* oder einen *terminus* getrennt, weil sie kein Teil des Imperium Romanum sind und daher auch nicht unter den Schutz der entsprechenden römischen Götter stehen.

Gefestigt wird der Gebrauch des Terminus-Begriffs inhaltlich in den anderen Werken des Tacitus, in denen er jedoch die Grenze des Römischen Reiches nur einmal explizit erwähnt: im Zusammenhang mit der Äußerung des Augustus als Rat an seien Nachfolger, das Reich nicht mehr zu vergrößern und innerhalb der geheiligten Grenzen des Reiches zu bleiben[7]. In dieser nur von Tacitus überlieferten Anweisung des Augustus bindet sich der Begriff *terminus* an eine juristische und sakrale Grenze, [8] die sich im dazu verknüpften Begriff des *imperiums* im Sinne einer rechtlich ver-

[1] Tac. Ger. 45.

[2] Zur Definition des Großraumes siehe BRODERSEN (2003) S. 31 und 44ff.

[3] Siehe dazu ausführlich MÜLLER (1972) zur antiken Ethnographie, bes. S. 412ff. und NICOLET (1991).

[4] Vgl. MÜLLER (1997), bes. S. 98-130.

[5] So beschrieb Appian (s. u.) die Völker in der Reihenfolge in der sie von den Römern besiegt wurden. Vgl. auch BENNETT (1990) S. 586.

[6] Tac. Ger. 29, 2: „...*protulit enim magnitudo populi Romani ultra Rhenum ultraque veteres terminos imperii reverentiam.*" Tac. Ger. 32, 1: "*Proximi certum iam alveo Rhenum, quique terminus esse sufficat, Usipi ac Tentceri colunt.*"

[7] Tac ann. 1, 11: „*coercendi intra termini imperii*".

[8] Ov. fast. 2, 639-685 beschreibt das Fest des Terminus, der als Stein oder Pfahl die Felder der Römer begrenzt. Jedoch wenn Ovid von der Begrenzung anderer Völker oder Königreiche spricht, benutzt er den Wortstamm *finiere*, das von

liehenen Amtsgewalt klar hervorhebt. Die Macht des Amtes manifestierte sich mit göttlicher und gesellschaftlicher Anerkennung der Person für eine festgelegte Zeit und ein fest begrenztes Gebiet. Das Amt und die dazugehörige *potestas* endete – so, wie sie begann – an einer temporalen und geographischen Grenze, bezeichnet durch einen *terminus*.

Aus den genannten Werken und den „Historien", mit ihren zahlreichen kleinen und größeren geographischen Exkursen[1], lässt sich insgesamt eine klare Systematik im taciteischen Sprachgebrauch bei der Beschreibung der Grenzen der Welt bzw. des *Imperium Romanum* erkennen. An diese beiden zuletzt genannten Begriffe lassen sich die Begriffe des Wortfeldes von *finis* (geographische Welt) und *termini* (Imperium Romanum) koppeln. Eine Grenze, die wir in unserem Zusammenhang als sakrale römische (terminierte) Außengrenze des Reiches ansehen würden, [2] findet sich beispielsweise im germanischen Raum nur am Mittelrhein bzw. dem heutigen Rheingau. Der Rest Germaniens jenseits des Rheins scheint trotz langjähriger Feldzüge und Eroberungsabsichten noch nicht romanisiert, geschweige denn ‚terminiert' gewesen zu sein.[3] In Britannien scheint es einen *terminus* gegeben zu haben, [4] jedoch lässt sich diese sakrale Grenze nicht eindeutig anhand von Tacitus' Angaben lokalisieren.

Wenn wir bei Tacitus die Grenzen des römischen Reiches suchen, finden wir diese nicht als künstliche physische Barriere, sondern vielmehr als kulturellen und/oder ethnischen Gegensatz, als eine Schwelle zwischen Kultur und nicht-(römischer)-Kultur. Die Barbaren wurden aus römischer Sicht nur durch geographische Gegebenheiten ihrer Region voneinander abgegrenzt und unterteilt, die zivilisierten Römer jedoch setzten bewusst, unter dem Schutz ihrer Götter, künstliche Grenzen: eben jene *termini*.

Es bleibt noch ein Begriff zu klären, der in der deutschen Forschung über Jahrzehnte der Inbegriff der römischen Außengrenze war: der Begriff *limes*.

Die Bedeutung des Wortes *limes* bei Tacitus

Der Begriff *limes* beschreibt bei Tacitus nicht die festgelegte Grenze des Imperium Romanum, wie die Forschung lange annahm.[5] Die Gleichsetzung des Begriffs *limes* in der Germania 29, 3 mit einer Außengrenze ist eine bis in die neueste Literatur hartnäckig verbleibende Fehlinterpretation dieser Stelle.[6]

Doch worum geht es Tacitus, wenn er die Bezeichung *limes* verwendet? Insgesamt findet sich der Begriff *limes* außerhalb eines agrimensorischen Sachverhaltes recht selten. Tacitus benutzt ihn in all seinen uns erhaltenen Werken nur sieben Mal. Von dieser überschaubaren Nutzung aus sollte es ein Leichtes sein, sich über die Bedeutung und die Zusammenhänge klar zu werden.

von *finis* abzuleiten ist. Siehe Ov. fast. 2, 659: „*tu populos urbesque et regna ingentia finis*".

[1] Wie z. B. Tac. ann. 5, 6, wo Tacitus ausführlich Judäa beschreibt.

[2] Tac. Ger. 29, 2 und 32, 1.

[3] Vgl. Deininger (2000) S. 749-773.

[4] Tac. Agr. 33, 3.

[5] Siehe dazu die Bemerkungen im Kapitel zur Forschungsgeschichte des Limes im 19. und 20. Jahrhunderts.

[6] Vgl. Kemkes/Scheuerbrandt/Willburger (2002) S. 165 und LeBohec (1993) S. 266.

Die Stellen, an denen Tacitus einen *limes* erwähnt, sind wie folgt:

1. und 2. Annales 1, 50, 1:

"at Romanus agime propero silvam Caesiam ***limitemque*** *a Tiberio coeptum scindit, castra in* ***limite*** *locat, frontem ac tergem vallo latera concaedibus munitus."*[1]

"Jetzt ging der Römer schnell voran im Caesischen Wald und auf von der Tiberius begonnenen Schneisen[2]*, positionierte das Lager auf der Schneise, vorne und hinten mit einem Wall, an den Seiten mit Verhauen geschützt."*

3. Annales 2, 7, 3:

„... et cuncta inter castellum Alisonem ac Rhenum novis limitibus aggeribusque permunita."[3]

„... und zahlreich wurden zwischen dem Lager Aliso und dem Rhein mit neuen Schneisen und Dammwegen befestigt."

4. Historien 3, 21, 3:

"...dextro octava per apertum limitem, mox tertia [decima] densis arbustis intersepta."

"... von Rechts kam die 8. (Legion) über die geöffnete Schneise, bald die 3. [Decima] "

5. Historien 3, 25, 1:

„... per limitem sparguntur festinatione consectandi victores."

„... von den über die Schneise vorstürmenden Siegern wurden sie zerstreut."

6. Agricola 41, 2:

„tot militares viri cum tot cohortibus expugnati et capti; nec iam de limite imperii et ripa, sed de hibernis legionum et possesione dubitatum."[4]

„So viele Heerführer mit solch vielen Kohorten wurden besiegt und gefangen genommen; und schon war um die Schneisen des Reichs und Ufer (der Flüsse), sondern auch um die Winterlager der Legionen und den Besitz (des Gebietes) zu zweifeln."

7. Germania 29, 3:

„non numeraverim inter Germaniae populos, quamquam trans Rhenum Danuviumque consederint, eos, qui +decumates+ agros exercent; levissimus quisque Gallorum et inopia audax dubiae possesionis solum occupavere; mox limite acto promotisque praesidiis sinus imperii et pars provinciae habentur."

[1] Vgl. dazu den Kommentar von KOESTERMANN (1963) S. 286.
[2] HELLER (1992) übersetzt hier mit ‚Heerstraße'.
[3] Siehe den Kommentar von KOESTERMANN (1963).
[4] HEUBNER (1984) S. 113 gibt keinen weiterführenden Kommentar zu dieser Stelle.

„Nicht unter die germanischen Völker, obwohl sie jenseits des Rheins und der Donau siedeln, gehören jene, die den +decumaten+ -Acker bestellen; die unzuverlässigsten der Gallier haben durch Not kühn geworden, diesen Boden in Besitz genommen. Bald sind dort Schneisen angelegt und Lager verteilt, so dass dieser Bogen beherrscht und Teil der Provinz wurde."

Die Verwendung von *limes* findet bei Tacitus offensichtlich exklusiv in einem militärischen Kontext statt. Die Inhalte der zitierten Textpassagen kreisen thematisch um die Eroberungsphase, in der noch keine konkrete Landvermessung und Landverteilung zu fassen ist. Besonders die „Annales"-Stelle (1, 50, 1) zeigt, worum es bei den *limites* des Tacitus geht: Es gilt, den „undurchdringlichen germanischen Urwald"[1] mit öffnenden Schneisen zu strukturieren, zugänglich zu machen und dadurch zu kontrollieren und zu beherrschen. Für die Schneisen, die im Zusammenhang der Eroberungsfeldzüge als Wege des Heeres gezogen worden sind, gibt es in der römischen Geschichte genug Beispiele, um das Bild eines solchen *limes* zu bestätigen. Iulius Caesar beispielsweise zieht bei seinen gallischen Feldzügen diese Schneisen auf die gleiche Art durch den Wald[2] wie bei Tacitus (ann. 1, 50, 1) beschrieben. Ebenso berichtet Vellius Paterculus[3] von wieder geöffneten, d. h. also von Bewuchs gesäuberten Schneisen, auf denen Tiberius erneut nach Germanien vorrückte, um das Land als Vergeltung für die Varus-Niederlage zu verwüsten.[4] Die *limites* des Agricola (42, 3) beschreiben den Wege-Charakter als Aufmarsch bzw. Verkehrslinie in das Barbaricum, jedoch von anderer Seite genauso in das Römerreich hinein. Aus der Möglichkeit der Barbaren, über Flüsse und Schneisen nachzurücken und in das Reich einzudringen, resultiert die von Tacitus erwähnte Gefahr für die römischen Winterlager.

Der *limes* der viel zitierten Tacitus-Stelle (Germania 29, 3) ist eine Waldschneise des Heeres, um den von den Galliern neu zum Reich gebrachten ‚Bogen' der Provinz zu kontrollieren und zu schützen. Denn zuvor beschreibt Tacitus[5] das Gebiet der Mattiaker, die jenseits des Rheins, also ebenso wie die Gallier im ‚Decumaten-Land', in der Gegend des heutigen Wiesbaden siedelten. Es geht Tacitus dabei nicht um eine militärisch verteidigte Grenze oder um die Eroberung dieser Gebiete durch die römische Armee, sondern um die Beschreibung und Eingrenzung des Siedlungsraumes eines verbündeten Stammes, der in die römische Verwaltung (besonders der Steuererhebung) eingebunden und somit an das römische Reich angeschlossen war.

Auch wenn man den *limes* des Tacitus aus dem militärischen Kontext hinausziehen will und nicht nur als die Waldschneise interpretieren will, dann ist der *limes* der letzte – wenn auch oft grob vermessene – Streifen Land, der zum Reich gezählt werden kann. In dieser Interpretation ist es folglich immer noch verständlich, dass das Militär in den neu okkupierten Gebieten diesen Landstreifen kontrolliert.

---

[1] Tac. Ger. 5, 1: *„silvis horrida"*

[2] Caes. bell. Gall. 3, 28f.

[3] *um 20 v. Chr.;† nach 30 n. Chr.

[4] Vell. 2, 120, 1-2: "(...) *ultro Rhenum cum exercitum transgreditur (...) penetrat interius, apertit limites, vastat agros (...)*".

[5] Tac. Ger. 29, 2.

Zur Bedeutung von Flüssen[1] als Grenze

Flüsse waren in der Antike wichtige Handels-, Verkehrs- und Kommunikationslinien. Gewässer stellten nicht nur Lebensadern für die Menschen ihrer Umgebung dar, sondern ermöglichten es auch fremden Händlern und Siedlern, Gebiete ohne ein größeres Infrastrukturnetz zu erkunden und zu erschließen. In der römischen Orientierung und Beschreibung von Räumen kommt Flüssen dadurch seit jeher ein hoher Wert zu. Nicht nur die großen, die Welt aufteilenden Ströme der Mittelmeerwelt, wie Nil, Donau und Don, sondern ebenso die kleineren Flüsse wurden zur Strukturierung und Orientierung des Raumes genutzt. Der Grieche Pausanias ist hierfür ein gutes Beispiel, denn er nennt Flüsse als häufigste Grenze einzelner *poleis* im Griechenland seiner Zeit.[2] Flüsse spielten in der Erfassung des Mittelraums wie z. B. von zu Städten gehörigen Arealen und Siedlungsgebieten von Völkern eine große Rolle und blieben als strukturierendes Merkmal weit über die Antike hinaus ein tragendes Element von Raumgrenzen.

Bis zur heutigen Zeit sind Flüsse jedoch höchst wechselhafte und gefährliche Gewässer. Mäandrierung, Hochwasser und Sandbänke sind die täglichen Gefahren auf den Binnengewässern. Während Binnengewässer heute zuweilen eher gebändigt, eingedämmt, ausgebaggert und verlagert vorkommen, war den Menschen der Antike das Natürliche und Unberechenbare der Flüsse nur in der Form von göttlicher Kraft zu erklären. Die Personifizierung der Flussgottheiten des Tiber, des Nil, des Euphrat und des Rheins zeigen diese als wesenhafte Gestalten.[3] Diese mit Göttern assoziierte Wesensgestalt der Gewässer reflektiert ihre sakrale Bedeutung als raumstrukturierendes und raumbegrenzendes Element.

Die wechselnde Gestalt der Flüsse und ihrer Ufer machte die ungebändigten Binnengewässer gleichzeitig zu denkbar schlechten Markierungen für exakte Grenzen und für eine festgelegte Grenzziehung des Kleinraumes. Wie die Regionen zeigen, in denen sich nicht nur kleine Bäche, sondern ebenso große Ströme wie Rhein und Euphrat in Ebenen schlängeln, können die Flüsse innerhalb von relativ kurzer Zeit ihr Bett um mehrere Zehnermeter, zuweilen um einige hundert Meter verlagern. Des Weiteren kommt die verkehrstechnische Bedeutung von Fließgewässern hinzu: *„Durch einen Fluss zu begrenzen, ist ebenso unsinnig, wie die verschiedenen Regionen des menschlichen Körpers nach seinen Adern zu teilen."*[4] Oder wie es schon Ptolemaios formulierte: *„Also brauchen wir Ägypten nicht entzweizureißen und die Grenze durch den Nilstrom bilden zu lassen, und es ist überhaupt besser die Festländer wenn möglich durch Meere und nicht durch Flüsse zu trennen."*[5] Für die römische Zeit gilt die Aussage dieses Satzes, dass Flüsse letztlich mehr verbinden als trennen, genauso wie für heutige Verhältnisse. Gegenüber feindlichen Gebieten konnten durch Türme[6] und Kastelle überwachte größere Flüsse gut zu verteidigende Grenzen bilden.[7] Diese Grenzlinien waren bequem verkehrstechnisch erschließbar und in der römischen ‚mental map' ihres Reiches leicht zu verorten.

[1] Zur Bedeutung der Flussgrenze in der Antike immer noch grundlegend: Scheliah (1931): Die Wassergrenze im Altertum. Neueren Datums ist Braund (1996): River frontiers in the environmental psychology of the Roman world. Zu Flußgottheiten in der griechischen Kultur siehe Brewster (1997).

[2] Sonnabend (1994) S. 295.

[3] Falter (1999) passim.

[4] Maull (1925) S. 207.

[5] Ptol. geogr. 2, 1, 5; übersetzt von und zitiert aus: Kubitschek (1934) S. 12/13.

[6] Vgl. z. B. Brees/Jilek/Thiel (2005) S. 28: schon in augusteischer Zeit wurden Wachttürme am Rhein erreichtet.

[7] Vgl. Rankov (2005) S. 181.

Heute werden Landesgrenzen in der vermessenen und durch Bojen bezeichneten Flussmitte gezogen. Diese imaginäre Linie in der Mitte eines Flusses wäre in der Antike weder sinnvoll noch praktikabel gewesen. Der Fluss selbst war damit ein quasi göttliches Niemandsland. Das Überqueren von Flüssen zu militärischen Zwecken mit Hilfe einer Brücke war nicht nur aus ingenieurstechnischer Sicht eine Meisterleistung der Antike, sondern ebenso ein Sieg über die Naturgewalten und die darin personifizierten Götter. Dies konnte nur nach Besänftigung der Götter durch ein Gelöbnis oder Opfergaben erreicht werden. Nach Flussüberquerung von größeren Strömen, musste das Heer z. T. auch neu entsühnt werden und der Feldherr musste neue Auspizien einholen.[1]

Die Brücken Caesars über den Rhein oder Traians-Brücke über die Donau waren Symbole des Willens, der Fähigkeiten und des Triumphes Roms über seine Umwelt, [2] ebenso wie z. B. das Durchschwimmen der Batavischen Kavallerie unter Hadrians Augen durch die Donau, [3] zeigt, dass geographisch und überwachungstechnisch günstige Flüsse keine endgültigen Grenzen darstellen und diese bewusst überschritten werden. Die Vorfeldsicherung und -erkundung auf den anderen Seiten der Flüsse war den Römern ein wichtiges Anliegen. Die *fines imperii* nicht an diese Flüsse zu legen, sondern ebenso das Gebiet jenseits dieser Flüsse bis zum allumfließenden, weltbegrenzenden *okéanos* zu vergrößern, entspricht der Idealvorstellung des römischen Weltreiches. Jedoch wurde schon in den Jahren der augusteisch-tiberischen Feldzüge besonders durch die Erkundungen des Drusus[4] und Germanicus schnell klar, dass auch die Elbe noch nicht nah an der Küste zum *okéanos* liegt.[5] Der *orbis Romanus* fand also hier bis auf weiteres sein Ende am Ufer des Rheins und der Donau oder nicht weit davon entfernt.

Tacitus war sich dessen wohl bewusst und konnte auf der Basis des geographischen Wissens seiner Zeit seine Begrifflichkeiten für die Grenzen des *Imperium Romanum* abwägen.

Die Untersuchung der taciteischen Begriffe für Grenzen mit ihren Verknüpfungen in den unterschiedlichen militärischen, agrimensorischen oder literarisch formulierten, raumstrukturierenden Kontexten, gilt es nun anhand weiterer Autoren zu prüfen und zu vertiefen.

3.2.2 Gromatische und militärhistorische Schriften des Iulius Frontinus

Die *Strategemata*[6], das Werk *de Aquis*[7] oder die Erörterungen von Frontinus[8] über Landvermessung[9] *de agrorum qualitate* sind mehr als bloße ‚Fachliteratur'. Vielmehr

[1] Liv. 2, 23 gibt ein Beispiel dafür.
[2] Braund (1996) S. 46.
[3] Cass. Dio 69, 9, 6; vgl. Speidel (1991) S. 277-282.
[4] Vgl. Timpe (1989) S. 357; Johne (2006) S. 14.
[5] Der geographische Erkenntnisertrag dieser Feldzüge lässt sich bei Strabon 7, 290ff und Pomponius Mela 3, 29 ablesen.
[6] Übersetzt mit „Kriegslisten" von Bendz (1978).
[7] Hainzmann (1979).
[8] Vgl. Ward-Perkins (1931) S. 103-105; sowie Eck (1982) S. 47ff.
[9] Die letzte und bisher ausführlichste Veröffentlichung in Campbell (2000): The Writings of the Roman Land Surveyors. Hier auch weitere Erörterungen und Fragen zur Autorenschaft Frontins (S. xxvii-xxviii). Der Text mit engl. Übersetzung: S. 2-15.

ist es ein Bericht aus der Sicht eines hochrangigen Verwaltungsbeamten, [1] der für seinesgleichen nicht nur rein technische Beschreibungen, sondern eine standesgemäße, erbauliche Grundlagenlektüre über Kriegsführung, Wasserbau und Landvermessung veröffentlichen wollte. Basis für Frontins Kenntnisse ist selbstverständlich seine Karriere, in der er umfassendes praktisches und theoretisches Grundlagen- und Fachwissen erlangte. Sein *cursus honorum* führte Frontin u. a. auch über die Statthalterschaft Britanniens, [2] bevor dort Iulius Agricola sein Nachfolger wurde. Frontin ist in der senatorischen Elite des Reiches kein Unbekannter und er war einer der bedeutenderen Politiker und Magistrate seiner Zeit.

Unter Frontins Werken sind die *Strategemata* hervorzuheben, in denen er exemplarisch Lösungsvorschläge für verschiedenste Kriegssituationen aus der griechisch-römischen Geschichte anbringt. Diese Kombination aus Geschichts- und Fachbuch für militärische Belange war ein wichtiges Kompendium für das Wissen und die Möglichkeiten eines militärischen Führers jener Zeit. Autoren zum Thema Kriegsführung der Spätantike, wie Vegetius, [3] beschränkten sich auf rein militärische Aspekte und vernachlässigen den Anspruch, die Thematik der Kriegsführung in eine literarisch ansprechende Form zu fassen.

Das Thema der *Kriegslisten – Strategemata* – ließe aufgrund der Beschäftigung mit der Lösung militärischer Probleme eine eingehende Auseinandersetzung oder Beispielliste von langen Wällen oder Palisaden erwarten. Die von Frontin erwähnten Mauern und Erdwälle sind jedoch nur kleinräumige Konstruktionen von eher taktischem als strategischem Wert und beschäftigen sich – wenn sie überhaupt erwähnt werden– mit den Wällen und Mauern um Städte und Lager. Die Belagerungstechniken zum Einschließen des Feindes hatte schon Caesar bei Alesia 52 v. Chr. mustergültig in der Praxis ausgeführt, [4] und auch Frontin kennt das Prinzip, dass der römische Legionär mit der *dolabra*, also mit Schanzarbeiten siegt.[5]

Damit stellt sich die Frage, wie Frontin die Anlage und Gestaltung der Grenze zur Zeit der Provinzgründung[6] der beiden Germaniae sah, die wohl unmittelbar nach den Chattenkriegen vollzogen wurde. Diese Chattenkriege Domitians in Germanien tauchen bei Frontin nur in einer kurzen Bemerkung auf: Er erwähnt die Einrichtung von 120 Meilen *limites*.[7] Aus dem Text der Quelle geht klar hervor, dass es sich bei diesen *limites* nicht um eine Außengrenze handeln kann.[8] Auch die *limites* des Domitian waren Waldschneisen zur Strukturierung und Überwachung des germanischen ‚Urwaldes'. Diese *limites* wurden daher in Regionen jenseits des Siedlungsgebietes der Chatten angelegt. In keiner Zeit können sie daher in ihrer offenen Gestalt eine Art von definierter Außengrenze markiert haben. Eine mit *termini* festgelegte Außengrenze ist darüber hinaus in Frontins Schriften nirgendwo zu finden – und dies überrascht bei einem Autor, der eine Schrift über Kriegslisten und Landvermessung verfasste, und von der nach unserem Verständnis zu erwarten wäre, dass die Reichsgrenzen als Ort des Kontaktes mit Fremden und Feinden zumindest gelegentlich angesprochen wer-

[1] Campbell (2000) S. xxvii-xxxi.

[2] Tac. Agr. 17, 2.

[3] Vegetius: Abriss des Militärwesens; oder auch die Schrift „*de Rebus Bellicis*" eines unbekannten Autors.

[4] Caes. bell. Gall. 7, 68ff.

[5] Frontin. strat. 4, 5, 7:„*Domitius Corbulo dolabra [id est operibus] hostem vincendum esse dicebat.*"

[6] Zur Provinzgründung Bechert (1999) S. 191-198 mit der wichtigsten Literatur zu den Provinzen und besonders lesenswert zur Sieges-Propaganda des Domitian siehe Wolters (1996): „Germania capta".

[7] Frontin. strat. 1, 3, 10 und 2, 11, 7.

[8] Ausführlich zu dieser Stelle siehe: Perl (1981) S. 563-583.

den könnten. Die Außengrenzen des Imperium Romanum sind für Frontin ebenso wenig ein Gegenstand der Erörterung wie für Tacitus, weder im Kriegswesen, noch in der Landvermessung. In militärischen Kontexten schien für Frontin in seinen *Strategemata* die Außengrenze des Reiches keiner besonderen Erwähnung wert. Für Frontin bildeten die *termini* und *limites* keinen Gegenstand besonderer Aufmerksamkeit, was aufgrund der bei Tacitus gemachten Beobachtungen doch zu erwarten gewesen wäre.

Die Bedeutung der Begriffe *limes, finis* und *terminus* innerhalb der römischen Vermessungskunde hebt Frontin jedoch deutlich hervor. Das Handwerk der Feldvermesser ist, wie die Auseinandersetzung und Rezeption schon in der Antike zeigt, eines der wichtigsten Instrumente der Macht für das römische Reich. „Wo der Römer siegt, da wohnt er“, sagte Seneca, [1] was in der Konsequenz bedeutet, dass dort, wo die militärische Präsenz der Römer nicht mehr durch Soldaten zu erkennen war, die Macht der (Siedlungs-)Verwaltung blieb und mit ihr die verschiedenen Formen der Beherrschung des Raumes, die sich über die verschiedenen Ebenen der Verwaltungseinheiten hinunter bis in jeden einzelnen Acker des Reiches nachvollziehen lassen. Die folgenden Beispiele zeigen die Eigenarten und Qualitäten der Grenzen, durch die das Land bewertet wird. Dabei spielen die Begriffe *finis, limes* und *terminus* wichtige Rollen. Frontin hat sich als Autor verschiedener gromatischer Schriften zu einer der wichtigen Quellen und Referenzen des Vermessungswesens in der Antike gemacht. Seine Erörterungen legen den ‚status quo‘ des Faches seiner Zeit dar. Es gibt drei Typen von Land, schreibt Frontin, [2] und erklärt ihren Charakter durch Art der Grenze und Vermessungszustand im Innern des Gebietes:

> „*...una agri diuisi et adsignati, altera mensura per extremitatem conprehensi, tertia acrifini, qui nulla mensura continetur.*
>
> *Ager ergo diuisus adsignatus est colonarium. Hic habet condiciones duas: unam qua plerumque limitibus continetur, alteram qua per proximos possesionium rigores adsignatus est, sicut in Campania Suessae A<u>runcae. Quidquid autem secundum hanc condicionem in longitudinem est delimitatum, per strigas appelatur; quidquid per latitudinem, per scamna. Ager ergo limitatus hac similtudine decimanis et cardinibus continetur. Ager per strigas et per scamna diuisus et adsignatus est more antiquo in hanc similitudinem, qua in prouinciis arua publica coluntur.*
>
> *Ager est mensura comprehensus, cuius modus uniuersus ciuitati est adsignatus, sicut in Lusitania Salma<n>ticensibus aut Hispania citionre Pala<n>tinis et in conpluribus pruinciis tributarium solum per uniuersitatem populis est definitum. Eadem ratione et priuatorum agorum mensura conprehenderint, in formam in modum limitatii condiderunt.*
>
> *Ager est acrifinus, qui nulla mensura continetur. Finitur secundum antiquam obserutionem fluminibus, fossis, montibus, uiis, arboribus ant missis, aquarum diuergiis et si qua loca ante e possessore potuerunt optineri. Man ager acrifinus, sicut ait Varro, ab arcendis hostibus est appelatus: qui postea interuento litium per ea loca quibus finit terminos accipere coepit. (...)*
>
> *Ager extra clusus est, <et> qui inter finitimam lineam et centurias interiacet; ideoque extra clusus, quia ultra limites finitima linea cludatur.*“

[1] Sen. cons. 7, 7.

[2] Frontin. de agr. 1, 1. Dazu auch Schubert (1996) S. 14.

„...ein Gebiet/Acker, der geteilt und verzeichnet ist, der nächste ist an den äußersten Enden vermessen, der Dritte ist der Unbegrenzte, an dem keine Vermessung gemacht wurde.

In der Folge gehört Land, welches eingemessen und verteilt ist, zu den Kolonien. Hier gibt es zwei Kategorien: in einem wird das Land durch limites eingegrenzt, in dem anderen wird durch die nächste größere gerade Vermessungslinie aufgeteilt, wie z. B. in Campanien in Suessa Auruncae. Jedes Land dieser zweiten Kategorie, welches Längsseitig begrenzt wird, wird nach den Strigae benannt; jedes Land, das an seiner breiten Seite bemessen wird, wird scmaniert. Ein Gebiet wurde also limitiert wenn es gleichzeitig Decumanus und Kardo enthält. Ein Gebiet, das durch Strigae und Scamnae eingeteilt wurde, ist nach der alten Sitte, gleichzeitig mit der Weise wie Land in den Provinzen kulturfähig gemacht wurde eingerichtet worden.

Ein Gebiet ist bedingt eingemessen, dessen ganzes Land einer Civitas zugeordnet wurde, wie es in der Provinz Lusitania bei Salamanca, oder im diesseitigen Spanien in Palatinis und in vielen anderen Provinzen mit tributpflichtigen Böden ist, deren ganzes Land durch das Volk selbst begrenzt wird. Auf jene Wiese wurde das Land zu Privatbesitz gemacht. An vielen Stellen haben die Vermesser, welche die äußersten Ränder eingemessen haben, auf den Vermessungsplänen dieses Land in der Art der limitation eingetragen.

Ein Gebiet heißt Acrifinus, wenn er keinerlei Vermessung erfahren hat. Er wird begrenzt durch eine zweite alte Art: durch Flüsse, Gräben, Berge, Wege, besondere Bäume, Wassergräben und durch Flächen/Orte die zuvor durch Besitzer eingenommen wurden. Denn ein Gebiet wird Acrifinus genannt, wie Varro sagte, wenn es von den Feinden abgerungen wurde: der danach der Eingrenzung seiner Land-Grenzen durch Einsetzung von termini bedarf. (...)

Ein Gebiet ist außerhalb der Einbindung (des Ackers), wenn es zwischen der letzten Linie und der Centuriationseinteilung liegt, ebenso ist es ausgeschlossen wenn es jenseits des letzten Feldrains ausgeschlossen wird.“[1]

Diese Passage aus *„de agrorum qualitate“* stellt für die Bedeutung von Grenzen eine wichtige Basis dar. Bei Frontin zeigt sich, dass sich die verschiedenen Bezeichnungen der Gebiete aus dem Status ihrer Einmessung und ihres Verhältnisses zu den schon vermessenen Gebieten und ihrer Qualität von Grenzen erschließen. Die Qualität des Landes ergibt sich aus der Dichte und der Art des Gitternetzes der Grenzen, die das Land erst zu einem kultivierbaren Gebiet machen. Neben den Variationen der vier Haupttypen von Land seien diese aufgezählt nach ihrem Wert:

1. *ager divisus et adsignatus* (1a limitiert, 1b scamniert);
2. *ager mensura comprehensus;*
3. *ager acrifinus* und der nicht als eigene Qualität aufgeführte

ager extra clusus.

Die Zuteilung des Landes zu einem bestimmten *ager*-Typ lässt sich an der Sorgfalt der Grenzenvermessung festlegen. Deutlich zeigt uns der Typ des *ager acrifinus,* dass das Land in seiner Gesamtheit grob erfasst und aufgrund natürlicher Landmarken

[1] Frontin. de agr., vgl. Campbell (2000).

wie Flüssen, Bergen oder Wegen eingeordnet wurde. Hinzu kommt der wichtige Zusatz, dass dieses Gebiet laut Varro den Feinden abgerungen wurde. Für den Vorgang der ersten von Militärs durchgeführten Orientierung und Vermessung des Landes bringt uns ein Brief weitere Klärung.

Ein Schreiben des Balbus an Celsus[1] zeigt das Standardprozedere während und nach einer römischen Okkupation und verdeutlicht die Vorgehensweise bei neu eroberten Gebieten; in diesem Fall am Beispiel der Dakienfeldzüge Traians:

> *„At postquam primum hosticam terram intravimus, statim, Celse,*
> *Caesaris nostri opera mensuram rationem exigere coeperunt. (...)*
>
> *ad synopsim pontium pertinet, fluminium latitudines dicere, (...)*
> *expugnatorum deinde montium altitudines ut sciremus (...)"*
>
> *„Als erstes nach dem Übergang in das feindliche Land, sogleich, Celsus,*
> *haben die Aktionen unseres Caesars das Handwerk des Vermessers benötigt. (...)*
>
> *Zur Anlage von Brücken, um die Breite von Flüssen zu bestimmen (...)*
> *Um die Höhen der zu erobernden Berge zu erfahren (...)"*[2]

Die wahrscheinlich elf Mensoren[3] einer Legion waren demnach ein wichtiger Bestandteil der taktischen und strategischen Planung, Sicherung und Eroberung der neuen Gebiete. Sogleich, *statim* wie Balbus schreibt, wurden die Landvermesser der Legionen für Aufgaben der Infrastrukturplanung eingesetzt. Parallel zu den rein militärisch bedeutsamen Vermessungen der Landschaft nahmen die Agrimensoren auch eine erste grobe Aufnahme des Landes vor (*„montium altitudines ut sciremus"*). Die geplante und sorgfältig abgestimmte Einmessung der Schneisen und Aufmarschwege oder von Versorgungslagern, die für die militärische Infrastruktur während der Eroberung wichtig waren, stellte die Grundlage für weitere Vermessungen der befriedeten und weiter einzuteilenden Gebiete dar. Die spätere zivile Infrastruktur profitierte von den genauen Einmessungen des Militärs. Auf die erste Raumerfassung konnten sich die späteren Landeinteilungen stützen. Die ‚Romanisierung der Landschaft' wurde nicht nur durch den Bau der Straßen, sondern in noch viel größerem Maße durch die Erfassung der zu besteuernden Ackerflächen des *tributum soli*[4] römischer Provinzen erreicht.

Wichtig ist in der Verbindung mit der Arbeit der Mensoren und der Bewertung des Landes die Setzung von *termini*. Erst diese *termini* machen ein Gebiet zu einem im römischen Verständnis typisierbaren und erfassbaren Gebiet. Diese Gebiete bedürfen der Eingrenzung durch *termini* mit dem Lituus, dem Stab der Auguren.[5] Dieser wurde in der Frühzeit der römischen Landvermessung von den Auguren als Peilstab zur Einmessung eines sakralen Raumes genutzt. Die Mensoren, einst Helfer der Auguren, vollzogen in ihrem Fachgebiet der Vermessung mit dem Lituus also immer noch

---

[1] Zu Celsus: PIR² I, 241

[2] Text entnommen aus Blume/Lachmann/Rudorff (1848) S. 91f. Siehe auch Sherk (1974) S. 541. Übersetzung W. Moschek. Zur Person des Balbus: Campbell (2000) S. XXXIX, .

[3] AE 1904, 72 nennt die Mensoren der Leg III Augusta aus Lambesis in der Provinz Numidia: *„Mensores / Abbonius Mucrubius / Sallustius Ianuarius / Arruntius Maximus / Afranius Lucius / Cossutius Gududus / Octavius Saturninus / Iulius Bassinus / Iulius Fortunatus / Iulius {A}Emeritus // Aurelius Rusticus / Octavius Felix / Aurelius Rogatianus / (A)elius Victor // Successus Successianus / Iulius Castricus / Iulius Guzabius"* und CIL 3, 8112 die der Legion VII Claudia.

[4] Siehe auch Mommsen (1892), RStR. 3, 1 S. 228.

[5] Siebert (1999), s. v. Lituus, in: DNP 7, Sp. 365.

eine profane Abwandlung der Einrichtung eines Templums. Schon auf den Feldzügen wurde das Land grob vermessen und die wichtigsten Landmarken des Gebietes verortet. Durch die Arbeit der Mensoren wurden die Einteilungen zu *termini;* d.h. der Raum der Barbaren und fremden Götter wird für die römischen Götter mittels altbekannter Riten (z. B. durch eine *ambarvalia*) und Zeichen festgelegt und damit kultiviert.

Die Aufgaben der Mensoren waren nach der Einmessung der Schneisen noch nicht beendet. Den militärischen Feldvermessern fielen weitere wichtige Aufgaben zu: die Errichtung und Einmessung von Orientierungspunkten zweiter Ordnung in dem neuen Gebiet, die Lager der Einheiten oder das Koordinatenkreuz eines größeren Vermessungssystems für Städte oder Äcker mit einer *groma* – die *mensores* waren begehrte und wichtige Fachleute des Militär- und Verwaltungswesens. Wie bedeutend ihre Stellung innerhalb der römischen Kultur war, geht aus der Geschichte der Herkunft ihres Handwerkes hervor: Die Mensoren teilten die Welt im Kleinen wie im Großen mittels einer Prozedur, wie sie einst nur die Auguren selbst vollzogen. Waren die *mensores* einst nur Gehilfen der Auguren für den Raum der Flur um die Stadt Rom selbst gewesen, entwickelten sie mit dem Beginn der Expansion mehr und mehr eine eigene Profession und fertigten aus dem Wissen der Priester und deren heiligen Handlungen ein effektives Handwerk. Für das Verständnis der sakralen Dimension von Grenzen spielt die Arbeit der Mensoren und die Herkunft ihres Faches eine Schlüsselrolle.

Inschriften belegen die Existenz und Tätigkeiten der Feldvermesser selbstverständlich nicht nur an den Grenzen des Reiches. Selbst einzelne Kohorten am ORL[1] hatten eigene Mensoren und in offenbar selbstverständlicher Weise konnten sich einzelne Feldmesser der Legionen in Rom[2] einen Altersruhesitz leisten. Das Spezialwissen der *mensores* war sehr gefragt und, wie wir aus den Anfragen von Plinius d. J. an Traian erfahren, [3] zu bestimmten Zeiten nur über kaiserliche Anordnung zu bekommen.

Versucht man den *limes* des Domitian aus den *Strategemata* heraus nicht rein in militärischer Sicht als Schneise, sondern ebenso in agrimensorischer Sicht, wie sie oben Frontin über die Qualität des Landes definiert, zu interpretieren, dann müsste man das Gebiet diesseits des Limes als Land der zweiten Kategorie, als *mensura comprehensus* einordnen. Die *civitates* innerhalb dieses *ager mensura comprehensus* sind bekannt und deren Gebiet, umgeben von einer vermessenen und daher bekannten Linie, damit in seiner Größe berechenbar. Das Land der einzelnen Siedlungen konnte darauf für den *tributum soli* fiskalisch erfasst werden. Wie die Ausführungen Frontins zeigen, trifft die zweite Kategorie von Land besonders auf neu gegründete oder neu eroberte und noch nicht vollständig vermessene Siedlungsgebiete zu, die schon zuvor eine eigenständige Art der Einmessung hatten. Die *deditio in fidem* bei Livius zeigt, [4] dass es den Römern wichtig war, selbst jene schon den unbekannten Göttern geweihten

[1] Wie das Beispiel CIL 13, 6538 (4, p. 100) aus Mainhardt: „*D(is) M(anibus) / Maximo Dasan/tis mensori coh(ortis) I /Asturum* | *(centuria) Co[3] / uni Quin[t]ini s[ti]/pendiorum XVIII / an(n)orum XXXVIII / c(ivis) Dalmata ex m/unicipio Magn[o] / et Batoni Beusantis / optioni coh(ortis) s(upra) s(criptae)* | *(centuria) [ea]/dem stip(endiorum) XVIII ann[o]/rum XL ex munici/pio Salvio A[3]E[3]/[3]ionis*".

[2] CIL 6, 3606 (p 3407, 3847): "*D(is) M(anibus) / L(ucius) Iulius Priscus / miles leg(ionis) I adiutor / me(n)sor(is) agrari(i)*".

[3] Plin. ep. 10, 15&16.

[4] Liv. 1, 38, 1-2: „Deditosque Collatinos ita accipio eamque deditionis formulam esse: rex interrogavit: "*Estisne vos legati oratoresque missi a populo Collatino ut vos populumque Collatinum dederetis? — Sumus. — Estne populus Collatinus in sua potestate?"— Est. —Deditisne vos populumque Collatinum, urbem, agros, aquam,* ***terminos****, delubra, utensilia, divina humanaque omnia, in meam populique Romani dicionem? — Dedimus.—At ego recipio.*" (Hervorhebung durch W. Moschek). Vgl. Pol. 20, 9, 10-12. Ältere aber immer noch grundlegende Arbeit dazu: Dahlheim (1968): Deditio und Societas. Struktur und Entwicklung des römischen Völkerrechts.

Orte, die der Bezeichnung von Grenzen dienten (*termini*), unter ihre Kontrolle zu bekommen.[1]

Die mit diesem Vermessungs- und Berechnungsakt gleichzeitig vollzogene steuerliche Erfassung war ein Grundpfeiler der römischen Herrschaft und Wirtschaft. Erst durch die Eingliederung in die Verwaltung und in die sakrale Sphäre wurde der Raum für die Römer beherrschbar. Die bewusste Neugliederung und dadurch gleichzeitig vollzogene Neuverteilung des Landes war ein wichtiger Teil der Romanisierung. Die bedeutsamste Lebensgrundlage des größten Teils der antiken Bevölkerung, das Land, wurde aufgrund der exklusiven Verteilung und Besteuerung durch die römische Verwaltung Machtinstrument der römischen Herrschaft.

Wendet man die Landkategorien Frontins auf die Textstelle bei Tacitus (Germania 29, 3) an, in der die *agri <decumates>* von einem *limes* eingefasst werden, kommt man zu der Klassifizierung als Land zweiter Kategorie. Das neu eroberte Land wurde den aus Gallien stammenden Siedlern zugewiesen, nachdem es vermessen und grob eingeteilt worden war. Die Siedler und ihr Land waren damit steuertechnisch erfasst und ein Teil der Romanisierung, sprich die Neustrukturierung der Provinz *Germania inferior,* war vollzogen. Die Stelle in der Germania ist somit folgendermaßen zu interpretieren: Die als Erkundungsschneise des Militärs vermessene und gezogene Schneise wurde als Basis der Bemessung des Umfangs einer von den Römern neugeschaffenen *civitas* der dort siedelnden Gallier verwendet.

Als dritte Kategorie, den *ager acrifinus,* fasst Frontin jene Gebiete auf, die *fluminibus, fossis, montibus, uiis, arboribus,* also durch natürliche erkennbare Oberflächenmerkmale ohne besondere Kennzeichnung und Eindeutigkeit, beschrieben werden. Diese Gebiete stehen im größten Gegensatz zur ersten Kategorie: Sie sind unregelmäßig, nicht exakt vermessen und verteilt oder gar qualitativ eingeordnet. Der Raum wird nach einer uralten Methode mittels Landmarken umrissen, jedoch nicht eindeutig vermessen und begrenzt. Dieses Land ist von Fremden bzw. Feinden eingeteilt worden und bedarf erst der exakten Vermessung, um für römische, fiskalische Zwecke vollends dienen zu können. Immerhin ist dieses Land aber grob erfasst – wenn auch auf eine für römische Verhältnisse sehr unsichere Weise – und kann so einzelnen Siedlungen bzw. Stämmen zugeordnet werden und ist damit taxierbar.

Fast nebenbei erwähnt Frontin noch den Landtyp mit dem geringsten Stellenwert aus römischer Sicht, den *ager extra clusus.* Dieses Gebiet liegt jenseits eingemessener *centuriae* oder gebietseinfassender Linien. Es sind die 'weißen Flecken' der römischen Raumerfassung, wie sonst in den bekannten Berichten von den Enden der Welt.[2] Der Raum zwischen der letzten eingemessenen Linie und der letzten, äußersten Linie ist vom geringsten Wert für die römische Kultur. Fraglich ist jedoch, welche äußerste Linie gemeint sein kann. Ist es der Raum bis zum nächsten vermessenen Liniensystem oder bis zur Grenze einer Provinz, des Reiches oder der Welt an den Ufern des okéanos?

Zwischenfazit

Frontin hätte die von ihm selbst erwähnten Fachbegriffe wählen können, um die Außengrenze des Reiches als einen *ager acrifinus* zu beschreiben. Rein vom agrimen-

[1] Vgl. kritisch zum Quellenwert Livius Burck (1992).

[2] Z. B. Tac. Ger. 45, usw. Siehe dazu ausführlich Romm (1996) S. 122-146.

sorischen Standpunkt aus gesehen ist das Land vor den *limites* in Germanien ein zwar umfasstes und mit einzelnen Punkten (Kastellen und Wachttürmen) erfasstes, aber nicht mit Mitteln der Landvermessung im Innern völlig eingeteiltes und strukturiertes Gebiet gewesen. Weder Frontin oder Tacitus noch eine andere Quelle bieten auf den ersten Blick einen neuen Begriff für eine Außengrenze des römischen Reiches, wie sie spätestens mit Hadrian in Germanien und Britannien zu finden waren. Hat Kaiser Hadrian also etwas völlig Neues geschaffen? Schweigen die Quellen, weil keiner der Menschen der römischen Antike mit Worten bezeichnen konnte, was dort über Jahre und Hunderte von Kilometern gebaut wurde? Hierbei helfen uns die besprochenen Begrifflichkeiten weiter, die im Umfeld der Außengrenze zu verorten sind.

Der Begriff *limes* hat bei den antiken Autoren eine eindeutige Zuordnung, die erst einmal gar nichts mit einer Außengrenze des Reiches zu tun hatte. Die letzte Grenze eines vermessenen und sakral gekennzeichneten römischen Gebietes sind die *termini.* Das Wort *terminus* nutzt Frontin, um die gesetzten Grenzsteine und folglich die festgesetzten Grenzen eingemessener und verteilter Landparzellen zu bezeichnen. Termini sind also künstliche und bewusst gesetzte Markierungen mit sakraler Bedeutung, da alle *termini cippi* unter dem Schutz des Gottes Terminus[1] bzw. des Iuppiter Terminus stehen und mit besonderen Rechten oder Machtbereichen in Verbindung gebracht werden. Tacitus gebraucht das Wort *terminus* ebenso eindeutig.

Bei Frontin und Tacitus wird somit eine fein differenzierte Nomenklatur für Grenzen in der lateinischen Sprache deutlich. Als vorläufiges Ergebnis können folgende Definitionen gegeben werden:

1. *limes* als quer/längs durch etwas gehende Bahn, [2] als Schneise

Die *limites* waren von Feldvermessern eingemessene Bahnen und Wege, die der Strukturierung des Raumes zu militärischen und zivilen Zwecken dienten. Es gab eine Art *‚limes militaris'*, der zur Raumüberwachung hauptsächlich vom Militär genutzt wurde, de facto handelte es sich dabei jedoch um eine von den Soldaten gezogene Schneise im Wald. Der *‚limes agrimensoribus'* war der Feldrain, der Weg zwischen zwei Äckern oder Grundstücken, der von zwei Linien, die mit Termini-cippi begrenzt werden, gebildet wurde. Durch die notwendige Vermessungstätigkeit der Mensoren bei der Anlage der Schneisen bekommt die Schneise noch keine direkte sakrale Konnotation. Dem Wort *limes* in seiner ursprünglichen Bedeutung sind Funktionen als militärisch befestigten Grenze mit Mauer oder Palisade völlig fremd.

2. *terminus* als juristische und sakrale Grenze

Terminalcippi waren Marken exakter und genau definierter römischer Gebiete. *Termini* beinhalteten nicht nur sakrale Mächte, sondern hatten infolgedessen auch juristische Bedeutung, [3] die gemeinsam wiederum auf die elementare Grundbedeutung von Grenzen[4] für eine Kultur verweisen. Das beste Beispiel für die Göttlichkeit bestimmter Grenzen geben die Flüsse ab, deren Bedeutung in ihrer Personifikationen als Götter deutlich wird und die trotz ihrer Gestalt als Naturerscheinung als *terminus* dienen konnten. Die künstlichen Termini der römischen

[1] Ov. fast. 2, 667-679.

[2] Vgl. Gebert (1910) S. 202f., sowie Oxé (1906) S. 121f.

[3] Ov. fast. 2, 659-661: „Du setzt den Völkern den Städten und den starken Königreichen Grenzen; jeder Acker wäre ohne dich umstritten."

[4] Eine Grenze ist das, wo etwas anderes beginnt.

Kultur waren als Zeichen der Standhaftigkeit der Grenze in allen drei Ebenen zu finden: in der Unterwelt, der Erdoberfläche und in der Himmelssphäre, welche durch den Terminus-Cippus verbunden wurden. Garant dieser Verbindung war der Gott (Jupiter-)Terminus, [1] dessen Präsenz in jedem Grenzstein[2] und auch im ‚Ur-Terminus-Cippus' auf dem Kapitol in Rom zugegen und dessen Feiertag der 23. Februar[3] war.

3. *finis* als geographische, nicht weiter qualifizierte Grenze

Unter diesen Begriff fallen – als Gegensatz – alle weiteren nicht näher bestimmten physisch-geographischen Landmarken wie Flüsse, Berge, Ufer, Wälder oder Täler. Ebenso gehören dazu noch allgemeiner gehaltene Gebietsdefinitionen über die Stämme oder Ethnien, die ein Gebiet besiedeln.

Dies bestätigt sich in den schon von P. Trousset[4] gemachten Bedeutungszuordnungen von *limes, finis* und *ripa*[5] als eher durch profane Inhalte bestimmte Begriffe und von *terminus* als Ausdruck eines sakralen Bedeutungszusammenhangs.

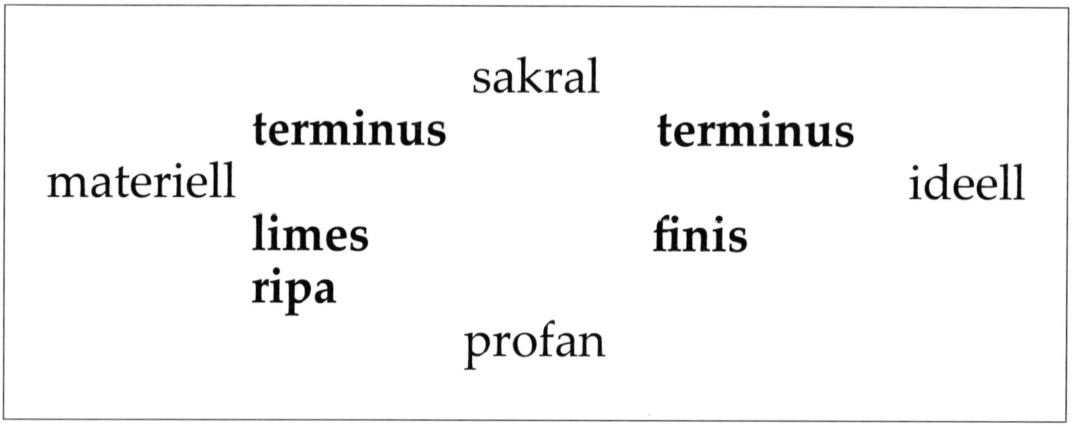

Abbildung 8: Grafik nach Troussett (1993), S. 116.

3.2.3 C. Plinius Caecilius Secundus der Jüngere – Grenzen und Räume aus der Sicht eines Statthalters

Sueton war es wohl, der nach dem Tod seines Freundes C. Plinius Caecilius Secundus[6] dessen Briefe aus der Provinz Pontus-Bithynien an Kaiser Traian[7] veröffentlichte.[8] Nicht allein Plinius' Briefe in seiner Funktion als Statthalter, sondern besonders die von Plinius noch selbst edierten Briefe mit alltäglichen Inhalten geben uns einmalige Einblicke in die Lebenswelt eines römischen Senators. Plinius' Absicht war

[1] Dieser kann auch mit Jupiter in Verbindung gebracht werden. Vgl. z. B. Plut. Numa 16; Hor. epist. 2, 59; Ov. fast. 2, 637, 677; Augustinus de civ. 4, 23. Siehe Fears (1981) S. 127.

[2] Grundlegend für die Bedeutung des ‚Terminus' für die römischen Grenzsteine und Grenzen ist die Arbeit von Piccaluga (1974), die jedoch wenig rezipiert worden ist.

[3] An diesem Tag endet das römische Jahr.

[4] Trousset (1997) S. 89.

[5] Vgl. zum Zusammenhang von *limes* und *ripa* auch Forni (1987) S. 288f.

[6] Siehe dazu die Briefe an Sueton: Plin. ep. 1, 18; 3, 8; 5, 10; 9, 34 und 1, 24.

[7] Plin. ep. 10.

[8] Philips/Giebel (1998) S. 897.

es, seine Gelehrsamkeit und Verdienste[1] in der Form einer gelehrten Briefsammlung für die Ewigkeit zu bewahren. Eng befreundet mit Tacitus[2], suchte Plinius über die Veröffentlichung seiner Briefe, wie zuvor Cicero oder Seneca, der Nachwelt seine intellektuelle und standesgemäße Vielfalt zu demonstrieren.[3] Es ist die Welt eines *homo novus* im Stand eines Senators, im Zentrum der Verwaltung, an der Spitze des Reiches, in der Nähe des Kaisers. Plinius kann uns damit bedeutende Hinweise auf das alltägliche Leben der Oberschicht des Reiches zu Beginn des 2. Jahrhunderts geben.[4] Von finanziellen Problemen der Provinz, die sich beispielsweise in den Fehlplanungen einzelner Städte äußern, bis hin zu Anfragen von Gruppen und Einzelpersonen wird so das Leben in der Provinz in Plinius' Briefen und den kaiserlichen Rescripten lebendig.

Was uns in den Briefen des Plinius viel seltener entgegentritt, sind Ausführungen zu Räumen und Grenzen. Auf ganz andere Art und an anderer Stelle gibt uns Plinius aber ein hervorragendes Beispiel für die Beschreibung von Kleinräumen: Sein Landgut (ep. 10, 2, 17), das er Zimmer für Zimmer beschreibt, wird für den Leser seiner Briefe zu einem plastischen Gebilde. Nicht große Provinzen oder gar das Weltreich stehen für Plinius als beschreibenswürdiger Raum im Vordergrund, es ist der überschaubare Raum seines Landgutes und seiner Villa, dem er eine intensive Beschreibung widmet. Diese Briefe, wie auch viele andere Beispiele der römischen und griechischen Literatur, zeigen uns, in welchen Größendimensionen die römische Kultur dachte und wie sie dafür Sprache und Ausdruck fand: Der Kleinraum des Hauses, Landgutes oder auch eine Stadt ist der prägende Raum, in dem sich das „normale" römische Leben und Raumdenken bewegt. Wie K. Brodersen[5] gezeigt hat, ist dieser überschaubare und direkt wahrnehmbare Raum, mit Übergängen zum so genannten Mittelraum, vergleichbar mit einer Großstadt, dem Gebiet einer *civitas* oder einer Landschaft, dem entscheidenden und tragenden Element der gesamten Raumerfassung in der Antike. Vom Kleinraum und seiner Nomenklatur aus hat sich das räumliche und kulturelle Denken entwickelt, das in agrimensorischen Zusammenhängen zu großen Teilen bewahrt bleibt.[6]

Die Grenzen der Provinzen

Plinius scheint mit Grenzstreitigkeiten in seiner Provinz nicht behelligt worden zu sein oder diese wurden problemlos auf lokaler Ebene gelöst, denn in seinen Briefen an Traian erfahren wir nichts darüber. Es gibt jedoch eine große Anzahl von Inschriften aus Provinzen des Reiches, die von einer Regulierung von Grenzstreitigkeiten auf höherer Verwaltungsebene Zeugnis ablegen. Beispiele von Inschriften z. B. von Städ-

[1] Plinius hatte sich als Prozessredner einen Namen gemacht, Suffektkonsul war er im Jahre 100. Zu seiner Laufbahn siehe: CIL 5, 5262.

[2] Plinius veröffentlichte elf Briefe an Tacitus. Damit ist Tacitus der häufigste Adressat des Plinius. Siehe zum Verhältnis von Tacitus und Plinius Vielberg (1989) S. 171ff.

[3] Vgl. dazu Bütler (1970): Die geistige Welt des jüngeren Plinius.

[4] Der Wandel des politischen und des gesellschaftlichen Strebens nach Anerkennung und Ruhm der Oberschicht nach 100 Jahren Prinzipat ist deutlich. Die Elite des Reiches ist nicht wie in der Republik durch permanente politische Tätigkeit im Senat und auf dem Forum gefordert. So hat das einstmals so einflussreiche Amt des Konsuls vieles seiner Bedeutung verloren und lässt die Senatoren andere Möglichkeiten der Profilierung suchen. Dass aber die Elite des Reiches und besonders fähige Verwalter wie Plinius nicht zur völligen Bedeutungslosigkeit unter dem Princeps verdammt sind, sondern mit neuen Aufgaben in die ‚neue' gesellschaftliche Ordnung eingebunden werden.

[5] Brodersen (2003): Terra Cognita.

[6] Siehe dazu Schubert (1996) S. 19, die zu Recht auf die Konstante der Raumerfassung und Raumeinteilung durch die römische Antike hindurch hinweist.

ten und Völkern nicht nur aus der Zeit Traians und Hadrians belegen dies.[1] Was bei Gebietsfestlegungen auffällt, ist, dass die Provinzen untereinander nicht mit *termini* abgegrenzt wurden.[2] Dahingegen wurden zwischen einzelnen Landbesitzen, Stämmen[3] und Gemeinden die jeweiligen Gebiete mit *termini* versehen. Die Streitigkeiten um die Setzung der *termini cippi* waren Angelegenheit der römischen Magistrate oder auch Sonderbeauftragter des Kaisers, [4] an den diese Grenzfragen oft direkt gerichtet wurden.[5] Beispiele für die Grenzsteinsetzungen sind schon aus der Zeit der Republik bekannt, wie in die *sententia Minuciorum*[6] 117 v. Chr. belegt. Die Neuregelung der Grenzen resultierte aus dem Verlangen der römischen Eroberungspraxis, den Raum des besiegten Volkes aus dem alten Bereich der fremden, eventuell feindlich gestimmten Gottheiten, abzutrennen und unter den Schutz der eigenen Götter zu stellen.

Wie der Text der bei Livius erhaltenen *deditio* zeigt, gehörte die Übergabe der *termini*, der fremden, heiligen Grenzzeichen, zur Bedingung des Kapitulationsvertrages. Die Neuordnung und die Neusetzung der *termini* konnte also die sakrale Sicherung des Gebietes garantieren wie auch die neue Macht der Verwaltung durch Neugestaltung nach römischer Art. Warum es zwischen den einzelnen römischen Provinzen keine *terminatio* gab, wird erst klar durch das Verständnis der Provinz als Machtbereich eines Magistraten, dem die Verantwortung von Senat und Kaiser über die Angelegenheiten der einzelnen Stämme und Völker übertragen wird. Innerhalb der Rangordnung der Statthalter gab es keine rechtlichen Unterschiede bezüglich ihrer Kompetenzen in dem ihnen zugewiesenen Handlungsraum, der Provinz.

Der Verantwortungsbereich eines römischen Statthalters bezog sich primär auf einzelne Völker, auf deren *civitates* und *municipia* und an letzter Stelle auf deren Gebiete, die einer Provinz zugeordnet waren. In diesen einzelnen Ordnungsstufen hatte man für die Grenzen in seinem Gebiet Sorge zu tragen. Die Probleme wurden also wiederum nach dem Subsidiaritätsprinzip der römischen Verwaltung gelöst, das eine Lösung der Aufgaben zuerst im lokalen Bereich den zuständigen Magistraten der Gemeinden und Städte zufallen ließ und in der Folge die Rangordnung der Verwaltung hinauf, bis zu Anrufung des Kaisers, nach einem Urteil fragen ließ.[7]

Grenzstreitigkeiten zwischen zwei Stämmen, die in den Verwaltungsbereich zweier verschiedener Statthalter fielen, wurden damit zur Aufgabe der nächst höheren Stelle, des Kaisers. Die einzelnen Bürger wussten wohl genau, an welchen Statthalter sie die Beschwerden über Grenzziehungen zu richten hatten.[8]

[1] Einige Beispiele: AE 1969/70, 635 aus Kreta; CIL 8, 8369, aus Algerien; CIL 2^2, 5, 994 = ILS 5971 aus Spanien belegen, dass *termini* die zwischen Kolonien gesetzt wurden und deren Festsetzung nur von höheren Magistraten der Stadt oder sogar von kaiserlichen Beamten beaufsichtigt wurden.

[2] Eck (2002), s.v. Terminatio, in: DNP 12, 1; Sp. 159.

[3] Z. B. CIL 8, 10575.

[4] Vgl. Burton (2000) S. 205.

[5] Als Beispiel CIL 12, 4567 aus Mauretanien.

[6] ILLRP 517.

[7] Zu den territorialen Konflikten siehe ausführlich Burton (2000) S. 206ff.

[8] Siehe als Beispiel Mitchell (1993) S. 151-163, der die vielen Grenzveränderungen und Zusammenlegungen der Provinzen in Anatolien aufzeigt. Ohne eindeutige Zuweisungen und Zugehörigkeiten zu den einzelnen Verwaltungsbezirken und Provinzen wäre die Verwaltung der Region nahezu unmöglich gewesen.

3.2.4 C. Suetonius Tranquillus – ein weiterer Blick auf die Geschichte

Sueton, in seiner Funktion als Privatsekretär Hadrians *ab epistulis*[1], ist durch seine direkte Nähe zum Kaiser, [2] seine damit verbundene Kenntnis über dessen täglichen Geschäfte sowie seinen Zugang zu kaiserlichen Archiven und seinem Überblick über die Belange des Reiches, ein exklusiver und glaubwürdiger Zeuge[3] aus der ersten Hälfte des 2. Jahrhunderts. Seine Biographien hätten damit die besten Voraussetzungen, Hinweise auf ein Verständnis der Außengrenzen zu enthalten, wenn diese häufiger Gegenstand der kaiserlichen Verwaltung gewesen wäre. Aber weit gefehlt: Man sucht auch bei Sueton vergeblich nach Andeutungen und Erörterungen zu Grenzen an den Enden der römischen Welt.

Von den vielen Schriften Suetons[4], blieben nur Teile der Kaiserbiographien und zwei Kapitel der Schrift *„de viris illustribus"* erhalten. Gewaltig war jedoch der Einfluss von Sueton auf die antike Geschichtsschreibung: „Was nach Sueton kam, war Biographie".[5] Die schon bei Tacitus entwickelte Art der Geschichtsschreibung als Verknüpfung einer Biographie mit den verschiedensten Ereignissen der römischen Geschichte wurde von späteren Historikern[6] beibehalten. Die Kaiserbiographien erschließen die Lebensläufe der römischen Herrscher von Augustus bis Domitian, also durchaus einen Zeitraum, in dem das Römische Reich häufiger vergrößert und die Grenzen neu gezogen wurden. Die biographischen Daten der Kaiser verketten sich zu politisch-chronologischen Geschichten, in dem die für Sueton wichtigen Ereignisse anhand von Aktionen und Reaktionen der Kaiser erzählt werden. Theoretische Sachverhalte und Probleme, wie beispielsweise die Frage nach dem Wert einer Herrschaft oder dem Sinn weiterer Expansionen, werden durch die Handlungen der Protagonisten hindurch betrachtet. Die beschriebenen Personen gewinnen ihr Profil aus ihren erzählten Taten.[7]

Grenzen oder besser Grenzziehungen aber waren offenbar kein Thema, an dem man die Eigenschaften einer Person verdeutlichen konnte – ‚Außenpolitik' insgesamt allerdings durchaus. Was sich bei Sueton zeigt, ist die Konzentration auf Taten, bei denen es auf Aktionen außerhalb der Kompetenz eines römischen Magistrates nicht ankommt. Die Grenzziehung war keine Tat, keine primär ehrenvolle Aufgabe, derer man sich besonders rühmen konnte, wie z. B. einer gewonnenen Schlacht oder ein tugendhaftes Verhalten. Grenzen, auch des gesamten Reiches, festzulegen, war also scheinbar ein völlig alltäglicher Vorgang, der keinen Niederschlag in der Vita eines berühmten Mannes fand, weil er zur normalen Pflichterfüllung gehörte. Oder gerade die Außengrenze wurde nicht erwähnt, da sie, wenn auch potentiell zeitlich begrenzt, die Endlichkeit des Reiches dokumentierte.

---

[1] Lindsay (1994) S. 454-468.

[2] Diese Nähe zum Kaiser und der Kaiserin sollte seiner Laufbahn noch zum Verhängnis werden. Siehe zur Entlassung von Sueton im Jahre 121: HA Hadr. 1, 11, 3.

[3] Zu Suetons Quellen und Zuverlässigkeit siehe: Wittstock (1993) S. 18-21.

[4] Für einen Überblick der Werke siehe Wittstock (1993) S. 14.

[5] Wittstock (1993) S. 17.

[6] So haben Marius Maximus (ca. 165-230 n. Chr.; Biographien von Nerva bis Elagabal), die „Scriptores Historiae Augustae" (Hadrian bis Numerian) und sehr kurz gefasst Sextus Aurelius Victor (mit Biographien von nie mehr als drei Seiten die Taten der Kaiser von 31 v. bis 360 n. Chr.) das Schema von Sueton aufgenommen.

[7] Martinet (2000) S. 1200.

In diesem Zusammenhang von persönlichen Taten und Begrenzung des Reiches lässt sich die Aporie einer festgelegten Grenze des Reiches der Römer erkennen: Per Eigendefinition waren die Römer die Herren der Welt. Ihnen war es prophezeit worden, ohne geographische Grenzen zu herrschen, wie es allen anderen Völkern zuvor auferlegt war.[1] Gegen diese Ideologie[2] der Unbegrenztheit des römischen Herrschaftsgebietes sprach jedoch das grundlegende Bedürfnis, den römischen Raum zu begrenzen und genau festzulegen, um den Göttern gemäß handeln zu können. Ohne eine sakrale Festlegung des Wirkungsraumes der römischen Götter war es nicht möglich, mit der für die römische Mentalität immens wichtigen göttlichen Zustimmung eine bedeutende Handlung zum Erfolg zu bringen. Dieser Widerspruch findet offensichtlich aber keinen Widerhall in den Quellen. Einerseits scheint die Begrenzung von Räumen immens wichtig zu sein, andererseits spielt sie keinerlei Rolle, sobald es um ideologisch aufgeladene Sachverhalte wie den der letzten Reichsgrenze geht: Der Ideologie des unbegrenzten Reiches scheint der Limes zum Opfer gefallen zu sein.

3.2.5 M. Cornelius Fronto

Von M. Cornelius Fronto, dem Ratgeber Antoninus Pius', Erzieher Marc Aurels und Lucius Verus', sind Briefe[3] aus dem Umfeld dieser Kaiser erhalten. Die Probleme, die in den Briefen behandelt werden, waren zumeist rhetorische und philosophische Fragen. Die Inhalte der Briefe und ihr historischer Wert[4] ist daher auch für die Frage nach Grenzen, wie schon bei Sueton, nicht sehr hilfreich. Der Konsul des Jahres 143 n. Chr. bringt uns aber in seinen Briefen an die Kaiser[5] ein weiteres Stück der Gedanken- und Lebenswelt dieser Jahre näher und zeigt wiederum, dass Grenzen kein Thema für eine ausführliche schriftliche Erörterung waren.

Die uns bekannten Briefe Frontos verraten nahezu nichts über ein gesteigertes Interesse an den Außengrenzen des Reiches. Obwohl man vermuten möchte, dass für die Zeit der Markomannenkriege, der Konflikte mit den Parthern, den Chatten und in Britannien, eine Beschäftigung der Führungsschicht des Reiches mit Grenzziehung, Grenzen und deren Verteidigung, sich in der Konversation niederschlagen sollte, findet das Thema auch in Kriegszeiten keinen Ausdruck in den Schriften. Eine Ausnahme bildet ein Trostbrief an Marc Aurel, dort erwähnt Fronto die misslungenen Feldzüge der kaiserlichen Vorgänger. Dabei bringt Fronto das seltsam formulierte Beispiel eines „britannischen Einschnittes" (*britannis caesum)* unter Hadrian.[6] Dabei ist kritisch zu hinterfragen, ob die seltsame Formulierung vom ‚Einschnitt' in Britannien nur eine rhetorische Figur, eine Stilfrage[7] war oder ob mehr dahinter steckt. Inhaltlich könnte die Erwähnung dieses „britannischen Einschnittes" im Brief folgendes preisgeben: Der Hadrianswall und der Antoninus-Pius-Wall waren in jedem Fall bekannt und wurden als deutliche Zäsur empfunden. Dass diese Anlagen als eine

[1] Verg. Aen. 1, 247ff. und Ov. fast. 2, 683/684.

[2] Man beachte den Zusammenhang von Ideologie und Mentalität, wie in Sellin (1995) S. 195-169 richtig betont.

[3] v. d. Hout (1988).

[4] Hierzu das Urteil Niebuhrs zu Fronto: „Fronto war eigentlich dumm und hätte lieber ein mechanisches Gewerbe als den Beruf eines Redners und Schriftstellers erwählen sollen." Zitat aus Niebuhr: Kleine Schriften. Erste Sammlung. Bonn 1828. S. 326. Hier zitiert aus: Schanz (1969), HdA VIII, 3. S. 99.

[5] Wie stark Frontos philosophischer und stilistischer Einfluss auf den späteren Kaiser Marc Aurel war, lässt sich an den Schriften des Kaisers ablesen.

[6] Fronto de bello Parthico, 2; (v. d. Hout (1988) S. 221, Z. 2).

[7] Vgl. Rosenberger (1992) S. 102.

Art militärische Niederlage gewertet wurde und in eine Reihe mit den Verlusten von Soldaten im Bar-Kochbar-Aufstand oder dem Totschlag von Konsuln im Dakerkrieg und im Partherfeldzug Traians gestellt wurden, scheint trotz der in Britannien immer wieder geführten Kämpfe[1] als interessante Aufreihung und Bewertung. Verständlich wird die Funktion der Wälle als Einschnitt erst in jener zweifachen Deutung: als ideologischer und historischer Wendepunkt in der Expansion der Römer und als direktes Eingeständnis einer militärischen Niederlage, da der Anspruch der grenzenlosen Herrschaft auf deutlich sichtbare Weise auf der Insel im *okéanos* aufgegeben wurde. Denn der ‚Einschnitt' des Hadrianswalles und auch des Antoninus-Pius-Walls trennte die Römer von der Beherrschung ganz Britanniens. Unter Traian war die Nordgrenze auf der Insel offen für weitere Expansion durch die so genannte ‚Stanegate'-Linie[2] gestaltet. Diese Straße oder ‚Linie' ist eher als eine Kontrollzone und als ein Sprungbrett für die potentielle völlige Eroberung anzusehen.[3]

Mit Hadrian kam der Wall, der scheinbar eine größere Niederlage war als der Verzicht auf die von Traian eroberten Gebiete im Osten. Britannien als Insel wurde nicht vollständig römische Provinz und ein Teil der Welt wurde von einer baldigen Eroberung ausgeschlossen. Die Manifestation in einem so gewaltigen Bauwerk wie dem Hadrianswall war die Niederlage Hadrians und damit ein Einschnitt in der Provinz und vielmehr noch der römischen Expansionsgeschichte: Solch ein Vorgang war in der bisherigen römischen Geschichte einmalig, denn Hadrian schien ohne Notwendigkeit – in einer vermeintlich starken Phase des Imperium Romanum – und ohne größere Feindeinwirkung auf den kleinen Rest der Insel zu verzichten.

3.3 Die griechischen Quellen

Aus dem Osten des Reiches ist uns aus dem 2. Jahrhundert n. Chr. eine weit größere Breite an Schriften überliefert als aus dem ‚lateinischen' Westen. Mit Philosophen und Intellektuellen wie Plutarch, Rhetoren und ‚Sophisten' wie z. B. Aelius Aristides, Historikern wie Arrian und Appianos, Geographen und Reiseschriftstellern wie Dionysios von Alexandria und Pausanias oder einem Astronomen wie Klaudios Ptolemaios sollte es möglich sein, uns in vielerlei literarischer Gestalt vom römischen Weltreich unterrichten zu lassen. Gerade die intellektuellen und gut unterrichteten Griechen dieser Zeit hätten auf die Bauwerke der Römer an ihren Grenzen aufmerksam werden können. Ihr Blick, der sich quasi von Außen auf die römische Kultur richtet, sei es zur Ermahnung wegen eigener Verfehlungen, [4] sei es zur Betonung der Errungenschaften der griechischen Kultur, verspricht eine gute Ausgangsbasis für eine in der römischen Literatur fehlende explizite Erklärung der Limites zu sein.

3.3.1 Dionysios Periegetes von Alexandria

Das epische Werk *oikoumenes perigesis* des Griechen aus Alexandria schmückt die Welt des 2. Jahrhunderts blumig in Hexametern aus und war als eine Art Gedanken-

[1] Zu den militärischen Konflikten in Britannien im 2. Jahrhundert siehe z. B. Crow (2004) S. 114-135.

[2] Siehe dazu Breeze/Dobson (2000) S. 16ff.

[3] Eine solche Optimierung der Grenzkastelle und Überwachungsschneisen ist im Vorfeld der Dakerkriege und des Ostefeldzuges des Traian auch in Germanien zu beobachten: dazu ausführlich Kehrer (1997) zur Verlegung der Kastelle im germanischen Raum.

[4] Wie z. B. Plutarch mor. 13 E.

bild der Mittelmeerwelt für lange Zeit Basis des gelehrten Schulwissens der folgenden Jahrhunderte. Noch im 19. Jahrhundert galt es als das wichtigste geographische Werk, das von der antiken Welt berichtete.[1] Das „Lied der Welt" ist ein episch-geographischer Höhepunkt der antiken Literatur. Wie in allen geographischen Werken und Exkursen dieser Zeit erwähnt Dionysios mythische Städte, Orte und Gegenden, die durch die vorangegangenen Jahrhunderte in der Literatur verewigt wurden und damit zum festen Repertoire der Geographie gehörten.

Bei Dionysos wird deutlich, auf welche die Art und Weise die antike Raumerfassung vonstatten ging. Es fand keine flächenhafte Erfassung des Raumes statt, wie sie heutzutage mit einem Kartenbild möglich ist, sondern anhand einzelner virtueller Routen wurde der geographische Raum mit Texten erschlossen.[2] Entlang dieser beschriebenen Wege begegnete man auf seinem von Dionysios geführten Weg den Städten, Völkern, Bergen, Flüssen und Meeren der Welt. Was Dionysios erzählt, enthält jedoch kaum neue geographische Erkenntnisse. Die Suche nach künstlichen Grenzen in seinem Werk ist vergebens. Diese Art von Grenze war kein Thema für Dionysios, besonders nicht bei seinem Versuch der Weltbeschreibung in dieser epischen Form. Grenzen waren offensichtlich nur – im wahrsten Sinne des Wortes – am Rande notwendig, um den sagenumwobenen Völkern und den sehenswerten Landschaften im Reich einen Raum zu geben; jedoch nur in einer geographischen Art und Weise, wie auch Tacitus die Gebiete von Völkern beschrieb. Neu ist lediglich bei Dionysios, dass der ‚trockene Stoff'[3] bekannter Erdbeschreibungen viel stärker in Versform brachte; inhaltlich bleibt er bei den gewohnten Bildern und Begriffen von den naturgegebenen physischen Grenzen der römischen und griechischen Welt.

Diese Art des Lehrgedichts als ‚epischer *periplus*' kann ihre Wurzeln bis auf Homers Odyssee oder Herodot zurückführen, die ebenso zu den wichtigsten und meist verbreiteten Texten der Antike gehörten. Noch mit Polybios, Poseidonios oder Strabon schrieben die maßgebenden Geographen ihre Werke in Griechisch, bis das erste in lateinischer Sprache verfasste Werk des Pomponius Mela[4] um 43/44 n. Chr. veröffentlicht wurde.

Offenbar war die Grenze des Römischen Reiches in ihrer Gestalt als Palisade oder Mauer kein Objekt oder das Produkt einer Tat, die einer epischen oder lyrischen Ausschmückung wert war.

3.3.2 Klaudios Ptolemaios[5]

Einen deutlichen Gegensatz zum epischen Werk des Dionysios oder der *Rhomaika* des Appian (s. u.) bildet das wissenschaftliche Werk des Ptolemaios. Der Wert seiner Arbeit für die Antike ist recht umstritten, weil eine Rezeption seiner Werke und insbesondere seiner „geographischen Anleitung"[6] für die Antike nicht weiter nachgewiesen werden kann.[7] Ptolemaios Schriften bleiben eine Randerscheinung in der

[1] Dionysios von Alexandria: Das Lied der Welt. Brodersen (1989) S. 5.
[2] Brodersen (1994) S. 17 und Brodersen (2003), passim.
[3] Müller (1996) S. 187.
[4] Siehe Brodersen (1994).
[5] Übersetzt und Kommentiert: Stückelberger/Grasshoff (2006).
[6] *„geographike hyphegesis"* – in acht Büchern.
[7] Dagegen Stückelberger (2000) S. 205/206. Er kann nur Ammianus Marcellinus *res gestae* 22, 8, 10 sehr eingeschränkt und Cassiodor *institutiones* 1, 25 indirekt. Weitere antike Quellen mit Bezug auf Ptolemaios schein es nicht zu geben.

antiken Raumerfassung. Erst als die in Konstantinopel arbeitenden Gelehrten wie Planudes im 13. Jahrhundert wieder seine Schriften studierten bzw. die Werke aus dem Arabischen zurückübersetzt wurden, kam es zur Formung und weiten Verbreitung des ptolemäischen Weltbildes mit all seinen Fort- und Rückschritten.[1] Die Geographie des Ptolemaios zeigt *eine* Art, sehr theoretisch und mathematisch seine Umwelt zu betrachten.[2] Ptolemaios erstellte sein Bild der Erde auf den Grundlagen seiner astronomisch-mathematischen Schriften und versuchte, über ein in zwei verschiedenen Koordinatennetzen entwickeltes Längen- und Breitensystem jeden bekannten und erinnerungswürdigen Ort geographisch aufzunehmen. Die Hauptteile seiner Arbeit bestanden darin, Listen mit den einzelnen Städten und Ortsnamen sowie markanten Flüssen, Buchten und Bergen mit deren Längen- und Breitengraden zu erstellen. Die Positionen berechnete Ptolemaios aus schon bekannten und wahrscheinlich in der Bibliothek von Alexandria aufbewahrten Routen-(Itinerarien)-Verzeichnissen neu. Viele Angaben und Messungen konnte Ptolemaios auch aus römischen Itinerarien ziehen, deren Daten sich auf das hervorragend vermessene römische Straßennetz bezogen. Zu den einzelnen festgelegten Positionsangaben verschiedenster Ordnung sagt Ptolemaios selbst:[3]

> *„Die Positionsangaben häufig besuchter Orte kommen nach Länge und Breite der Wahrheit nahe, weil sie ständig und allgemein so überliefert sind. Solche Positionen aber, die nicht auf diese Weise in beiläufigen Verfahren ermittelt worden sind, sind wenigstens sehr wahrscheinlich und deshalb hier angeschlossen, damit keine Örtlichkeit unserer Ökumene, von der wir Kunde haben, auf der Karte fehle."*[4]

Wie fehlerhaft diese Positionen von Ptolemaios bisher umgerechnet worden sind, zeigt sich bei jüngsten Nachberechnungen. Das geographische Bezugssystem lässt sich mittels moderner geographischer Programme wiederherstellen und die von Ptolemaios beschriebenen Orte wiederfinden.[5]

Mittels der 360 bedeutendsten Städte[6] hatte Ptolemaios sich einen ‚Fixsternhimmel' mit Fixpunkten oder eigentlich ‚*Fundamentalsteinen*'[7] auf den irdischen Globus transponiert, der als Vorarbeit zur *Geographia* gedient haben wird. Betrachtet man den Aufbau des ca. 8100 Orte umfassenden Hauptteils von Buch 2 bis 7, 4, und die im 8. Buch verzeichneten Grenzorte der einzelnen Bezirke (*éparxíai* oder *satrapiai*) anhand der damit konstruierten Umrisse, wird der Vergleich zur Konstruktion von Sternbildern schnell deutlich. Die Umrisse werden mit eingemessenen Eckpunkten (*péras* oder *órion*) und mit dazwischen verlaufenden Linien konstruiert. Die dadurch entstehenden Grenzlinien orientieren sich an natürlichen Linien wie Meeresküsten, Flussufern oder Gebirgszügen.[8] Ptolemaios vermischt die mathematisch-astronomisch berechneten Fixpunkte der Erdoberfläche mit *periploi* herkömmlicher Art. So entstehen

---

Im 10. Jh. nennt der arabische Gelehrte Masudi lediglich den Farbenreichtum der „*geographica*". Masudi 76.

[1] So hatte Ptolemaios den Erdumfang mit 180.000 Stadien falsch berechnet. Erathostenes war dem wirklichen Umfang der Erde schon um 320 v. Chr. mit 240.000 Stadien recht nahe gekommen.

[2] Berggren (2002) S. 36-55.

[3] Zitiert nach Kubitschek (1934) S. 11f.

[4] Ptol. geogr. 2, 2, 2. Übersetzung W. Kubitschek.

[5] Siehe dazu die Arbeit von Kleineberg/Marx/Knobloch/Lelgemann (2010) die den „Altas der Oikomene" des Ptolemaios entschlüsselt haben.

[6] *Almagest* 2, 13 (p. 188 Heiberg): *kanon epidemon oder [diademon] poleon*; vgl. Stückelberger (2000) S. 188.

[7] Ptol. geogr. 1, 4, 2: καθάπερ θεμέλιοι. Siehe auch Hübner (2000) S. 188.

[8] Vgl. Kubitschek (1934) S. 45.

Länder und Landschaften, die plastisch und verständlich mit deutlichen Grenzen die Gebiete aufteilen. Anhand von geographischen Fixpunkten und deren künstlicher Verbindung werden theoretische Verbindungslinien erstellt. Aus den Fixpunkten entsteht, zusammen mit den Beschreibungen und den daraus evozierten Vorstellung des Umrisses, ein Bild des Gesamtobjektes. Deutlich wird dies an der Art, wie z. B. Sternbilder entstehen:

Die für Klaudios Ptolemaios beschreibenswerten Objekte sind die natürlichen, räumlichen Strukturen, die durch Flüsse, Landschaften, Gebirge, aber auch menschliche Siedlungen gegliedert sind und in ein mathematisches Raster gefasst werden können, um sie mathematisch-vermessungstechnisch korrekt zu verorten. Liest man die Grenzbeschreibungen aus Britannien[1] und Germanien/Rätien[2], also Provinzen, in denen zur Lebzeiten von Ptolemaios nachweislich zumindest der Hadrianswall bzw. die obergermanische Palisade als vorhanden und bekannt vorausgesetzt werden können, findet man diese bei Ptolemaios ebenso wenig erwähnt wie ältere und gleichermaßen bedeutende römische Werke: die Straßen. Keine der Straßen des Reiches diente Ptolemaios als Grenze oder als Hilfslinie zwischen Provinzen oder Städten.

Auch andere beschreibende Angaben sind mit Vorsicht zu genießen. Eine große Anzahl der Daten über den Rechtsstatus von Orten, [3] sehr vielen militärische Siedlungen[4] und Kastellen sind falsch oder fehlen ganz. Hieraus wird klar, dass Ptolemaios, der vielleicht Alexandria nie verlassen hat, [5] sich mit der römischen Verwaltung und Kultur offenbar nicht besonders intensiv auseinandergesetzt hat; er war ein ‚Stubengelehrter' seiner Zeit. Ptolemaios war nicht wie Herodot durch die bekannte Welt gereist, sondern stützte sich auf die in der Stadt Alexandria zahlreich vorhandenen Berichte und Beschreibungen aus den Bibliotheken. Geht man davon aus, dass sich Ptolemaios nur aus Schriften über die Gestalt der Welt ein Bild machte, ging es ihm wohl auch darum, Fixpunkte und Strukturen zu nutzen und in seinem Werk zu verwenden, die einerseits über einen längeren Zeitraum sichtbar und verwendbar sein würden und andererseits auch schon in seinen Quellen vorhanden waren. Es ging ihm also scheinbar nicht darum, ein möglichst aktuelles geographisches Werk der Welt zu schaffen, sondern ein möglichst komplettes. Darum scheinen ihn, den ‚Stubengelehrten' und ‚nüchternen Naturwissenschaftler', monumentale menschliche Bauwerke wie es z. B. der Hadrianswall in seiner Zeit war, nicht interessiert zu haben und ihm keiner Erwähnung Wert gewesen zu sein. Ptolemaios ging es vielmehr um eine zweckfreie, wissenschaftliche Arbeit. Die Einteilung der Welt findet auf gleiche Weise am Firmament statt, mit göttlichen Kräften und durch Naturphänomene wie Flüsse, Gebirge oder Meere und Ozeane als Zeichen der Macht der Götter über die Welt. Deren Zeichen sind standhafter und dauerhafter als alles von Menschenhand Geschaffene, besonders die Grenzen von Staaten.

Die Schriften des Ptolemaios geben auf diese Weise eine Sicht auf das hellenistische Verständnis, sich als Teil in der von Göttern gemachten Struktur der Welt zu sehen. Im Gegensatz dazu schienen die Römer zu versuchen, das Land und den Raum zu

---

[1] Ptol. geogr. 2, 2 und 2, 3.

[2] Ptol. geogr. 2, 11, 1-16.

[3] Kubitschek (1934) S. 34-37: Ptolemaios scheint kein gesteigertes Interesse am römischen Rechtsstatus einer Stadt gehabt zu haben. Dieses hätte er jedoch leicht aus der Liste der Kolonien von Plinius, z. B. nat. hist. 3, 2-4.

[4] Siehe dazu Kubitschek (1912) S. 204ff.

[5] Ptol. geogr. 4, 5, 12, beschreibt falsch die Lage von Bergzügen in Ägypten, sowie den Verlauf des Nils. Vgl. Seth (1933) S. 900f. Ptolemaios scheint also nicht einmal seine eigene Heimat besonders gut zu kennen und nach seinem System aufnehmen zu können.

beherrschen, selbstverständlich mit dem Einverständnis der angerufenen und wohlwollenden römischen Götter.

3.3.3 Aelius Aristides – das Lob auf Rom aus griechischer Sicht

Als der bekannte Redner aus Kleinasien zum Geburtstag der Stadt seine Lobrede auf Rom als Stadt und Reich hielt, präsentierte Aristides seine Sicht auf ein Weltreich auf dem Höhepunkt seiner Macht und seines Wohlstandes.

In diese Rede flossen Aristides' immense Bildung in Geschichte und Geographie, über Verwaltung und Gesellschaftsstrukturen ein. Solche Kenntnisse gehörten zum Basiswissen der Intellektuellen des Reiches und damit auch eines Redners vor dem Kaiser in Rom. Die Rede „Auf Rom" und das griechische Äquivalent, seine panathenische Rede, [1] bieten unter anderem wichtige geographische und historische Informationen im Zusammenhang mit der Argumentation dazu, warum Rom eines besonderen Lobpreises würdig sei. Aristides setzt sich in seiner Rede mit der glorreichen Eroberung der Welt und der Romanisierung auseinander und bleibt dabei nicht bei bloßer Rhetorik stehen: *„Sie ist nicht nur ein Ausdruck ehrlicher Bewunderung für die Größe des römischen Reiches, sondern eine gedankenreiche, auf solider Grundlage aufgebaute politische Analyse ersten Ranges."*[2]

Die allzu oft auf die rein formalen literarischen und rhetorischen Besonderheiten und Vorbilder konzentrierten Analysen der Rede wurden ihrem inhaltlichen Wert in vielen Aufsätzen kaum gerecht.[3] Die Komplexität und der Inhalt der Rede lassen erahnen, wie wenig wir von den alltäglichen Themen und den ‚großen' Problemen zur Mitte des zweiten Jahrhunderts wissen. In den wenigen Zeilen der Rede sind fast über 1000 Jahre griechische historische und rhetorische Vorbilder sowie Metaphern verarbeitet und wohl mehr als 500 Jahre römischer Expansion.

In dieser Romrede stoßen – deutlich aus dem Rückblick erkenntlich – klar wie kaum zuvor die Ideologie des Weltreiches und die geographische Wirklichkeit in einem Monolog aufeinander. Die schon in augusteischer Zeit formulierte Romidee Vergils[4], in welcher der ganze Erdkreis den Römern sei, findet bei Aristides ihre neue Ausprägung. Mehr als 150 Jahre nach Actium war die politische Suprematie Roms im Mittelmeerraum immer noch so unangefochten wie zur Zeit des Augustus. Was sich verändert hatte, war das gewachsene geographische Wissen um die Regionen der Welt, das Verhältnis Roms zu seinen Provinzen, die Art der Beherrschung durch Verwaltung und Romanisierung im Gegensatz zu Klientelkönigtümern und die wirtschaftliche Situation im Reich. Das Völkerkonglomerat einer Jahrhunderte andauernden Eroberung, Romanisation und Romanisierung schien für den kurzen Zeitraum zwischen der Aufgabe der Provinzen im Osten und den Markomannenkriegen zu einer festen Struktur zusammen zu wachsen. Freilich nicht völlig konfliktfrei, [5] aber einheitlich wie seit Augustus nicht mehr.

---

[1] Aristides: ΠΑΝΑΘΗΑΙΚΟΣ. Gehalten 155 n. Chr. Bei den großen Panathenäen in Athen. Behr (1973) S. 3.

[2] Rostovtzeff, M.: Gesellschaft und Wirtschaft im römischen Kaiserreich. Bd. 1. Leipzig 1929. S. 112. Eine weitere Analyse bietet: Bleicken (1969) S. 901-953.

[3] Auf diesen Umstand verwies schon Rostovtzeff (1929) S. 112. Ebenso bemängelt Bleicken diesen Misstand 40 Jahre danach: Bleicken (1969) S. 910.

[4] Verg. Aen. 1, 278f.: *„...his ego nec metas rerum nec tempora pono, imperium sine fine dedi;"* (Diesen [den Römern] setzte ich [Iuppiter] weder in Raum noch Zeit eine Grenze, endloses Reich habe ich ihnen verliehen.)

[5] Siehe zum *nicht* friedlichen 2. Jahrhundert. Schulze (1998).

Aristides beschreibt – und dies unerwartet aufgrund eines nicht bekannten Vorbildes einer solchen Betonung – die Bedeutung von Mauern und Grenzen für das Weltreich.

Kapitel 80–84

80: Die Stadt selbst mit Mauern zu umgeben, als wolltet ihr sie verbergen oder vor euren Untertanen flüchten, hieltet ihr für unrühmlich und nicht vereinbar mit eurer sonstigen Denkungsart, im Glauben, man könnte euch sonst mit einem Herrn vergleichen, der sich vor seinen eigenen Sklaven fürchtet. Freilich, ihr habt die Mauern nicht vernachlässigt, aber ihr habt sie um euer Reich herumgeführt, nicht um eure Stadt. Ihr habt sie so weit draußen errichtet, wie es möglich war, prächtig und eures Namens würdig, sehenswert für jene, welche innerhalb des Ringes wohnen. Wenn sie aber einer sehen wollte, so würde der Weg dahin von der Stadt aus Monate und Jahre erfordern.

81: Über den äußersten Ring des Erdkreises hinaus legtet ihr ganz ähnlich wie bei der Umwallung einer Stadt noch eine weitere Grenzlinie an, die beweglicher und leichter zu verteidigen ist. Dort führet ihr Befestigungsanlagen an und erbauet Grenzstädte, jede in einem anderen Gebiet. In diese berieft ihr Siedler, gabt ihnen zu ihrer Unterstützung Handwerker und gewähret ihnen sonst alles, was sie brauchen.

82: Wie ein Graben ein Lager ringsherum umgibt, ist es mit dem Umfang dieses Ringes. Wollte man ihn berechnen, so misst er nicht zehn und nicht zwanzig Parasangen oder noch ein wenig mehr – es gibt überhaupt keine Zahl, die man mit Recht angeben könnte -, sondern er schließt das gesamte Gebiet ein, das von dem bewohnten Teil Äthiopiens und vom Phasis auf der einen Seite sowie vom Euphrat im Binnenland und der großen, letzten Insel im Westen begrenzt wird. Dies alles kann man Ring und Umfang der Befestigung bezeichnen.

83: Sie [die Mauern] sind nicht aus Asphalt und gebrannten Ziegelsteinen gebaut und sie stehen nicht da, mit Stuck verziert – aber auch diese herkömmlichen Formen gibt es an allen Orten, und zwar in sehr großer Zahl, und sie sind, wie Homer von der Mauer eines Hauses sagt, aus Steinen eng und sorgfältig zusammengefügt, unermesslich an Größe und heller strahlend als Erz.

84: Aber die Ringanlage, bei weitem größer und eindrucksvoller, ist überall völlig uneinnehmbar und unzerstörbar, und sie überstrahlt bei weitem alle Befestigungen und niemals vorher waren Mauern so stabil gebaut. (...) So eng sind der Befestigungsring die Durchgänge und Mauern und der Ring der Menschen verbunden, welche den ganzen Erdkreis schützen.[1]

Aristides fasst in diesen nur wenigen zitierten Zeilen seiner Rede die Politik und die aktuellen Gegebenheiten der römischen Herrschaft in Grenzprovinzen bezüglich des Limes kurz und präzise zusammen. Nach der umfangreichen Eroberung von Gebieten, die auch jenseits der Oikomene liegen (Britannien), besiedeln und beherrschen die Römer das neu erworbene Gebiet mittels Siedlern und Städten. Zusätzlich zu diesen zivilen Infrastrukturmaßnahmen wird jener erwähnte Ring um das Gebiet der Römer gezogen, der mit Befestigungen von Legionslagern, Umwallungen von Städ-

[1] Klein (1987) S. 49f.; siehe auch die englische Übersetzung und den Kommentar Oliver (1958) S. 937.

ten und Mauern von Häusern verglichen wird – ein bis dahin nie da gewesener Hinweis auf das Bauwerk jenseits der Kastelle.[1]

Der Blick auf die Art, wie die Römer in den Provinzen herrschen und romanisieren, ist für Aristides verbunden mit der Sicht auf eine das Reich begrenzende Mauer. Die Mauern in vielerlei Gestalt sind verbunden mit Metaphern von Haus, Stadt und Lager und bilden daher eine logische Konsequenz im Bild des eingefriedeten Weltreiches. Mit dieser Betonung der physischen und künstlichen Grenze des Imperium Romanum ist Aristides der einzige antike Autor, der den Limes ausführlicher beschreibt und in einen weiteren Kontext setzt.

In der Rede vor dem Kaiserhof des Antoninus Pius wird die Begrenzung des Reiches als Konsequenz der Eroberung als selbstverständlich betont und verherrlicht. Die ausführliche Beschreibung der Rekrutierung neuer Truppen in den Kapiteln zuvor und deren Aufgaben in der Provinz und für das Reich setzt die Bedeutung der Auxilia jenseits einer reinen militärischen Installation fest. Aristides versteht und beschreibt das Ziel der Soldaten mehr als zivilisatorischen und kulturellen Auftrag, sowohl für die Soldaten selbst, als auch für die mit diesen in Verbindung kommende zivile Bevölkerung.

Die Romanisierung und Romanisation findet in den Auxilia einen bedeutenden Multiplikator. Die von Aristides als Stadtmauer bezeichnete Begrenzung des Reiches muss wohl von den Zuhörern nicht missverstanden worden sein, denn ansonsten wäre sie nicht so betont und wiederholt worden, sondern auch innerhalb der Gesamtkonzeption seiner Rede anders eingebaut worden. Aelius Aristides, der nicht nur die Stadt Rom, sondern vielmehr das Reich als Ganzes beschreibt, versucht in seinem Lobpreis die Eigenarten und Vorteile der römischen Herrschaft in einen Gesamtzusammenhang zu fassen.

Das Objekt ‚Limes' selbst bekommt mit der Bezeichnung als Stadtmauer, Hauswand oder allgemein Mauerring um Rom als „Weltpolis" oder „Kosmopolis" eine besondere und zugleich integrative Bedeutung. Wenn Aristides die Bauwerke an den Grenzen des römischen Reiches als eine Art Stadtmauer verstanden hat, entspringt diese Interpretation nicht seiner Phantasie, sondern fußt in seiner metaphorischen Ausgestaltung auf der existierenden römischen Vorstellung von diesen *limites*. Um diese römische Vorstellung in ihrer griechischen Interpretation zu verstehen, muss man erfassen, was Aristides mit dem Begriff der Polis und der sie umschließenden Mauer verstanden haben kann.

Das Grundelement der Polisgemeinschaft war seit archaischer Zeit die geschlossene Bürgerschaft einer sich in der Stadt versammelnden Gemeinschaft. Nur die städtische Siedlung als Zentrum und Ausgangspunkt überörtlicher Funktionen kann in sich den *polis*-Gedanken verwirklichen. Die Zusammenkunft an einem Ort, in dem Gemeinschaft auf verschiedenen Ebenen (Kultur, Politik) erlebt, vollzogen und gedacht wird, erhebt einen definierten Raum der Bürgergemeinschaft zu einem Symbol der Gesellschaftsordnung. Ob dies nun im Theater, auf der Agora, vor dem Tempel oder in der ummauerten Stadt geschieht[2] – eine handlungsfähige Gemeinschaft braucht einen definierten Ort um sich zu bestätigen und um Gemeinschaftsgefühl oder -sinn zu entwickeln.

[1] Den einzigen Hinweis zu einem ähnlich verstandenem Festungsring gab es nur noch bei der erwähnten Einleitung von Appian pr. 7 wenige Jahre nach Aristides Rede.

[2] Zur Bedeutung de Mauern der Stadt für die Polis: McMullen (2002) S. 12-34.

Die Beschreibung dieser Grenzlinie, z. B. als mit Stuck verziert und mit der Wand eines Hauses verglichen (τειχίον), [1] sind ebenso wie die Auflistung von Gräben, Wällen und Mauern um römische Einrichtungen herum[2] Teile der römischen Kultur, die grundlegend für juristische und sakrale Räume sind. Aristides vergleicht die Grundelemente der antiken Gesellschaft – den *oikos* oder die *domus* und die Stadt über deren Begrenzungen – mit dem Mauern am Rande des Weltreiches. Ohne genaueres Wissen um die römische Vorstellung der Bauwerke und der Grenzlinie an den Enden des Reiches bliebe eine Beschreibung der Grenzlinie auf diese Art für seine römischen Zuhörer unverständlich und als Vergleich falsch. Für Aristides sind die Mauern und Palisaden gleichzusetzen mit der Bedeutung einer Haus- oder Stadtmauer, die alle darin Lebenden zu einer Gemeinschaft zusammenfasst[3] und auch schützt.

Aristides stellt mit seiner Rede eine der wichtigsten Quellen zum Verständnis des Limes in seiner Rezeption durch griechische Gelehrte dar, ist aber auch gleichsam eine brillante Analyse des römischen Verständnisses. Seine Rede soll nach der weiteren Untersuchung der Forschungsparameter dieser Arbeit im historischen Kontext ihrer Zeit im Kapitel 8 weiter behandelt werden.

3.3.4 Appianus Alexandrinus

Der Grieche Appian[4] aus Alexandria[5] begann seine Karriere in der Verwaltung seiner Heimatstadt. Über das Amt eines ritterlichen Zivilbeamten führte ihn seine Laufbahn nach Rom.[6] Gipfel seiner Karriere war die *dignitas* eines *procurator augustorum* unter Marc Aurel und Lucius Verus. Sein leider nur sehr fragmentarisch erhaltenes Werk über die römische Geschichte *Rhomaika* konnte Appian vor seinem Tod in den 60er Jahren des zweiten Jahrhunderts nicht mehr vollenden.[7]

Die Motivation für dieses Werk unterscheidet sich von anderen, die römische Geschichte darstellenden Werken der Antike. Appian wollte die diplomatischen und militärischen Vorgänge der römischen Eroberung beschreiben. Er wollte in griechischer Sprache und durch eine Terminologie, die den Aufbau und den Erfolg des römischen Volkes durch ihre besondere *areté* betont, seiner Leserschaft die Genese und Größe des *Imperium Romanum* verdeutlichen. Im Gegensatz zu Polybios[8] und vielen anderen Historikern schreibt er keine Universalgeschichte. Der außergewöhnliche Aufbau der *Rhomaika* ergibt sich aus der chronologisch-ethnischen Gliederung des Werkes.[9] Er beschreibt die einzelnen Ethnien des Reiches in der Reihenfolge, in der sie von den Römern erobert worden sind. Die Geschichte der Völker wird für Appian

[1] Der Form nach diminutiv von *τεῖχος*, Mauer, des Hofes, eines Hauses, Wand, nicht von der Stadtmauer, vgl. Pape-GDHW Bd. 2, S. 1081.

[2] χαρακο-ποιΐα: das Machen od. Aufwerfen eines Walles, bes. zur Befestigung eines Lagers, Verpalisadierung, vgl. auch Platon pol. 5, 2, 5; 6, 34, 1. Vgl. Pape-GDHW Bd. 2, S. 1335.

[3] Vgl. dazu z. B. Arist. Kap. 63.

[4] Magnino (1996) s.v. Appianos, in: DNP 1, Sp. 903-905, . Sein Geburtsjahr wird zwischen 90 und 95 n. Chr. vermutet.

[5] Appian pr. 62.

[6] Zu den Quellen Appians vgl. Hose (1994) S. 165f.

[7] Siehe zur Überliefungsgeschichte, zum Werk und zur Person Appians: Brodersen (1987) S. 1-13. Dort auch weitere Hinweise auf Einschätzungen und Bearbeitungen des Werk Appians. Vgl. Hose (1994) S. 142ff.

[8] Polybios war wohl in den größten Teilen seine Vorlage. Zu den Quellen Appians siehe Hahn (1982), Appian und seine Quellen. Oder Schwartz (1895), RE II, 1 Sp. 216-237, s.v. Appianus. Zuletzt Magnino (1996), s.v. Appianos, in: DNP 1, Sp. 903-905.

[9] „Die Reihenfolge der Bücher ist von dem Zeitpunkt bestimmt, zu dem die Römer mit jeder Nation in Krieg verwickelt wurden, mögen dann auch viele andere Ereignisse ihrem Ende (als selbstständige Nation) vorausgegangen sein." Appian pr. 14, 58. Übersetzung O. Veh.

offenkundig erst nach dem Konflikt mit den Römern berichtenswert. Appian beginnt mit der Königszeit (*basiliké*) im 7.-6. Jh. v. Chr. und endet mit den Eroberungen Traians in Arabien (*arábios*) etwa 115 n. Chr.

Obwohl Appian in der Antike selbst scheinbar wenig rezipiert worden ist, [1] tritt er uns als Zeitzeuge des *aureum saeculum* und Zeitgenosse des Aelius Aristides entgegen und mag wohl auch von dessen Rede „Auf Rom" gehört haben.[2] Ein Grieche aus der Provinz, der seine Begeisterung für Reich, Volk und Kaiser in seiner „Römischen Geschichte" zusammenfasst, aber nie vergisst, woher er stammt und dies auch betont, könnte in seiner Geschichte über die Außengrenzen berichten, [3] denn der wichtigste Punkt ist, dass Appian in seiner Stellung in der Reichsverwaltung und als Zeitgenosse des Limes-Baus in Germanien und Britannien gelten kann.

Die Art, wie Appian seine römische Geschichte beginnt, ist nicht ungewöhnlich. Wie ein *periplus* nennt er vom Ozean her zuerst Britannien, um dann, von den Säulen des Herakles an den Küsten des Mittelmeeres gegen den Uhrzeigersinn entlang, bei Iberien und Gibraltar zu enden (pr. 1, 2 bis 3, 12). Da er von den „Grenzen all der Völker" sprechen will, die den Römern untertan sind, beschreibt er nicht nur die natürlichen Landschaftsmerkmale aus der Sicht eines virtuellen Seefahrers, sondern geht ebenso auf die ‚Landseite' der Grenzen ein, die die Völker bestimmen (pr. 4, 13 bis 4, 16).

Spricht Appian von Grenzen, verwendet er Begriffe wie z. B. *ὅροι μεγάλοι* (pr. 3, 13) und Aussagen wie „So ist der Römer Grenze der Ozean, sowohl wo der Sonnengott emporsteigt als auch wo er untersinkt."[4] Die Begriffe und die Grenzen bleiben geographisch unscharf und metaphorisch, vor allem jedoch nicht vergleichbar mit dem, was zur gleichen Zeit an den Rändern der römischen Welt zu finden war. Zudem erweckt die letztgenannte Begrenzung des Römischen Reiches den Eindruck, das Reich sei nur von göttlicher Macht und römischem Willen begrenzt, nicht jedoch von profanen Bauwerken wie einfachen Palisaden oder Gräben.

Nur in einer einzigen Textpassage erwähnt Appian, die Römer hätten „...ihr Reich mit großen Armeen umgeben und haben das ganze Land und die See wie mit einer gewaltigen starken Festungen eingekreist."[5] Diese nebenbei gemachte Bemerkung liegt offensichtlich nicht im Zentrum seines weiteren Interesses, jedoch ist der Eindruck, den Appian von diesen Anlagen zu haben scheint, der eines geschlossenen Rings von Festungen um das Reich herum. Diese Beschreibung scheint Appian nicht sonderlich bemerkenswert zu finden, da er nur in diesem Nebensatz von diesem Festungsring spricht. Was Appian damit jedoch meint ist klar: Die Kastelle und Lager in den Grenzprovinzen. Jedoch muss auch Appian gewusst haben, dass diese einzelnen Kastelle und Türme nicht als Festung getaugt haben. Römische Kastelle waren trotz ihres Ausbaus in Stein nicht auf eine längere oder größere Verteidigung ausgelegt. Das römische Heer war bis in die Spätantike ein Feldheer und seine Lager – Schanzen, Kastelle und Türme – bis dahin nicht wie manche Städte als Festung[6] ausgebaut.

[1] Vgl. Brodersen (1987) S. 9.

[2] Wenn Appian sie nicht sogar selbst gehört hat, was seine Tätigkeit unter Antoninus Pius wahrscheinlich macht.

[3] *„Um es deutlicher zu sagen: ich bin Appian von Alexandria, der die höchsten Stellen seiner Heimat erreicht hat und in Rom in den Prozessen vor den Königen (d. h. am kaiserlichen Gericht) aufgetreten ist, bis sie mich für würdig befanden, ihnen als Prokurator zu dienen."* Appian pr. 15, 62. Übers. v. O. Veh.

[4] App. pr. 9, 36. Übersetzt. v. O. Veh in: Brodersen (1987).

[5] App. pr 7. Übersetzt v. O. Veh in: Brodersen (1987).

[6] Der Wandel hin zu besser und länger zu verteidigenden Kastellen und Türmen, zeigt sich an den sich stark verändernden Formen der Umrisse mit vorspringenden Ecktürmen und stärker befestigten Türmen der Spätantike.

Man kann davon ausgehen, dass Appian sich mit den militärischen Bauwerken und Einheiten aufgrund seiner Beschäftigung mit der römischen Geschichte gut ausgekannt hat. Was hat er mit der festungsartigen Anlage um das Reich herum verbunden? Es bleiben letztlich nur die Palisade und der Hadrianswall mit den dazugehörigen Kastellen übrig. Das Vorbild für diesen von Appian beschriebenen Festungsring um das Reich mögen die Mauern der griechischen und römischen Städte seiner Zeit gewesen sein. Damit hat Appian das gleiche Bild vor Augen wie Aelius Aristides.

Wichtiger aber noch als eine Festungsmauer am Ende Reiches, wichtiger als die Geographie der römischen Mittelmeerwelt ist für Appian die Integration der besiegten Völker in das Reich. Selten wird so klar formuliert, dass die römische Kultur, einem Schwamm gleich, die Völker in sich aufsaugte, sie in das römische Herrschaftssystem integrierte und damit beherrschte. Die Eigenarten der Ethnien, ihr Lebensraum, moderner gesprochen ihre Ethnographie und Geographie, sind wichtige Säulen in Appians Geschichtsschreibung. Damit unterscheidet sich Appian aber nicht wesentlich von seinen Vorgängern oder Nachfolgern. Auch in seinem Verhältnis zu den Grenzen folgt er seinen zumeist griechischen Vorgängern in der Geschichtsschreibung. Er berichtet in den erhaltenen Teilen seiner ‚Römischen Geschichte' – abgesehen von jener Erwähnung der Festungen am Rande des Imperiums – nichts von den künstlichen Außengrenzen zwischen den Machtbereichen Roms und der „Anderen".

3.3.5 Cassius Dio Cocceianus

Die römische Geschichte des Senators Cassius Dio Cocceianus[1] ist für die historische Erforschung des 2. und beginnenden 3. nachchristlichen Jahrhunderts eine wichtige Quelle. Allerdings bringt Cassius Dio keine neue Art der Geschichtsschreibung. Entlang der Vita der einzelnen Herrscher und Protagonisten entwickelt Dio die Ereignisse der Geschichte und folgt in einem annalistischen Prinzip[2] dem Geschehen der Zeit. Entscheidend ist, dass ab dem Jahre 180 n. Chr. Dio, laut eigener Aussage, die Jahre bis zur Herrschaft des Elagabal als informierter Augenzeuge wahrnahm.[3] Wichtige historische Ereignisse, die mit Gebieten, in denen sich ein Limes befand in Zusammenhang gebracht werden können, sind die Beendigung des Markomannenkrieges durch Commodus, der Britannienfeldzug des Septimius Severus oder der Alemannenfeldzug des Caracalla.[4] Die Wiederbestzung des Hadrianswalls findet bei Cassius Dio Beachtung aber jedoch nur als Trennwerk zweier britonischer Völker.[5] Zu Lebzeiten des Cassius Dio fanden durchaus weiter beachtenswerte Konflikte an der Außengrenze des römischen Weltreiches statt. Die seit Marc Aurel andauernden Konflikte mit Völkern, die nicht zum *Imperium Romanum* gehörten, hätten sich insbesondere durch die Festlegung neuer Grenzen in den Verträgen niederschlagen können.[6] Doch auch in diesen Verhandlungen sind *limites* als Palisade oder Mauer offenbar kein Thema. Jedoch werden Zonen von Kontakt und Ausschluss[7] nicht nur am Lauf der Donau festgelegt, sondern ebenso im Nordwesten von Dakien zum Stamm der

[1] Für eine Beschäftigung mit Cassius Dio ist immer noch grundlegend Millar (1964).
[2] Rich (1990) S. 9.
[3] Cass. Dio 72, 4, 2.
[4] War das ‚Limestor' bei Dalkingen eine Art ‚Triumphtor'? Zur Diskussion RiBW, S. 80 und Baatz (2000) S. 263-266.
[5] Cass. Dio 77, 12.
[6] Zu den Verträgen siehe Stahl (1989), bes. S. 301-312.
[7] Diese Pufferzonen wurden ebenso am Rhein eingerichtet, vgl. Potter (1992) Empty Areas and Roman frontier policy.

Burii[1] hin eingerichtet.[2] Eine ähnliche Zone scheint es zu den Quaden und Jazygen gegeben zu haben, da Commodus die römischen Truppen aus dem Gebiet der Stämme zurück diesseits der Grenzzone verlegte.[3] Damit lässt sich auf das Vorhandensein von festgelegten Grenzlinien schließen, jedoch nicht darauf, wie diese gezogen oder gestaltet wurden. Eine solche Grenze hätte nur Sinn gemacht, wenn sie als solche eindeutig erkennbar gewesen wäre; eine ‚unsichtbare' Demarkationslinie hätte in diesen Situationen zu häufigen und schwerwiegenden Missverständnissen geführt.

Im Zuge der Schilderung der Kampfhandlungen in Britannien unter Septimius Severus wird bei der Beschreibung der Provinz eine deutliche Trennung zwischen dem römischen und nicht-römischen Teil der Insel gemacht, die laut Dio durch einen deutlichen Einschnitt, wie ihn schon Fronto erwähnte, nämlich durch einen Querwall, gekennzeichnet sei.[4] Dieser Wall ist eindeutig der Hadrianswall, da er im Itinerarium Antonini[5] aus der Zeit des Cassius Dio, als *limes, „a limite, id est a vallo"*[6] bezeichnet und gesondert als Schanzwall bzw. Palisade erklärt wird. Dieser *limes* ist also nach Angabe dieses Streckenverzeichnisses in seiner Form eine Ausnahme. Ansonsten sind bei Cassius Dio keine Grenzlinien, die Römer von den Barbaren trennen, erwähnt.

Insgesamt sieht Dio das römische Reich vielmehr als eine große Polis an. Dies begründet Dio durch die innere Struktur des Reiches auf administrativer, politischer und sozialer Ebene.[7] Die Provinzen des Reiches sind wie alle Provinzen und Italia ist nur deshalb eine Ausnahme, weil die Stadt Rom dort liegt.

3.4 Die Historia Augusta – das „größte Lügenwerk der Antike"?

Eine große Bedeutung für die frühe Limesforschung kommt der so genannten Historia Augusta (=HA) zu. Sie war mitunter die einzige literarische Quelle, die den humanistischen Forschern seit dem frühen 16. Jh. Hinweise auf den Ursprung des Limes gab.[8] Auch in der aktuellen Forschung stellen die Texte der HA immer noch eine wichtige Quelle dar, jedoch darf eine breite quellenkritische Forschung nicht außer Acht gelassen werden.

Die Glaubwürdigkeit dieser spätantiken Biographiensammlung[9] ist schon vielfach scharf angezweifelt worden.[10] Die Diskussion um die Historia Augusta wurde 1899 von H. Dessau mit einem Aufsatz mit der Frage nach der Autorenschaft der HA begonnen. In den folgenden Jahrzehnten brachte eine Fülle von Arbeiten Fragen zu Authentizität, Autoren oder Redaktion sowie Datierung und Glaubwürdigkeit auf. Man kann sich die HA als Ergänzung der Viten des Sueton[11] denken;[12] die ersten Viten scheinen noch nahe an ihren Quellen orientiert und daher realistischer[13] als die späteren

[1] Zum Siedlungsgebiet der Burii: Tac. Ger. 43, 1; Ptol. 2, 11, 10.

[2] Cass. Dio 73, 3, 2: an der Grenze zur Provinz wurde eine siedlungs- und bewirtschaftungsfreie Fünfmeilenzone eingerichtet.

[3] Cass. Dio 73, 2, 4.

[4] Cass. Dio 77, 12, 1.

[5] Dieses Itinerar geht wahrscheinlich auf eine Arbeit aus der Zeit Caracallas zurück, dazu auch Burian (1998) S. 7-21.

[6] Itinerarium Prov. S. 71= Wess. 464, 1; bei Löhberg (2006) S. 331 geht diese Quellen völlig unter.

[7] Vgl. dazu Cass. Dio 52, 19, 2-4; 52, 22, 6 und 52, 27, 1. Vgl. auch De Blois (1995) S. 364.

[8] Siehe im Kapitel 3 Forschungsgeschichte.

[9] Zur antiken Biographie Sonnabend (2002), speziell zur HA S. 214-221.

[10] Siehe z. B. die Zusammenfassung des Forschungsstandes: Lippold (2002) S. 1.

[11] Die HA nennt Sueton als Vorbild: HA Vita Maximus und Balbius 4, 5.

[12] Vgl. Sonnabend (2002) S. 219.

[13] Sonnabend (2002) S. 219.

zu sein. Letztlich steht trotz der Ähnlichkeit zu den oben genannten Werken und der langen Forschung zu dieser Quelle eine endgültige Bewertung der HA noch aus. Den bisherigen Gipfel der Diskussion bildeten die Bonner Historia Augusta-Colloquien. Von A. Alföldi und J. Straub angestoßen, kamen weitere namhafte Gelehrte wie R. Syme[1] hinzu, um die zahlreichen offenen Fragen zur HA zu erörtern.[2] Trotz dieser Gegenanzeigen: die HA ist für die über 150 Jahre ab dem Principat des Hadrian immer noch die ausführlichste[3] und zusammenhängendste lateinische Schrift, die uns überliefert ist.

Allen Viten der HA gemeinsam ist die, wenn überhaupt vorhandene, kurz gehaltene Abhandlung von geographischen und topographischen Gegebenheiten. ‚Außenpolitik' ist in vielen der Viten ein Thema, [4] jedoch zumeist in der Form der schon erörterten antiken Vorbilder. Gegensätze zwischen den Barbaren und Römern manifestieren sich in der HA nicht ausschließlich an einer physischen Grenze. In der HA zeigt sich überdeutlich das für die römische Literatur fast selbstverständliche Gegenbild von Barbar und Römer.[5] Es entsteht so lediglich ein verschwommenes geographisches Bild der Gestalt des Reiches und seiner Grenzen. Der Grund dafür mag in der sich verändernden Welt des 4. Jahrhunderts liegen, die mit den Grenzen des römischen Reiches im 2. und 3. Jh. nur noch bedingt zu tun hatte. Seit Marc Aurel, spätestens aber seit den Alemanneneinfällen, dem Verlust Dakiens und der Gebiete östlich des Rheins, hatte das Römische Reich eine völlig neue Gestalt angenommen. Die Beziehungen zwischen Rom und den Barbaren werden in der Darstellung der HA auch als ein innen- und nicht nur als außenpolitisches Phänomen behandelt.[6] Das zeigt, wie stark die Umwelt des Autors/der Autoren ‚barbarisiert' war und durch diesen Wandel der römischen Kultur neue Kriterien für eine Unterscheidung zwischen ‚guten' und ‚feindlichen' Barbaren gefunden werden.

Zwei Stellen der *vita Hadriani* der HA zeigen die besondere Qualität der spätantiken Sicht auf diese Grenze zwischen Barbaren und Römern:

> *11, 2: Ergo conversis regio more militibus Britanniam petit, in qua multa correxit murumque per octaginta milia passuum primus duxit, qui barbaros Romanosque divideret.*
>
> *Also ging er (Hadrian), nach der üblichen Umstellung des Heeres nach Britannien, wo er vieles veränderte und eine Mauer über 80 Meilen als erster (über die Insel) führte, die die Barbaren von den Römern trennen sollte.*
>
> *12, 6: Per ea tempora et alias frequenter in plurimis locis, in quibus barbari non fluminibus sed limitibus dividuntur, stipidibus magnis in modum muralis saepis funditus iactis atque conexis barbaros separavit.*
>
> *In dieser Zeit und anderen fortgesetzt, wurden an vielen Orten, in denen die Barbaren nicht durch Flüsse, sondern durch Schneisen abgeteilt wurden, mit großen Pfählen, die in der Art einer Mauer tief gegründet und verbunden waren, die Barbaren abgesondert.*

[1] Syme (1971).
[2] Bonner Historia August Colloquien (BHAC) ab 1962.
[3] Eine Lücke besteht zwischen 244 und 253 n. Chr., ebenso sind einige der Viten nur fragmentarisch erhalten.
[4] Kehrler (1970) S. 20.
[5] Burian (1977) S. 55.
[6] Burian (1977) S. 96.

Die erste Stelle (11, 2) verweist auf den Hadrianswall in England und indirekt durch das *„primus"* auch auf den zweiten Wall, den des Antoninus Pius in Schottland.[1] Völlig richtig wird Hadrian die Urheberschaft dieses 80 römischen Meilen langen Bauwerks zugeschrieben, das die Barbaren von den Römern trennen sollte.[2] Diese trennende Funktion der Mauer in Römer diesseits und Barbaren jenseits scheint für den spätantiken Autor ein wichtiges, zu betonendes Merkmal gewesen zu sein. Eine Akzentuierung der Trennung von Barbaren und Römern durch eine künstliche Barriere und nicht durch kulturelle oder rein geographische Unterschiede ist einmalig in der lateinischsprachigen Literatur. Waren bei Tacitus *termini* notwendig, die sich maßgeblich an Landschaftsformen und Kulturunterschieden in der Form von eingefriedetem Land orientierten, um das Reich zu begrenzen, ist es auffällig, dass erst jetzt, lange nach dem so genannten ‚Fall des Limes', die Abtrennung der Barbaren durch eine römische Mauer Eingang in den Bericht über Hadrian findet.

Hadrians „Grenzinnovation", die Palisade, trennte in der Form einer Mauer die Barbaren zu verschiedenen Zeiten und an unterschiedlichen Orten von den Römern. Die Palisade ersetzte dort, wo kein Fluss verlief, die *limites*, die Waldschneisen des Militärs. Die in Obergermanien archäologisch nachgewiesene Palisade aus der Zeit Hadrians[3] hatte laut der HA die gleiche Funktion wie die Mauern in Schottland und Nordengland. Archäologische Befunde aus Obergermanien zeigen, dass diese Palisade auf den von Wachttürmen bestückten Waldschneisen zwischen den einzelnen Kastellen am Rande der Provinz errichtet wurde. Diese Kastelle und die Linie der Schneise mit den Wachttürmen wurden wohl schon zur Zeit Traians optimiert. Notwendig war diese Optimierung im Zuge der Vorbereitungen auf die Dakienkriege und die Ostfeldzüge geworden.[4]

Die zweite Stelle der *vita Hadriani* (12, 6) klärt die wichtigsten Aspekte der Palisade in Germanien: Die Palisade wurde in mehreren Bauphasen und an verschiedenen Orten errichtet. Sie wurde auf den bisher bestehenden Waldschneisen (*limites*) erbaut und ergänzte die Flüsse in ihrer Funktion, die Barbaren wie eine Mauer vom Innern des Reiches abzutrennen.[5] Erst jetzt bekommen die Landgrenzen die gleiche Funktion: exakt definiert, um die Barbaren und Römer voneinander zu trennen. Die Erwähnung dieser Trennung wird durch den dreimaligen Gebrauch der Verben *separare* und *dividere*[6] unterstrichen. Dem spätantiken Autor scheint die Isolierung der Römer von den Barbaren wichtiger zu sein, [7] als dass die dabei angesprochenen Bauwerke die größten der Antike waren. Man kann daraus schließen, dass der ursprüngliche Grund dafür, die Mauern und Palisaden zu errichten viel wichtiger war als die Bauwerke selbst, denn die lapidare Formulierung *„per ea tempora et alias frequenter in plurimis locis"* klingt mehr nach einer Beurteilung des Limes als Bauwerk, das ‚nebenbei' errichtet worden ist.

[1] Dieser Wall aus Rasenstücken wird in der HA Vita des Antoninus Pius 5, 4 erwähnt.

[2] Siehe dazu die jüngste Sammlung der Inschriften von Birley (2003) S. 439ff.

[3] Schallmayer (2004) S. 3-8 für die Wetterau, aus der Zeit des Marcus Aurelius stammt die in Süddeutschland nachgewiesene Palisade, dazu Schallmayer (2005) S. 12.

[4] Zu diesen Vorbereitungen gehörten u. a. auch der Ausbau von Straßen im Hinterland der Aufmarschlinie, wie z. B. der *via nova Traiana* in Syrien und Jordanien.

[5] Den Umstand, das Flüsse häufig zusammen mit den Limites genannt wurden, bemerkte schon Forni (1987) S. 288.

[6] Vgl. Georges Sp. 2249 s.v. divido.

[7] Zum zeitgeschichtlichen Bedeutung der Trennung von Barbaren und Römern siehe Lippold (1998) S. 254-273, der die Frage nach Konfrontation, Integration oder Koexistenz mit den Barbaren als bedeutend für die Zukunft des römischen Reiches im 4. Jahrhundert herausstellt.

In der HA, wie auch bei anderen spätantiken Autoren (Aurelius Victor, Orosius) scheint eine sakral konnotierte Grenze hinter den militärischen Gegensatz von Römern und Barbaren zurückgetreten zu sein. Denn nur Ammianus Marcellinus berichtet später vom Gebiet der ehemaligen Provinz Obergermanien, in dem *„terminales lapides"* Alamannen und Burgunder trennen.[1] Was diese möglicherweise sakral konnotierten Begrenzungssteine gewesen sein sollen oder von wem diese gesetzt wurden, berichtet Ammianus nicht. Aber es ist die einzige Stelle bei Ammianus, in der er im Gebiet der ehemaligen römischen Provinz, die einen linear ausgebauten Limes hatte, von solchen Begrenzungssteinen spricht. Bemerkenswert ist weiterhin das Ammianus kurz zuvor von einer „Befestigung des Traians" spricht *„munimentum Traiani"*[2]

Ebenso verhält es sich mit der von Antoninus Pius durch seinen Statthalter Lollius Urbicus gebauten Mauer[3] aus Grassodenstücken im heutigen Schottland.[4] Sie diente nach dem Zurückdrängen der Barbaren anscheinend als friedenssichernde und besitzergreifende Maßnahme.

Für den Autor in der HA ist der Grund für die Erwähnung der Limites eindeutig in der Separation von den Barbaren zu sehen, die er dem Bauwerk zuschreibt. Damit ergibt sich ein Bild des Limes als sichtbares ‚Trennwerk' von Barbaren und Römern. Ein weiterer Aspekt schein die Betonung der militärischen Leistungsfähigkeit und Stärke Roms zu dieser Zeit zu sein, denn zur Zeit der Abfassung im 3. und 4. Jahrhundert waren die militärischen Erfolge Roms seltener geworden und das Reich befand sich in einer Situation des Drucks von vielen Völkerschaften, die ins Reich drängten.[5] Daher scheint auch die Verbindung eines Festungswerkes, welches gegen die Barbaren helfen konnte, mit dem „optimus Princeps" und militärisch sehr erfolgreichen Kaiser Traian, aus der Sicht des Ammianus als logisch und konsequent.[6]

3.5 Die epigraphischen Quellen

Die historische Bedeutung der Inschriften und Darstellungen in Stein und Metall ergibt sich aus der Fülle von Anlässen, zu denen die römische Kultur Ereignisse auf diese Art festhielt. Inschriften waren in der Antike allgegenwärtig. Die Spannbreite ihrer Absichten, Inhalte und Aufstellungsorte reicht von der Bekanntmachung einer Verleihung von Rechten an einzelne Städte über Meilensteine an den Straßen mit Entfernungsangaben und Gebäudeinschriften, die vom Bauherren künden, bis hin zu Grabsteinen an den Ausfallstraßen der Siedlungen. Die Geschichte der Interpretationen von Inschriften spiegelt die Geschichte der Rezeption der römischen Geschichte

[1] Amm. 18, 2, 15. Zum zuvor in Amm. 17, 1, 11 erwähnten „munimentum (...) Traniani" Schallmayer/Castritius (1997) S. 1ff.

[2] Amm. 17, 1, 11 und in der Inhaltsangabe zum 17. Buch. Siehe auch die Diskussion zur Bedeutung und Lokalisierung: Castritius (2002) s.v. munimentum Traiani, in: RGA 20², S. 386-388.

[3] HA Pius 5, 4.

[4] Zum Antoninus Pius Wall ausführlich: Keppie/Robertson (2001) und Breeze (2007).

[5] Vgl. Dazu Whittaker (1994) in seinem Kapitel zu ‚Frontiers under Pressure'.

[6] Ammianus hatte mit Traian als Initiator der Kastelle und Wachttürme am ORL recht, jedoch ist die Anlage der linearen Limespalisade in Germanien auf Hadrian zurückzuführen. Ideologische wäre es jedoch nicht tragbar gewesen die Taten des Kaisers Julians mit denen des Hadrians zu vergleichen oder in Verbindung zu bringen, da Hadrian Rezeption in der Spätantike aufgrund seiner Konsolidierungspolitik und der Aufgabe gerade eroberter Provinzen im Osten nicht so positiv gewesen sein wird. Traian war als vergrößerer des *Imperium Romanum* zu seiner größten territorialen Ausdehnung weitaus besser als Vorbild geeignet. Siehe zur Rezeption Traians in der Spätantike ausführlich Stickler (1999) S. 107-111.

sowie der wachsenden Professionalisierung und Verzweigungen der Historiographie. Epigraphik und provinzialrömische Archäologie und weitere Spezialgebiete, wie die Prosopographie, entsprangen der Geschichtsschreibung des 19. Jh. Das quantitative Verhältnis von literarischem zu epigraphischem Quellenbestand ist sehr ungleichgewichtig. In unserem Fall muss das Augenmerk auf die gravierten Schriften direkt an oder in der Nähe der Außengrenzen gerichtet werden. Der zweite logische Fokus liegt auf Inschriften, die sich mit Grenzen beschäftigen.

Die in der Literatur herausgearbeiteten Beobachtungen zur Verwendung der Begriffe für Grenzen wie *limes*[1], *fines, ripa, flumen* und *terminus* können von der Epigraphik im Großen und Ganzen bestätigt werden. Inschriftenfunde direkt an den Limites, die darüber berichten warum oder in welchem Rahmen das Bauwerk, an dem sie angebracht wurden, errichtet wurde, sind äußerst selten. Die Aussagekräftigsten zeigen jedoch deutliche Tendenzen.

Eine stark zerstörte und rekonstruierte Inschrift aus Jarrow am Südufer des Tyne, am östlichen Ende des Hadrianswalles, kann eine „Notwendigkeit" in Bezug auf die Hadriansmauer vermuten lassen:

> [ ] OMNIVM FIL[ ] / [ ] HADR[ ] / [ ]S[ ]A NECESSITAT[ ] / [ ]VATI DIVINO PRA[ ] / [ ]OS II/DIFFVSIS [ ] / PROVINC[ ] / BRITANNIA AD[ ]/ VTRVMQVE O[ ] / EXERCITVS PR[ ] / SVB CVRA A [ ]
>
> *[Divorum] omnium fil[ius] / [Imp(erator) Caesar Traianus] Hadr[ianus] / [Augustus impo]s[it]a necessitat[e imperii] / [intra fines conser]vati divino pra[ecepto] / [c]o(n)s(uli) II/diffusis [barbaris et] / provinc[ia reciperata]/Britannia ad[didit limitem inter] / utrumque o[ceani litus per m(ilia) p(assuum) LXXX] / exercitus pr[ovinciae opus valli fecit] / sub cura A(uli) [Platori nepotis leg(ati) Aug(usti) pr(o) pr(aetore)]*
>
> *Der Sohn aller vergöttlichten (Kaiser) Imperator Caesar Traianus Hadrianus Augustus setzte, nachdem ihm die Notwendigkeit das Reich innerhalb seiner Landgrenzen zu bewahren auferlegt worden war, nachdem die Barbaren zerstreut und die Provinz zurückerlangt, aus göttlicher Vorhersehung Britannien einen Limes zwischen den Ozeanküsten von 80 Meilen, welchen das Heer der Provinz als Wall fertigte, hinein, unter der Aufsicht von Aulus Platorius Nepos dem Legatus des Augustus Propraetor.*[2]

Dies ist die einzige Inschrift, die scheinbar näher auf die Umstände und Gründe für den Bau des Hadrianswalles eingeht. Zu beachten ist, dass große Teile dieser Inschrift rekonstruiert sind, darunter sind auch die entscheidenden Worte zu den lateinischen Begriffen, die den Hadrianswall näher beschreiben könnten.

Folgt man der Rekonstruktion nach A. R. Birley, [3] ist es die göttliche Herkunft und Vorsehung, die Hadrian veranlasste, nach der Niederschlagung von Aufständen in der Provinz im Jahre 122[4] der Armee den Großauftrag eines Bauwerkes zu geben. Dieses Bauwerk wird einerseits als 80 Meilen langer *limes* zwischen den Küsten bezeichnet, andererseits als *opus valli* des Heeres. Es wird in der Rekonstruktion deutlich

[1] Forelli (1982) im Dizinario Epigrafico s.v. limes.

[2] AE 1947, 123; CIL 7, 498, RIB 1051= HD 019553. Übersetzung nach Birley (2003) S. 441.

[3] Birley (2003) S. 441.

[4] Vgl. Rosenberger (1992) S. 97.

zwischen *limes* und *vallum* in der Inschrift unterschieden; der Grund hierfür scheint in der eindeutigen Zuordnung der Begriffe zu den ausführenden Personen zu liegen. Das heißt der von den Göttern inspirierte Hadrian zog eine Schneise über die Insel, die vom Heer als Mauer ausgebaut wurde.

Abbildung 9: ‚Staffordshire Moorland-Cup'. Die Schale (trulla) mit einem Durchmesser von ca. 94 mm befindet sich heute im British Museum, London. Trustees of the British Museum

Bemerkenswert ist die Begründung des Baus mit der „... *Notwendigkeit das Reich innerhalb seiner Landgrenzen zu bewahren* ...", denn wenn die stark zerstörte Inschrift mit diesen Worten richtig rekonstruiert wurde, gibt sie einen einmaligen Hinweis auf die Motivation zum Bau der Mauer aus römischer Sicht. Diese Inschrift ergänzt und bestätigt die HA in der Vita des Hadrian 11, 2.[1]

Zu der in der HA genannten Bezeichnung des Bauwerkes als „murus" kommen die in der Inschrift aus Jarrow (S. 81) rekonstruierten möglichen Begriffe „limes" und des „vallum".

Abbildung 10: Der so genannte ‚Rudge Cup' (Durchmesser 90 mm) in einer Zeichnung: Unterhalb des Schriftbandes sind wahrscheinlich die Zinnen des mit Fugstrichen versehenen Hadrianswalles angedeutet. Heute im Besitz des Duke of Northumberland. Trustees of the British Museum

[1] Es gilt zu beachten, dass die gesamte Rekonstruktion dieser Inschrift noch nicht im CIL, auch nicht im Neudruck des 7. Bandes 1953 verzeichnet war. So kam diese Deutung der Inschrift mit Sicherheit auf die entsprechenden Textquellen der HA bezug nehmen, da sie wohl nach dieser Quelle ergänzt wurde. So waren es wahrscheinlich R.B. Collingwood und R. P. Wright, die Herausgeber der RIB im Jahr 1965, die die Inschrift aus Jarrow in oben gezeigter Weise rekonstruierten.

Der sogenannte ‚Staffordshire Moorland Cup'[1] mit der Inschrift „*MAIS COGGABATA VXELODVNVM CAMMOGLANNA RIGORE VALI AELI DRACONIS*"[2] gibt mit „rigore val[l]i aeli" vielleicht die gebäuchliche Bezeichnung der Soldaten des Hadrianswalles wieder. Eventuell ist der Besitzer am Bau der Kastelle und des Walles beteiligt gewesen oder in einer der Kastelle stationiert gewesen. Bemerkenswert ist in jedem Fall, dass mit „rigore valli", also etwa „am geraden Wall" deutlich auf den Hadrianswall bezug nimmt.

Der Begriff „rigor", welcher z. B. im theoretischen agrimensorischem Sprachgebrauch die schnurgerade Linie bei einer Grenzziehung bezeichnete, [3] wurde in der Praxis auch für nicht ganz gerade Grenzen oder Linien benutzt, wie Inschriften belegen.[4]

Der ‚Rudge Cup' und die ‚Amiens-Patera'[5] vom gleichen Typ und mit ähnlicher Inschrift[6] gibt einen Eindruck von der rezipierten und idealisierten Gestalt des Hadrianswalles aus der Zeit seiner Entstehung.

Die Analyse der ‚Distanz-Inschriften' des Antoninus-Pius-Walls in Schottland zeigt eine weitere und sehr wichtige Dimension des Wallbaues. Der zwischen 143 und 155 n. Chr. besetzte Wall weist 20 bemerkenswerte Inschriftensteine auf, die alle dem Kaiser Antoninus Pius geweiht sind.[7] Auf den Abbildungen der Inschriften lassen sich Triumphbögen, besiegte Barbaren, Mars, Victoria, Reiter, Soldaten und Standartenträger der Legionen und Vexillationen finden.

Die unten abgebildete Inschrift der Legion II Augusta zeigt einige bemerkenswerte Einzelheiten. Diese größte Distanzinschrift vom östlichen Ende des Antoninus-Pius-Walls ist ein wichtiges Denkmal für das Verständnis des Walls. Der Inschrift nach dem Kaiser Antoninus Pius geweiht, gibt sie Auskunft über die Länge von 4652 Doppelschritte des von der zweiten Legion Augusta gefertigten Teil des Torfwalls. Gehalten von *peltae,* die in Greifenköpfen enden, ist die Weihinschrift von zwei Bildfeldern eingerahmt.

Das linke Bildfeld ist von einem auf zwei Säulen gestützten Bogen umgeben, in dem ein römischer berittener Soldat in voller Rüstung über vier am Boden liegende, nackte Menschen hinweg reitet. Die Wilden geben ein Bild des Chaos und der Niederlage ab – auf dem Rücken liegend, der eine dem Reiter zur Abwehr einen Schild entgegenstreckend; der andere zu Boden stürzend mit einer Lanzenspitze im Rücken; ein enthaupteter Körper, der neben dem eigenen Kopf und den Waffen liegt sowie ein vierter, der zusammengekauert mit verängstigtem Blick in der rechten Ecke des Bildfeldes sitzt. Vier besiegte Barbaren, die dem Reiter mit wehendem Mantel nichts

[1] Vgl. Tomlin (2004) und Pitts/Worrell (2003).

[2] Die heutigen Orte sind Bowness-on-Solway, Drumburgh, Stanwix, Castlesteads.

[3] Dazu Balbus: „*extremintatum genera sunt duo, unum quod per rigorem obseratur, alterum quod per flexus. Rigor est quidquid inter duo signa ueluti in modum linea rectum perspictur (...)*" Vgl. Dazu Campbell (2000) S. 209, Z. 5-8.

[4] Vgl. Dazu EDH-Nr.: HD 001989; AE 1917/18, 108. CIL 6, 40866 aus Rom: „Ex auctoritate / Imp(eratoris) Caesaris divi / Traiani Parthici f(ilii) / divi Nervae nepotis / Traiani Hadriani / Aug(usti) pontif(icis) max(imi) trib(unicia) / potest(ate) VIII imp(eratoris) IIII co(n)s(ulis) III / L(ucius) Messius Rusticus curator / alvei et riparum Tiberis et / [cloacar]um urbis r(ecto) r(igore) restituit / [sec]undum praecedentem / terminationem proximi cippi / ped(es) [---]" Sowie z. B. EDH-Nr.: HD 021390 = AE 1941, 117. CIL 8, 2728 aus Lambesis oder CIL 3, 3163 aus Dalmatien.

[5] Siehe dazu ausführlich Heurgon (1951)

[6] "A MAIS ABALLA[vae et] VXELOD[vn]VM CAMBOGLAN[ni]S BANNA [et vltra]" - "A.MAISABALLAVAVXELODUMCAMBOGLANSBANNA". Die Schale ist 1725 im Brunnen einer Villa Rustica in Rudge Coppice, Wiltshire gefunden worden und ist heute im Privatbesitz des Duke of Northumberland. Eine Kopie befindet sich im British Museum, London.

[7] Vgl. HA Pius 5, 4. Die Inschriften belegen die HA an dieser Stelle deutlich.

als Fassungslosigkeit in ihren Gesichtern entgegen zu setzen haben. Dieses Bild des „Barbaren-besiegenden“ römischen Reiters ist aus vielen Abbildungen von Grabsteinen von Reitern des römischen Heeres bekannt.[1]

Abbildung 11: ‚Distance-Slab' No. 1 vom Antoninus Pius Wall[2] *RIB1066; Slab No.1*[3] *Trustees of the Hunterian Museum Glasgow and Lawrence Keppie.*

Im rechten Bildfeld, auf der gegenüberliegenden Seite der Tafel, vollzieht eine Gruppe von in *togae* und Filzmäntel gekleideten Personen unter dem angedeuteten Giebeldach eines Tempels und dem Vexilium der ‚LEG II AUG' ein Trankopfer. Die vorderste der fünf im Hintergrund stehenden Personen gießt aus einer Schale in der rechten Hand ein Trankopfer auf einen Altar. Eine Person scheint dem Altar zu seiner linken und noch mehr den vor ihm abgebildeten Tieren zugewandt zu sein. Ein Eber, ein Stier und ein Schafbock treten von rechts, wie vom Flötenspieler hinter ihnen mit Musik geleitet, als Opfertiere der Szene hinzu.

Diese Abbildung von der *suovetaurilia* weist auf die besondere Bedeutung des dargestellten Ritus hin. Die Opferung von drei Tieren ist eine der höchsten Formen der *lustratio* in der römischen Religion. Der sehr alte Ritus der *suovetaurilia* geht auf die sakrale Entsühnung von Land und Heer zurück, der im Laufe der Vergrößerung der römischen Flur und des römischen Heeres an bestimmten Orten und bestimmten Tagen vollzogen wurde.[4]

Diese Tafel dürfte eine Darstellung der *lustratio* des siegreichen Heeres nach dem in der Vita des Antoninus Pius (5, 4) erwähnten Krieg gegen die Britonen sein. Die Bildfelder nehmen die in der HA erwähnten Gegensätze von wilden Barbaren und kultivierten Römern auf: Auf der einen Seite die wilden und nackten Barbaren, die der Übermacht der römischen Reiterei nichts entgegenzusetzen haben; auf der anderen Seite die zivilisierten römischen Soldaten, die kultiviert den Göttern im althergebrachten Ritus ein Opfer darbringen. Unterstützt wird dieser Gegensatz durch die Ausstattung der Bildhälften mit architektonischen Bauteilen, die sich am oberen Rand finden. Der dreieckige Frontgiebel auf der rechten Seite ist klar als Andeutung eines Tempelbaus einzuordnen. Auf der linken Seite fällt der Blick durch einen Rundbogen, wie er z. B. bei Stadt- und Kastelltoren üblich war. Die Verkörperung der *pietas*,

[1] Siehe Junckelmann (1990) Die Reiter Roms, S. 174-195 mit weiteren Beispielen des ‚Reitersiegers'.

[2] RIB 1066 = CIL 7, 1088; Bridgeness, West Lothian (2, 79 x 1, 19 x 0, 15m). Heute im National Museum of Antiquities of Scotland, Edinburgh.

[3] Siehe dazu die Abbildung in Klee (2006) S. 27 oben rechts. Vorlage aus: MacDonald, G.: The Roman Wall in Scottland. Oxford 1911.

[4] Dazu Baudy (1998) S. 115ff. und S. 215ff.

der Ehrfurcht vor den Sitten der Väter und den Göttern, durch das in der Lustration höchste Opfer der *suovetaurilia*, bringt den großen Gegensatz zwischen beiden Seiten deutlich zum Ausdruck. Nur innerhalb des Imperium Romanum, so vermittelt der Blick durch das angedeutete Tor der am Antoninus Wall angebrachten Tafel, ist wahre Kultur, finden die Götter Gefallen an den Taten der Menschen.

Die "Latrunculi"-Inschriften: Türme gegen „Räuberchen" an der Donau?

> *„Imp(erator) Caes(ar) M(arcus) Aur(elius) [[Commodus]] Antoninus / Aug(ustus) Pius Sarm(aticus) Ger(manicus) Brit(annicus) pont(ifex) max(imus) trib(unicia) pot(estate) / VI imp(erator) IIII co(n)s(ul) IIII p(ater) p(atriae) ripam omnem burgis / a solo extructis item praesidis per lo/ca opportuna ad clandestinos latruncu/lorum transitus oppositis munivit / [[per L(ucium) Cornelium Felicem]] / [[Plotianum leg(atum) pr(o) pr(aetore)]]"*

> *„Der Imperator Caesar Marcus Aurelius Commodus Antoninus Augustus Pius Sarmaticus Germanicus Britannicus, Pontifex Maximus, mit tribunizischer Gewalt zum 6. Mal, Imperator zum 4. Mal, Konsul zum 4. Mal, Vater des Vaterlandes, hat alle Wachttürme am Flussufer von sich aus, danach die Kastelle an den gegenüberliegenden Orten befestigt, um dem Übergang herumstreunender Räuberchen zuvorzukommen, durch Lucius Cornelius Felix Plotanius Statthalter."*[1]

Die von Commodus im Rahmen des Abbruchs des Markomannenkrieges neu aufgebauten Wachttürme und Lager auf der rechten Donauseite werden in dieser Inschrift belegt. Commodus zog sich auf das Reichsgebiet zurück und sorgte sich um den Wiederaufbau der militärischen Infrastruktur, die ein unbeachtetes Überqueren der Donau verhindern sollte. Einmalig ist jedoch hierbei die Benennung des Grundes für den Ausbau und die Bezeichnung: „Räuberchen" sollten aus dem Reich ferngehalten werden. Für kleine marodierende Banden[2] wäre ein solcher Aufwand sicherlich zu groß und zu teuer gewesen. Der Diminutiv *latrunculi* macht sich scheinbar bewusst über die als Diebe angesehenen Völkerstämme, besonders die Sarmaten[3] nördlich der Donau, lustig. Commodus konnte in einer Inschrift nicht gleichzeitig als Sieger über die Barbarenstämme der Sarmaten, Germanen und Britonen und als Erbauer von Schutz- und Überwachungsanlagen gegen diese Stämme dargestellt werden: einerseits waren es ja ‚nur Räubergrüppchen' und andererseits hatte er den Kriegszug seines Vaters gegen diese „Räuberchen" abgebrochen. Dieser real existierende Widerspruch sollte mit der Abwertung der Feinde des Reiches nach den Friedensverhandlungen an der Donau überspielt werden. Bemerkenswert ist im Zusammenhang mit der abwertenden Verniedlichung der Feinde, dass diese scheinbar gebräuchlich war für die Volksgruppen, die nicht zum *Imperium Romanum* gehörten; denn eine der Vindolanda Tablets[4] benutzt in einem Bericht über die Kampfesweise der Britonen den Diminutiv *„Brittunculi"*. Anhand dieser Inschrift ist zumindest aus der Zeit des Commodus belegt, zu welchem Zweck die einzelnen Wachttürme und Kastelle an der

[1] RIU-05, 1136 = AE 1905, 114 = AE 1906, 106 = AE 1952, 15 aus der Provinz: Pannonia inferior, Dunaujvaros/Intercisa. Diese Inschrift entspricht im Wortlaut: CIL 3, 3385 = RIU-06, 1426, RIU-05, 1127-1135, AE 1998, 1057. Aus dem Jahr 185 n. Chr.

[2] Zu Räubern in der Antike siehe Riess (2005).

[3] Schon Seneca bezeichnete die Sarmaten als Räuber. Sen. nat. quest. 3, 45.

[4] Tab. Vindol. II 164, 5. Vgl. Bowmann (1994) S. 106.

Donau angelegt wurden.[1] Sie lassen sich auch in gewissen Maße auf die Wachttürme in anderen Provinzen übertragen, jedoch erklären die Inschriften nicht den Aufwand und Sinn der vielen Kilometer von Palisaden, Mauern und Gräben rund um das Reich.

Diese Inschriften stellen den aussagekräftigsten Teil der epigraphischen Funde dar, die von den Grenzen des Reiches direkt überliefert wurden. Im folgenden kommen Inschriften zur Interpretation, die vielmehr im Zentrum des Reiches entstanden und erhalten sind.

Die Inschriften der Fratres Arvales[2]

Die Bedeutung der *fratres arvales* muss für die Konstruktion des Grenzschutzes und des Verständnisses der Integrität des Reiches als sehr hoch eingestuft werden. Die Wurzeln dieser Kultgemeinschaft liegen für die Zeit der Republik weitestgehend im Dunkeln, jedoch zeigen der Name, ihre Kulthandlungen und nicht zuletzt ihr Bedeutungszuwachs unter Augustus weitaus mehr als nur konstruierte Bezüge in die Frühzeit der römischen Geschichte. Viele Hinweise verstärken das Bild eines Kultes, der sich nicht nur um das Wohl des Princeps durch Opferhandlungen, sondern primär um die Integrität der Grenzen der römischen Flur und den Schutz des Inneren vor äußeren Gefahren sorgte. Um sich über den Einfluss dieses Kultes auf die mentale Infrastruktur des Raumes aus römischer Sicht klar zu werden, ist ein intensiverer Blick auf diesen Kult zu werfen. Dem Aition der *fratres arvales*[3] nach wurde die Brüderschaft von Romulus selbst zu Ehren seiner Amme Acca Larentia eingesetzt.[4]

Der Name der Kultgemeinschaft geht laut Varro[5] auf die Riten im Dienste der Sorge um die Feldfrüchte zurück. Der sonst nirgendwo bezeugten Göttin *Dea Dia* wurde von den Arvalbrüdern in ihrem Hain, etwa fünf Kilometer außerhalb von Rom, an der Grenze des *ager Romanus antiquus*, [6] kurz vor der Ernte ein mit Ähren bekränztes Lamm geopfert. Das sich über drei Tage erstreckende Fest fand am ersten und letzten Tag in Rom im Haus des *magister* statt, am zweiten Tag im Hain der *Dea Dia* selbst. Die Tage waren der 17., 19. und 20. Mai, oder der 26., 29. und 30. Mai, und fiel damit in die Zeit kurz vor der Ernte. Wenn dieses Opferfest der 12 Arvalen auch nicht völlig mit der *ambarvalia,* dem „Umgang um das Ackerland", oder *ambarouia* Strabons[7] gleichzusetzen ist, steht sich der öffentliche Kult der Arval-Brüderschaft und der private Kult der *lustratio* der Felder in einer *ambarvalia* dennoch zeitlich und vor allem inhaltlich sehr nah. Der Ablauf der Kulthandlung für die *Dea Dia* selbst zeigt die enge Verknüpfung des Bürgerhauses und der Stadt Rom mit den Grenzen der Flur von Haushalt und Stadt. Der zirkulare Ritus des Ganges aus dem Haus, dem Zentrum des Lebens der Familie in der Stadt, zur Grenze der Grundlage der Kultur und des Lebens, dem kultivierten, bestellten und nun kurz vor der Ernte stehenden Acker, ist ein bedeutendes Symbol der römischen Kultur. Der Ursprung des Ritus scheint im symbolischen Umgang des sorgsamen Hausherren um seinen Acker zu sein, aus

---

[1] Vgl. Baatz (2004) S. 58.

[2] Grundlegend erarbeitet von Scheid (1990) und Scheid/Tassini/Rüpke (1998).

[3] Siehe Plin. nat. hist. 18, 6 wo sie *arvorum sacerdotes* heißen.

[4] Gell. 7, 7, 8: *„ille locum Romulus Accae ses filium dedit sesque et ceteros eius filios fratres arvales appelavit. Ex eo tempore collegium mansit fratrum arvalium numero duodecim".*

[5] Varro l. l. 5, 85.

[6] Alföldi (1977) S. 265f.

[7] Strabon 5, 3, 2: Hier wird das Opfer an allen alten sakralen Grenzen des *ager Romanus* von den Pontifices durchgeführt.

einer Zeit, in der noch umher streunende Räuber oder Heere die Existenzgrundlage der römischen Lebensgemeinschaft bedrohten. Der Kult der Arval-Brüderschaft und der ‚privat' vollzogene Kult der *lustratio agri*[1]oder des *sacrificium ambarvale*[2] basieren auf dem gleichen Ursprung[3] und ergänzen sich somit auf ‚privater' und ‚öffentlicher' Ebene. Die Sorge um das Feld liegt in der Hand und im Interesse sowohl jedes Einzelnen als auch im Interesse des gesamten Gemeinwesens. In der Frühzeit Roms war es der *pater familias*, der für den eigenen Acker den Ritus vollzog.[4] Mit dem Zusammenwachsen der römischen Familien zu einer Staats- und Kultgemeinschaft konnte sich noch vor den anderen vier wichtigen Priesterkollegien in Rom scheinbar ohne große nachvollziehbare Institutionalisierung ein gemeinsamer Kult zur Anrufung des Mars etablieren. Die römische ‚Ackergemeinschaft' glaubte mit einer gemeinsamen Anrufung nicht nur die Götter erfolgreicher zu besänftigen, sondern konnte mit diesem gemeinsamen Kult ebenso die eigene Gemeinschaft stärken. Die Kultgemeinschaft scheint erst mit der Unterstützung des Augustus aus dem Schatten der anderen Kulte herauszutreten. Gerade weil Augustus dieser Kult eine besondere Behandlung und sogar eine Erwähnung in seinem Tatenbericht wert ist, [5] gebührt den ‚Brüdern des Romulus' und ihrem Kult gesonderte Aufmerksamkeit. Für den ersten Kaiser und Princeps war es eine weitere Möglichkeit, sich als sorgsamer Vater aller Römer darzustellen.

Die Begründung des Principats unter Augustus hatte die Monopolisierung wichtiger politischer und sakraler Ämter und Funktionen auf den Princeps mit sich gebracht. Die Position des Kaisers wurde durch eine Vielzahl von Kompetenzen und letztlich von der persönlichen *auctoritas*[6] definiert. Diese *auctoritas* des Augustus muss im Sinne einer rechtlichen und sakralen Souveränität interpretiert werden, die in allen Bereichen der römischen Kultur durch die Tugenden *virtus, clementia, iustitia* und *pietas* begründet war. Diese Macht- und Tugendfülle bildet die Summe seiner Taten, was Augustus durch die Nennung im vorletzten Teil seines Tatenberichtes unterstreicht. Diese Spitze der Macht und Tugend, in der Form der alles überstrahlenden *auctoritas,* wird aus der Sicht des Augustus selbst nur noch vom Titel des *pater patriae* überragt, [7] den er an den Schluss der Res Gestae setzt. Dieser Ehrentitel ohne Machtbefugnisse muss für Augustus seinem zentralen Verständnis der Sorge für die *res publica* am nächsten gekommen sein, denn er berührte den ersten Kaiser tief.[8]

Zudem gibt es durch die betonte Bedeutungsverstärkung bei der Verleihung des Titels als Vater des Vaterlandes einen tieferen Einblick in das Grundmuster des Herrschaftsverständnisses des Princeps. Augustus herrschte als *pater familias* über das Haus und die Flur der Römer. Augustus sah sich am Höhepunkt seiner Macht in seinem Bestreben bestätigt, Vater und Patron aller Römer zu sein. Seit Augustus wurde der Titel des *pater patriae* exklusiv dem Princeps angeboten[9] und damit ist

[1] Cato agr. 141.
[2] Serv. ecl. 3, 77.
[3] Vgl. Baudy (1998) S. 164.
[4] Cato agr. 141.
[5] Aug. RG 7.
[6] Aug. RG 34.
[7] Aug. RG 35. Er bekommt den Titel im Jahre 2 v. Chr. verliehen.
[8] Suet. Aug. 58, 1 und Cass. Dio 56, 9, 3.
[9] Zuvor hatten z. B. Sulla oder Cicero den Titel angenommen. Der Titel konnte von Kaiser auch abgelehnt werden, wie es Tiberius (Tac. ann. 2, 87; Suet. Tib. 26, 2; Cass. Dio 57, 8, 1) tat, oder Hadrian erst beim zweiten Angebot. Erst unter Pertinax 192 n. Chr. kam der Titel *pater patriae* zur obligatorischen Kaisertitulatur.

letztlich auch die Gleichsetzung des *pater patriae* mit dem *pater familias* zu verstehen. Als guter Familienvater und aufgrund seiner von niemanden übertroffene *auctoritas* und *maiestas* entspringenden *patria potestas* war der Princeps damit Beschützer der *res publica.*[1] Zu dieser Gewalt passt wiederum die Kooption in das Kollegium der Arvalbrüderschaft.[2] Damit war der vornehmste unter den Brüdern der Kaiser und somit Stellvertreter für das Reich.[3] Der Kreis schließt sich an diesen Punkt. Das Kultlied, das *carmen arvale*[4], ist uns erhalten geblieben und zeigt mit seinem alten Latein eine Entstehungszeit zum Ende des 4. Jh. v. Chr. an. Die Übersetzung von Eduard Norden[5] bringt das Kultlied in verkürzter Form[6] treffend auf den Punkt:

> *„Enos, Lases, iuuate*
> *Neue lue rue Marmar sins incurrere in pleoris*
> *satur fu fere Mars, limen sali, sta berber.*
> *Semuni alternei advocapit conctos.*
> *Enos Marmor iuuato.*
> *Triumpe."*

> *„Laren, helft uns.*
> *Mars, mögest Du nicht das Fortschreiten des Unheils zulassen.*
> *Mars, sei satt. Spring auf die Schwelle, steh dort.*
> *Die Semonen*[7] *werdet ihr im Wechselgesang herbeirufen.*
> *Mars, so hilf uns dann.*
> *Triumpe."*[8]

Die Anrufung der Laren, des Mars und der Semonen weist auf die übergreifende Bedeutung dieses Kultes hin. Die Laren[9] als Garanten des familiären Friedens, Mars[10] als übergeordnete und eine der ältesten italisch-römischen verehrten Gottheiten der Römer, die den Gott als nicht ausschließlich als Kriegsgott, sondern auch als Beschützer von Feldern und Feldfrüchten verehrten.[11] Die Semonen können als eine Art „nationale Laren"[12] oder „göttliche Potenzen"[13] zum Schutze der Saat und der Feldflur angesehen werden.Das bei Cato erhaltene Gebet zur Lustration der Äcker weist durch die Anrufung des Mars eine wichtige Gemeinsamkeit zwischen beiden Kultliedern auf.

> *„Carmen*
> *Mars pater*
> *te precor quaesoque*
> *uti sies volens propitius*
> *milii, domo familiaeque nostrae,*
> *quoius rei ergo*

[1] Siehe dazu: Cass. Dio 53, 18, 3; Sen. clem. 1, 14, 2.
[2] Aug. RG 7.
[3] Siehe Baudy (1998) S. 165.
[4] CIL 1, 2[2] Nr. 2; Scheid (1998) S. 295-296, Z. 32-38.
[5] Norden (1939) S. 227f.
[6] Die einzelnen Zeilen werden je dreimal wiederholt, die letzte fünfmal.
[7] Dies sind Götter der Saat.
[8] Siehe dazu Scheid (1998), S. 295f., sowie Henzen (1967) S. CCIV; S. 26/27, 33,
[9] Wissowa (1971), S. 166-175.
[10] Siehe Wissowa (1971), S. 141-153.
[11] Vgl. dazu Gordon (2000) s.v. Mars, in: DNP 7, Sp. 948f.
[12] Preller (1858) S. 79 und Baudy (1998) S. 169.
[13] Norden (1939) S. 204 ff.

agrum, terram fundumque meum
suovetaurilia circumagi iussi.
ut tu morbos visos invisosque,
calamitates, viduertatem vastitudinemque,
calamitates intemperiasque
prohibessis, defendas averruncesque.
Utique tu fruges, frumenta, vineta virgultaque
grandire beneque evenire sinas.
Pastores pecuaque
salva servassis
duisque bonam salutem valetudinemque
mihi, domo familiaeque nostrae.
Harunque rerum ergo
fundi, terrae agrique mei lustrandi
lustrique faciendi ergo,
sicuti dixi
macte hisce suovetaurilibus lactantibus
immolandis esto.
Mars pater, eiusdem rei ergo,
macte hisce suovetaurilibus lactantibus esto."

„Gebet
Vater Mars,
dich bitte und zu dir bete ich,
daß du wohlwollend, daß du geneigt bist,
mir, dem Hause und unsrem Gesinde.
Weswegen ich
den Acker, das Land und meinen Grund
mit den Suovetaurilia umschreiten lasse,
daß du Krankheiten, gesehene und ungesehene,
Unglück, Mißwuchs, Verödung,
Unglück, Unwetter
fernhältst, abwehrst und verscheuchst;
daß du Feldfrucht, Getreide, Weinberg und Weidicht
groß werden und gut kommen läßt.
Die Hirten und das Vieh
bewahre heil
und gib gute Gesundheit und Kraft
mir, dem Hause und unsrem Gesinde.
Um dieser Dinge willen
wegen der Sühnung des Grundes, des Landes, des Ackers
und wegen der Durchführung der Sühnung,
wie ich gesagt,
sei beschenkt mit dem Opfer dieser
Suovetaurilia, der fruchtbaren.
Vater Mars, ebenderselben Sache wegen
sei beschenkt mit diesen Suovetaurilia, den fruchtbaren."[1]

[1] Übersetzung Karl Büchner in: Kytzler (1994) S. 26f.

Das höchste und edelste Opfer bei beiden Umgängen war das Opfer der *suovetaurilia*, die Opferung von Schwein, Schaf und Stier.[1]

Das auf die Stadt transponierbare Lustrationsritual sind die *amburbia*[2]. Der Raum der Stadt wurde also ebenso wie der Raum des bestellten Ackers mittels einer *lustratio* gereinigt. Mittels der *amburbiales hostiae*[3] wurde auch bei der Stadt um den Beistand der Götter und besonders wiederum des Mars gebeten. In der Ursprungsform waren sowohl *ambarvalia* und *amburbalia* in einer Prozession vereinigt und wohl eine der wichtigsten Lustrationen der frühen Republik. Bei der Urform des Umgangs führte die Prozession zugleich um die wehrfähigen Männer Roms, die sich auf dem Marsfeld versammelt hatten. Dabei ging es bei diesem Ritus nicht nur um die Entsühnung von einer im Krieg verursachten Blutschuld, sondern gleichzeitig um die Feststellung der Wehrfähigkeit, der Herstellung eines Gemeinschaftsgefühls, der Schaffung einer gemeinsamen Identität. Dies ist einer der wichtigsten Riten mit denen der Römer sich seiner eigenen und der Identität der Anderen gewiss werden konnte.[4]

Diese folgende Inschrift der Arval-Brüderschaft aus Rom ist ein wichtiges Zeugnis zum Verhältnis der Reichsgrenzen und der Stadt Rom. Am 11. August kommt die Brüderschaft vor dem Tempel der Iuno auf dem Kapitol in Rom, um zu Opfern. Grund für das Opfer ist der Feldzug und hier im Besonderen das Verlassen des Reiches durch den Kaiser Caracalla. Die Inschrift der Acta fratres Arvales aus dem Jahre 213:

> *III id(us) Aug(ustas) in Capitolio ante cellam Iunosis reg(inae) fratres Arvales converunt quod dominus n(oster) imp(erator) sanctissim(us)*
>
> *Pius M. Aurelius Antoninus Aug(ustus) pont(ifex) max(imus) per* **limitem** *Raetiae ad hostes extirpandos barbarorum terram introiturus est (...)*[5]
>
> *Am 3. Tag vor den Iden des August (11.8.) kam die Bruderschaft der Arvalen vor dem Tempel der Iuno Regia zusammen, weil unser Herr, der heiligste, fromme Feldherr M. Aurelius Antoninus Augustus, Pontifex Maximus, über den rätischen* **limes**, *um die Feinde zu ‚entwurzeln', in die Welt der Barbaren eindrang (...)*[6]

Bemerkenswerterweise ist dies die einzige Inschrift der Fratres Arvales, die ein solches Ereignis in ihren Akten verzeichnet. Weder von Traian, Hadrian noch einem anderen Kaiser ist eine solche Aktion des Übertritts in das feindliche Gebiet so dokumentiert worden. Dabei hätte man besonders von Traian oder Markus Aurelius erwarten sollen, dass etwas Ähnliches im Rahmen der sakralen Fürsorge geopfert und vermerkt worden sei. Aber sowohl der Ausdruck ‚Limes', als auch das Verlassen des Reiches sind hier einzigartig dokumentiert.

Insgesamt verdeutlicht die Aufnahme in die „Akten" der Arval-Brüderschaft, wie ein Übergang des Kaisers aus dem Reich von einer alten römischen Kultgemeinschaft interpretiert werden konnte. Dabei werden nicht nur die Wortwahl der Inschrift, sondern der gesamte kulturelle Kontext von Inschrift, Bruderschaft und Ereignis im Zusammenhang mit der äußersten Grenze des Reiches interessant.

---

[1] Cato agr. 141.

[2] HA Aurelian 20, 3 und Festus 16, 9.

[3] Festus 5 „*amburiales hostia dicebantur, quae circum terminos urbis Romae ducebantur.*"

[4] Vgl. Assmann (1992) S. 143 „Riten sind dazu da, um das Identitätssystem der Gruppe in Gang zu halten. Sie geben den Teilnehmer Anteil am identitätsrelevanten Wissen."

[5] CIL 6, 2086. Hervorhebungen durch W. Moschek.

[6] Scheid (1998) Nr. 99, S. 284. Henzen (1874) CXCVII.

3.6 Die Münzen – Botschaften in Gold, Silber und Bronze

Ebenso wie die Epigraphik ist die Numismatik eine wichtige Hilfswissenschaft der Historiographie.[1] Das geprägte Geld hat einen besonderen historischen und kulturgeschichtlichen Wert, denn Münzen können wichtige Hinweise für die Bestätigung, Kritik und Ergänzung historischer Ereignisse und Prozesse sein. Auf Münzen konnten Botschaften verschiedenster Art zu allen Geld gebrauchenden Einwohnern des Reiches kolportiert werden. Die Portraits von Kaisern und deren Titulaturen sowie den wichtigen Personen des Kaiserhauses, Personifikationen von Göttern, Symbole und Allegorien[2] vermitteln den Menschen damals wie heute politische Botschaften.

Abbildung 12: Einer der ersten Münzemissionen seines Principats zeigt die Übergabe des Globus von Traian an Hadrian. „IMP CAESAR TRAIAN HADRIAN OPT AVG GER DAC – PARTHIC DIVI TRAIAN AVG F P M TR P COS P P" RIC 2c. Courtesy of cngcoins.com.

Mehr noch als mit Statuen und Büsten an zentralen Orten gelang es den Auftraggebern der Münzen, Inhalte und Programme ihrer Regentschaft zu einer breit gestreuten Masse zu bringen. Das Medium Münze war eines der wichtigsten Publikationsmöglichkeiten der Antike.[3] Aber nicht nur staatliche bzw. *principale* Botschaften und Ideale wurde mit den Münzen in alle Winkel der Welt gebracht, sondern jeder Mensch des Reichs wurde mit der Bildsprache und den mit den Bildern transportierten Inhalten der römischen Kultur bekannt und vertraut gemacht. Stadtbewohner, Bauern oder Soldaten an den entlegensten Enden des Imperiums hatten durch die Münzen Zugang zur Bilderwelt des Reiches.

Gerade die Entwicklung einer gemeinsamen Bild- und Symbolsprache ist ein wichtiger Faktor in der Bildung einer gemeinsamen Kultur.[4] Die Präsenz des Kaisers und seiner Botschaften war in jedem ‚Geldbeutel' der Antike zu spüren. Sowohl die Tugenden des Herrschers und des römischen Volkes als auch wichtige Ereignisse fanden Ausdruck in den Münzen. Die Mobilität der Münzen und deren Bilder konnten für einen Teil der antiken Bevölkerung eventuell sogar ihre eigene regionale Gebundenheit ergänzen und ihren Horizont erweitern und gab ihnen einen Einblick

[1] Zum Verhältnis der Numismatik zur Historiographie und deren gegenseitiger Nutzen: Jones (1979) S. 13-33.

[2] Zu diesen Begriffen in der römischen Kunst und auf Münzen grundsätzlich: Toynbee (1979) S. 205-226.

[3] Dazu kritisch Wallace-Hadrill (1986) S. 66-86 der vielmehr die praktischen Aspekte der Legalität und Charimatik einer Münze und dessen Auftraggeber in den Vordergrund hebt und damit beide Seiten der geprägtren Münze gleichermaßen betont haben will. Die Nachrichten auf den Münzen sind nach Wallace-Hadrill ein Teil des Legitimationsprozesses seines Auftragsgebers. Millar (1993) S. 230 betont, das „The most explicit symbols of a citys identity and status were on its coins" und verlagert den Fokus der Bedeutung von Münzen in der römischen Antike stärker auf den identitätsstiftenden Faktor dieses Mediums. Siehe zur Bedeutung der Münze für die Provnzen und deren Identität Howgego (2005) „Coinage and Identity in the Roman Provinces"

[4] Siehe dazu Hölscher (1987).

in die von den Verantwortlichen angestrebten oder propagierten Ziele, Ideale und Errungenschaften des römischen Reiches.

Abbildung 13: Stehende Germania auf einem Denar des Hadrian „HADRIANVS AVG COS III P P – Germania" (RIC303). Courtesy of Stephen Arnold und Wildwinds.com.

Die abgebildeten Münzen zeigen einen Wandel in der Darstellung der Motive. Waren es bei Traian die traditionellen Bilder politisch-sakraler Ereignisse und Tugenden sowie die Überlegenheit des römischen Volkes und sein Sieg über Völker, stehen bei Hadrian die Abbildungen der Provinzen[1] aufrecht da wie die Roma selbst. Diese neue Abbildung auf den Münzen stellt ganz deutlich einen Wandel im Verständnis der Provinzen und ihres Verhältnisses zum Princeps und zu Rom öffentlich dar.

Abbildung 14: Münze vom Typ der „restitutori"- Reihe, hier hilft Hadrian der knieenden Personifikation Gallia auf: „HADRIANVS AVG COS III P P – RESTITVTORI GALLIAE" RIC 324. Courtesy of cngcoins.com.

Noch nie zuvor wurden die Provinzen des Reiches und seine Bevölkerung durch Reichsprägungen so dargestellt wie unter Hadrian. Der Typus der Provinzial-Prägungen verbreitete eine Art Selbstbestätigung des Reiches durch die Teile des Reiches selbst. Aber nicht nur die symbolhaften Personifikationen der Provinzen wurden von Hadrian verbreitet, sondern auch sein Wille, als Erneuerer[2] der Provinzen zu gelten. Die Personifizierung von Provinzen oder Völkern war in der römischen gestaltenden Kunst nicht Neues. Die Münzen zeigen einerseits die Ankunft ‚adventus'[3] des Kaisers und/oder seine Rolle als ‚Restitutor', also Erneuerer der Provinz.

[1] Vgl. Smallwood (1966) S. 48, Nr. 82.

[2] Münzen (Sesterzen, Aurei und Denare) vom „restitutori-Typ" gab es von den Achaea, Africa, Arabia, Asia, Bithynia, Gallia, Hispania, Italia, Libyia, Macedonia, Nicomedia, Phrygia, Sicilia. Vgl. Toynbee (1934) S. 25-130 und Smallwood (1966) S. 49f., Nr. 84.

[3] Vgl. dazu Smallwood (1966) S. 49, Nr. 83. Toynbee (1934) S. 25ff. Diese Sesterzen gab es von den Orten Africa,

Adventus-Münzen

Sowohl einzelne Provinzen des Reiches als auch das Reich selbst, der ‚orbis terrarum' als Ganzes, symbolisiert durch eine Göttin mit Mauerkrone und Weltkugel in der Hand, sind im Münzprogramm des Hadrian zu finden.

Abbildung 15: RIC 872 "HADRIANVS AVG COS III P P – ADVENTVS AVG AFRICAE, SC"[1] *Courtesy of cngcoins.com.*

Die Münzen Hadrians spiegeln auf der anderen Seite aber auch viele traditionelle Tugenden, Eigenschaften[2] und wichtige Ereignisse, [3] die seine Verbundenheit zu den mos maiorum auch in der Münzprägung bestätigen. Münzprägungen reagierten auf politische und kulturelle Ereignisse recht schnell. Wurde doch bald nach dem Aufstieg Hadrians zum Kaiser nach nicht genau geklärter Adoption eine Münze geprägt, auf der Traian die Weltkugel an Hadrian überreicht.

Die Bildprogramme der Münzen des Hadrian spielen jedoch indirekt auf die Grenzen des Reiches an: Durch die Betonung der Innenpolitik und der einzelnen Teile des Reiches in seinen Verwaltungs- und Identitätsgemeinschaften (Städte und Provinzen) wird klar, dass es Hadrian auf eine Stärkung des Reiches von innen heraus ankommt.[4] Um diese Forcierung einer römischen, aber zumindest provinzialen Identität zu schaffen, ist es notwendig den einzelnen Gemeinschaften einen Platz und eine Bedeutung im Rahmen des ganzen Reiches zuzuordnen.

Die Aufwertung der einzelnen Glieder des Reiches durch seine Besuche in den Städten und Provinzen, die Sorge um die Truppen und das Volk von Rom[5] bestätigt die Verneinung einer Expansionspolitik. Die Stärkung des Reiches wird durch eine Stärkung der Regionen herbeigeführt und dadurch wird ein Gefühl der Sicherheit nach langen Kriegsjahren erzeugt. Diesen Wandel vom Extrem der Expansion unter Traian hin zu dem auf das Innere des Reiches konzentrierten Hadrian kann in seiner Münzprägung abgelesen werden. Der Aufbruch in eine neue Gründungszeit Roms kann mit der Prägung der „ROMULO CONDITORI" Denare[6] verbunden werden.

Alexandria, Arabia, Asia, Bithynia, Britannia, Cicilia, Gallia, Hispania, Italia, Judäa, Macedonia, Mauretania, Moesia, Noricum, Phrygia, Sicilia, Thrakia und als Denar oder Aureus ohne das SC für Africa, Alexandria, Hispania und Italia.

[1] Vgl. dazu Toynbee (1934) S. 33-38.

[2] Weitere auf den Münzen Hadrians verbreitete Tugenden: *pietas, clementia, iustitia.* Diese Tugenden waren auch schon Kaisern zuvor verbreitet worden.

[3] Die Darstellungen auf den Münzen geben ein zeitliche nahes Bild von den historischen Ereignissen, wie der Adoption von Traian (RIC 2 und 3c) oder der Versöhnung mit dem Senat, erkennbar an den Prägungen von PAX, IUSTITIA, CONCORDIA auf den ersten Münzen Hadrians.

[4] Dazu Bellen (1998) S. 156ff.

[5] Dazu mehr im Kapitel 6.3 zu Hadrian und Rom.

[6] RIC 266.

Abbildung 16: Denar des Hadrian: „IMP CAESAR TRAIANVS HADRIANVS AVG P M TR P COS III, RESTITVTORI ORBIS TERRARVM S-C". RIC 594a. Courtesy of WCNC Ancient Coins.

Die Absichten, die Hadrian dazu bewegten, neben den üblichen securitas-Münzen, als erster Geld mit den Zielen der hilaritas[1] (Freude) und tranquillitas[2] (Stille/Friede) prägen zu lassen, [3] zeugen davon, dass Hadrian diese Aussagen für das Reich als erreicht, bzw. als anstrebenswert sah. Die Prägung der „TELLUS STABIL(ITAS)"-Münzen[4] kann als End- und Höhepunkt von Hadrians Herrschaftszielen interpretiert werden, da hier Wohlstand, Sicherheit und Friede unterschwellig als „conditio sine qua non" eines stabilen prosperiernden Weltkreises propagiert werden.

Abbildung 17: Denar des Hadrian: „HADRIANVS AVG COS III P P – TELLUS STABIL" Tellus hält einen Pflug und Rechen, rechts wächst Getreide. RIC 276. Courtesy of widwinds.com.

Die Aussagen der Münzen, sowohl die von Hadrian, als auch die anderer römischer Kaiser, lassen jedoch keinen direkten Hinweis auf das Verständnis oder die Bezeichnung der Grenzen des Imperium Romanum finden. Dennoch scheinen besonders die Münzemissionen des Hadrian auf eine Veränderung im Innern des Reiches bezüglich des Verständnisses der Provinzen – verdeutlicht an den Abbildungen der Provinzen – hinzuweisen. Setzt man folglich die Ideale und Aussagen der vorgestellten Münzserien Hadrians mit einem Ziel der Einigung des Reiches[5] in Verbindung und sucht diese über die Ebene der möglichst weit gestreuten ‚Werbung', bekommen die Münzen eine besondere Bedeutung. Diese Bedeutung der inneren Suche nach Einigung und Gemeinsamkeiten, scheint für Hadrian ein wichtiges Detail zum Ver-

[1] Z.B. RIC 970.

[2] RIC 222, 223.

[3] Vgl. dazu Kneppie (1994) S. 276. Auch Strack (1933).

[4] BMC 332f., 737. Vgl. dazu Bellen (1997) S. 147; Toynbee (1934) S. 140-143.

[5] Vgl. dazu Thornton (1975) S. 433f.

ständnis der Bedingungen für eine ‚Wir-Gemeinschaft' des Imperium Romanum gewesen zu sein. Zwar wurden diese Ideale und Botschaften so und ähnlich schon von anderen Kaisern in Umlauf gebracht, jedoch bringen die hadrianischen Prägungen von Münzen, welche die Ränder des Reiches bewusst in das Reich inkorporieren, eine neue Qualität, besonders im Kontext Hadrians weiterer Bemühungen um die Provinzen und deren Außengrenzen.

3.7 Die architektonischen und archäologischen Zeugnisse

Die auffälligsten Zeugnisse der römischen Herrschaft finden sich überall auf den Gebieten des römischen Reiches in Form von Überresten von Villen, Straßen, Städten, Mauern und Kastellen. Im Einzelnen wie auch in ihrer Gesamtheit fassen diese ausgegrabenen Zeugnisse auf weitere Art die Struktur des Denkens in römischer Zeit zusammen. Vom Bauschmuck einer *villa rustica* in der Provinz Britannia, von der Bemalung der Kastelle am Odenwaldlimes, von der Ausstattung der Marktplätze griechischer Städte bis hin zu den Amphitheatern in der Provinz Numidia, sprechen diese Bauten eine Bildsprache, die von den Menschen der römischen Welt verstanden und gebraucht wurde.

Die Versuche, auch in der Provinz im Bauschmuck oder in der Ausstattung der Gebäude die Vorbilder aus der Stadt Rom oder den Städten des griechischen Osten nachzuahmen, zeigt, woher die Hauptströme der Kultur kamen. Aber auch die reine Existenz dieser Bauwerke und ihre steigende Verbreitung im Laufe der Jahrzehnte der Kaiserzeit bis in die entlegensten Winkel des Reiches müssen in die Interpretation einfließen.

Im Sammelbecken der römischen Kultur vereinigten sich über Jahrhunderte verschiedene Traditionslinien von Religion, Kunst und Kultur. Zweifelsohne gab es eine Unmenge von lokalen Variationen und Eigenarten in der architektonischen Gestaltung, aber wie auch schon bei den Münzen basieren alle auf einem gemeinsamen kulturellem Entwicklungsstrang, in dem die regionalen Strömungen eingeflochten wurden. Die Integration von lokalen und überregionalen Kulten findet ihren Niederschlag z. B. im Bau von Tempeln für Mithras, Isis oder Iuppiter Dolchineus. Protagonist in diesem Entwicklungsgang war im ersten und zweiten Jahrhundert die römische Kultur, [1] die in der Kultur der Oberschichten der römischen Gesellschaft ihren Ausdruck fand und an deren eindeutiger Spitze der Princeps stand.

Archäologisch ist eindeutig nachzuvollziehen, wie nicht nur die lokalen Eliten in den Provinzstädten, besonders im Westen und Norden des Reiches, versuchten, rechtlich und sozialpolitisch ein Teil der römischen Gesellschaft zu werden.[2]

Das Wechselspiel von Romanisierung und Romanisation lässt sich an Bauwerken wie Thermen, Häusern und Villen erkennen. Nicht nur die Eliten strebten nach den Errungenschaften der römischen Kultur und Technik, sondern ebenso die einfachen Soldaten, die an den Enden des Römerreiches ihren Dienst leisteten. Dennoch war die Vermischung der Kulturen ein integraler Bestandteil der römischen Herrschaft.

---

[1] Fragen nach der politischen Dominanz von Senat oder Princeps, spielen hier keine Rolle.

[2] Siehe dazu Woolf (1998) für das Beispiel Gallien.

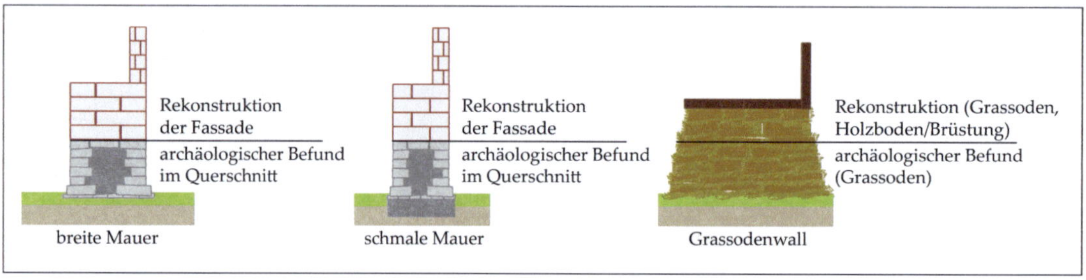

Abbildung 18: Links: Querschnitte durch die verschiedenen Bauabschnitte der ersten Bauphase des Hadrianswalles (schematische Darstellung, nicht maßstabsgetreu), Grafik: Moschek/Stein.

Wenn der Kaiser für das Volk baut, [1] dann baut er nicht nur für das Volk der Stadt Rom. Die Macht der Bilder[2] und Bauwerke machte folglich nicht an den Toren Roms halt, sondern verbreitete sich mit der römischen Kultur bis an die Grenzen des Reiches und war ein wichtiger Bestandteil der Herrschaft. Innerhalb einer solchen römischen Kultur des Präsentierens von Macht in Bauwerken war die Wirkung und die beabsichtigte Rezeption der damit verbundenen Inhalte von Bauwerken ein fester Bestandteil des Bauprogramms.

Abbildung 19: Rekonstruierter Teil der Mauer beim Kastell Segedunum am östlichen Ende des Hadrianswalls bei Wallsend – Newcastle. Links die Originalfundamente der Mauer. Aufnahme W. Moschek.

In der Folge muss die Aussage einer 80 Meilen langen, zum Teil fast fünf Meter hohen und weiß getünchten Mauer in Britannien oder eine Palisade aus über drei Meter langen Eichenpfählen entlang langer Strecken in Obergermanien unter Hadrians Herrschaft auf ihre beabsichtige Wirkung als monumentales Bauwerk hinterfragt werden. Bei der Interpretation von Palisaden, Mauern, Gräben und Wällen sollte man diese

[1] Zanker (1988) Der Kaiser baut fürs Volk.

[2] Zanker (1987) S. 294-332, zeigt deutlich wie tief und breit die Bildsprache in die römische Gesellschaft eindringt. Zum Verständnis der römischen Bildsprache und deren Semantik grundlegend: Hölscher (1987).

Sperrwerke in Zusammenhang mit den Vorgängerbauwerken und -strukturen setzen. Diese sollen hier kurz in einzelne Phasen gefasst werden.

Die Zeit der Republik und der Bürgermilizheere kannte keine festen militärischen Installationen an den Grenzen der *res publica*. Erst mit den stehenden Heer der Kaiserzeit kamen die festen Legionslager oder andere kleinere Kastelle auch für die neuen Auxiliarverbände, zumeist in neuen oder noch gefährdeten Grenzprovinzen, hinzu. An den Grenzflüssen von Rhein und Donau werden neben den Kastellen auch Wachttürme zur Überwachung von Feindbewegungen erbaut. Auch entlang der Straßen, die das noch nicht völlig befriedete Land strukturierten oder den Waldschneisen werden solche befestigten Lager oder einzelne Türme[1] gebaut. Eine solche Struktur wie die der sogenannten „Gask-Rigde"[2] in Schottland spiegelt diese Situation in umkämpften, bzw. noch nicht ganz befriedeten Britannia zwischen den Jahren 70–80 n. Chr. wieder.

Ähnlich mag die Situation und die Struktur zur Zeit der augusteischen-tiberischen Feldzüge in Germanien auch ausgesehen haben. Die einzelnen Lager entlang der Schneisen – *limites* – die als Kontroll-, Struktur und Aufmarschwege für das römische Heer dienen, sind zwischen Rhein und Elbe zu finden.

3.8 Phasen des reichsweiten Limesaubaus

Diese Struktur und das Verfahren, mit Hilfe dieser Schneisen, Wege, Lager und Kastelle das zu erobernde Land grundlegend zu erfassen und damit auch militärisch zu kontrollieren (Phase 1) fand auch noch in den Germanenfeldzügen des Domitian Anwendung, wie Frontin berichtet.[3] Besonders in den ersten Monaten und Jahren eines Krieges bzw. Feldzuges ist diese Art der römischen Raumbeherrschung und Raumstrukturierung ein sehr dynamischer Prozess.[4] Dies lag oft an den mangelnden geographischen Kenntnissen des Feindesgebietes und ebenso an den meist im Vorfeld nicht genau planbaren Dimensionen der Eroberung.[5] Manche der Schneisen wurden weiter benutzt, mache wucherten wieder zu[6] (Phase 1). In den Folgejahren wurden die Lager, Wege, Straßen und Verbindungsschneisen sowohl zwischen den in der Peripherie liegenden Kastellen und Schanzen als auch mit den im Hinterland positionierten Kastellen und Siedlungen verbunden. Diese Wege durch zumeist nicht völlig befriedetetes Land, konnten – ebenso wie an Wege und Flüsse an den Grenzen zu nicht eroberten Gebieten – durch Wachttürme und kleinere Lager und Schanzen überwacht und zumindest teilweise gesichert werden (Phase 2). Diese Türme überwachten die Bewegungen auf diesen Schneisen und konnten in ihrem Überwachungsabschnitt in kurzer Zeit auf kleinere räuberische Gruppen reagieren; sowohl mit der Meldung an weitere Einheiten in der Umgebung als auch an Einheiten im Hinterland.[7]

---

[1] Vgl. Stat. 4, 96.

[2] Vgl. Wooliscroft/Hoffmann (2006) und Wooliscroft (2005) S. 230 f.

[3] Frontin. strat. 1, 3, 10 und 2, 11, 7.

[4] Für diese Prozesshaftigkeit der Eroberung in Germania magna zwischen Rhein und Elbe siehe Johne (2006) S. 18.

[5] Das Beispiel ist für Caesars Feldzüge in Gallien sehr gut nachvollziehbar. Vgl. dazu Bertrand (1996).

[6] Vgl. dazu Vell. 2, 120: „(...) *penetrat interius, aperit limites, vastat agros* (...)" der sich hier eventuell auf diese lange Zeit nicht mehr genutzten *limites* voriger Feldzüge bezieht.

[7] Vgl. Baatz (2007) S. 15ff.

In bestimmten Regionen des Reiches, in denen die Bevölkerungsdichte und damit eine bestimmte „Herrschaftsdichte" nicht vorhanden war, wie also z. B. in Nordafrika oder im Nahen Osten, war die Kontrolle dieser Gebiete durch eine lockere Posten oder Kastellkette völlig ausreichend und effizient und verblieb in Phase 2. Ohne eine Veränderung der Herrschafts- oder Bevölkerungsstrukturen in diesen Gegenden konnte sich die Phase des Ausbaus bis zum Ende des Imperium Romanum halten.

Erst nachdem die jeweiligen Feldzüge beendet wurden und die Schneisen zwischen den am weitesten vorgeschobenen Kastellen und Schanzen auf längere Zeit nicht verschoben werden würden, kamen auch an den *limites* entlang des äußersten militärischen Einflussbereiches Roms erste steinerne Wachttürme und in hadrianischer Zeit auch lineare Strukturen wie Palisaden oder Flechtwerkzäune hinzu (Phase 3a). Die Soldaten waren in dieser Phase zumeist in Holz-Erde-Kastellen untergebracht. In Britannien kamen Mauern und Gräben zu den steineren Wachttürmen hinzu. (Phase 3b). Nachdem Holzpalisaden und Flechtwerkzäune verrottet waren, oder der Verlauf des Limes verändert wurde (wie am vorderen Odenwaldlimes) wurden sie durch Steintürme hinter Palisaden und später Wall und Graben (Phase 4a/b) oder wie in Raetien durch eine Steinmauer ersetzt (wie Phase 3b). Trotz dieser archäologisch belegten Phasen und Ausbaustufen des Limes bleiben viele Fragen unbeantwortet: Welche Aussage machte sie den Männern der römischen Armee gegenüber? War es allein die des geraden Walles (*rigore valli*), wie auf dem oben erwähnten ‚Moorland Cup' verzeichnet? Welche Aussage hatte diese Grenze für die zivile Bevölkerung im Grenzland auf beiden Seiten?

Die regionale und lokale Ausführung des Auftrages als eine Mauer oder Palisade zeigt, dass keine Normen bzgl. Größe oder exakter Bauausführung vom Kaiser vorhanden waren.[1] Es gibt mehrere Abschnitte der Palisade im Taunus und Odenwald, die ein interessantes Bild auf die Aussage werfen, wie sie die ausführenden Soldaten verstanden. Die nur 120 Meter lange Mauer aus lokalem Buntsandstein ist nur auf der dem Reich zugewandten Seite fein bearbeitet.[2] Die andere Seite ist nur grob zugehauen und weitaus unansehnlicher. Die Soldaten machten sich nicht die Mühe beide Seiten zu bearbeiten, da es ihnen nur auf die ‚Innenseite' der Mauer ankam. Hier zeigt sich, was die Palisade nicht zu zeigen vermag: Das Bauwerk Limes wurde mit einer ins Reich gerichteten Aussage erbaut – für die Soldaten, die ihn erbauten, an ihm Dienst taten und davon berichten konnten. Bestärkt wird diese Aussage durch die Sichtbarkeit der Türme, Palisaden und Mauern, gerade auch in Britannien, auf den dem Reich zugewandten Hängen.[3] Diese Lage hatte z. T. einen deutlichen taktischen und strategischen Nachteil, der durch die Verlegung um nur wenige Meter hätte vermieden werden können. Auf einer Kuppe, dem Höhenzug oder unterhalb davon in Richtung des feindlichen Gebietes, wäre die Verteidigung der Sperranlage viel leichter gewesen.

Die topographische Lage des Limes in zum Teil ungünstigen Gelände, vom Feindesland nahezu nicht zu erreichenden Gegenden ist aufgrund des fehlenden Druckes von außerhalb oder Zeitmangels nicht zu erklären. Trotz der vielen Jahrzehnte zwischen der ersten Anlage der Waldschneisen und Türme halten sich die Veränderung der Limeslinie in Grenzen und wurden nur an wenigen Stellen, z. B. in Taunus zwi-

---

[1] Einen sehr ausführlichen Katalog der Grenzanlagen des römischen Reiches hat Napoli (1997) zusammengetragen.
[2] Vgl. Schallmayer (1984) S. 100.
[3] Vgl. dazu Woolisçroft (2005) S. 139, Abb. 70a zur Sicht- und Lagesituation bei WP 4/64 bei Arnsburg in der Wetterau.

schen WP und in der östlichen Wetterau, nördlich von Hanau, zumeist in traianischer Zeit nachgebessert und optimiert.

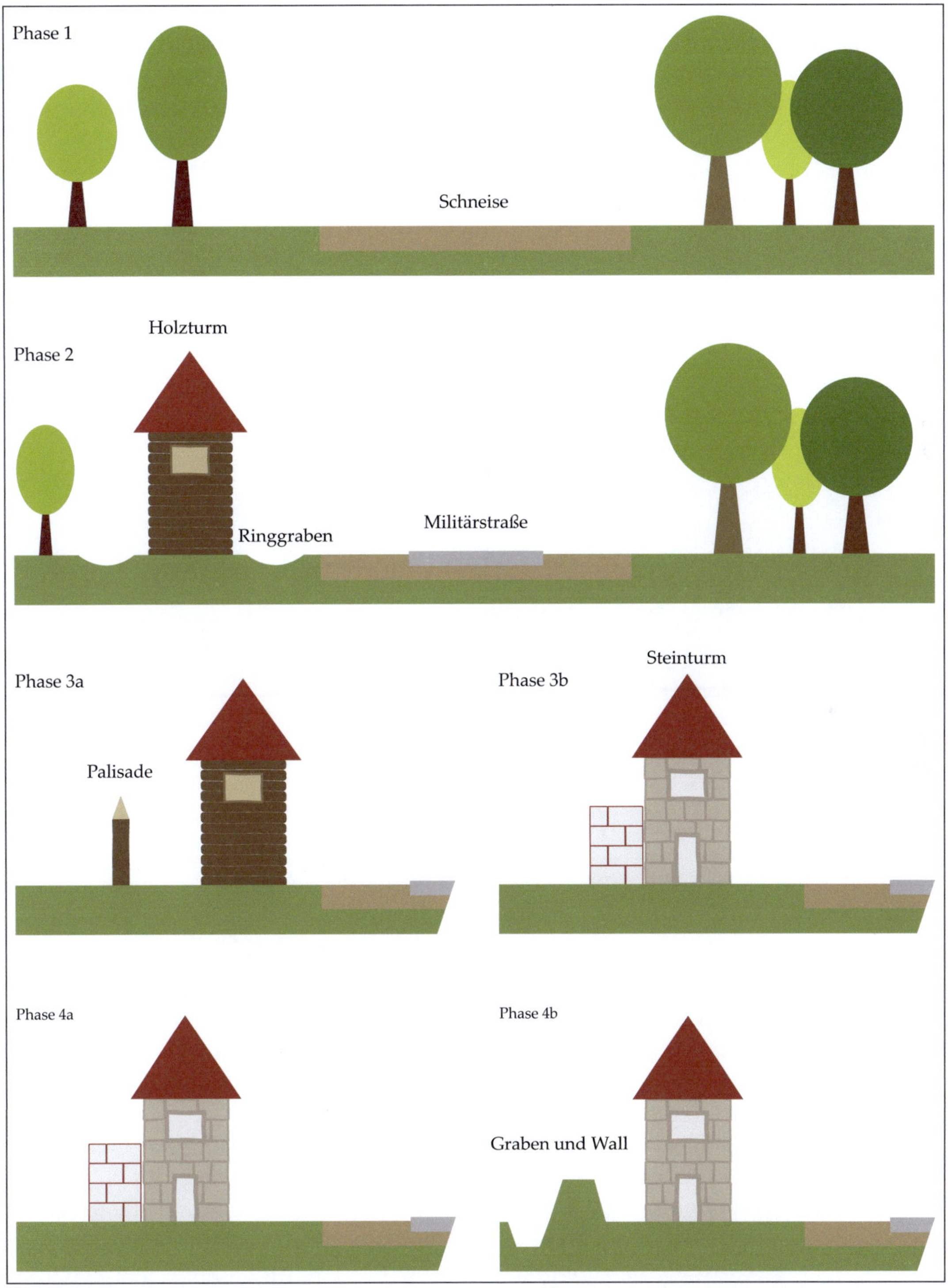

Abbildung 20: Schematische Skizze der Phasen 1-4 des Ausbaus des Limes in unterschiedlichen Stufen in verschiedenen Regionen des Reiches (nicht maßstabsgetreu), Grafik: Moschek/Stein.

Jedoch ist aufgrund des als unabdingbar angesehenen Faktors der Sichtbarkeit von innen auf einen vermeintlichen militärischen Vorteil verzichtet worden.[1] Der Limes wurde also mehr für das Reich gebaut und nicht gegen etwas, was von Außen kommt. Darauf weist die schon erwähnte Inschrift aus Jarrow[2] hin, die mehr den erfolgreichen Abschluss des Reiches vom Gebieten des Barbarischen betont. Weithin ist die Dimension dieser linearen Bauwerke in Germanien und Britannien zu beachten – ebenso wie die Dauer ihrer Existenz von den 120er Jahren bis in die Mitte des 3. Jahrhunderts nach Christus.

Dass es bei der Anlage des Limes nicht auf topographische Gunstlagen ankam, lässt sich aus der fast 80 Kilometer langen, nahezu schnurgraden Anlage des vorderen Odenwaldlimes zwischen Schlossau und Lorsch lesen. Hier wurde das Gelände zugunsten eines „*rigor valli*" ignoriert.

Abbildung 21: Mauer des Odenwaldlimes zwischen Kleinkastell Zwing und Wachtturm 10/34 südlich von Hesselbach. Links die dem Römischen Reich zugewandte Seite, Rechts die „Außenseite" mit nur grob behauener Oberfläche. Rekonstruktion aus Originalfundstücken von E. Schallmayer. (Privataufnahme P. Behr)

3.9 Zusammenfassung der Spurensuche in den Quellen

Von Tacitus bis zur Historia Augusta finden sich eindeutige Hinweise auf die Außengrenze des römischen Reiches und wie diese von den antiken Autoren bezeichnet wurde. Die Terminologie von Tacitus und Frontin ist eindeutig. Lässt man sich von der Bezeichnung der Außengrenze als Limes mit den bisherigen Übersetzungen und Interpretationen als Grenzwall nicht irritieren und sucht nach dem eigentlichen Verständnis der Römer dieser Grenze, kommt man bei der Durchsicht der Quellen zu einem interessanten Ergebnis. Die Bauwerke, die wir mit dem Limes im 2. Jahrhundert identifizieren können – Mauer und Palisade – spiegeln eine sakrale Begrenzung des Raumes wieder. Wie schon Ovid den Gott Terminus[3] als Stein oder als Pfahl beschrieb, ist er nach Frontin in seiner Bestimmung der Ackerqualitäten Grundlage für

[1] Das sowohl Hadrianswall und der ORL nur einen sehr geringen militärischen taktischen Wert hatten, zeigte Dobson (1987) S. 478ff.

[2] AE 1947, 123; CIL 7, 498, RIB 1051= HD 019553.

[3] Ov. fast. 2, 648.

alle Formen des Handelns im römischen Reich. Ohne eine sakrale Absicherung zu ihren Göttern war den Römern aus ihrem Selbstverständnis heraus kein rechtes und von den Göttern gebilligtes Handeln in Raum und Zeit möglich. Das Verständnis der Grenzen der Römer zu Fremden, Feinden und dem Unbekanntem, das vom Raum der eigenen Götter bestimmt wird, fällt in den immens wichtigen Bereich des Sakralen in der römischen Welt. Sicherheit und Bestand des Reiches können nur mittels der von den Göttern gebilligten und beschützen Grenze garantiert werden. Die *deditio*, erhalten durch die Erwähnung in Livius' Römischer Geschichte, [1] betont die Wertigkeit der räumlichen Grenzziehung für die römische Kultur. Die *termini imperii* gehören elementar zur Konstitution des römischen Reiches und zugleich in einen Bereich der römischen Kultur, der so selbstverständlich war, [2] dass er in den Quellen kaum gesondert hervorgehoben wurde. Ein weiterer Grund für das Fehlen ausführlicher schriftlicher Quellen zur Grenzziehung mag die sakrale Bedeutung dieser Handlung und des Objekts Grenze selbst sein, die das Wissen um die Funktionen und tiefgründige Kraft in ‚gemeinschaftlichen Alltagswissen' konservierte und transportierte. Ein weiterer Grund für das Schweigen der Quellen zu den festen Außengrenzen ist die Fokussierung auf traditionelle Werte der römischen Gesellschaft und besonders deren schreibender Oberschicht zu sehen. Es gehörte nicht zu den berichtenswerten Eigenschaften eines Feldherren oder Kaisers, dass er anstatt das Reich zu vergrößern, wie es Traian tat, im Gegenteil dem römischen Sendungsbewusstsein einen deutlichen Riegel vorgeschoben hatte. Die Zeitzeugen des 2. Jahrhunderts sahen in der Mauer oder der Palisade eine Art sakrales Markzeichen des Kulturunterschiedes zwischen Römern und Barbaren, das sich hier in einem gewaltigen Bauwerk manifestierte.

Um also zu verstehen, welchen elementaren Stellenwert sakrale Grenzen und damit auch die letzten Grenzen – die *‚termini imperii'* – für die römische Kultur hatten und warum sie damit scheinbar ein religiöses Grundbedürfnis der römischen Gesellschaft ansprachen, soll im folgenden Schritt die Entwicklung des römischen Verhältnis zu Raumgrenzen in seinen unterschiedlichen Dimensionen des Raumes erarbeitet werden. Zuvor soll jedoch der methodische Zugang erörtert werden, der klar machen soll, unter welchen Bedingungen die vorhandenen Quellen in einem anderen Licht betrachtet und bewertet werden können.

[1] Liv. 1, 38, 1-2.

[2] Siehe dazu Rüpke (2001) S. 11-45.

4 Methoden und Begriffe: Neue und alte Wege zu Grenzen

„Borders? I have never seen one.
But I have heard they exist in the minds of some people."

Thor Heyerdahl[1]

Die Frage, die aus den Überlegungen des vorhergehenden Kapitels resultiert, heißt nun: Wie geht ein Historiker mit einem Objekt um, welches in den schriftlichen Quellen seiner Zeit nicht direkt benannt oder überhaupt nur beachtet wird? Oder: Die Suche nach Methoden, um eine Grenze zu analysieren und zu erklären, die kaum literarisch belegt ist.

4.1 Methoden und Wege

Einem der längsten Bauwerke der Menschheit brachten seine Zeitgenossen in ihren schriftlichen Äußerungen eine überraschende ‚Ignoranz' entgegen. Dieses Fehlen in den literarischen und epigraphischen Quellen macht es Archäologen und Historikern schwer, ohne von den Forschungstrends ihrer Zeit beeinflusst zu sein, an das historische Objekt Limes heranzutreten. Neben dem Umstand der schwierigen Quellenlage gibt es noch keine umfassende kulturgeschichtliche Betrachtung des Limes. Aus diesen Feststellungen ergeben sich zwei Fragen: Wie kann man den Limes methodisch korrekt, aber mit den altbekannten Quellen, neu interpretieren, ohne sich zu sehr in anachronistische Sichtweisen zu verstricken? Und zweitens: Wie lässt sich der Limes als Grenze, als Element der Raumstrukturierung, mit anderen Grenzen, sei es der antiken Welt oder späterer Zeiten, vergleichen bzw. als Teil einer Kultur einordnen? Würde ein solcher Vergleich zur Klärung der Fragen nach der Bedeutung des Limes für die Römer weiterhelfen?

Es stellt sich also die methodische Frage, wie das Objekt Limes historisch zu bearbeiten ist; ein Objekt, das im Gelände vorhanden, sichtbar und daher für Menschen im direkten Umfeld bekannt war, jedoch nicht in zeitgenössischen Schriftquellen erwähnt wurde. Das Fehlen aussagekräftiger literarischer und epigraphischer Quellen zu jener Grenze des Imperiums, die aus unserer Sicht die bedeutende Außengrenze des gesamten Reiches darstellte, könnte an einem Desinteresse der Beteiligten liegen oder an fehlender Gewohnheit, [2] die Bautätigkeit der Soldaten am Limes unmittelbar schriftlich zu kommentieren und damit zu dokumentieren. Es könnte ebenso ein Zufall der Quellenüberlieferung sein, dass uns die entsprechenden Aussagen nicht erhalten[3] oder der Forschung nicht bekannt geworden sind. Würde sich die archäologische und historische Forschung nur an den eindeutig den Bauwerken des Limes zuzuweisenden Funktionen orientieren, würde man über die Deutung als militärisches Bauwerk kaum hinauskommen. So befassten sich die Limeskongresse bis in die

[1] Quelle: http://www.heyerdahl-institute.no/media/Programnov07.pdf. Abgerufen 03.08.2010.
[2] Zum „epigraphical habit" siehe McMullen (1982) S. 223-246; und Mayer (1990) S. 74-96.
[3] Was mag wohl in der verloren gegangenen Autobiographie des Hadrian zum Bau von Palisade und Mauer gestanden haben? Zu den Hypomnemata des Hadrian siehe FGrHist 257 T 5, FHG III 585.

1990er Jahre in erster Linie mit dem römischen Militär und der Weiterführung der archäologischen Bestandsaufnahme.[1] Klar ist: Die Palisaden wurden vom römischen Militär geplant, vermessen und gebaut;[2] Mauern und Gräben wurden von Tausenden von Legionären und Auxilia bewacht, die Wachttürme dienten offensichtlich der geschützten Überwachung dieser Linie. Die Bauwerke entstanden in mit größeren militärischen Einheiten bestückten Provinzen, die allesamt an Gebiete grenzten, die kein Teil des römischen Reiches waren und in denen Volksgruppen lebten, die zum größten Teil mit Rom in kriegerische Handlungen verwickelt waren, oder die nahezu menschenleer waren.[3] Aus dieser Perspektive wäre eine größere historische Untersuchung und Erörterung nach jetzt fast 150 Jahren wissenschaftlicher Limesforschung lediglich eine marginale Ergänzung zu militärischen Einzelfragen.

Um aus der Aporie von fehlenden eindeutigen Quellen und neuzeitlicher, zeitgenössischer historischer Interpretation des Limes heraustreten zu können, bedarf es zweifelsohne eines Neuansatzes in Form eines interdisziplinären Zugriffs. Psychologie, Philosophie, Soziologie und Geographie[4] haben durch ihre vielfältigen methodischen Angebote, die sich zum Teil nah an historischen Fragestellungen entwickelten, das Potential, die bisherigen Ergebnisse der historischen Forschung in einen grundsätzlicheren und umfassenderen Lösungsansatz der Frage nach der Funktion des Limes zu integrieren. Aufgabe hierbei ist es, die historische Frage zur Funktion des Limes nach ihren Komponenten aus den Nachbarwissenschaften zu analysieren und daraus eine Neudeutung unter einer kulturgeschichtlichen Fragestellung zu versuchen. Eine solche Kulturgeschichte ergibt jedoch nur dann eine kohärente Interpretation, wenn sie mehr ist als die einfache Summe ihrer einzelnen Komponenten. Der Limes ist als Grenze ein sehr komplexes Objekt, dessen Funktionen bisher nach seinen einzelnen Komponenten aufgespalten wurden und untereinander bewertet wurden. Der Limes ist jedoch als Gesamtobjekt zu interpretieren, um herausfinden zu können welche kulturellen Basismuster zum Bau des Limes führten. Daraus lassen sich dann wiederum Grundfunktionen und Reaktionen im kulturellen Habitus interpretieren. Ohne einen interdisziplinären Ansatz, der die oben genannten Einflüsse und Methoden nicht von vornherein ausschließt, lässt sich ein solches Ergebnis nicht erzielen.

Versucht man den Limes als Phänomen unmittelbar zu erfassen, ergeben sich folgende Ansatzpunkte für die Untersuchung:

1. Der Limes ist ein Objekt in (a) Raum und (b) Zeit.

Zu (a): Als Objekt im Raum ist der Limes nach den Axiomen der Geographie[5] ein Objekt, das durch seine Örtlichkeit mit anderen Orten in Beziehung steht und ebenso durch vergesellschaftete Wechselbeziehungen mit diesen verknüpft ist; der Zusammenhang zwischen Gesellschaft und Objekt besteht nicht ausschließlich in räumlichen Koinzidenzen, diese sind jedoch ein erstes Merkmal.

[1] Vgl. Elton (1998) S. 3.

[2] Nur diese verfügten in der Antike über das entsprechende Wissen und die Mittel, eine solche technische Leistung zu vollbringen.

[3] Wie große Teile im Südwesten Deutschlands vor dem Limes (Siehe Karte Steidl (2007) S. 36) oder in Nordafrika und im Nahen Osten entlang der 200mm Niederschlagsisohypse.

[4] Siehe dazu den Aufruf von G. Alföldy im Eröffnungsvortrag zum 19. Limeskongress in Pécs (2005) S. 25ff.

[5] Wirth (1979) S. 282.

Und (b): Als Objekt aus Menschenhand ist der Limes ohne Zweifel ein Untersuchungsgegenstand, dem mit einer historischen Fragestellung zu begegnen ist. Die Größe und die Bauweisen des Limes erfordern unter anderem langwierige Planungen und Organisation, technische Fähigkeiten und den konkreten Willen der Erbauer, ein Bauwerk dieser Art zu schaffen.

Vor allem aus letzteren folgt, dass der Limes ein Kulturprodukt ist; er war konkreter Ausdruck bewusster Entscheidungen und Handlungen einer Gesellschaft.

2. Der Limes ist durch seine räumliche Ausdehnung, die sich weit über den von einem Punkt aus sichtbaren Horizont[1] erstreckt, Teil einer vom Menschen nicht direkt erfassbaren Raumausdehnung.

Räume verschiedener geographischer Ausdehnung unterscheiden sich in ihrer Rezeption voneinander und lassen sich durch drei Modi der nichtkartographischen Raumerfassung kategorisieren. Im Großraum werden *landmarks*, im Mittelraum *routes* und im Kleinraum *surveys* verwendet, um den Raum zu erfassen und sich darin zu orientieren.[2] Versucht man den Limes in eine dieser Kategorien zu fassen, stellt sich heraus, dass er als Gesamtobjekt in den Großraum gehört, jedoch mittel- und kleinräumliche Komponenten trägt, da er nicht als Abstraktum „Raum" anzusehen ist, sondern als ein Raumelement, als eine Linie, die sich einer Straße oder einem Fluss gleich durch die verschiedenen Raumebenen erstreckt.

Der Limes ist ein Verbindungselement im Raum, das sich sowohl topographisch als konkretes Objekt sehen und erfassen lässt, als auch zugleich Teil und Verbindung zu einem abstrakteren, nicht vollständig vorstellbaren anderen Objekt in Raum und Zeit ist, nämlich dem Römischen Reich. Dies macht den Limes zu einem Produkt der Raumstrukturierung und einem Artefakt[3].

3. Der Limes ist eine Grenze.

Das Objekt Limes ist nicht nur ein Element der Raumstrukturierung, sondern es liegt offensichtlich am Rand eines bekannten Gebietes und markiert oft den räumlich letzten zugehörigen Teil dieses Gebietes; der Limes definiert sich damit als eine Grenze. Der Limes erfüllt aus dieser ersten oberflächlichen Sicht alle Anforderungen, die an eine grundsätzliche Definition des Begriffs „Grenze" gestellt werden: Er trennt zwei Bereiche (Räume) voneinander[4] und an einer Grenze beginnt etwas anders. Zu beachten ist hierbei, dass der Begriff Limes ein Begriff aus dem 19. Jh. ist, der dem Objekt, das wir heute als Limes bezeichnen, mangels Quellenüberlieferung zugewiesen wurde. Der lateinische Begriff *limes* lässt sich nicht vor dem 3. Jh. mit der Außenzone des Römischen Reiches in Verbindung bringen.[5]

Daraus ergibt sich die Frage, was der Limes voneinander trennt. Zwei Staaten werden nicht voneinander getrennt, zumindest nicht an den allermeisten Teilen der römischen Außengrenze zur Zeit des Baus von Palisade und Mauer. Einzige Ausnahme war die Grenze zum Partherreich, deren Verlauf per Vertrag am Euphrat festgelegt wurde. Bei allen anderen Grenzabschnitten fand sich auf der anderen Seite keine Ge-

[1] Der sichtbare Horizont liegt in einer „Ebene" ohne Hindernisse bei ca. max. 20 Kilometer Entfernung.
[2] Siehe dazu ausführlich Brodersen (2003) S. 49-69. Dazu mehr später in diesem Kapitel.
[3] Siehe zur Bedeutung eines Artefakts: Posner (1991) S. 44.
[4] Brockhaus (2002), s.v. Grenze.
[5] Dazu ausführlich mehr im Kapitel 3 zu den Quellen.

meinschaft, die so organisiert gewesen wäre, dass sie als Staat oder Gemeinschaft mit gemeinsamer, das Territorium betreffender Interessenvertretung dem Römischen Reich gegenüber getreten wäre.

4. Die Grenze Limes hatte eine Funktion.

Die Funktion einer Grenze ergibt sich aus vielerlei Komponenten ihrer Entstehung, Gestalt und Veränderung. Als sicher anzunehmen ist, dass der Limes als Artefakt für einen bestimmten Zweck steht und sich damit als Instrument definiert.[1] Die Funktion des Instruments Grenze/Limes kann zuerst durch die formulierte Absicht der Abtrennung in Sprache und Schrift erfolgen und findet zusammen mit den technischen und materiellen Möglichkeiten ihre konkrete Gestaltung in den Bauwerken selbst. Um jedoch eine Funktion oder das Bündel an Aufgaben einer Grenze möglichst vollständig erfassen zu können, bedarf es Quellenmaterials, das sowohl mittelbar als auch unmittelbar von der Absicht dieser Grenze Zeugnis gibt. Hier steht man beim römischen Limes jedoch wieder vor dem Problem der Quellen. Eine Lösung des Problems, das sich daraus ergibt, keine Quellen zur Absicht und Funktion eines Grenzbaus zu besitzen, verheißt beispielsweise die Politische Geographie. Seit über 100 Jahren hat sich dieser Zweig der Kulturgeographie mit Grenzen beschäftigt und neben der Untersuchung von Grenzen selbst Methoden zur Erforschung der Entstehung und der Veränderung von Grenzen entwickelt.

5. Der Limes ist als eine sichtbare Grenze und zu einem bestimmten Zweck geschaffen worden.

Der Limes ist in seiner Form als geschlossenes Bauwerk kein Zufallsprodukt oder Nebenprodukt einer anderen Handlung; die Grenze Limes wurde als Grenze gebaut. Die Palisaden und Mauern wurden so, wie sie rekonstruiert werden können, bewusst am jeweiligen Ort gebaut, gepflegt und ausgebaut. Der Limes ist das Ergebnis der Entscheidung, eine sichtbare Grenze zu schaffen. Sichtbar nicht nur für die direkt dort beschäftigen Soldaten, sondern ebenso sichtbar für die Menschen, die in der Nähe der Grenze lebten oder diese auf ihrem Weg kreuzten. Die Steinbauten der Kastelle und Türme stachen mit der weißen Farbe des Mauerwerks aus ihrer Umwelt hervor und waren dadurch weithin sichtbar. Die Römer tarnten ihre Bauten nicht, sie stellten ihre Bauwerke bewusst in ihre Umwelt.

Die römische Eigenart, Steinbauten weiß zu tünchen und mit einem roten Fugenstrich zu versehen, [2] hat sicherlich nichts mit einer „Beschäftigungstherapie" für zu disziplinierende Soldaten in Friedenszeiten zu tun, sondern verweist deutlich auf eine bewusste Gestaltung von Bauwerken. Daraus folgen wiederum zwei Feststellungen: Erstens ist diese Grenze wie ein Tempel oder ein Haus als Bauwerk zu interpretieren, denn trotz seiner nie zuvor da gewesene Größe ist der Limes nur eine Mauer oder Palisade und reiht sich dadurch in die Kategorie der Bauten ein, die neben ihrer reinen Zweckmäßigkeit und lokalen Besonderheiten einem bestimmten Schema folgen. Zweitens: Die Sichtbarkeit ist ein wichtiges Element dieser Grenze. Überdeutlich und eindeutig wird gekennzeichnet, an welcher Stelle die Grenze verläuft. Der Limes war

[1] Posner (1991) S. 45.

[2] In diesem Zusammenhang ist darüber nachzudenken, ob die Holzbauten der Kastelle, der Lagerpalisade, der Türme und der Palisade des Limes selbst nicht ebenso weiß bemalt waren. Bisher ist noch kein archäologischer Fund dazu gemacht worden.

also ein Instrument, das der eindeutigen Unterteilung von zwei Räumen diente und das als Bauwerk durch seine Gestalt und Lage eine Botschaft vermitteln wollte.

4.2 Erste Ergebnisse der Definition des Phänomen ‚Limes'

Es ergibt sich aus den oben erörterten Punkten, dass der Limes als Grenze ein Bauwerk mit kultureller Bedeutung war. Die Entstehung und der Ausbau des Limes sind die Produkte eines Prozesses, der aus der Kultur des römischen Reiches selbst generiert wurde. Die Größe, die Ausdehnung in Zeit und Raum sowie die Sichtbarkeit des Phänomens machen es notwendig, die mit diesen Aspekten verbundene Frage nach der Bedeutung des Limes mit Hilfe verschiedener Forschungsrichtungen und deren Methoden zu untersuchen und dadurch diese Grenze in ein neues Gesamtbild einzufügen. Der Lösungsansatz zur Grundfrage der Einordnung des Limes als eine Grenze und ein Objekt römischer Kultur kann über die Funktion eines solchen Bauwerkes mit Hilfe der Untersuchung der gut belegten Kultur, die diese Grenze ermöglichte, erfolgen. Die Abstraktion, den Limes als eine besondere und einmalige Grenze und zugleich als ein völlig selbstverständliches Bauwerk der römischen Kultur zu verstehen, kann durch eine Untersuchung der Lebenswelt, der Mentalitäten, des Raumverständnisses und der Kultur seiner Entstehungszeit untersucht werden. Die Konsequenz daraus ist, dass in großen Teilen dieser Untersuchung nicht direkt der Limes, das Endprodukt, betrachtet wird, sondern häufiger die Prozesse und Tendenzen, die zur Entstehung dieser Grenze geführt haben.

Die dazu verwendeten Methoden und Begriffe müssen folglich vorab in ihrem Verhältnis zueinander und zum Untersuchungsgegenstand geklärt werden. Wenn die Definitionen unverantwortlich kurz und eingeschränkt scheinen, weisen sie dennoch in die Richtung der Interpretation in dieser Arbeit und sollen als Ausgangspunkt für alle weiteren Erörterungen dienen.

4.3 Begriffe und Methoden

Die Lebenswelt[1] im Sinne Husserls ist eine Art vortheoretischer Ebene, [2] auf der die Mentalitäten der Menschen aufbauen. Diese Mentalitäten bilden wiederum eine unbewusste Entscheidungsebene, die vor den kognitiven Handlungen der Menschen steht.[3] Oft lassen sich die Handlungen von Menschen durch Wort, Schrift und Tat nachvollziehen.[4] Die Mentalitäten sind dabei als Zwischenebene direkt nicht fassbar, da Mentalität weder in kognitive noch materielle Formen gefasst werden kann. Aber dennoch bilden die Mentalitäten als Summe unbewusster Entscheidungen auf Basis der gleichen Lebenswelt ein Muster für kulturelle Eigenarten einer Gesellschaft heraus und umgekehrt. Mentalitäten bilden also die wichtige ‚Meso-Ebene' zwischen einer wertneutralen Lebenswelt[5] und der bewertenden Kultur. Was bleibt, ist die Le-

[1] Der Begriff wurde von Husserl in seinen *Cartesianischen Meditationen* (1931) und *Formale und transzendentale Logik. Versuch einer Kritik der logischen Vernunft* (1929) geprägt (siehe dazu Husserliana Bd.1, §§58ff, Strasser (1963); Husserliana Bd. XVII, Jansen (1974), §74) und im Laufe der Zeit zumeist von Soziologen weiterentwickelt.

[2] Vgl. Sellin (1985) S. 573.

[3] Siehe dazu u. a. Brütting (2004) S. 87f. und allgemein zum Begriff in der Geschichtsforschung: Eibach (2002).

[4] Damit sind die Bereiche Oral-History, Schriftquellen und Artefakten gemeint.

[5] Die Lebenswelt ist aufgrund ihrer Reduktion auf das Objekt in seinem ureigensten Sinn und Funktion wertneutral. Erst durch die völlige Lösung von bewertenden Eigenschaften in der ‚Phänomenologischen Reduktion' ist es möglich, die natürliche Einstellung des Menschen zu Gegenständen in Natur, Kultur und Gesellschaft zu erkennen. Vgl. dazu

benswelt als abstrakte, völlig wertneutrale Größe und die Kultur mit ihren bewusst gestalteten und bewertenden Beziehungen zu Objekten der Lebenswelt. Die Verhältnisse der vortheoretischen Lebenswelt zur theoretischen Mentalität sowie der konkret sichtbaren Kultur zur Lebenswelt und zu den Mentalitäten bilden die Matrix, in der die für diese Arbeit wichtigen Begriffe einzuordnen sind.

RAUM: Der Raum, euklidisch und dreidimensional, ist Teil der Lebenswelt. In der Gestalt des vom Menschen wahrgenommenen Raumes ist er Element einer Kulturrezeption, die sich mit Hilfe von Soziologie, [1] Psychologie, Geschichte und Geographie[2] untersuchen lässt. Auf theoretischer Ebene lassen sich Räume als unendlich groß oder infinitissimal klein konstruieren, sowie beliebig exakt begrenzen. In der Praxis sind diese Konstruktionen von Raum jedoch nicht auffindbar oder durchführbar, bzw. das menschliche Vorstellungsvermögen oder die menschlichen sensorischen Fähigkeiten scheitern daran, diese Art von Räumen in der Umwelt zu konkretisieren.

GRENZE: Ein Raum lässt sich aus zwei Richtungen definieren: Die erste bestimmt den Raum von Innen heraus, durch eine vom Mittelpunkt ausgehende Eigenschaft, die zur Peripherie hin schwächer wird. Die Grenze des Raumes ist nicht wertneutral[3] zu bestimmen, da es einen subjektiv bestimmten breiten Übergangsraum gibt, in dem die vom Zentrum ausgehenden Eigenschaften zum dem nicht als Zentrum definierten Raum anteilsmäßig weniger werden. Erst wenn bestimmt wird, an welchem Verhältnis der Raum verlassen wird, also quasi mit einer Grenzwertbestimmung, kann man eine Grenze eines solchen Raumes überschreiten. Die zweite Richtung geht von der eindeutigen Fixierung von Grenzen aus und fügt alles dem Raum hinzu, was sich innerhalb der Grenze befindet. Ein so definierter Raum muss kein Zentrum besitzen und muss ebenso wenig homogen strukturiert sein.[4]

Beide Begriffe, Raum und Grenze, lassen sich aus unterschiedlichen Forschungsrichtungen betrachten, die jeweils durch ihr unterschiedliches Eigenverständnis und ihre Entwicklungen Variationen von Methoden zur Analyse von Räumen und Grenzen aufzeigen.[5]

Schütz (2003) S. 327.

[1] Folgt man der Definition Max Webers und seiner verstehenden Soziologie, dann ist die Soziologie „eine Wissenschaft, welche soziales Handeln deutend verstehen und dadurch in seinem Ablauf und seinen Wirkungen ursächlich erklären will". Weber (1903)§ 1, Wirtschaft und Gesellschaft. Soziales Handeln bedeutet die Interaktion zwischen Menschen, Gruppen und Gesellschaften im Rahmen der Kultur und deren Eigenarten. Diese Interaktion und die durch die Gesellschaft vorgegebenen Konventionen konkretisieren sich ganz allgemein an allen Grenzen zwischen einzelnen Menschen und Gruppen.

[2] Dies ist die Wissenschaft, die sich mit der Beschaffenheit der Erdoberfläche und deren Wechselbeziehungen zum Menschen beschäftigt. Das macht sie zur Naht- und Verbindungsstelle zwischen Natur- und Sozialwissenschaften und dadurch zum idealen, methodischen Partner dieser Arbeit, da sich die Geographie seit der traditionellen Fächerspezialisierung mehr mit den Faktoren beschäftigt hat, die Raum und Mensch verbinden und weniger die zeitliche Dimension in den Vordergrund gestellt hat, wie die Geschichtswissenschaft.

[3] Wertneutralität bedeutet an dieser Stelle, dass es z. B. nicht möglich ist zu bestimmen, ob eine Hauswand nur trennt oder nur verbindet; sie hat beide Eigenschaften. Einerseits trennt sie das Innen von der Außenwelt ab, jedoch schafft Hauswand erst dadurch den Raum selbst und macht ihn zum Bestandteil seiner Umwelt und ist die Kontaktfläche zu Außenwelt. Welche Eigenschaft die bestimmende ist, hängt von Standort des Betrachters, seiner aus eigener Erfahrung geschöpften Grundhaltung zu Hauswänden und der Kultur und Gesellschaftsnorm zu Hauswänden ab.

[4] Vgl. Bollnow (2000), bes. S. 17f. und 58-61.

[5] Dazu Schütz/Luckmann (1978).

Letztlich bleibt noch zu klären, was mit **Kultur** gemeint ist.[1]

Der vielschichtige Begriff ist für diese Untersuchung von seinem Ursprung aus dem Lateinischen am Besten zu fassen, als von *colere*, bebauen, bewohnen, pflegen und ehren, herkommend. Die Kultur einer Gruppe ist die Summe ihrer gemeinsam bebauten, bewohnten und geschaffenen Gegenstände in Verbindung mit den damit verknüpften bewertenden Verhaltensweisen zum Gegenstand und den anderen Menschen. Aus den verarbeiteten Objekten der Lebenswelt und den sozialen Handlungsmustern entsteht das, was man ganz allgemein als Kultur bezeichnen kann. Artefakte sind die Produkte einer Kultur, die sich als gegenständliche Objekte begreifen lassen.

Diese kurzen, zum Teil in dieser wiederkehrenden Definitionen der Begriffe und Forschungsrichtungen breiten nur grundlegende Ideen zu den folgenden Erörterungen aus.

4.4 Die Definition der Untersuchungsparameter

Auf den folgenden Seiten soll ein Weg entwickelt werden, der die Aspekte der Fragestellung nach dem, was der Limes war und wie ihn seine Zeitgenossen verstanden, aufnimmt. Dieser Weg geht aus von der Idee, den Limes in die Lebenswelt der Antike zu integrieren und von dort aus herauszuarbeiten, auf welche Art und Weise sich das Artefakt Limes deutlicher rekonstruieren lässt.

4.5 Lebenswelt und Mentalitätsgeschichte

Aus den raumbezogenen Grunderfahrungen des Menschen, wie beispielsweise die Orientierung im Raum und das Begrenzen des eigenen, erfassbaren Raums, ergeben sich Basiselemente der Lebenspraxis, die als „lebensweltliches Apriori“[2] zwischen unbewusster Raumerfassung und kognitivem Raumverständnis sowie dessen Artikulation liegen.[3] Aus der Verknüpfung der Ebenen von Raumerfassung über die Lebenswelt mit der Idee der Mentalitätsgeschichte folgt, wie der Raum und die ihn begrenzenden Elemente erfasst werden und die Rezeption des Raumes und der Begrenzung in der Kultur des Betrachters bewertet werden.

Mentalitätsgeschichte ist in der deutschsprachigen Geschichtsschreibung immer noch ein junges Forschungsfeld.[4] Allerdings ist besonders in den letzten Jahren der Begriff der Mentalitätsgeschichte auch in vielen althistorischen Untersuchungen[5] aufgenommen worden, ohne dass jedoch stärker reflektiert wurde, was Mentalitäten sind oder wie sie erfasst werden können. Um Mentalitäten fassen zu können, bedarf es Quellenmaterial, welches über die Lebenswelt von Menschen in ihrer Umwelt Auskunft gibt. Von ‚Alltagsobjekten‘ und Zeugnissen allgemeiner täglicher Gespräche bis hin zu besonderen Ereignissen im Leben der Menschen und deren Rezeption in Wort, Schrift und Bauwerken spannt sich eine notwendige Bandbreite mit einer quantitativ hohen Zahl dieser Quellen.

---

[1] Zum Begriff Kultur und Kulturwissenschaft siehe z. B.: Kittsteiner (2004) und Daniel (2001).

[2] Mittelstrass (1975) S. 75ff.

[3] Vgl. Wirth (1977) S. 285.

[4] Grundlegend zur Mentalitätsgeschichte Sellin (1985) S. 555-598.

[5] Nur einige Beispiele: Kudlien (1991) zur Sklavenmentalität. Leppin (1992) zu einer senatorischer Mentalität. Schubert (1993) zum Verhältnis von Mentalität und Wissenschaft im 5. Jh. v. Chr. Barceló (1995) zur Mentalität des antiken Stadtbewohners und Rosenberger (2001) zum griechischen Orakel, bes. S. 11-22.

Eine große Bandbreite an archäologischen und historischen Quellen für die Ermittlung mentaler Grundhaltungen vieler kleinerer sozialer Gruppen oder z. B. eines einzelnen barbarischen Stammes ist für die Antike im größten Teil der Fälle nicht gegeben. Als Basis für eine mikrohistorische Untersuchung mit hohem Aussagegehalt und Dichte sind sie für die Antike nur bei den seltenen Einzelfällen wie Pompeji oder Herculaneum finden.[1] Was aber kann angesichts dieser Situation die Mentalitätsforschung leisten? Um diese Frage zu beantworten, ist zunächst ‚Mentalität' genauer zu definieren:

Einerseits beschreibt Mentalität das Denkmuster einer Gruppe und entsteht aus Gemeinsamkeiten. Berufsgruppen oder Einwohner einer Region teilen gleiche Erfahrungen und Lebenswelten, die dem bewussten Handeln vorgelagert sind. Damit ist die Mentalität einer Gruppe wie eine Folie, auf der sich die Einflüsse der Lebenswelt, von geographisch vorhandenen Faktoren bis hin zur kulturellen und historischen sich wandelnden Umwelt, in kognitiven, ethischen und affektiven Dispositionen abbilden. Von dieser Folie aus kann man die Handlungen der Menschen wiederum auf grundlegende Muster zurückführen.[2]

Die grundlegenden Muster von Mentalitäten werden erkennbar bei der Suche nach dem Sinn einzelner Objekte und deren affektiven, kulturell vorgeprägten und darin fortgeführten Handlungsschemata. Um die Muster erkennen zu können, braucht die man breit gefächerte Zeugnisse in den Quellen und zugleich spezifische Konstanten, die möglichst alle Menschen betreffen. Zunächst jedoch hat sie mit dem Problem der stark limitierten ‚Alltags-Quellen' der Antike zu tun. Um nicht in beliebige und folglich nicht belegbare Bereiche zu stoßen, ist es notwendig, den Blick auf bestimmte fassbare Aspekte einer Kultur zu konzentrieren. Die damit vollzogene Reduzierung der Handlungen entspricht einer eidetischen Reduktion[3] nach Husserls Idee und bewirkt eine ‚Konturpräzisierung' der Mentalitäten.[4] Zugleich entspricht die Verringerung der implizierten Bedeutungen und Interpretationen einer immer präziser werdenden Fragestellung. Mentalitätsgeschichte hilft also zu verstehen, welche Basis kulturelle Handlungen haben, ohne dass Quellen direkt darüber Aussagen treffen. Wichtig ist dabei sowohl die Gesamtfrage, die Ausgangssituation, den Weg und das Ziel sowie die dazwischen liegenden Verbindungen und Brüche bewertend im Auge zu behalten. Damit kann die Suche nach Mentalitäten und deren Mustern Aussagen zu Objekten möglich machen, über die wir direkt kein Quellenmaterial haben, wie am Beispiel des Limes zu zeigen ist.

Bekannt aussagekräftige Quellen für die Analyse der mentalen Grundmuster einer antiken Gesellschaft sind z. B. die Überlieferungen zu Recht und Religion, die in einer Gemeinschaft aus langen Traditionen des Zusammen- und Überlebens in einer gemeinsamen Lebenswelt entstehen. Diese Quellen bilden das Produkt von Handlungen, die bewusst im Rahmen kultureller und gesellschaftlicher Normen und unbewusst nach dem Muster mentaler Grundhaltung des antiken Menschen ausge-

[1] Eine Untersuchung, die ausführlich Aufschluss über das tägliche Leben gibt, ist z. B. die Untersuchung des Ortes Unterfinning. Beck (1993). Erst eine solche Dichte und Anzahl von Quellen, wie für Unterfinning vorhanden waren, lässt die Mentalitätsmuster einer solchen Dorfgemeinschaft, bzw. einzelner Bürger erahnen.

[2] Vgl. dazu Raulff/Bruguière (1989) S. 7ff.

[3] Husserl formte diesen Begriff der eidetischen Reduktion, der die sukzessive Ausschaltung von Eigenschaften und Bedeutungen eines Objektes meint, um zum ursprünglichen und eigentlichen Sinn und Wesen des Objekts zu kommen. Siehe dazu Husserl (1923).

[4] Eine solche Konturpräzisierung meint das Herausarbeiten der Muster der Mentalitäten.

führt wurden. Darüber hinaus entsteht hier eine Verknüpfung von kollektivem[1] und individuellem Gedächtnis deutlich und nachvollziehbar, wie in sonst keinem Bereich der Antike, denn Religion und Recht waren und sind bedeutende Motivationskräfte menschlichen Handelns. Eine befriedigende Vorstellung über mentale Grundmuster ist aufgrund der zumeist wenigen Quellen zur Alltagswelt nur für einzelne anthropogene Konstanten wie z. B. Körper, Religiosität, das Fremde und das Eigene oder den Raum zu erarbeiten.[2] Diese Konstanten lassen sich über einen langen Zeitraum und für viele Kulturen indirekt und direkt beobachten und erschließen.

Mentalitäten drücken sich in Verhaltensmustern zu allen Dingen aus, die eine Kultur erschaffen hat und weisen den Handlungen und Objekten signifikante Bedeutungen und Verhaltensweisen zu, die als Mentefakte bezeichnet werden, die aber keinen direkten Ausdruck finden. Diese Muster und Mentefakte sind in Codes verborgen, die in den sozialen und kulturellen Handlungen einer Gesellschaft zu Tage treten. Von Menschenhand gefertigte Produkte einer Gesellschaft sind die Artefakte, die einen primären Zweck haben und gemäß einer ihnen bestimmten Funktion gefertigt werden. Weiterhin beschreiben Artefakte Objekte wie z. B. Kultgegenstände, die ihre Funktionalität verloren haben, aber dennoch eindeutig auf ihr Ursprungs-Artefakt zurückzuführen sind, und trotzdem jedoch begrifflich erfasst und damit konzeptualisiert worden sind. Ebenso gehört zu dieser Konzeptualisierung, dass nicht zwingend eine sprachliche oder lexikalische Definition für das Artefakt vorhanden sein muss.[3] Einzige Voraussetzung für die Integration eines Artefakts in die Mentalität einer Gruppe ist, dass es in eine Gegenstandskategorie eingeordnet werden kann und dadurch auf die entsprechenden Konventionen der Gesellschaft Bezug nimmt.[4] Anders ausgedrückt heißt dies, dass wir nur sehen/verstehen, was wir zu sehen/verstehen gelernt haben, also kann der Mensch die unbekannten Objekte, die er im Zweifelsfall auf ihre Grundfunktion reduziert, nur über sein Wissen und seine Erfahrung in seine Verhaltensmuster einordnen. Die kulturelle Perzeption wird begrenzt von unserem mentalen Horizont und die in den Dimensionen der Lebenswelt verflochtene Kultur und Mentalität.[5]

Das bedeutet für diese Arbeit, dass der Limes in seiner Grundfunktion bzw. -funktionen in die Mentalitäten und deren damit verbundenen kulturellen Handlungen erfasst und von dieser Basis aus in die antike Welt eingefügt werden muss.

4.6 Die Lebenswelt

Der Begriff der **Lebenswelt** geht auf Edmund Husserl[6] zurück und besitzt im Kontext der phänomenologischen Philosophie eine doppelte Bedeutung. Lebenswelt meint einerseits das Universum des Selbstverständlichen als anthropologisches Fundament jeder Bestimmung des Verhältnisses des Menschen zur Welt. Andererseits bezeichnet der Begriff die praktische, anschauliche und konkrete Welt, in der der Mensch lebt. Diese Doppeldeutigkeit bestimmt den Lebensweltbegriff als die Gegensatzspannung zwischen Ahistorischem und historisch Wandelbarem, Universellem und Konkretem,

[1] Zum Begriff des kollektiven Gedächtnisses siehe grundlegend Halbwachs (1991) und Assmann (1992).
[2] Vgl. Dinzelbacher (1993) Europäische Mentalitätsgeschichte.
[3] Vgl. Posner (1991) S. 52 und Eco (1991) S. 21-28.
[4] Vgl. Posner (1991) S. 52.
[5] Vgl. Frijhoff (1992) S. 10.
[6] Vgl. Husserl (1913) und Husserl (1938).

zwischen Singulärem und historisch Vielfältigem. Die ‚Einklammerung' des Unwesentlichen ist die Denkmethode, die mit der Idee der Lebenswelt als Phänomenologie entwickelt wurde. Das phänomenologische Denken klammert sukzessive jede Vormeinung und Vorentscheidung aus. Ziel ist dabei, ‚zu den Dingen selbst' vorzudringen.

Die sukzessive Ausklammerung der (zunächst) nebensächlichen Aspekte oder Eigenschaften ist genau die Vorgehensweise, die es ermöglicht, die Komplexität eines jeden Objektes und unser Unvermögen, alle Aspekte eines betrachteten Gegenstandes gleichzeitig zu erfassen, durch ein konsequentes und strukturiertes Vorgehen zu kompensieren.[1] Letztlich ist dies nicht anderes als die analytische Herangehensweise bei komplexen historischen Fragestellungen, um einzelne Aspekte der Frage nacheinander beantworten zu können.

Methodisch gesehen kommt die ‚Entdeckung' der Lebenswelt für den Philosophen der Entdeckung des Alltags für den Historiker gleich.[2] Bezeichnenderweise zielt die Reduktion der Bedeutungen und Vormeinungen auf den eigentlichen Sinn eines Objekts, oft auf das alltägliche, unausgesprochene Wesen. Das Ergebnis ist eine klare und konturscharfe Eigenschaft eines Objektes, die es eindeutig und unausgesprochen in den Alltag der mit dem Objekt in Kontakt kommenden Menschen einordnet. Dies kann für viele historische Fragestellungen eine Hilfe sein, besonders angesichts der Quellenlage zum Limes, denn diese Methode nimmt gleichzeitig eine allgemeinere Perspektive als Ausgangspunkt und kann sich bis hinunter zum Mikrokosmos eines Milieus arbeiten.[3] Im gleichen Moment werden sowohl der ‚banale' Alltag als auch das ‚innerste' Wertverständnis einer Kultur sichtbar. Für unsere Untersuchung der Funktion und der Bedeutung des Limes birgt der Lebenswelt-Begriff eine Präzisierung der Alltags- und Mentalitätsgeschichte durch die Verbindung seiner doppelten Bedeutung in den Grundkonstanten menschlichen Lebens und den allgemeinen, selbstverständlichen Dingen der täglichen Welt und durch die Methode der Reduzierung der mit dem Limes verknüpften Phänomene. Reduziert man den Limes auf seine ureigenste Eigenschaft, sollte es durch die Einordnung dieser Eigenschaft in die römische Kultur möglich sein, die Wertstellung des Limes für das gesamte und allgemeine kulturelle Leben zu erschließen.

4.7 Lebenswelt und Soziologie

In der Soziologie wurde die Theorie des Lebensweltbegriffs in verschiedene Richtungen weiter entwickelt.[4] Einerseits wird Lebenswelt als ein erkenntnistheoretischer Begriff gesehen, der sich ontologisch konnotiert gibt, auf der anderen Seite steht Lebenswelt als Begriff für den ‚Alltag', das individuell erlebte, selbstverständliche und traditionelle Handeln. Darüber hinaus erfasst Lebenswelt eine allgemeine, historisch überlieferte sozio-kulturelle Umwelt des Menschen. Wichtig dabei ist, dass sich die alltägliche Lebenswelt als Grundlage für eine kommunikative Umwelt konstituiert[5] und dadurch zur Basis für alle Wissenschaften wird. Im Begriff ‚Alltag' setzt sich das Problem der doppelten Bedeutung von Lebenswelt fort, in dem er sich in eine subjek-

[1] Der letzte Gedankengang führt zur Semiotik und deren Axiom, dass „nicht kommunizieren nicht möglich ist". Siehe Volli (2002) S. 5.

[2] Siehe Assmann (1991) S. 12.

[3] Vgl. Assmann (1991) S. 12.

[4] Vor allem durch Alfred Schütz, siehe dazu ausführlich Schütz/Luckmann (1979).

[5] Vgl. Schütz/Luckmann (1979) S. 25.

tiv erfahrene alltägliche Welt und zugleich eine Welt des Alltags spaltet, die auf einer allgemein natürlich erfahrenen und akzeptierten ‚Wirklichkeit' basiert.[1]

Die Alltagswelt ist eine intersubjektive Kulturwelt, die in ihrer Konstitution eine Reihe von Gegebenheiten voraussetzt[2] und in der alle Tatsachen schon interpretierte Tatsachen sind, die auf Sinnzusammenhänge und Deutungsmuster verweisen und die Erfahrung und ein Handeln in der alltäglichen Welt ermöglichen. Gemeinsames Gut dieser Alltags- und Lebenswelt sind sowohl die soziologisch und historisch geformten Wissensbestände jedes einzelnen als auch die von Mitmenschen übernommenen.

Georg Simmel folgend, ist der Mensch durch seine Fähigkeit, Grenzen zu setzen und diese wieder zu überschreiten, erst als solcher bestimmt. Simmel entwickelte die konkrete soziologische Bedeutung von Grenzen für eine Gesellschaft weiter, denn „dadurch, dass ihr Existenzraum von scharf bewussten Grenzen eingefasst ist, als eine auch innerlich Zusammengehörige charakterisiert, und umgekehrt: die wechselwirkende Einheit, die funktionelle Beziehung jedes Elementes zu jedem, gewinnt ihren räumlichen Ausdruck in der einrahmenden Grenze."[3] Simmel bringt die soziologische Bedeutung der Grenze für die Lebenswelt einer Gesellschaft auf die Formel:

> *„Die Grenze ist nicht eine räumliche Tatsache mit soziologischen Wirkungen, sondern eine soziologische Tatsache, die sich räumlich formt."*[4]

Diese Feststellung ist elementar für die Untersuchung von Grenzen. Sie eröffnet die Möglichkeit, eine Wechselbeziehung zwischen Grenze und Umwelt herzustellen. Die Grenze wird zu einem Teil der alltäglichen sozio-kulturellen Umwelt des Menschen.

Durch eine weitere, semiotische Analyse der sozialen, materiellen und mentalen Kultur ergibt sich eine interessante und aussagekräftige Verknüpfung von Artefakten, Individuen und Gesellschaft: „(Wenn) eine Gesellschaft als eine Menge von Zeichenbenutzern, eine Zivilisation als eine Menge von Texten und eine Mentalität als eine Menge von Codes definiert werden, so sind diese drei Bereiche notwendig miteinander verbunden, denn Zeichenbenutzer sind auf Codes angewiesen, wenn sie Texte verstehen wollen."[5] Diese logische Kette ist nicht auf Texte oder Sprache limitiert, sondern lässt sich für Bilder, plastische Gegenstände aller Art und Handlungen ebenso feststellen. Für die Welt des Alltags bedeutet diese Verknüpfung eine sinnhafte Zusammengehörigkeit, deren Einzelteile (Zeichen, Codes, Individuen, Zivilisation, etc.) in ihrem gegenseitigen Verständnis voneinander abhängig sind.

Die alltäglich erfahrene Lebenswelt lässt sich sowohl zeitlich als auch räumlich strukturieren.[6] Dabei steht die zeitliche Ordnung des Alltäglichen für uns nicht im Zentrum der Betrachtung. Zeit und deren Ordnungsstruktur lässt sich durch die suk-

---

[1] Vgl. Schütz/Luckmann (1979) S. 26.

[2] Schütz/Luckmann (1979) S. 27. Diese Gegebenheiten sind: „a) die körperliche Existenz anderer Menschen; b) dass diese Körper mit einen Bewusstsein ausgestattet sind, das dem meinen prinzipiell ähnlich ist; c) dass die Außenweltdinge in meiner Umwelt und der meiner Mitmenschen für uns die gleichen sind und grundsätzlich die gleiche Bedeutung haben; d) dass ich mit meinen Mitmenschen in Wechselbeziehung und Wechselwirkung treten kann; e) dass mich (...) mit meinen Mitmenschen verständigen kann; f) dass eine gegliederte Sozial- und Kulturwelt als Bezugsrahmen für mich und meine Mitmenschen historisch vorgeben ist, und zwar in einer ebenso fraglosen Weise wie die „Naturwelt".) dass also die Situation, in der ich mich jeweils befinde, nur zu einem geringen Teil von mir selbst geschaffen ist."

[3] Simmel (1908) S. 465.

[4] Simmel (1908) S. 467.

[5] Posner (1991) S. 53.

[6] Berger/Luckmann (1995) S. 29.

zessiven Kommunikationsmittel, Sprache und Schrift, recht gut durch ihre verwandte Struktur ausdrücken. Nacheinander wird Wort hinter Wort gesetzt – so wie Sekunde für Sekunde abläuft. Selbst gleichzeitig ablaufende Prozesse können nur nacheinander beschrieben werden. Bei einem räumlichen Objekt wiederum ist es eines der Grundprobleme der Rezeption des Raumes: ein Raum ist nur bis zu einer bestimmten Größe und Komplexität kognitiv gleichzeitig erfassbar. So können räumliche Objekte ab einer bestimmten Ausdehnung nicht mehr in sinneserfasster Vollständigkeit von Menschen memoriert werden, was sich in der Erfahrung der Lebenswelt und in der Rezeption des Raumes niederschlägt.[1]

4.8 Räume in der Lebenswelt

Lebenswelten lassen sich räumlich strukturieren. Sie werden immer in Bezug zur subjektiven und objektiven Reichweite erfahren. Man unterscheidet dabei drei Ebenen:[2]

1. Die Welt in aktueller Reichweite

Die alltägliche Welt in Raum und Zeit nimmt jedes Individuum als orientierenden Ausgangspunkt. In Relation zu diesem persönlichen Zentrum wird der Raum aufgeteilt und kategorisiert. Die von diesem Ort aus direkt unmittelbar mit den eigenen Sinnen erfahrbare Welt ist eine Welt in aktueller Reichweite. Durch die subjektiv unterschiedlichen Sinnesfähigkeiten und Erfahrungen jeder einzelnen Person wird die Rezeption der Welt unterschiedlich ausfallen. Die Sicht des aktuell erfassbaren Raumes gleicht in großen Teilen ähnlicher Wahrnehmung anderer Menschen von physischen Objekten und Räumen. Durch den gleich strukturierten Code des Rezeptionsaustauschs (z. B. Sprache) ist es möglich, die Beschreibung des aktuellen Raums mit anderen Individuen auszutauschen. Die Erfassung des Raumes wird durch die eigenen Fähigkeiten und durch einen permanent beweglichen Grenzsaum limitiert.

Der ‚kultivierte' Mensch macht jedoch oft Erfahrung mit Begrenzungen, die nicht natürlichen Ursprungs sind. Die Wände eines Raumes beenden deutlich und oft ohne Ausnahme[3] die sinnhafte Erfassung des aktuellen Raumes. Es wird hieraus deutlich, welche Bedeutung diese künstlich begrenzten Räume haben, die als Produkt einer Kultur, nach deren Regeln, die subjektive Wahrnehmung eindeutig begrenzen und darauf hinweisen, dass hinter dieser Grenze etwas anders ist, ein anderer Raum beginnt.

2. Die Welt in wiederherstellbarer Reichweite

Durch die Bewegung im Raum verändert sich der Bereich der individuell direkt aufgenommen, aktuellen Lebenswelt. Dadurch fallen Räume aus den aktuellen Reichweiten heraus und verschieben sich mit einer fließenden Grenze in einen Raum wiederherstellbarer Reichweite. Diese Räume, in denen man selbst einmal gewesen

---

[1] Siehe dazu ausführlich Brodersen (2003) S. 134-137.

[2] Vgl. Schütz/Luckmann (1979) S. 63-66.

[3] Man sehe von durch die Mauern dringendem Schall oder durch Papierwände strahlendes Licht einmal ab. Die in der japanischen Kultur verwendeten Papierwände stellen einen beachtenswerten Übergangsbereich zwischen bewusster und sehr deutlicher Unterbrechung und Abgrenzung der Sichtverbindungen dar. Durch dünnes, leicht zu zerstörendes Papier, das nur Schatten- oder Lichtunterschiede zu erkennen erlaubt, wird durch das Papier die Sensibilität und Bedeutung des Raumes besonders betont. Das Beispiel zeigt, dass es nicht auf den Baustoff und die Art der Raumbegrenzung ankommt, sondern vielmehr auf die in der jeweiligen Kultur damit verbundenen Eigenschaften der Trennung der Räume voneinander.

ist, kann sich jeder auf seine bestimmt Art und Weise und anhand bestimmter kognitiver menschlicher Möglichkeiten vorstellen und bis zu einem gewissen Maße im Geiste reproduzieren. Diese potentielle Reichweite drückt sich durch die direkte Erfahrung des Einzelnen aus, dass jeder an diesen Ort/Raum der eigenen Erfahrung zurückkehren und ihn damit wiederherstellen kann.

Im Raum potentieller Reichweite verhält sich die Wahrnehmung der Grenze wie im Raum aktueller Reichweite. In der Rezeption dieses Raumes tritt jedoch eine leichte Veränderung ein. Es wird versucht, Grenzsäume auf eine möglichst genau definierbare, letzte ‚Wahrnehmungslinie' zu reduzieren. Gelingt dies nicht eindeutig, nutzt man einzelne bekannte und genau zu definierende Objekte im Raum, um an ihnen entlang die Struktur und auch die Grenzen des Raumes zu beschreiben. Hilfreich und besonders einfach sind dabei selbstverständlich jene Formen des Raumes, die innerhalb der Kultur einen starken, einen raumsymbolisierenden oder raumdefinierenden Status haben. Dies können sowohl einfache lineare Elemente wie Mauern oder Flussufer sein, aber auch schon abstrahierte Flächendefinitionen wie Wald oder Berge, die in Sprache ausgedrückt, eine dimensoniale Reduzierung erfahren.[1] Je häufiger die Räume frequentiert werden (von einem Menschen selbst oder über den Austausch mit anderen Menschen, die den Raum in ihrer aktuellen Reichweite hatten), desto genauer und detailreicher wird das Bild in der Rezeption des Raumes in potentieller Reichweite.

3. Die Welt in erlangbarer Reichweite

Der Bereich der erlangbaren Reichweite beschreibt den Teil der Welt, dessen Raum nur durch Sinneserfahrungen und deren Rezeption in der Beschreibung anderer Menschen erfahren wird. Dadurch, dass schon andere Menschen an diesen Orten, in diesen Räumen gewesen sind, ist es demjenigen, der noch nicht dort war, ebenso möglich, dorthin zu gelangen. Begrenzend sind dabei nur subjektive Wahrscheinlichkeitsgrade und physische und technische Vermögensgrade.[2] Die Darstellungen des Raumes in der einer Kultur eigenen Art, macht es durch die Kognition des Menschen möglich, diesen Raum auch ohne eigene Sinneserfahrung bis zu einem gewissen Grad zu seiner Welt hinzuzufügen. In den Beschreibungen der Räume potentieller Reichweite werden die Elemente des Raumes in die Beschreibung aufgenommen, deren Bedeutung für die Kultur des Berichtenden entscheidend für eine Raumcharakterisierung ist. Besonders bei immer größer werdenden Räumen und den damit verknüpften enormen Informationsanstieg, wird die Auswahl der Raumelemente immens wichtig. Die Beschreibung dieser Räume orientiert sich an den Grundregeln menschlicher kognitiver Raumrezeption und deren Eigenart, nach der Raumgröße zu variieren. Dabei tendiert der Mensch dazu, die immer größer werdende Grenze großer Räume durch möglichst einfache und scheinbar eindeutige Objekte zu gestalten und zu strukturieren, obwohl die eigene Erfahrung des natürlichen Kleinraumes möglicherweise dagegenspricht; wenn überhaupt ein solcher Raum der potentiellen Reichweite durch eindeutige Grenzen begrenzt wird.

So ist festzuhalten, dass die Lebenswelt sich in ihrer Rezeption des Raumes primär am Subjekt ‚Mensch' und dessen Wahrnehmung orientiert, bevor es zu einem Aus-

[1] Ein Wald z. B. ist ohne Zweifel ein dreidimensionales Objekt, welches in Sprache und Schrift und sogar auf normalen modernen Karten nur in seiner zweidimensionalen Ausdehnung rezipiert wird.

[2] Vgl. Schütz/Luckmann (1979) S. 65.

tausch von Raumrezeption kommt. Diese Rezeption und deren Formulierung findet in Sprache und Bild statt, die als Kulturprodukte unterschiedlich konnotiert, bewertet, oder gebraucht werden. Bild und Schrift sind Ausdruck eines gemeinsamen Wissensvorrates, dessen Bedeutung in der Folge entscheidend für die Frage nach dem Raum- und vor allem dem Grenzverständnis ist.

4. Die Lebenswelt im Wissensvorrat

Wissen und Erfahrungen in der Lebenswelt werden in einer natürlichen Einstellung nicht strukturiert im Wissensvorrat abgelegt.[1] Es wird durch ein System von Vertrautem, Glaubwürdigem, Bestimmten und Widerspruchslosem geprägt. Das Verhältnis von Wissensvorrat und Lebenswelt wurde von A. Schütz und Th. Luckmann am Beispiel von Karten sehr anschaulich dargestellt.[2] Die Legende einer Karte ist einer ‚objektiven' vorherrschenden Kartographie entnommen und die Auswahl von Kartenausschnitt und Maßstab sind subjektiv gewählt. Es gibt Karten mit extremem Detailreichtum, die z. B. durch das tägliche Begehen dieser Gegend im Gedächtnis vorhanden sind. Daneben gibt es Gebiete, die mit Karten vertreten sind, die einen recht kleinen Maßstab haben und dessen grobe Struktur und Umrisse vertraut sind, jedoch regelmäßig zu Rate gezogen werden müssen. Diese Karten werden durch selbst hergestellte Karten ergänzt, deren Maßstab nicht einheitlich ist und deren Details sich an den selbst durchwanderten Wegen orientiert. Oft bekommt man solche selbst hergestellten Karten auch von Mitmenschen, zur Erläuterung neuer Wege. Dort sind dann zum Teil auch zunächst unverständliche Notizen zu finden, die nicht in einer allgemeinen Legende vorhanden sind. Vom Rest der Welt hat man Karten mit sehr großem Maßstab, die durch ihre Abdeckung der gesamten Welt zwar den eigenen Kleinraum in eine Beziehung zum Gesamten setzt, jedoch im Detail durch eine „*terra incognita*" – durch „weiße Flecken" auf der Karte – geprägt sind. Dies bringt uns zu der Frage, ob sich die Lebenswelt, sowohl in subjektiver Sicht, als auch jenseits der individuellen Erfahrung, in einem kulturprägenden und kulturgenerierten Objekt wieder finden lässt. Um im o. g. Beispiel der Karten zu bleiben: Woher bezieht der Mensch der Gemeinschaft seine Kartenlegende und wer setzt in welcher Art und Weise die Nordrichtung bzw. einzelne Objekte in die Landschaft oder auf die Karte, an der sich alle orientieren können?

5. Das kulturelle Gedächtnis

Als weiterer theoretischer Aspekt mit Bedeutung in der Lebenswelt muss die Idee des kulturellen Gedächtnisses eingearbeitet werden. Das kulturelle Gedächtnis ist zwar allgemein von einer Alltagsferne gekennzeichnet, [3] bringt sich jedoch durch konkrete Formung in kultureller und institutionalisierter Weise wieder in die Lebenswelt ein. Texte, Riten und Denkmäler, oder allgemein Monumente als Kulturobjekte, sowie Rezitationen, Betrachtungen und Begehungen als kommunikative Formen, [4] halten die Erinnerung einer Gemeinschaft wach. Dabei gilt der Grundsatz der Semiotik, dass es nicht möglich ist, nicht zu kommunizieren.[5] Darauf baut auf, dass bewusst hergestellte Erzeugnisse einer Kultur einen besonderen Rang innerhalb des Wissensvorrats

---

[1] Vgl. Schütz/Luckmann (1979) S. 220.
[2] Vgl. Schütz/Luckmann (1979) S. 222f.
[3] Assmann (1988) S. 12.
[4] Assmann (1988) S. 12.
[5] Vgl. Volli (2002) S. 11 und grundlegend zur Bedeutung und dem Sinn der Semiotik siehe Eco (1978) S. 21-56.

der Gesellschaft erlangen, je nachdem in welchem Maße und in welcher Funktion sie in die Alltags- und Lebenswelt des Einzelnen und der Gesellschaft eingebunden und tradiert werden.

Als weiteres Merkmal des kulturellen Gedächtnisses ist die *Identitätskonkretheit*[1] zu betonen, die Gegenstände des kulturellen Gedächtnisses mit eindeutig positiver, d. h. einer ‚wir'-Klassifizierung versieht, oder mit einer eindeutig negativen Klassifizierung von ‚nicht-wir' belegt. Der in einer Kultur abgelegte Wissensvorrat wird in die scharf getrennten Kategorien von ‚Fremdem' und ‚Eigenem' aufgelöst, da er aus einem grundlegenden menschlichen Bedürfnis nach Identität gespeist wird.[2] Diese Unterscheidung in Fremdem und Eigenes wurde in der Antike durch die Kulturprodukte der jeweiligen Gesellschaft entwickelt. Die Griechen[3] versuchten sich z. B. durch ihre Sprache von den Barbaren[4] zu differenzieren, oder, wie schon in der Kyklopen-Geschichte der Odyssee deutlich wird, [5] durch ihre kulturellen Leistungen wie z. B. die griechische Bildung ab dem 4. Jahrhundert[6] vor allem durch das Leben in Städten und in einem geordneten, gemeinschaftlichen Wesen der einzelnen Bürger. Zu dieser, über kulturelle Leistungen und Eigenarten definierten Identität kam jedoch schon seit den frühen Länder- und Völkerbeschreibungen der Griechen[7] ein nicht zu unterschätzender räumlicher Aspekt der Definition des Fremden und des Eigenen hinzu. Diese Literaturform der Länderbeschreibung wird erst sehr spät von römischen Autoren aufgenommen. Pomponius Mela war der erste Römer, der in lateinischer Sprache ca. 43/44 n. Chr. sein Werk veröffentlichte.[8]

Zusammenfassend ist mit J. Assmann zu sagen, [9] dass das kulturelle Gedächtnis den Bestand an Texten, Bildern und Riten, sowie deren physische Ausgestaltung, durch regelmäßige Pflege das Selbstbild und das Fremdenbildnis bestätigt und aufrechterhalten kann. Negativ formuliert bedeutet dies, dass Veränderungen in der Kultur z. B. einen Wechsel der Riten hervorrufen, diese entweder in die neue Kultur inkorporiert, oder als Fremd deklariert und aus der Kultur ausgestoßen werden, was weit reichende Folgen für alle mit diesen Riten verknüpften Objekte hat. Das kulturelle Gedächtnis ist eine Erinnerung der Differenzierung und Identifizierung seiner Selbst mit seiner Lebenswelt, was sich beispielsweise in Monumenten konkretisiert.

4.9 Monument und Lebenswelt

Monumenten kommt in der Lebenswelt und deren Grenzen, sowie der Rezeption von Grenzen in der Schlussfolgerung der letzten Überlegungen eine tragende Bedeutung zu. Diese Stellung soll durch die Klärung des Begriffs ‚Monument' präzisiert und belegt werden.

[1] Vgl. Assmann (1988) S. 13.

[2] „The need for Identity" nach Mol (1976) S. 1-3 und 55ff.; der die Verbindung von Identität und Religion als eine der menschlichen Definitionsparameter versteht.

[3] Einen besonders lesenwerten Überblick dazu gibt Dihle (1994): Die Griechen und die Fremden.

[4] Vgl. Dihle (1994) S. 14f.

[5] Hom. Od. 9. 215 als „Grausam und ungerecht, und durch keine Gesetze gebändigt." beschreibt Homer den allein lebenden Kyklopen im Kontrast zum Gemeinwesen der Griechen.

[6] Vgl. Dihle (1994) S. 53.

[7] Dazu ausführlich Müller (1997), der schon bei Babyloniern und Ägyptern den Anfang der Ethnographie setzt.

[8] Siehe dazu Brodersen (1994) S. 2.

[9] Assmann (1988) S. 15.

Varro beschreibt den Begriff des *monimentum* als von *monere* – erinnern – her kommend und damit eng verbunden mit *memoria*, der Erinnerung.[1] Er bringt unter diesem Lemmata seines Buches über die lateinische Sprache bezeichnenderweise das Beispiel der Monumente auf den Gräbern entlang der städtischen Ausfallstraßen, die den Vorbeigehenden ermahnen – *admonere* – sollen. Diese Grabmonumente sind demnach der Urtypus eines Monuments und der damit verbundenen Intentionen; Grund genug, dieses Beispiel etwas genauer zu betrachten.

Das Monument ist ein Träger von Erinnerung, von Geschichte und Geschichten. Daneben ist das Ziel der Monumente, die ihnen mitgegebene Erinnerung dem Passanten zu präsentieren und zu kommunizieren. Daraus ergibt sich die einfachste und mitunter beste Übersetzung des Begriffs Monumente mit „Denkmäler". Diese können ihre Funktion nur erfüllen, wenn sie gut sichtbar sind und wenn sie eine für den Passanten verständliche Botschaft der Erinnerung und Ermahnung aussenden. Geschieht dies nicht, wird das Objekt gar nicht, oder nur als unverstandener Teil der Umgebung beigefügt und nicht weiter beachtet und fehlinterpretiert. Wie für kaum ein anderes Objekt gilt letztlich für ein Monument, dass es sichtbar sein muss, da es sonst seinen Sinn verliert. Ein Maßstab für Monumente ist die Monumentalität, [2] denn nicht alle Objekte, die Erinnerungen und Botschaften tragen, werden als Monument bezeichnet. Die Größe, aber auch der Ort spielen eine Rolle bei der Einordnung der Botschaftsausrichtung – d. h. welche Menschen sollen angesprochen werden, welche Menschen können als Sender und welche als Empfänger in Frage kommen. Gestalt, Ort, Größe und Art der Botschaft (Text oder Bild) bilden die Basis für die Kommunikationsreichweite der zu transportierenden Inhalte, der Erinnerungen und Ermahnungen. Kann ein Empfänger die durch die Kommunikationskultur verschlüsselte Botschaft weder als Text (z. B. Inschrift), oder Bild (z. B. Abbildung von Kultgegenständen oder Handlungen), noch als Gesamtobjekt dekodieren, reduziert der Empfänger das Monument auf seine oberflächlichste, einfachste Weise und Aussage. Dies kann z. B. bei Grabmälern bedeuten: Groß ist gleich wichtig, Ort ist bedeutend – so ließe sich letztlich ein solches Monument reduzieren. Ist die Interpretation eines Monuments bei der einfachen Reduzierung auf Größe und Materialwert angekommen, formen sich von diesem Zeitpunkt an neue, von der ursprünglichen Botschaft nahezu losgelöste Interpretationen aus dem Wissen und der Kultur der Empfänger. Die neue Interpretation des Empfängers reduziert das Objekt in ähnlicher Weise wie bei einer eidetischen Reduktion.

Wie das Beispiel der Grabmäler in römischer Zeit nahe gelegt hat, bezieht sich in der antiken Kultur die Bezeichnung ‚Monument' nicht nur auf ungewöhnlich große Bauwerke. Ein zweiter Index ist die ‚Öffentlichkeit' oder ‚Lesbarkeit' eines solchen Denkmals. So ist beispielsweise die Erinnerung an die Verstorbenen durch Bilder oder besondere Gegenstände aus dem Besitz des Verstorbenen in unserer Zeit erst einmal nicht als Monument oder Denkmal anerkannt. Jedoch unterscheidet sich die besondere Art der Öffentlichkeit der römischen Kultur völlig von der heutigen Vorstellung und hat dadurch Auswirkung auf die Art und Bedeutung von Monumenten. Ein antikes Monument muss auch in seiner Definition mit antiken Parametern interpretiert werden. Bei den antiken Monumenten verbindet sich in funktioneller Weise das kulturelle Gedächtnis in der Form von materialer Kultur (Zivilisation), mentaler

[1] Varro l. l. 4, 49.

[2] Vgl. Kulenkampff (1991) S. 27.

Kultur (Mentalität) im Austausch von Zeichen und Kodes. Die mentale Kultur regelt das System der Zeichenkonventionen einer Gesellschaft gegenüber dem Artefakt (Monument, Instrument) und unter sich selbst. Daraus entstehen wiederum Bedingungen für die materielle Kultur, die sich durch aufgebaute soziale Verbindungen auf der Basis von Artefakten und Instrumenten stützt.[1]

Symbole und Monumente in der Lebenswelt

Die Symbole einer Lebenswelt erhalten besondere Beachtung, denn Symbole spiegeln in der lebensweltlichen Erfahrung der Menschen einen sehr wichtigen Aspekt des Transfers wider. In Symbolen werden nicht aktuell präsente Verknüpfungen in eine sichtbare Form gebracht und im Symbolischen werden Brücken zwischen verschiedenen Wirklichkeitsbereichen geschlagen und abstrakte Vorstellungen und Beschreibungen überwunden, in dem sie konkrete Darstellungsformen nutzen.[2] Der Transfer geschieht als Verallgemeinerung des Dargestellten in einem Kontext, der das Symbol wiederum einer bestimmten Gruppe von Bedeutungen zuweist. Das heißt: Ändert sich der Kontext des Symbols oder die Kultur des Betrachters, wird das Symbol mit anderen Konnotationen belegt und interpretiert.

Als Bedeutungsträger können Symbole[3] aus vielerlei bedeutungsvollen Bestandteilen bestehen. Diese sind nicht lediglich in festen Darstellungen zu finden, sondern darüber hinaus besonders auch in Handlungen zu diesen Symbolen zu sehen. Riten stellen in ihrer Form als gemeinsame Handlung ein Symbol für die Teilnehmer der Handlung im Gesamtsystem der Kultur dar und gleichzeitig als Bestätigung des Objektes des Ritus selbst. Daraus ergibt sich eine intersubjektive Konstituierung der Symbole, die in der Folge aus historischen Wurzeln einer Kultur entstanden ist. Diese historische Konstituierung der Symbole in einer Gesellschaft kann in hierarchischen Formen auftreten und als Sonderwissen von einzelnen Gruppen institutionalisierte Systeme ergeben.[4]

Daraus folgt, dass ein Symbol nur durch seine historische Genese, durch seinen kulturellen Kontext der Entstehung, dem Sonderwissen von handelnden Einzelgruppen und durch die Interpretation der Betrachter der jeweiligen Zeit, seiner entsprechenden Bedeutung zugeordnet werden kann.

Als Symbole besonderer Art sind folglich die Monumente in der antiken Kultur und Lebenswelt zu beachten.

Mensch und Raum

Das grundlegende Verhältnis von Menschen zu den Räumen, in denen sie leben, soll noch einmal von einer anderen Seite beleuchtet werden, um die Art und Weise weiter zu ergründen, wie aus der Beziehung zum Raum eine Grenze entstehen kann.

Der Philosoph und Pädagoge Otto Friedrich Bollnow entwickelte in seinem Buch „Mensch und Raum" einige grundlegende Annahmen über den erlebten und gelebten Raum[5] und die Räumlichkeit des Menschen. Anders als im mathematischen Raum,

[1] Vgl. Posner (1991) S. 44-52.
[2] Vgl. Luckmann/Schütz (1984) S. 195.
[3] Grundlegend ist für die Erörterung der Bedeutung der Symbole Cassirer (1968) S. 144.
[4] Luckmann/Schütz (1984) S. 199.
[5] Vgl. Bollnow (2000) S. 19.

betont Bollnow, ohne eine bedeutungstragende Hierarchisierung der Raumteile, ist der erlebte Raum immer von einem Mittelpunkt aus, sowie von unterschiedlich wahrgenommenen und bewerteten Elementen angefüllt.[1] Die Aussage Bollnows, dass die Räumlichkeit des menschlichen Lebens und der vom Menschen erlebte Raum in strenger Korrelation stehen, [2] hat weit reichende Bedeutung für diese Arbeit zum Limes. Um den Unterschied zum heutigen Raumverständnis klar zu kontrastieren, ist mit Bollnow das Beispiel der aristotelischen Physik aufzugreifen, [3] welches den Unterschied zur modernen, mathematisch geprägten Raumauffassung verdeutlicht.

Die mit dem griechischen Begriff *topos* verbundene Raumvorstellung unterscheidet sich im Wesentlichen durch die Wahl des Standortes und der Begrenzung des Raumes. Die antike Raumvorstellung kommt der Definition der Raumbegrenzung der Lebenswelt sehr nahe, denn die Grenzen des Raumes der antiken Physik werden von einem anthropologischen, subjektiven Standpunkt aus, nach menschlich-kognitiven Fähigkeiten, den Bedürfnissen entsprechend gezogen und im Raum markiert; wie bei den Grenzen der Lebenswelt steht die subjektive Erfahrung im Mittelpunkt.

Der Kulturgeograph Yi-Fu Tuan[4] entwickelte das Verhältnis der Menschen zum Raum und dessen Grenzen durch den Erfahrungsprozess der perspektivischen Raumerfahrung. Aus dem Unterschied von „Space" und „Place" kann die Differenz zwischen undifferenziertem Raum, abstraktem Ausdruck für eine komplexe Sammlung von Ideen und persönlichen Zentren biologischer, physischer und kultureller Bedürfnisse mit unterschiedlichem Wissen und Erfahrung gemacht werden.[5]

Folglich ist der direkte, als Heimat bezeichnete Lebensraum des Menschen auch der Mittelpunkt und Ursprung seines Raumes und Weltbildes. Das Haus, die Wohnung oder das eigene Zimmer des Menschen können durch Geborgenheit und letztlich Geschlossenheit als Mitte der Welt gelten.[6] Von dieser Mitte aus wird der Wirkungsraum nach außen hin aufgebaut.

Am Unmittelbarsten schafft der Mensch sich sein Sicherheitsgefühl des Hauses durch die Errichtung von Mauern, die die Welt in seinem direkten Umfeld in privaten und ‚anderen' Raum trennt; es entsteht ein Innenraum und ein Außenraum. Die Grenze zwischen dem, was Innen und Außen ist, wird dadurch, dass der Mensch sie sichtbar und unmittelbar bei den Mauern seines Hauses setzt, in seinen privatesten Wesen durch diese definiert.[7]

Weiter bringt das gemeinsame Erschaffen, das gemeinschaftliche Bauen eines solchen Raumes sogleich eine primäre Gemeinschaftsbildung mit sich. Ein Haus, ein Gebäude für die Gemeinde, einen Tempel oder eine Stadtmauer kann man nicht alleine fertig stellen.[8] Durch die gemeinschaftliche Tätigkeit der Schaffung solcher Grenzen, die eine Zugehörigkeit definieren, entstehen und festigen sich soziologische, kulturelle, ritualisierte und letztlich sakrale Verbindungen zwischen Menschengruppen.

Eine der wichtigsten Notwendigkeiten für eine Grenze ist es, ein kontrolliertes Überschreiten zu ermöglichen. Dies geschieht beim Haus am augenscheinlichsten

[1] Vgl. Bollnow (2000) S. 17/18.
[2] Bollnow (2000) S. 24.
[3] Bollnow (2000) S. 26.
[4] Tuan (2007): Space and Place. The Perspective of Experience. 1. Auflage aus dem Jahr 1977.
[5] Vgl. Tuan (2007) S. 4ff.
[6] Vgl. Bollnow (2000) S. 123.
[7] Bollnow (2000) S. 130.
[8] Vgl. Bollnow (2000) S. 131.

durch die Tür, bei der Stadt durch das Tor. Die Öffnung des Raumes ist seit jeher als besonderes Element der Grenze anzusehen und die mit Tür und Tor verbundenen Riten, Symbole und Bedeutungen lassen sich durch alle Zeiten und alle Regionen verfolgen und auf einen gleichen anthropologischen Nenner bringen. Der Türsturz oder die Türschwelle sollen das Böse fernhalten; selbst wenn es nur ein Stoffvorhang ist, bedeutet eine verschlossene Tür den bewussten Ausschluss des Außen bei gleichzeitiger Betonung der Integrität des Inneren.

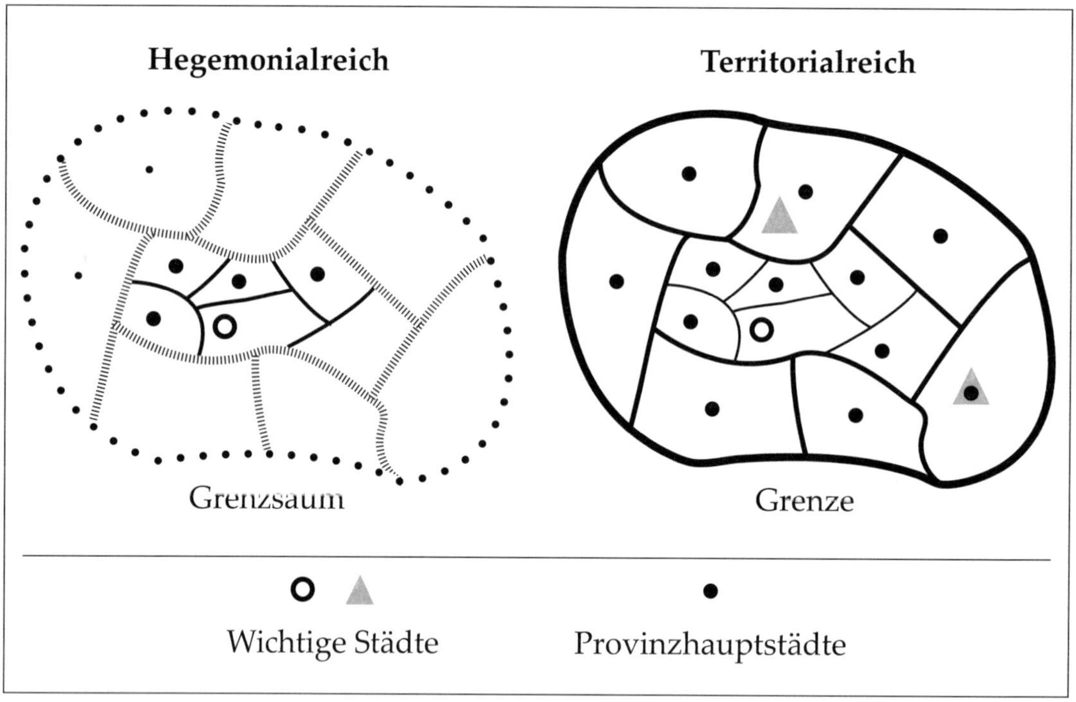

Abbildung 22: Innenbürtige Raumdefinition – Raumdefinition über seine Grenze. W. Moschek, vgl. Luttwak (1976) und Moschek (2009).

Die geöffnete Tür bedeutet zugleich die Offenheit des Inneren zu dem, was sich außerhalb der Begrenzung des Inneren abspielt, jedoch nur im gewissen, sprichwörtlichen ‚Tür'-Rahmen. So bedeutete die offene Tür des römischen Bürgerhauses eine scheinbare Öffentlichkeit des Hauses und des Lebens des Bürgers, andererseits war der Eintritt in das Haus mit weit reichenden Konventionen für den Eintretenden und den Besitzer verbunden, die eine weitere Öffentlichkeit ausschlossen und ein besonders Nahverhältnis herstellten.

Der Gast des römischen Bürgers verliert in dessen Haus theoretisch nahezu alle seine Rechte und ist der *potestas* des Familienoberhaupts untergeordnet. Auf der anderen Seite begab sich der Eintretende, insofern nicht gegen den Willen der Inneren und auf normalem Wege hineinkommende Bürger, in die Obhut der Familie, in einen schützenswerten Gaststatus. Von Prinzip her sind Hausgründung und Stadtgründung das Gleiche: Ein neuer *cosmos* entsteht, im einen der familiäre, im anderen der gemeinschaftliche *cosmos*. Das Haus, die Ansammlung von Häusern, die Stadt und der Staat, finden in der Antike auf dieser Basis – von Innen heraus begründet – ihren Raum und ihre Grenzen.

Solange der Bezug zum Zentrum gehalten wird und der Raum heterogen ist, hält sich der Raum durch seine relativen Verknüpfungen zusammen. Die Außengrenze spielt dabei eine untergeordnete Rolle im Gesamtzusammenhang, da sie nicht der Orientierung der Gesamtheit dient. Wird der Raum jedoch über seine Grenze definiert und strukturiert, können sich die bedeutungstragenden Elemente in Innern in ihrer Wertigkeit verändern, sie bleiben aber dennoch erhalten. Die veränderte Wertigkeit manifestiert sich der Konservierung der Strukturen in sozialen, religiösen, juristischen und geographischen Mustern. Es stellt sich also die Frage, wo sich diese Muster in der historischen Entwicklung der römischen Kultur wiederfinden lassen und ob sich daraus eine Regelmäßigkeit für die mentale Konstruktion von Grenzen in der römischen Antike ableiten lässt.

Wie der Raum und seine Strukturen in der Antike erfasst wurden, muss also als weitere Basis für die Suche nach der Bedeutung der Grenze erörtert werden.

4.10 Raumerfassung in der römischen Antike

Unser heutiges Verständnis von Räumen hat sich in einigen Bereichen im Vergleich zur Antike grundlegend geändert. Luft- und Raumfahrt haben uns Abbildungen von unseren Lebensräumen gebracht, die unser ganzes Weltbild im letzten Jahrhundert plastisch und farblich verändert haben. Bilder wie die tägliche Wetterkarte oder die Wandkarten in den Unterrichtssälen der Schulen und Universitäten geben dem Betrachter jedoch nur ein Abbild einer hochkomplexen, generalisierten Wirklichkeit in der Gestalt eines scheinbar wirklichkeitsnahen Ausschnittes. Die Erfahrung des Raumes, die letzten Endes Orientierung gibt, liegt in einer anderen, kleineren Dimension: bei jedem einzelnen Menschen selbst.

Kai Brodersen zeigte in seiner Habilitationsschrift zur römischen Raumerfassung, [1] dass der Raum seiner Erfahrungsstruktur nach aufzuteilen ist. Klein-, Mittel- und Großraum sind die aus der Wahrnehmungspsychologie übernommenen Begriffe, die in der menschlichen Raumerfassung zum Tragen kommen und darüber hinaus mit den Grenzen der Lebenswelt koinzidieren.

Die nichtkartographische Raumerfassung war in der Antike die gebräuchlichste Art im täglichen Leben gewesen.[2] Bei dieser Art der subjektiven Umwelterfassung spielen nicht allein die persönlichen Fähigkeiten des räumlichen Vorstellungsvermögens eine Rolle, sondern die Notwendigkeit und der damit verbundene Gebrauch. Es geht hier nicht darum, zu erkunden, was die Menschen einer Zeit wissen konnten wenn sie wollten, sondern die Auswirkung des Raumes und seiner Grenzen für die Mentalität einer Lebenswelt steht im Zentrum.

Die Grenzen der Welt – der Großraum

Das Bild der gesamten Welt entwickelte sich entlang des Wissens über die direkte Umwelt und der Kenntnisse des Einzelnen über ferne Völker und Landschaften. Die wissenschaftliche Reflexion des Raumes in allen drei Dimensionen schaffte weder die griechisch/hellenistische Wissenschaft, noch die griechische Philosophie.[3] Für das

[1] Brodersen: Terra Cognita. 1. Auflage 1995, 2. durchgesehene Auflage 2003.
[2] Überblick, Zusammenfassung und weiterführende Literatur in Brodersen (2003) S. 44-48.
[3] Vgl. Olshausen/Sonnabend (1994) S. 593.

von uns als Wahrnehmungsraum benannte Phänomen hatte die griechisch/römische Antike keinen konkreten Begriff. Ein Lebensraum, ein Volk oder ein Ort verharrt begrifflich in der zweiten Dimension. Die geographische Literatur, bzw. Autoren, die Räume und Landschaften beschreiben, verwenden Begriffe wie *chora/regio; topos/locus*, die etymologisch auf sehr eng begrenzte Areale zurückgehen und somit aus dem Klein-, oder Mittelraum heraus in den Großraum interpoliert wurden. Dies weist uns eine wichtige Eigenart der Weltvorstellung der Antike hin.

Die Vorstellungen von der Erschaffung der Welt und ihrer Form als Ganzes stehen in der Tradition von mythologisch-philosophischen Annahmen. Die Frage nach den Grenzen der Welt fragt zugleich nach der Entstehung der Welt. Die Welt entstand aus dem Nichts – was immer das auch gewesen sein mag – oder ist die Wiedergeburt einer schon zuvor vergangenen Welt. Übernatürliche Mächte schaffen den Lebensraum, wie er sich dem Betrachter darstellt. Wie alle historischen Quellen weisen die Entstehungsmythen auf die Sicht und Erklärungsmuster der Lebenswelt der Entstehungszeit der Quelle hin. Der Mythos greift die aktuellen und tradierten Weltbilder auf und zeichnet sie in den bunten Farben und phantasievollen Geschichten der Götter und Heroen nach und gibt das Verständnis der Welt in Handlungen und Ausdrücken wider.

Wie groß das jeweilige „Erkenntnis-Bewusstsein“[1] eines Volkes in einem Zeitabschnitt ist, zeigt sich in der Rezeption der Erklärungen über den Ursprung der Welt und seiner Form. Beispiel für die Erkenntnis des Raums als eine Kategorie der Naturwissenschaft, die auf logischen und mathematischen Grundlagen basiert, gibt uns die Entdeckung der Geographie bei den Griechen.[2] Im sechsten vorchristlichen Jahrhundert geht die Entwicklung der wissenschaftlichen Geographie bei den Ioniern mit der ‚Erfindung' der Naturwissenschaften einher.

Die Grenzen des Mittelraumes

Die Definition einer Raumkategorie zwischen Großraum und Kleinraum fällt schwer. Mittlere Räume werden von uns auf die Art erfasst, wie wir sie durchqueren. Durch Aneinanderreihung von *landmarks* entsteht eine *route*, die durch die Abfolge den Weg zum Ziel bestimmt.[3] Mit Hilfe dieser *routes* ist es mit geringem Aufwand möglich, exakte Wegbeschreibungen zu erstellen. So wie es jeder von uns heutzutage macht, wenn ein Weg von A nach B erklärt werden soll, geschah dies auch in der Antike. Vom Anfangspunkt zum Ziel wird der Weg durch Straßen, Gebäude und markante Punkte, in Verbindung mit relativen Richtungsangaben linear (schriftlich/mündlich) aufgereiht. Topologische und relative Lagebeziehungen bestimmen die *routes*. Anhand von antiken *periplus* und *itinari* zeigt sich diese Art der erfolgreichen und sinnvollen Raumerfassung. Diese antiken Vorbilder geben ebenso einen Überblick darüber, wie diese gestaltet sein können – als Text/Tabelle, Diagramm oder als Mixtur aus beidem. Beispiele solcher beschreibenden Texte sind die spätantike Tabula Peutingeriana, [4]

[1] Dieser Begriff ist bewusst dem Begriff des „Können-Bewusstseins“ von Chr. Meier nahe gestellt. Das „Erkenntnis-Bewusstsein“ ist dem „Können-Bewusstsein“ vorgeschaltet und resultiert aus der Logik, dass jedem Können ein Vorgang des Erkennens der Handlungsmöglichkeiten in teilweise unbewussten und nicht artikulierten Gedankengängen zuvorkommt. Hier ist Idee der Mentalität von Geiger (1932) S. 77f. als Haut, die unter der Kleidung der Idee/Ideologie steckt, die Basis des „Können-Bewusstseins“.

[2] Älter, aber immer noch ein Grundwerk ist das Werk von Berger (1966). Neuer: Ekschmitt (1989).

[3] Vgl. Brodersen (2003) S. 54ff.

[4] Siehe dazu Weber (1976).

das Itinerarium Antonini, [1] die vielen großen Wegeverzeichnisse auf Monumenten an Straßenkreuzungen wie z. B. dem aus Patara, [2] oder einfach fast jeder Meilenstein, auf dem die Entfernungen zum nächsten Ort angegeben waren.

Die Grenzen des Kleinraumes

Das Haus, der Garten, das eigene Feld bilden die individuell zumeist sichtbaren Grenzen des Kleinraumes. Der Raum, der in einem oder wenigen Augenblicken visuell und gedanklich erfassbar ist, zeigt die Sphäre des täglichen Lebens des antiken Menschen. Die Trennschärfe der Grenzen des Kleinraumes nehmen mit der gedanklichen und physischen Größe des Raumes rapide ab. Bei der gedanklichen Erfassung des Raumes und seiner Durchdringung spielen die *surveys*[3] eine wichtige Rolle.

Brodersen zeigte bei seiner Untersuchung zur römischen Raumerfassung, wie wichtig und ergebnisreich die Zuhilfenahme der Nachbarwissenschaften der Geschichte ist. Die Ergebnisse seiner Untersuchung gelten für diese Arbeit als eine der Hauptpfeiler der Argumentation.

Karten in dem Maße, wie wir sie heute für unsere Weltbild und unsere Orientierung brauchen, waren in der antiken römischen Raumerfassung nicht notwendig. Ähnlich wie im Subsidaritätsprinzip der Verwaltung des Weltreiches, ging die römische Kultur mit ihren Grenzen um.

Ist der Raum von seinem Inhalt her erfasst und strukturiert, bleibt wieder die Frage nach der Gestalt seiner Grenzen offen. Daher gilt es, die Gestalt einer Grenze zu erklären, was mithilfe der Geographie und deren Methoden angegangen werden soll.

4.11 Die Grenze in der Geographie

Wie schon geklärt, ist der Limes eine Grenze eines Raumes und differenziert damit die Erdoberfläche.[4] Die Geographie, genauer die Politische Geographie, hat sich zu einer Wissenschaft entwickelt, deren Aufgabe es u. a. ist, Grenzen und deren Entstehung und Funktion zu untersuchen.

Die von Friedrich Ratzel begründete Anthropogeographie und die daraus entstandene Politische Geographie haben seit dem Ende des 19. Jahrhunderts in der Analyse von Grenzen und deren Auswirkungen auf ihre Umwelt viele Fortschritte gemacht und Ratzels Arbeiten blieben Standardwerke zur Genese und Art von Grenzen.[5] Ratzels durch seine Ausbildung als Zoologe und Geologe geprägte naturwissenschaftliche Suche nach Strukturen und Gesetzen in Geographie und Geschichte brachte ein damals neues, abstraktes Denken und Analysieren in diese Geisteswissenschaften.[6] Die wissenschaftlichen Denkweisen und Ideen von Ratzel erleben im Zuge des ‚Spatial Turn' in den letzten Jahre in der Geschichtswissenschaft eine Renaissance.[7]

Basierend auf der organischen Sichtweise des Staates von Ratzel, welche das Wesen

[1] Siehe Cuntz (1929). Die volle Bezeichnung ist: *„Itinerarium provinciarum Antonini Augusti"*. Zuletzt Löhberg (2006).
[2] Sahin (1994) S. 130ff. und Sahin/Adak (2007).
[3] Vgl. Brodersen (2003) S. 66ff.
[4] Vgl. Harvey (1977) S. 393.
[5] Vgl. Demhardt (1997) S. 23ff.
[6] Ausführlich zur Bedeutung von Ratzels Werk für Geographie und Geschichte siehe Osterhammel (2001) S. 156-169.
[7] Siehe dazu Schlögel (2004) 265f., bes, FN 9 mit den wichtigsten Literaturhinweisen.

der Grenze von seinem inneren Wachstum, von einer Bewegung und einem Prozess von Innen heraus begründet, stellt man Ratzel zufolge fest, dass *„Der Grenzsaum (..) das Wirkliche [ist], die Grenzlinie ist die Abstraktion davon. Diese kann man zeichnen und in das Gedächtnis einprägen und messen, jener ist von seinem Wesen nach unbestimmt. (...) Ob der Gelehrte sie [*die Grenzlinie, d. Verf.*] durch Messung oder der Diplomat durch Übereinkunft festsetzt, sind sie unwirklich."*[1]

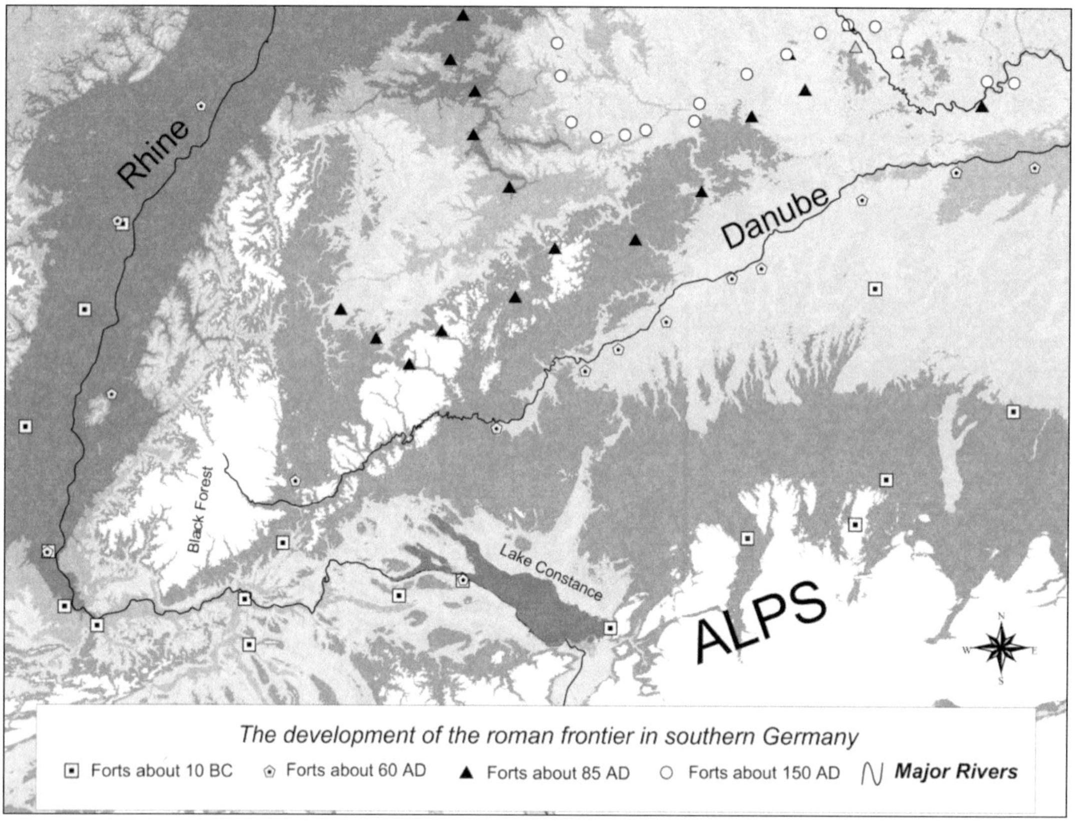

Abbildung 23: Karte von Süddeutschland zwischen 10 v. Chr. und ca 150 n. Chr. Es sind nur einzelne Kastelle und Wege nachweisbar, Palisaden, Gräben oder Mauern kommen in dieser Gegend erst zwischen 150 bis 160 n. Chr. hinzu. Kartographie: W. Moschek.

Als künstliches Objekt im Raum ist die Grenze einer Kultur das Ergebnis einer Bewegung.[2] Diese Bewegung stoppt an einem Ort, wenn ihr eine entsprechende Bewegung entgegengesetzt wird oder die treibende Kraft versiegt.[3] Für den Limes würde es erklären, warum, wann und wo er zu verorten wäre, [4] jedoch nicht die Funktion und die Gestalt der Grenze. Bemerkenswerter Weise wurde dem Limes als Grenze keine Kraft entgegengesetzt. Die Bezeichnung als Demarkationslinie, die den vorläufigen Ort einer Grenze zwischen zwei Staaten bezeichnet, ist somit nicht korrekt.

[1] Ratzel (1923) S. 385.
[2] Ratzel (1975a) S. 259-261.
[3] Whittaker (2000) S. 311, nennt dies „The Roman Army simply run out of steam (...)".
[4] Vgl. Whittaker (1994) S. 60-97, der seine auf dieser Theorie basierende wirtschaftliche Erklärung für den Ort des Limes darlegt.

Die künstliche und die damit verbundene, bewusst hergestellte Differenz vom natürlichen Zustand der Grenze als Saum (engl. *Frontier*; altdeutsch *Mark*), betont die besondere Stellung des Limes als Objekt im Raum und gleichzeitig im Rahmen dieser Arbeit. Es geht in dieser Arbeit *nicht* um den Grenzsaum, das undefinierte, natürliche Grenzgebiet des römischen Reiches, sondern um die bewusst definierte und eindeutig markierte Grenze, die sich in Form von Palisaden, Mauern, Gräben und Wällen an diesem Grenzsaum präsentiert. Das Bild des Limes als Palisade oder Graben ist zwar tief im allgemeinen Verständnis zu diesem Bauwerk eingegraben, stellt jedoch erst den Ausbau der Grenze zwischen 45 und 70 Jahren nach der Provinzgründung in Obergermanien und für Rätien sogar erst nach 120 Jahren dar.[1]

Die Politische Geographie hat sich nach dem ersten und besonders nach dem zweiten Weltkrieg hauptsächlich in der englischsprachigen Forschung weiterentwickelt. Nach dem Ersten Weltkrieg konzentrierte man sich auf die Staatsgrenzen für die Neuordnung Europas. Deutsche Traditionen und Ideen der Raum- und Grenzforschung versuchte man, wohl aufgrund der von den Nationalsozialisten ideologisch ausgenutzten Form der Geopolitik und der damit verbundenen grausamen Folgen, nicht zu beachten, oder diese waren politisch nicht korrekt. Untersuchungen zur Entstehung und zur Analyse von Grenzen wie von E. Fischer 1949[2], A. E. Moodie 1957[3], oder von L. Kristof 1959[4] und vor allem St. B. Jones 1959[5], haben ihre Wurzeln noch in den Arbeiten der Geographen der 30er und vor allem der 40er Jahre. Die US-amerikanische und angelsächsische Forschung widmete ihre Aufmerksamkeit den afrikanischen und südamerikanischen Staatsgrenzen, doch auch die Grenzen in Nordamerika waren mit wichtigen Studien bedacht worden. Die Grenze zwischen den USA und Kanada war als die unsinnigste, teuerste und unnatürlichste Grenze bezeichnet worden.[6] Diese Grenze war allein auf dem Reißbrett geplant worden und folgte der virtuellen Linie des 49. Breitengrades, ohne Rücksicht auf natürliche geographische Gegebenheiten oder Verbindungswege durch die Wildnis.

Der Forschungstrend ging deutlich von der reinen Grenzlinienanalyse weg. So betonte S. W. Boggs 1932, jeden Grenztyp nach allen seiner Funktionen hin zu untersuchen und auf die Veränderlichkeiten der Grenzfunktion zu achten.[7] R. Hartshorne[8] wies 1936 den Weg weiter in Richtung der Interpretation von Grenzen nicht nach ihrer physischen Form, sondern nach ihrem Verhältnis von Kulturlandschaft zum Entstehungszeitraum.[9]

Die Richtung der Grenzforschung war in Grundzügen, mit ihrer Analyse der von innen heraus generierten Bewegung, die zu Grenzen führt, schon von Ratzel vorgezeichnet worden. Neben der Definition von Frontiers als nicht-politischen Grenzen, die im Gegensatz zu den Boundaries als politischen Grenzen stehen, [10] setzte sich die Erkenntnis durch, dass die Funktion von Grenzen nicht von der Art der Grenze ab-

[1] Rätien erweiterte sein Gebiet sukzessiv nach Norden und bekam wohl erst in den 160er Jahren eine feste Grenzmarkierung, fast 120 Jahre nach der Gründung der Provinz unter Tiberius oder Caligula.

[2] Fischer (1949) On Boundaries. In: World Politics 1.

[3] Moodie (1957) The Geography behind Politics.

[4] Kristof (1959) The Nature of Frontiers and Boundaries.

[5] Jones (1959) Boundary Concepts.

[6] Siehe dazu z. B. Rufin (1991) S. 167-170.

[7] Boggs (1932) S. 48f.

[8] Hartshorne (1936) S. 56f.

[9] Vgl. Minghi (1977) S. 344.

[10] Vgl Kristof (1959) S. 269-282.

hängt, sondern von dem Gemeinwesen, welche sie trennt.[1] Das macht die Formulierung einer politischen Grenze als „nach innen gerichtet“ aus, da sie die Reichweite der Zentralmacht markiert;[2] eine Boundary (politische Grenze) ist im Gegensatz zur Frontier eine trennende Grenze. Die Form der Grenze korrespondiert demnach offensichtlich mit dem System, das sie aufgebaut hat. Daher hat die Analyse der Grenzveränderungen in der Politischen Geographie die weitreichendsten Ergebnisse erbracht.[3]

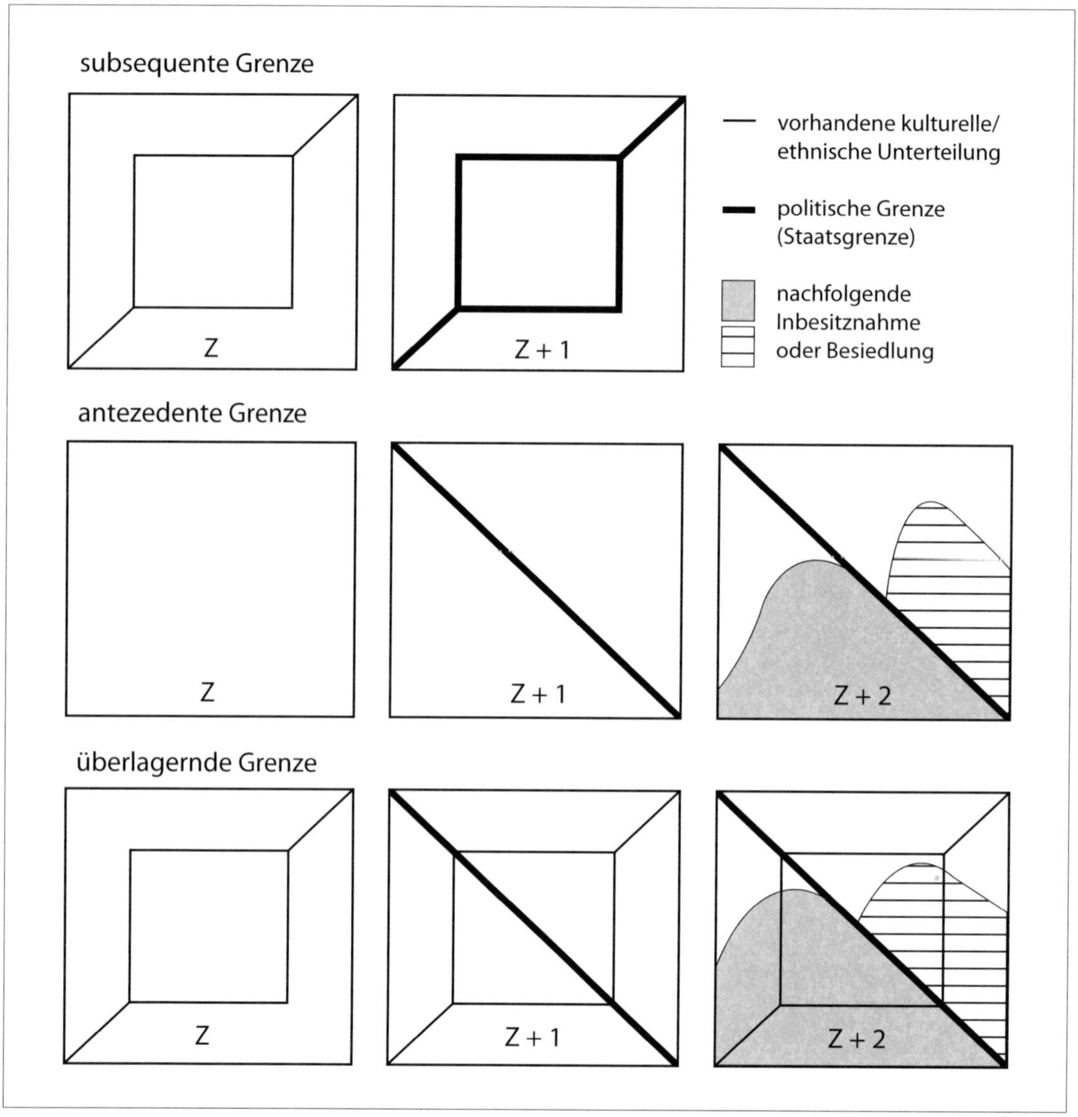

Abbildung 24: Grafik nach ANTE *(1981), S. 119 und nach Schwind 1972.*

Als Synthese dieser Resultate sind folgende Formen von Grenzlinien zu differenzieren: Die *subsequente* Grenze übernimmt die vorhandenen natürlichen und kulturellen Grenzen. Die *antezedente* Grenze geht der Entwicklung der Merkmale einer Lebenswelt voraus und schafft neue Grenzen, wo zuvor noch keine waren. Die *superimposidierte*, oder überlagernde Grenze geht auf keine der Vorläufer in natürlicher oder

[1] Vgl. MOODIE (1957) S. 83.
[2] KRISTOF (1959) S. 270f.
[3] Vgl. MINGHI (1977) S. 364.

kultureller Umwelt ein. Allen Grenzen ist allerdings gemein, dass sie sich im Laufe der Zeit in die kulturelle Struktur der Gesellschaft eingraben und damit sich selbst rückwirkend verfestigen. Im Ergebnis kann man die Grenztypen mit Überlegungen von Schwind, Penck, Harthshorne und Pounds zusammenfassen und Grenzen in drei Hauptkategorien einteilen:[1]

1. **Zusammenwachsgrenzen** (Strukturgerechte Grenzen, antecedent boundaries), die sich in absolute, zellulare Zusammenwachsgrenzen, sowie in Begegnungsgrenzen unterteilen.
2. **Aufteilungsgrenzen** (Geometrische Grenzen, geometrical boundaries, totally antecedent boundaries), die als absolute Aufteilungsgrenzen im unbewohnten Raum (pioneer boundaries) und als ordnende Aufteilungsgrenzen, im Widerspruch zur sozialräumlichen Gliederung (destructive pioneer boundaries), auftreten.
3. **Trennungsgrenzen** (Strukturwidrige Grenzen, superimposed boundaries), die als absolute Trennungsgrenzen (superimposed boundaries in proper sense), als zellulare Trennungsgrenzen (subsequent boundaries) und Zerreißungsgrenzen (extrem strukturwidrige Grenzen, truce lines as boundaries) auftreten.

Frontiers oder Grenzsäume sind generell als Zusammenwachsgrenzen zu sehen, so wie Boundaries als Trennungsgrenzen zu verstehen sind.[2] Es wird deutlich, dass sich der Unterschied dieser drei Kategorien von Grenzen aus dem Verhältnis ihrer Entstehung zur Besiedlung des Raumes ergibt. Es ist demnach essentiell zwischen einer offenen, mit militärischer Funktionen und Tradition versehenen Waldschneise, die sich einem Feldrain gleich durch Urwälder und Steppen zieht und sich entlang einer lockeren Kette von Kastellen und Wachttürmen orientiert, und einer geschlossenen, durchgängigen Sperranlage, die sogar dem Wild unmöglich gemacht haben wird, von einer Seite auf die andere zu wechseln, zu unterscheiden. Erstere ist eine offene Frontier, ein Grenzsaum, eine Mark, letztere ist eine Boundary, eine Borderline, eine Grenzlinie.

Zusammenfassend ist zu sagen, dass die Politische Geographie wichtige Wege zur Analyse von Grenzen und deren Entstehung aufgetan hat. So stehen seit der Entwicklung von Ratzels „Anthropographie" und „Politischer Geographie" viele moderne interdisziplinäre Studien zu Grenzen und deren Auswirkungen zur Verfügung, [3] die folgendes unterstreichen:

- Grenzen stehen in enger Verbindung zu ihrem geographischen und historischen Milieu.[4]
- Territorien und deren Grenzen stehen zusammen mit den sie repräsentierenden Symbolen in einem Entwicklungsprozess.[5]
- Grenzen müssen als Teil der Kultur, deren Ideologie und deren Lebenswelt gesehen werden.
- Je mehr sich eine Grenze zu einer Linie entwickelt, desto mehr hat sie ihre eigenständige Wirkung verloren und ist umso mehr Kulturprodukt.[6]

[1] Ante (1981) S. 120f.
[2] Vgl. Ante (1981) S. 121.
[3] Z. B.: Miller/Steffen (1976); Paasi (1996); Donnan/Wilson (1999).
[4] Jones (1959), S. 253 und Paasi (1996) S. 25.
[5] Vgl. Paasi (1996) S. 28.
[6] Ante (1981) S. 115.

Exkurs mit zwei Beispielen

Ein herausragendes Beispiel für die Geschichtswissenschaft mit dem Hintergrund der Wechselbeziehungen von Grenzen und Gesellschaften kam schon zum Ende des 19. Jahrhunderts auf. Die weltbekannte Arbeit von Frederick Jackson Turner, [1] der mit seiner Frontier-Theorie schon 1893 das besondere Verhältnis der amerikanischen Frontier und der daraus erwachsenen Gesellschaft herausarbeitete, lässt noch heute erahnen, welche Beziehungsgeflechte sich von der Konstitution einer Gesellschaft an ihren räumlichen, strukturellen Mustern und ihrer Grenze ablesen lassen. Turners Arbeit wurde zumeist aus historischem Blickwinkel kritisiert[2] und weniger aus geographischer und kultur-soziologischer Sicht, was von der Gesamtidee der These zu einseitig gefasst ist. Die Frontier-Theorie von Turner stellt immer noch einen Meilenstein in der Analyse der Beziehung von Gesellschaft und Grenze dar, trotz aller Kritik.[3]

Bedeutend ist die These, weil sie die offene Weite des Raumes, die Frontier, bzw. den Grenzsaum als den wichtigsten Raum der Emanzipation der amerikanischen Kultur von der europäischen sah.[4] Das Fehlen von festen Grenzen bzw. die nicht vollständige strukturelle Durchdringung des nordamerikanischen Kontinents, ließ dem *Frontierman*, dem einzelnen Farmer, Trapper oder Händler starke persönliche Freiheiten[5] und Handlungsfähigkeiten, die es ihm ermöglichte aus eigenem Willen an der Gemeinschaft teil zu haben. Den Anstoß für seine These gibt Turner in den ersten Sätzen seines Aufsatzes bekannt:

> *„In a recent bulletin of the Superintendent of the Census for 1890 appear these significant words: "Up to and including 1880 the country had a frontier of settlement, but at present the unsettled area has been so broken into by isolated bodies of settlement that there can hardly be said to be a frontier line. In the discussion of its extent, its westward movement, etc., it can not, therefore, any longer have a place in the census reports." This brief official statement marks the closing of a great historic movement. Up to our own day American history has been in a large degree the history of the colonization of the Great West. The existence of an area of free land, its continuous recession, and the advance of American settlement westward, explain American development."*[6]

Diese Sätze lassen sich leicht mit Hilfe von Ratzel analysieren: Die Bewegung, die den natürlichen Grenzsaum, die Frontier bzw. den Westen geschaffen hatte, war zum Stillstand gekommen. Alle offenen Gebiete waren von eingemessenen Siedlungsgebiete umgeben und damit selbst eingegrenzt. Das offene Land war nicht mehr ganz so frei und unbegrenzt, vom Zensus erfasst, der ‚Wilde Westen' war ‚eingezäunt'.[7]

[1] TURNER (1893) *The Significance of the Frontier in American History.*

[2] Zu Kritik an der Frontier-Theorie siehe z. B. BECK (1955) S. 56-78, mit älterer Literatur.

[3] Siehe zur Frontier-These FARAGHER (1994) mit neuerer Literatur und Aufarbeitung der These.

[4] "The American frontier is sharply distinguished from the European frontier--a fortified boundary line running through dense populations." JACKSON (1893) S. 2

[5] Siehe JACKSON (1893) S. 1-2 und S. 38.

[6] TURNER (1893) S. 2.

[7] An dieser Stelle sei nur kurz auf den Aufsatz von TURNER (1914) „The first official Frontier of the Massachussets Bay" hingewiesen, in der Turner auf S.1, die in unserem Zusammenhang hochinteressante Stelle erwähnt (Massachusetts Archives, lxviii, pp. 174-176.): *„In the session of 1675-6 it had been proposed to build a fence of stockades or stone eight feet high from the Charles "where it is navigable" to the Concord at Billerica and thence to the Merrimac and down the river to the Bay, "by which means that whole tract will [be] environed, for the security & safety (under God) of the people, their houses, goods & cattle; from the rage & fury of the enemy."* Die Siedler beabsichtigten also einen Wall und eine Palisade in der Art des

Die Besiedlung des nordamerikanischen Kontinents hatte damit einen Höhepunkt erreicht, der nun dazu führen würde, dass sich die Art der offenen Kultur der Frontiers verändert wird. Hier findet der Wandel von einer offenen Weite zu einem geschlossenen Raum statt und wenn zuvor ‚the great West' die Gesellschaft prägte, wie würde sich dann der Systemwandel und die darauf folgenden abgeschlossenen Räume auf eine Raumerfassung und das Grenzverständnis und deren Gestaltung auswirken?

Als zweites Beispiel soll die Arbeit von Fernand Braudel in seiner Analyse des Verhältnisses von Raum, Geschichte und Kultur angeführt werden. Die Arbeit „Le Méditarenée et le monde méditarenéen à l'époche de Philippe II", [1] die als einer der Höhepunkte der *Annales-Schule*[2] bezeichnet werden kann, ist eine der am meisten beachteten historischen Arbeiten, deren Forschungsgebiet sich dem Titel und dem Inhalt nach primär über einen Raum definiert und erst in zweiter Linie über den Zeitraum der Betrachtung.[3]

In seinem Werk über den Mittelmeerraum umgeht Braudel eine exakte Grenzziehung dadurch, dass er sich bei der Frage nach den Randgebieten des Mittelmeerraumes von Geologen, Biologen und Geographen entfernt und als Historiker, der sich mit Menschen beschäftigt, nicht an diese Einteilungen halten kann, da der Mensch all diese Grenzen überschreitet. Braudel benutzt das Beispiel eines zentralen Lichtes, welches nach außen immer schwächer wird und der Übergang zwischen Licht und Schatten kaum exakt zu trennen ist.[4] Damit hat der Raum des Mittelmeeres einen Grenzsaum, einen Mischraum erhalten, in dem es nur noch vom Standort des Betrachters aus möglich ist, zu entscheiden, wo es in Richtung Zentrum geht. Die Hauptelemente des Mittelmeeres sind die Inhalte im Zentrum und deren Auswirkungen auf einen nicht weiter bestimmten Raum, denn eine Grenze wird bei der Erörterung von historischen und aktuellen Vorgängen erst dann relevant, wenn sie Einfluss auf die inneren Vorgänge nimmt.[5]

L. Febvre formulierte in seinem Manifest zur neuen *Annales* 1946[6] als wichtigste Aufgabe der Bildung des kultivierten Menschen, Geographie (Raum) und Geschichte (Zeit) als bedeutende Teile seiner Gesellschaft zu verstehen. Febvre definierte schon 1928 die in Zeit und Raum gesetzten Grenzlinien als politisch gesetzte Entitäten.[7] Will man die Grenze verstehen, muss man die Politik, die dahinter steckt, analysieren.

Der Blickwinkel des Grenzforschers muss sich also vom schmalen Streifen weg und hin zum Innern verändern, denn von dort kommen die Ideen, Konzepte und die Befehle, diese Grenze zu ziehen.

ORL zu errichten, um sich mit Gottes Hilfe in Sicherheit zu befinden. Weitere Nachforschungen zu diesen parallelen der römischen und amerikanischen Frontier wären eine eigene Arbeit wert.
http://xroads.virginia.edu/%7EHYPER/TURNER/chapter2.html – Zuletzt eingesehen 19.12.2010.

[1] Braudel (2001); in deutscher Sprache; beachtenswert sind ebenso die Aufsatzsammlungen Braudel/Duby/Aymard (1987) Die Welt des Mittelmeeres.

[2] Zur Geschichte der Annales-Schule siehe Raphael (1994); beachtenswert zum Verständnis der Annales-Geschichtsschreibung siehe Middell/Sammler (1994).

[3] Zum Einfluss von Ratzels Ausführungen über den Raum siehe Osterhammel (2001) S. 166; FN 54 mit weiteren Literaturangaben zu dieser vermuteten Verbindung.

[4] Braudel (1990) S. 242.

[5] Für Burke (1991) S. 46 hat das Braudels Werk wie kaum ein anderes die Bedeutung des Raumes für die Geschichte betont.

[6] Febrve (1994) S. 74.

[7] Vgl. Febvre (1928) S. 31-48. In dieser Arbeit stellt sich Febvre gegen den Determinismus von Ratzels Grenztheorien.

4.12 Frage, Methode und Vorgehensweise

Um den Limes in seiner Funktion und den damit verbundenen Interaktionen seiner Erbauer und Zeitgenossen zu erschließen, ist es bei der speziellen Quellenlage notwendig, zum *Objekt* selbst vorzudringen. Der Limes kann nur weiter und offener erklärt und in einen größeren Sinnzusammenhang gebettet werden, wenn er aus seiner Lebenswelt heraus begriffen wird. Aus der Idee der Lebenswelt entsteht die reduzierte und zugleich verallgemeinernde Konstitution des Limes als Grenze, als Phänomen und Monument mit raumstrukturierenden Inhalten der römischen Kultur. Als sichtbares und allgemein zugängliches Monument erfüllte der Limes eine Aufgabe als Symbol. Dieses Symbol der Begrenzung des Raumes geht in seiner Struktur parallel mit den Grenzen der Raumerfassung in der Lebenswelt und entzieht sich damit der individuellen Welterfassung der Antike. Sowohl als Monument als auch als Raumstruktur wird der Limes zu einem Kulturprodukt, dessen Intention und Bedeutung nur im Rahmen der gesamten römischen Kultur und in ihrem speziellen Bezug auf Grenzen zu verstehen ist. Soziologie und Mentalitätsforschung treffen sich in der Feststellung, dass Grenzen, und besonders solche dieser Monumentalität, Produkte eines tiefgründigen Handlungsmusters einer Kultur sind. Darauf baut die Politische Geographie, als enge Nachbardisziplin der Geschichte, die Analyse der Form, Entstehung und Veränderung von Grenzen auf.

Der Limes ist eine monumentale Grenze, die als sichtbares Phänomen, als Zeichen eines mentalen Musters der römischen Kultur des Raums und den damit unweigerlich verbundenen Grenzen zu verstehen ist. In der Grenzanalyse der römischen Kultur drücken sich die fundamentalen Elemente der Struktur von Identität, Alterität und den dazwischen befindlichen Übergängen aus.

Das Ziel der Untersuchung von Grenzen aus geographischer Sicht hat J.V.R Prescott so formuliert:[1]

> *„Zwei Aspekte der Untersuchung von Grenzen und Grenzsäumen sind von Interesse für den Geographen: zunächst sind Lage und Beschaffenheit jeder Grenze und jedes Grenzsaumes Ergebnis der Interaktionen zahlreicher Faktoren, von denen einige geographischer Natur sind (...). Zum zweiten können jede Grenze und jeder Grenzsaum (...) den Raum, dessen Teile sie sind, sowie Entwicklung und politisches Handeln der durch sie trennenden Staaten beeinflussen."*[2]

Was aus den Erörterungen zur Mentalitäten, Lebenswelt und Soziologie ersichtlich wurde, gilt für Grenzen wie den Limes, nämlich dass sie selbst Produkt einer kulturellen und soziologischen Entwicklung sind.

Aus diesen Schlussfolgerungen ergeben sich die nächsten Schritte der kulturhistorischen Untersuchungen zum Limes: Um die Bedeutung und Funktion der Limes in der römischen Antike zu klären, muss einerseits in der Kultur des Betrachters (Historiker) und andererseits in der des Erbauers nachgeforscht werden. Ohne diese grundlegende Klärung der kulturellen Entwicklung von Grenzen und deren Rezeption käme man zwangsläufig nur zu zeitwidrigen Schlüssen und nicht zur ursprünglichen Funktion des in der Forschung als Limes bezeichneten Objektes.

---

[1] Prescott (1975) S. 122; vgl. Boesler (1983) S. 54.
[2] Prescott (1975) S. 71.

Der Gang der Forschung zum Limes und die dabei feststellbaren Tendenzen bringen zusätzlich neue Perspektiven zu dieser Grenze. Nach der Erörterung der eigenen Tradition der Limesforschung und der Entwicklung des methodischen Vorgehens, sollten nun die bisher benutzten antiken Quellen der Historiker und Archäologen auf den Prüfstand, um zu erkunden, ob und wie das Objekt Limes als Außengrenze des Römerreiches zu finden ist oder auch nicht. Wenn diese Quellen das Bild jener Grenze nicht erweitern können, bleibt die logische Folgerung, dass, wie oben gefordert, die internen Kulturprozesse und Eigenarten der römischen Lebenswelt untersucht werden müssen, welche auf eine ‚Grenzkultur' und eine mentale Grundhaltung zu Grenzen und damit zum Limes hinführen.

5 Vom Wesen der römischen Kultur: Kein Raum ohne Grenzen

5.1 Die Gründung Roms aus griechischer Sicht

Als Plutarch die Doppelbiographie von Theseus und Romulus im ersten Viertel des 2. Jahrhunderts n. Chr. schrieb, waren viele der hellenistisch geprägten Gebiete der antiken Welt vor weit über 150 Jahren zu römischen Provinzen geworden. 100 Jahre nachdem Horaz verkündet hatte, „dass das bezwungene Griechenland den rohen Sieger bezwungen und die Kultur nach Latium gebracht" habe, [1] versuchte Plutarch mittels seiner Biographien[2] „Großer Römer und Griechen", die beiden dominierenden antiken Kulturen des Mittelmeerraumes anhand sehr detailreicher Betrachtungen einzelner Persönlichkeiten beider Kulturen zu beschreiben.[3]

Der direkte Vergleich von Heroen und Personen aus beiden Kulturen kontrastierte nicht nur die verschiedenen Wesensformen von einzelnen Griechen und Römern, sondern brachte gleichsam die unterschiedlichen Kulturen auf gemeinsame strukturelle Nenner.[4] Mentalitätsgeschichtlich ist der Vergleich beider Völker aus der Sicht von Plutarch, in den vielen beschriebenen Eigenschaften der *bíoi* erzählt und verglichen, [5] eine gewinnbringende Quelle für die Forschung. Im Rahmen des erneuten Aufblühens[6] der griechisch beeinflussten Kultur und Kunst unter Hadrian[7] wird deutlich, dass beide Kulturkreise scheinbar erst in ihrer gegenseitigen Ergänzung Synergieeffekte entwickelten.

Die Biographie des mythischen Stadtgründers von Rom offenbart das Fundament der römischen Kultur aus griechischer Sicht.[8] Das Gründungsepos der Städte (ktísis) war ein wichtiger Pol der Identität für die Bürger der *poleis* gewesen. Durch die Beschreibung von Mythos, Ritus und Vollzug der Stadtgründung Roms fasst Plutarch – aus der Sicht eines Griechen – die grundlegende Basis Roms in Worte, auf der die Römer ihr Weltreich bauten.

Der Zeitpunkt der Niederschrift der Biographien in den letzten erfolgreichen Herrscherjahren des Traian[9] ist zugleich der Höhepunkt der territorialen Ausbreitung des römischen Reiches. Grund genug für Plutarch, um sich bei der Beschäftigung mit dem Ursprung der römischen Kultur wieder mit der Frage nach den Erfolgsgründen zu beschäftigen, wie es schon Polybios fast 200 Jahre zuvor getan hatte. Bei beiden Griechen standen die Riten und die Religion der Römer im Blickfeld der Beschreibungen und Polybios wunderte sich über den religiösen Eifer:

---

[1] Hor. epist. 2, 1, 156f.: *"Graecia capta ferum victorem cepit et artes intulit agresti Latio"*; dazu Ziegler (1954) S. 14f.

[2] Zum Wesen der antiken Biographie zuletzt ausführlich: Sonnabend (2003).

[3] Das Verhältnis Plutarch zu Rom beschreibt Jones (1971), De Blois (1999) S. 267ff. mit neuerer Literatur.

[4] Vgl. dazu Pelling (2001), Sp. 1161 – 1164.

[5] Eine nicht vereinbare Kluft zwischen griechischer und römischer Mentalität diagnostiziert dagegen Christ (1989).

[6] Mit neuerer Literatur und ausführlichen Erörterungen zum Verhältnis von Rom zur hellenistischen Welt: Swain (1996) S. 186ff.

[7] Toynbee (1934) S. xiii ff. Es kann vielleicht auch das Entstehen der zweiten Sophistik auf die.Bemühungen Hadrians zurückgeführt werden.

[8] So waren es wohl auch zuerst Griechen, die die Geschichte von Roms Gründung im 4. Jh. v. Chr. aufschrieben. Vgl. Classen (1963), S. 447f.

[9] Zum Zeitpunkt von Plutarchs Tod: Swain (1991) S. 318-330.

„Der größte Vorzug des römischen Gemeinwesens aber scheint mir in ihrer Ansicht von den Göttern zu liegen, und was bei anderen Völkern ein Vorwurf ist, eben dies scheint die Grundlage des römischen Staates zu bilden: eine beinahe abergläubische Götterfurcht. Die Religion spielt dort im privaten sowie im öffentlichem Leben eine solche Rolle und es wird so viel Wesens darum gemacht, wie man es sich kaum vorstellen kann."[1]

Lag damit auch für Plutarch in der Art und Weise, wie Romulus Land für die römische Kultur besonders in seiner rituellen Form vereinnahmte, einer der Gründe für die erfolgreiche Expansion der Römer?[2] In Bezug auf die Grenzen des Imperium Romanum zur Zeit Plutarchs lässt sich jedoch kein direkter Hinweis finden, jedoch soll durch den von Plutarch erhaltenen Blick auf die Art und Weise, wie die Römer ihre Räume begrenzten, ein wichtiger Baustein für das Grenzverständnis betrachtet werden.

5.2 Die Gründung der Stadt

Nachdem sich Romulus und Remus entschlossen hatten, eine eigene Stadt zu gründen, kam die Frage nach der richtigen Lage der Stadt auf. Den Streit über die beste Lage versuchten die Zwillinge dadurch zu lösen, dass sie sich je ein bestimmtes Areal auf einem Hügel suchten, von dem aus sie göttliche Zeichen für ihre Wahl beobachten wollten, die über die endgültige Lage der Stadt entscheiden sollten. Remus wählte den Aventinhügel, Romulus den Palatin. Dort richteten sie ein Areal zur Beobachtung der Vögel ein, ein *templum*, welches später im Gebiet der Stadt liegen sollte. Remus sah sechs Geier, Romulus zwölf, was von ersterem jedoch angezweifelt wurde und worüber es wiederum Streit gab. Romulus ließ sich jedoch nicht beirren und begann mit der Gründung der Stadt, zu der er Männer aus Etrurien als Ratgeber hinzu rief, um nach heiligen Anleitungen den Ritus zu begehen.[3] Als ersten Akt brachten alle neuen Siedler Gegenstände des täglichen Lebens und Erde aus ihrem Ursprungsland, die sie in eine Grube, den so genannten *mundus*, legten und dort durchmischten. Danach wurde diese Grube mit einem Stein verschlossen.[4] Romulus führte sodann mit einer eisernen Pflugschar, von einer Kuh und einem Stier gezogen, eine Furche um das zukünftige Stadtgebiet. Die aufgeworfene Scholle wurde von den Hinterhergehenden nach innen geworfen, damit keine außen liegen blieb. An den Stellen, wo später ein Stadttor entstehen sollte, hob er den Pflug an und zog keine Furche.[5] Danach begann der Bau der Stadtmauer entlang dieser ‚ersten Furche', des *sulcus primigenius*.

Der immer noch von seinem Ort und von seinem Sieg im Wettstreit überzeugte Remus versuchte, die Arbeiten an der Stadtmauer zu stören und sprang schließlich

---

[1] Polybios 6, 56. Übersetzt von H. Drexler.

[2] Dazu auch Swain (1991) S. 329f.

[3] Bestätigt durch Frontin. de agr. 27, 4 der den Ritus der Feldvermessung von den Etruskern ableitet, ebenso wie Varro l. l. 7. 7; Campbell (2000) S. 326.

[4] Dieser Stein könnte mit dem *lapis niger* auf dem Forum Romanum bzw. der *lapis niger in comitio*, Fest 184 L geschehen sein, aber auch von Plutarch mit dem *umbilicus urbis* verwechselt worden sein, da andere antike Autoren den *mundus* auf den Palatin sehen. Der Ort des Mundus bleibt insgesamt unbestimmt. Bendlich (2001) s.v. Mundus, in: DNP 8, Sp. 473-475.

[5] Daher der lat. Ausdruck für Tor/Tür porta von *portare*, dem Tragen des Pfluges über die Stelle des Einlasses nach Innen. Siehe zur kulturgeschichtlichen Bedeutung von Bogen und Tor: Breidecker (2000) S. 15f.

zum Hohn über die gerade errichtete Mauer. Diese Tat erzürnte den Romulus so sehr, dass er seinen Bruder erschlug.

Diese Version der Geschichte der Stadtgründung Roms war die griechische Zusammenfassung einer mit Mythen angereicherten Vergangenheit Roms, die vermischt mit Berichten traditioneller sakraler Praktiken ein Bild entwerfen sollte, das die Römer von ihrer eigenen Stadtgründung und der Entstehung ihrer Sakraltopographie hatten. Bemerkenswert ist, dass die römische Gründungssage erst unter dem Einfluss der griechischen Ktísis-Epen von griechischen Historikern für die römische Geschichte festgehalten wurde. Zuerst bei den Griechen Alkimos[1] und Dionysios von Halikarnassos[2] lässt sich Romulus zum Ende des 4. Jahrhunderts v. Chr. in den Quellen fassen, bevor ihn der römische Historiker Fabius Pictor[3] in der zweiten Hälfte des 3. Jahrhunderts v. Chr. literarisch in die Geschichte Roms einarbeitet.[4]

Abbildung 25: Romulus mit der Pflugschar. Abbildung auf Denar des Hadrian. „HADRIANVS AVG COS III PP – ROMVLO CONDITORI" RIC 266. Courtesy of cngcoins.com.

Aus Plutarchs Rezeption der mythischen Stadtgründung von Rom lassen sich vier Elemente hervorheben, die eine Grundstruktur der römischen Raumerfassung in ihren kultischen Ursprüngen deutlich werden lassen:

1. Das *templum* oder der Ort der Auspizien stellt die Grundvoraussetzung für ein göttergerechtes Handeln auf der Erde dar: eine aus der Umwelt herausgehobene und markierte Fläche.[5]
2. Der *mundus* als Zentrum des Lebens und der Gemeinschaft und damit der eigenen Welt, von dem aus die weitere Einteilung des Raums beginnt. Das aus dem *mundus* entstehende ‚Roma Quadrata' weist auf einen besonderen, konstruierten Raum hin, dessen Inhalt in seiner strukturierten Form nicht natürlich ist und somit künstlich erschaffen, genau bekannt und sichtbar ist, um hier die von den Göttern gesandten Botschaften zu empfangen oder unter dem Segen der Götter die Felder zu bestellen.[6] Eine weitere Qualitätssteigerung erfährt ein solcher künstlicher Kultur-Raum durch die Umhegung mit einer Mauer, einem Graben oder einem Wall.

[1] FGrH 840 F12.

[2] Dion. Hal. ant. 1, 72, 1f. und 1, 73, 3a.

[3] Fabius Pictor fr. 5a-b P. Für 296 v. Chr. gibt es den Hinweis bei Liv. 10, 23, 11f., dass Bildnisse der Zwillinge beim *ficus ruminalis* auf dem Forum Romanum aufgestellt wurden.

[4] Zur Gründungsgeschichte auch Dion. Hal. ant. 1, 71-73; Varro l. l. 5, 143; Festus 326-329 L. Siehe auch ausführlich Krämer (1965) und Bendlin (2001). Siehe zur Überlieferung der Gründungsgeschichte Roms in den Fragmenten der frühen römischen Historiker Beck/Walter (2001), z. B. Cato FRH 3, 1, 18a-b, S. 167ff.

[5] Siehe auch Rüpke (1990) S. 36f.

[6] Auch die ältere *scamnatio* basierte auf der Einteilung der Felder in rechteckiger Form, dazu u.a. Schubert (1996) S. 43-51.

3. Das *pomerium*, mit dem *sulcus primigenius* samt dazugehöriger Mauer als sakrales und deutliches Zeichen der Raumeinteilung und Hervorhebung der kulturellen Handlung.[1]
4. Die *porta*, die Tür bzw. das Tor, welches den Übergang zwischen den Räumen ermöglicht, da der Mensch sonst nicht ohne Grenzfrevel in den Raum kommen könnte.

Das templum

Der Streit zwischen Romulus und Remus über den Ort der Stadt sollte durch die Beobachtung göttlicher Zeichen in der Form der Anzahl der Geier über dem Ort ihrer Wahl entschieden werden. In diesem Geschehen kommen zwei entscheidende Elemente zusammen: eine Entscheidung und die Ortswahl der Handlung, die mit der Wahl des Beobachtungsareals zusammenfällt. Eine Aktion mit Folgen für die Zukunft bedarf der Zustimmung der Götter, denn ohne ihre schützende Kraft und Hilfe – so der Glaube der Römer – konnte kein Menschenwerk bestehen. Diese Zustimmung bzw. Wahl der Götter wurde vom Menschen in einem dafür bestimmten Gebiet in der Form von zu interpretierenden Zeichen erwartet.[2] Im Handlungsraum des Menschen, also der Oberfläche der Erde, musste dafür eine entsprechende Fläche, auf der die Zeichen des Himmels entgegengenommen werden konnten, geschaffen werden. Diese Fläche beschrieb Varro mit der Definition des auf dreierlei Weise unterteilten *templum*:

> *„templum tribus modis dictur ab natura, ab auspicando, a similitudine; natura in caelo, ab auspiciis in terra, a similitudine sub terra..."*
>
> *„Das Templum kommt in drei Arten vor: als Natürliches, für die Auspizien und ein Abbildliches; das Natürliche ist am Himmel (zu sehen), das der Auspizien auf der Erde, das Abgebildete (Templum) unter der Erde..."* [3]

Ganz allgemein beschreibt ein *templum* das, was der griechische Begriff Temenos fasst, einen definierten Raumausschnitt.[4] Dieser Raum wird durch die *liberatio* von allen menschlichen und nicht-menschlichen Besitzansprüchen freigesprochen und im Folgenden durch eine *effatio*, die Nennung der Grenzen (*nuncipatio*) eingerichtet.[5] Zuerst wurde das eigentliche *templum in caelo* beobachtet, ein Ausschnitt am Himmel, der zur Einholung von göttlichen Zeichen günstig erschien. War dieser Ausschnitt gefunden, wurde dieser auf die Erde projiziert, um das Areal der Auspizien aus der normalen Umwelt zu separieren. Der Augur nahm zur Definition des *templum in terra* den *lituus* zu Hilfe, den Krummstab, der später Signum imperatorischer Macht und Wahrzeichen des Princeps wurde.[6] Das *templum in terra* erfährt eine Steigerung der Wertigkeit durch die Markierung von im Boden verankerten Gegenständen wie Pfählen, Steinen und Lanzen mit dazwischen gespannten Riemen und Barrieren[7] oder

---

[1] Dazu Rüpke (1990) S. 35f.

[2] Zeichen waren z. B. *signa ex avibus* (Vogelflug), *signa ex caelo* (Himmelszeichen wie Blitz und Donner) und drei weitere; siehe Festus 316 und Wissowa (1912) S. 526f.

[3] Varro l. l. 7, 6-11. Übersetzung von W. Moschek.

[4] Vgl. dazu auch Nissen (1869) S. 8f., der das *templum* aus dem Besitzdenken herleitet.

[5] Vgl. Rüpke (1990) S. 37.

[6] Siebert (2001) s.v. Lituus, in: DNP 7, Sp. 365.

[7] Serv. Aen. 4, 200: *„alii templum dicunt non solum quod potest claudi, verum etiam quod palis aut hastis aut aliqua tali re, et*

sogar Mauern über dem Aufwand der Heraushebung.[1] Die allgemeine Bezeichnung für diesen auguralen Vorgang lautete *effare locum*, was mit ‚den Ort aus der Umwelt hervorheben' übersetzt werden kann.[2] Die *effatio* konnte auch eine Art *templum minus* beschreiben, das laut Festus[3] mit Tafeln und Tüchern begrenzt wurde und bei dem ein Teil für die Tür offen gelassen wurde.

Das *templum*, wie es Romulus zuerst zur Vogelschau aussucht, ist als eine Art mündlich definiertes *templum in terra* zu bezeichnen.

Für Entscheidungen und Handlungen, die die Gemeinschaft betrafen, waren in jedem Fall vom verantwortlichen Magistrat und den Auguren zuvor möglichst zeit- und ortsnah Auspizien einzuholen.[4] Diese religiösen Staatshandlungen durften dann auch nur innerhalb eines *templum* stattfinden.[5] Das bekannteste Beispiel hierfür ist für die Stadt Rom und die Sitzungen des Senats zu erkennen. Ähnliche Handlungsrichtlinien trafen auch für den Heerführer im Krieg vor der Schlacht zu, der sich für den siegreichen Ausganges der Schlacht mit einem *auspicium* in einem *templum* des Wohlwollens der Götter versichern musste. Ein solches *templum*, wie es beispielsweise auf der Traianssäule dreimal in Verbindung mit der *suovetaurilia* zu sehen ist, [6] konnte auch ein mit Wall und Graben umgebenes Marschlager sein. [7]

Es wird durch die verschiedenen Arten der *templa* deutlich, dass die Lebenswelt der Römer von Brüchen und Sprüngen[8] in ihrer sakralen Qualität durchzogen war. Auch der Sakralraum war in sich nicht homogen, wie der strukturlose und unqualifizierte Raum des Profanen.[9] Durch sichtbare Zeichen oder auch nur durch ausgesprochene Bezeichnung entstand ein *locus effatus*, der sich im Augenblick der Definition aus der Umwelt hervorhob, in verschiedenen Qualitäten. Innerhalb dieses hervorgehobenen Raumes gab es unterschiedliche sakrale und, damit in der römischen Kultur unwiederbringlich verbunden, rechtliche Konsequenzen. Eine weitere Wertsteigerung ergibt sich z. B. aus der sakralen Stellung der Person oder Gemeinschaft, welche die Auspizien einholt, denn daraus ergibt sich der Wert für die mit dieser Person verbundenen Aufgaben und zugehörigen Personenkreise und in der Folge der Wert der Grenzen diese Raumes.[10] Damit bekommt also z. B. ein vom Kaiser selbst ausgewählter Lagerplatz für eine Legion einen besonders hohen sakralen Wert.[11]

Erst wenn ein Gebiet anhand seiner Ausdehnung beschrieben und herausgehoben (*existere*) wird, ist es möglich, diesen Raum weiter zu strukturieren.[12] So wird in der

---

lineis aut loris simili re saeptum est: quod effatum est."

[1] Siehe dazu die Zeichnung eines *templum in terra* bei Prayon (2002) s.v. Templum, in: DNP 12/1, Sp 131.

[2] Hänger (2001) S. 66.

[3] Festus 146 L : „*minora templa fiunt ab auguribus cum loca aliqua tabulis aut linteis sepuntur, ne uno amplius ostio pateant, certis verbis definita. Itaque templum est locus ita effatus aut ita septus, ut ex una parte pateat, angulosque adfixos habeat ad terram.* "

[4] Cic. div. 1, 3, 95; dazu Rüpke (1990) S. 31, mit weiteren Quellenbeispielen zur Erläuterung. Auch Hänger (2001) S. 66.

[5] Vgl. Rüpke (1990) S. 37; Hänger (2001) S. 66; Wissowa (1912) S. 527f.

[6] Tafel 7/8, 53, 103.

[7] Aus dem *templum* des Romulus hat sich das so genannte *auguraculum* entwickelt. Von diesem speziellem Ort für die Auguren gab es in späteren Zeiten drei, eines auf dem Arx, eines auf dem Palatin und eines auf dem Quirinal. Dazu mehr bei Hänger (2001) S. 69; Wissowa (1912) S. 524.

[8] Bollnow (2000) S. 141.

[9] Vgl. Eliade (1957) S. 18.

[10] Ein vom Pontifex Maximus während eines Feldzuges durchgeführtes Auspizium hatte also eine hohe Bedeutung, da dieser ja als direkter Mittler zu den Göttern eingesetzt wurde.

[11] Vgl. dazu z. B. HA Hadr. 10, 6. Dort wird berichtet das Hadrian oft selbst den Lagerplatz der Einheit auf dem Marsch bestimmte.

[12] Vgl. Cassieres (1994) S. 156 mit Überlegungen zum ‚Heraus-Stellen'.

Folge dieser existierende und beschriebene Raum den römischen Göttern zugeordnet und damit für die römische Kultur einnehmbar gemacht. Nur ein Raum, der benennbar oder definierbar ist, kann in Besitz genommen werden.[1] Die von Livius beschriebene *deditio*, [2] die bedingungslose Selbstübergabe eines fremden Gemeinwesens an das römische Volk, beinhaltete ausdrücklich deren *termini*, also deren von heiligen Grenzsteinen begrenztes Gebiet.

Das *templum* war aufgrund seiner Herkunft aus der Definition eines kleinräumlichen, sichtbaren Areals[3] ein wichtiger Bestandteil der gesamten römischen Raumorganisation. Wie Nissen[4] betonte, stammte die sinnhafte Herkunft des *templum* aus dem Besitzdenken; daraus folgen die rechtlichen und sakralen Konsequenzen für das definierte Gebiet: Der Raum wird aus dem irdischen, profanen Besitz herausgenommen und den Göttern übereignet.

Direkt aus dem auguralen Konzept des *templum* für den Kleinraum entsprangen weitere Raumorganisationsmerkmale für größere Gebiete. Die von den Feldvermessern übernommene Arbeit der Ordnung der Welt nach kosmischem bzw. himmlischem Vorbild[5] verdeutlicht die enge Verwandtschaft auguraler und agrimensorischer raumstrukturiender Tätigkeit. So lässt sich das *templum* der Auguren in *centuria* der Feldvermesser transponieren. Das Muster des *templum* und der *centuriatio* erwies sich als optimales und flexibles Raumerfassungsmuster bis in den Mittelraum, z. B. das städtische Umland hinein.[6]

Varro bestätigt, [7] dass mit dem gleichen System der Raumorganisation für das städtische *templum*[8] die Einteilung der *ager*-Kategorien entstanden, wie sie später auch Frontin[9] beschreibt, also auch die Einteilung der Flur selbst.[10] Die weitere Einteilung des zu kultivierenden Raumes orientiert sich an den Riten der Auguren, [11] was sich ebenfalls in der Funktion und Tradition der Mensoren als deren Helfer in der Feldvermessung ausdrückt. Diese Ähnlichkeit der Tätigkeiten von Auguren und Mensoren reicht bis in die gleiche Terminologie[12] und im Besonderen in die inhaltliche Bedeutung ihrer Handlungen: Beide heben ein Areal aus ihrer Umwelt hervor und machen es durch ihre Tätigkeit sichtbar. Grenzsteine, Grenzlinien und natürliche Grenzzeichen dienen als Symbole, mit denen Gebiete definiert werden.

Als besondere Begrenzung wurden die *cippi* des *pomerium* in Rom und in den durch ein *pomerium* gegründeten Bürgerkolonien gesetzt und gepflegt, dort übernahmen z.T. auch die Feldvermesser diese wichtige Aufgabe.[13] Sogar das Vermessungs- bzw. Ritualwerkzeug von Augur und Feldvermesser stehen in dichter Verbindung. Der

[1] „If you can name it, you can claim it." Wie ein amerikanisches Sprichwort sagt, das auf die Goldgräberzeit zurückführt, bei dem ein Schürf-Areal dem zugesprochen wurde, der die Lage und die Ausdehnung beschreiben konnte.

[2] Liv. 1, 38, 1-2. Ausführlich zur Bedeutung der *deditio* Dahlheim (1968) passim.

[3] Über die Bedeutung dieses sichtbaren Ausschnittes für die Ästhetik und Raumempfinden römischer Architektur Rüpke (1990) S. 31, FN 20.

[4] Nissen (1869) S. 8.

[5] Frontin. de agr. 10, 20-21 ist gleich Hyg. grom. 131, 2-132. Dazu Hänger (2001) S. 73-76.

[6] Vgl. Rüpke (1990) S. 31f.

[7] Varro l. l. 5, 33.

[8] Liv. 5, 52.

[9] Frontin. de agr. 1; Campbell (2000) S. 2f.

[10] Vgl Schubert (1996) S. 5ff.

[11] Darauf weist ebenso die Bemerkung Plutarchs hin, dass der Stadtgründungsritus von Männern aus Etrurien vorgegeben wurde. Zur von den Etruskern übernommenen Feldvermessung der Römer Schubert (1996) S. 10.

[12] Behrends (1992) S. 229.

[13] Behrends (1992) S. 229; Wissowa (1912) S. 529.

lituus der auguralen Vermessung kann als Vorläufer der Groma gelten, was sich letztlich in der Handhabung des Vermessungsinstrumentes widerspiegelt.[1] Denn jedes Mal, wenn die Feldvermesser die Groma zur Vermessung von Land, Straßen oder Gebäuden einrichteten, musste für diesen Akt der Herstellung eines Ursprungs und der Ausrichtung eine Art Auspizien eingeholt werden: „*posita auspicaliter groma*".[2]

Auch wenn die Aufgaben der Feldvermesser mehr wurden und ihre Zahl zunahm, [3] waren sie jedoch immer gesuchte Spezialisten. Dies spricht dafür, dass die Feldvermesser selbst noch nach Jahrhunderten der Entwicklung ihrer ‚technischen Spezialdisziplin' nicht nur seltene Fachleute waren, sondern ebenso immer noch einen hohen sakralen Rang besaßen, da sie immerhin die Welt in der Art der Auguren hervorhoben.

Der mundus

Das von Plutarch als *Roma quadrata*[4] bezeichnete *templum in terra* war zugleich die vorweggenommene Einteilung Roms in vier Regionen, [5] in der Eigenart der römischen bzw. etruskischen Land- und Stadtvermessung mittels der Groma, das die (Um-) Welt vierteilt, [6] und zwar von einem Mittelpunkt aus.

Sowohl in der Flur[7] als auch der Stadt[8] konnten vier Quadranten bzw. Stadtteile im optimalen Fall einen quadratischen Grundriss bilden. Das von einem zentralen Ort aus erzeugte Achsenkreuz von *decumanus* und *cardo* schuf in der Stadt und auf dem Land Kreuzungen und Plätze, die mit einer besonderen Sakralität behaftet waren.[9] An den Kreuzungen wurden die *cippi* zur Begrenzung der einzelnen Flächen der Vermessung abgesteckt. Innerhalb der Stadt Rom wurden an vielen der Kreuzungen der einzelnen Viertel Compital-Larenaltäre errichtet, an denen die *vici* Roms nicht nur ihre Zusammengehörigkeit, sondern ihre Verbindung mit den Göttern und zum Gemeinwesen feierten. Seit Augustus geschah dies zusammen mit dem Princeps, der als Garant und Mittler für diese Verbindung stand.[10]

Der *mundus* war ein solcher Ort, der als Zeichen des Zentrums, des Nabels der eigenen Welt, der Kosmogenie und Erfüllung mit Inhalten der Kultur zu werten ist. Plinius beschreibt den römischen Mundus als das, was die Griechen als *cosmos* bezeichnen[11] und macht damit die grundlegende und allumfassende Idee der Gründung einer neuen, römischen Ordnung klar.

In der griechischen Kultur war der Omphalos des Apollon-Heiligtums in Delphi ein solcher ideeller Mittelpunkt des *kosmos*.[12] Ist der römische *mundus* aufgrund der

[1] Siehe dazu Schulten (1912) s.v. Gromatici, in: RE VII Sp. 1886, und Rudorff (1852) S. 335. Behrends (1992) S. 229, FN 109.
[2] Hyg. Grom. 170; Campbell (2000) S. 136, 20/137.
[3] Burian (1999) s.v. Feldvermesser, in: DNP 4, Sp. 457f.
[4] Siehe Platner/Ashby (1929), S. 448f.
[5] Dazu Varro l. l. 5, 45: Suburbana, Esquilin, Collina und Palatin.
[6] Vgl. Eliade (1957), S. 28; Vgl. Sic. Flac. 117, 17, bei Campbell (2000) S. 120, 5. Besonders Platner (1901) S. 421 mit Quellen.
[7] Vgl. Piganiol (1969) für das Beispiel des Katasters von Orange, oder allgemein Schubert (1996) S. 51ff.
[8] Das deutlichste Beispiel dieser Art der Stadtplanung und Aufteilung zeigt heute immer noch die Ruine der Stadt Thamugadi im heutigen Algerien.
[9] Die Bedeutung der Einteilung der Erde und des Himmels durch das Achsenkreuz der Gromatiker siehe ausführlich Hübner (1992) S. 143-148.
[10] So z. B. CIL 6, 30957 = ILS 3615. Siehe dazu Zanker (1987), S. 136f. und Rüpke (2005) S.715.
[11] Plin. nat. hist. 2, 3f. übersetzt von R. König.
[12] Siehe Brodersen (2003) S. 110.

Quellenlage nicht mehr exakt zu verorten, beschreiben die antiken römischen Autoren den Charakter des *mundus* zumeist als zum Kult der Ceres gehörig. Der „*mundus Cereris*“[1] galt schon seit den Zeiten Catos d. Älteren[2] als eine Art ‚Gegenstück‘ zum Himmelsgewölbe in der Erde. Die mit dem römischen Mundus verbundenen Riten und sakralen Handlungen sind in ihren Zusammenhängen nicht ganz geklärt. An den Tagen des geöffneten *mundus* durfte z. B. kein Heer ausgehoben oder auch keine Comitiums-Sitzung abgehalten werden. Der *mundus* stellte jenen zentralen Ort dar, von dem aus die Verbindung von Unterwelt, Welt der Menschen und Himmelsgewölbe geschaffen wurde. Der *mundus* hat zugleich eine semiotische Verwandtschaft zum *lacus Curtius* auf dem Forum Romanum. Hier hatte sich der Sage nach der Ritter Curtius samt Pferd und Rüstung in den dort geöffneten Spalt gestürzt, um für Rom das ewige Bestehen durch das Opfer seiner Tapferkeit zu sichern.[3]

Weiter stellt sich der Ort des später als *Lacus Curtius* benannten und im Pflaster des Forum markierten Platzes als Opferplatz der Bevölkerung Roms dar, die für das Wohl des Kaisers Münzen in das Areal des *lacus* warf.[4] Der *mundus* war folglich eine Art Ursprung der Landnahme bzw. der Vermessung des Ackers und der Eroberung der Welt und zugleich eine Verbindung zur Unterwelt. Der Mundus rückt ebenso durch die Beschreibung des Ritus seiner Herstellung in die Nähe von Grenzsteinen. Wie Ovid in seinen Fasten beschreibt, gab es mehrere Objekte im Zentrum von Rom mit herausragender Bedeutung, die als verknüpfendes Element von Unterwelt, Oberfläche und Himmel, zugleich als Ursprung und Zentrum der römischen Vereinnahmung der Welt gelten konnten. Zu diesen Symbolen gehört neben dem *mundus* und dem *Lacus Curtius* der ‚Ur-Terminus‘[5] auf dem Kapitol, der ‚Miliarum Aureum‘, [6] der ‚Umbilicus Romae‘[7]. Verfolgt man diese Reihung von säulenhaften Bauwerken in ihrer Aussage und Bedeutung weiter, müssen die Säulen des Traian, Antoninus Pius und des Marcus Aurelius ebenso zu den Objekten mit diesem Symbolcharakter gezählt werden.

Die Verbindung von Unterwelt, Welt der Menschen und dem Himmel wird am Beispiel der Traianssäule deutlich: mit seiner Grabkammer im Sockel bzw. unter der Erde, den Taten des Kaisers als Mensch auf dem Bildfries und der Statue als nahezu gottgleich über alles in den Himmel und die Welt ragend, auf der Spitze der Säule, fasst dieses Bauwerk die Intentionen konkret zusammen.

Die Welt als Ganzes, griechisch *Kosmos*, bestätigt die umfassende und konstruktive Seite des Mundus als *pars pro toto*, der in der Konstitution als Ursprung Götter und Menschen sowie den Menschen, die Welt und die Erde miteinander verbindet und ihnen einen Fixpunkt bietet. Was in der agraren römischen Gesellschaft als *mundus ceres* bezeichnet wurde, fasst die Grundlage und das Zentrum dieser Gemeinschaft: die aus dem Boden wachsenden Früchte des Feldes.

Das pomerium

Der nahezu höchsten Status der sakralen ‚Exklusivität‘ des römischen Raumes wurde durch das *pomerium* erlangt. Das *pomerium* trat für Plutarch als markantes Symbol der

[1] Festus 126, 4 L.
[2] Bei Festus 144, 17-21 L.
[3] Varro l. l. 5, 148.
[4] Suet. Aug. 57, 1.
[5] Liv. I, 55; Varro l. l. 5, 74. Dazu auch Campbell (2000) S. 468.
[6] Cass. Dio 54, 8, 4; Plin. nat. hist. 3, 66; Plut. Galba 24.
[7] Platner/Ashby (1929) S. 544.

äußeren Begrenzung des Stadtraumes auf, welches mit dem *sulcus primigenius* initiiert wurde. Die rituell gegründete Stadt ist jene Stadt, die mit dem Pflug symbolisch aus der Umwelt herausgehoben wird. Die Furche, *sulcus*, oder wie bei Ovid mit „*fossa vomere facta*"[1], „*moenia signare arato*"[2] und Varro mit „*oppida ... prius erant circumdata arato*"[3] das kultische Umkreisen des zukünftigen Stadtraumes mit dem Pflug, um den Graben (*fossa*) zu erzeugen, ist das, was Tacitus mit „*sulcus desginati oppidi*"[4] beschreibt: der Graben, die Furche, beschreibt die Stadt.[5] In den antiken Quellen wird das Pomerium mit der Stadtmauer in enge Verbindung gebracht, [6] was im Romulus-Mythos nachvollzogen wurde.

Das Innere und das Kultivierte der Stadt wurden von der negativ konnotierten Außenwelt symbolisch mit dem Pomerium abgetrennt. Dieser rituelle Akt der Zweiteilung zeigte, dass die Ziehung der Grenze einerseits die Inbesitznahme des Landes für die Stadt und die Kultur war und andererseits eine bewusste Polarisierung und Trennung vom unkultivierten Außen. Die aus der Ackerfurche geworfene Erdscholle stellte, ähnlich wie beim *templum*, eine sichtbare Begrenzung dar, die gleichsam als erster symbolischer Schutzwall diente. Zusammengefasst trennt das Pomerium gute Eigenschaften von bösen, Gegensätze, die sich bedingen: *domi* und *militae,* [7] d. h. der häusliche Frieden und das Kriegerische der Außenwelt. Die Anlage des Pomeriums, im Ritus der Anlage des *sulcus primigenius,* auf den dann die Konstitution des *pomerium* folgte, konnte die Voraussetzung für die Gründung einer *colonia* sein, [8] die in ihrer sakralen und rechtlichen Bedeutung Rom sehr nachstand.[9]

Weiterhin durften bestimmte Götter[10] nicht innerhalb des Pomeriums mit einem Tempel verehrt werden. Das Pomerium bildete die wichtigste städtische Grenze für sakrale und rechtliche Handlungen und die mit ihnen verbundenen Amtseigenschaften und Befugnisse von Magistraten und Priestern. Das bekannteste und zugleich bedeutendste Beispiel ist der Verlust des *imperiums* des Promagistrats beim Überschreiten dieser Grenze in Richtung der Stadt.[11] Das Pomerium trennte qualitativ den *ager Romanus* in einen *ager effatus* und das Stadtgebiet;[12] damit ergibt sich, dass *ager Romanus* und *ager effatus* synonym zu gebrauchen sind.[13] Bemerkenswert ist, das sich der *ager Romanus antiquus* bis in das 4. Jahrhundert v. Chr. noch erweiterte, jedoch dann an den bis in die Spätantike noch sichtbaren Übergangspunkten (Heiligtum des Terminus, Hain der Dea Dia) fixiert blieb.[14]

[1] Ov. fast. 4, 839.
[2] Ov. fast. 4, 819.
[3] Varro. l. l. 5, 143.
[4] Tac. ann. 12, 24.
[5] Vgl. Gladigow (1992) S. 185.
[6] Varro. l. l. 5, 143; Liv. 1, 44, 3-5; Gell. 13, 14, 1. Festus 295 L.:„*Posimirium pontificale pomerium, ubi pontifices auspcabantur. Dictum autem pomerium, quasi promurium, id est proximum muro.*"
[7] Rüpke (1990) S. 30-36.
[8] Für spätrepublikanische Gründungen von Kolonien mit einem Pomerium gibt es zwei Nachweise: Für Capua, siehe CIL 10, 3825 und die Lex Ursonensis, der *colonia Iulia Genetiva* für Urso in Südspanien.
[9] Auch eine *colonia civium romanurum* wurde *ritu etrusco* (s.o.) gegründet. Siehe Galsterer (1976); und Galsterer (1998) s.v. Coloniae, in: DNP 3, Sp. 84f. Vgl. Behrends (1992) S. 230f.
[10] Vitruv 1, 7, 1, beschreibt, dass Tempel für Venus, Mars und Vulkan „*extra muros*" angelegt werden sollten, wie es aus etruskischen Ritualbüchern ersichtlich sei. Explizit nennt er das *pomerium* nicht, es kann jedoch davon ausgegangen werden, dass Vitruv diese wichtige sakrale Grenze meinte.
[11] Rüpke (1990) S. 45.
[12] Hänger (2001) S. 86; Rüpke (1990) S. 32; Wissowa (1912) 528f.
[13] Hänger (2001) S. 86.
[14] Alföldi (1962) S. 187-213.

Dahingegen wurde das Pomerium mehrfach auch noch in der Kaiserzeit zumindest in kleinerem Maße erweitert. Wo das ursprüngliche Pomerium der mythischen Gründung auf dem Palatin verlief, ist nicht mehr exakt festzustellen.[1] Für die Kaiserzeit lassen sich mehrere archäologische Funde von Steinen des *pomeriums*[2] zu einem Gebiet um das Zentrum Roms zusammenfügen. Dass derjenige, der das Reich vergrößerte, auch die Grenzen und das Pomerium der Stadt Rom vergrößern durfte, wie Tacitus berichtet, [3] ist in anderen Quellen nicht deutlich festgelegt. Wer[4] und vor welchen Hintergrund die wichtige Grenze in Rom veränderte, ist letztlich von der Forschung noch nicht beantwortet.[5]

5.3 Die Porta als Ort des Übergangs

Das Pflügen der Erde war für die römische Kultur und ihre Definition eines Raumes ein so starkes sakrales Symbol, dass man für die Übergänge zwischen Außen und Innen diese Furche unterbrechen musste. Dies betonte zugleich die Bedeutung des Tores, der Tür (*porta*) für einen Wechsel zwischen zwei Räumen. Das Tor gab damit die einzige im sakralen und juristischen Sinne legale Möglichkeit, Grenzen zu überqueren, ohne sie zu verletzen. Dem Gott Janus, der durch seinen Mythos als Urkönig von Latium tief in die Anfänge der römischen Geschichte projiziert wird, [6] war jeder Übergang, jede Tür heilig.[7] Die im übertragenen Sinne auf Triumph- und Ehrenbögen, aber auch auf Übergänge in Ämtern und Ehren etc. bezogene Torsymbolik spiegelt die Bedeutung innerhalb der römischen Riten wider.[8] Das Öffnen und Schließen des Tempels des Janus wurde schon im 3. Jahrhundert v. Chr. als Zeichen für Krieg und Frieden im römischen Reich verwendet.[9] Durch die Leistung und rituellen Handlungen der Menschen wird das Innere durch göttlichen Beistand vor den Gefahren von Außen bewahrt, und wer ohne Zustimmung oder mit Gewalt das Innere durch das Tor betritt oder gar den Raum über die Mauer oder eine andere eindeutige Markierung betritt, begeht einen direkten Friedensbruch mit den Menschen im Inneren und den dafür angesprochen Göttern.

Der Brudermord von Romulus wegen des Mauerfrevels ist das beste Beispiel dafür, welchen Wert die Unverletzlichkeit des Raumes in der römischen Vorstellung einnahm; sogar der eigene Bruder war nicht vor der Strafe sicher. Tore und Türen haben kultur- und religionsübergreifend eine immens wichtige Bedeutung;[10] sei es für die gesamte Siedlung oder gerade besonders für das eigene Heim, der Durchgang durch eine Tür ist mit besonderen Regeln, Riten und Gebräuchen belegt.[11] Denn auch jeder

[1] Siehe zum Verlauf um den Palatin: Tac. ann. 12, 24.
[2] Vgl. CIL 6, 31537d, 31537a, 31537b, 31537c, 37023, 37024, 37022a, 37022b.
[3] Tac. ann. 12, 23, 3.
[4] Literarisch bei unterschiedlichen Autoren sind bezeugt sind z. B. Sulla, Claudius; unsicher weil teilweise nicht erwähnt Caesar, Augustus, Nero, Traian. Hänger (2001) S. 89 stellt die letztgenannten Kaiser richtig als von den antiken Autoren konstruierte „Erweiterer" des *pomeriums* heraus, da sie das Reich vergrößerten und im Umkehrschluss Tac. ann. 12, 23, 3 damit die Erweiterung vollzogen haben müssten.
[5] Detlefsen (1886) S. 68; Platner/Ashby (1929) S. 392-396; Andreussi (1999) s. v. Pomerium, LTUR 4, 1999, 96-105.
[6] Graf (1998) s.v. Janus, in: DNP 5, Sp. 859-860.
[7] Ovid dichtet dem Janus ein Liebschaft mit Carna, der Göttin der Türangel an: Ov. fast. 6, 101-168.
[8] Janus wird zu Beginn eines Opfers oder ritueller Handlungen aufgerufen. Siehe dazu: Ov. fast. 1, 171f.; Cato agr. 134.
[9] Liv. 1, 19, 2-3.
[10] Siehe Bollnow (2000) S. 130f.
[11] Selbst bei Nomaden, wie z. B. in der Mongolei, unterliegt die Tür zum *Ger* vielen apotropäischen Riten und Regeln, z. B. gilt es als Unglück bringend auf die Schwelle zu treten. Auch wird die Tür besonders ausgerichtet und im Innern des Zeltes orientiert sich alles am Herd in der Mitte und zur Tür: der vornehmste und beste Platz im Zelt der Familie

einzelne *terminus-cippus*, jeder Pfahl oder jede Mauer verbindet die drei Ebenen der Existenz – Unterwelt, Menschenwelt und Himmel – und verdeutlicht stärker noch als die Furche in der Erde mit seiner Scholle einen besonderen Raum, dessen innere Kohärenz zu den wichtigsten und eigensten Räumen der sie schaffenden Kultur und deren Gemeinschaften gehört.

5.4 Schlussfolgerungen aus der griechischen Rezeption der Stadtgründung Roms

Plutarch fügt in seiner Ktísis der Stadt Rom alle für ihn für die römische Kultur typischen Merkmale der Grenzziehung und Raumerfassung zusammen, um die seiner Meinung nach besonderen Ursprünge der römischen Herrschaft zu beschreiben.

Auf einer ersten Interpretationsebene der Geschichte verdeutlicht Plutarch, exemplarisch zusammengefasst im Vergleich der Biographien des Romulus und der des Theseus, die Unterschiede der Raum- und Grenzvorstellung der griechischen und römischen Kultur in den Handlungen der beiden Stadt- und Staatsgründer. Theseus führte die Bürger der einzelnen schon existierenden *poleis* zu einer gemeinsamen Bürgerschaft unter der Ägide Athens zusammen.[1] Theseus vollzog nur noch die Einigung der Bürger Attikas zu einem Ionien, jedoch war der Akt der räumlichen Begrenzung der neuen Bürgerschaft völlig nebensächlich. Hauptaugenmerk lag für Plutarch in seiner Biographie des Theseus nicht auf der Gründung einer einzelnen Polis als Stadt, sondern auf der Gründung eines Staates, die dem Akt der Stadtgründung Roms gleichkam. Folgt man der inneren Logik des Vergleichs, erkennt man die Bedeutung der Stadtgründung für die griechische und römische Kultur. Die Stadt als solche definiert sich mit ihren Funktionen für Gesellschaft und Staat erst durch den abgeschlossenen Raum der Stadtmauer zur Keimzelle und zum Herz der Gemeinschaft. Wie *J. McK. Camp* richtig betonte, [2] finden sich in der griechischen Geschichte Stadtmauern einer Polis im Zusammenhang mit ihrer Konstitution, mit ihrem Wachsen und mit ihrem Niedergang. Die ideale griechische Polis hatte als ein Definitionselement einen zentralen Ort mit Stadtmauer.[3]

Der Stellenwert einer solchen Grenze des Staates aus griechischer Sicht folgt daraus unmissverständlich: Den griechischen Leser mag es mehr interessiert haben, was das Besondere an der römischen Gründungsgeschichte war, welche Riten und Geschichten sich mit der Stadt verbinden und eventuell den Erfolg Roms begründen; darum erhält der Ritus der Stadtgründung einen hervorgehobenen Teil in der Erzählung über Romulus' Staats- bzw. Gemeinschaftsgründung. Der direkte Vergleich der Stadt- und Staatsgründung von Romulus und Theseus macht zwei unterschiedliche Grundstrukturen in den Ktìsis-Epen klar: Die griechische Welt hatte schon seit archaischer Zeit ein entwickeltes Bürgertum, das sich in politische Institutionen[4] zusammengefügte. Das ‚politische' Leben entstand in der griechischen Poliswelt[5] und blieb als Vorbild des ‚Politischen' als ein Element gemeinschaftlichen Zusammenlebens

ist gegenüber der Tür.

[1] Plut. Thes. 24.

[2] McK Camp (2000) S. 41, S. 46f.

[3] Vgl. McK Camp (2000) S. 51.

[4] So wie z. B. Das gemeinsame Prytanaion in Athen: Plut. Thes. 24.

[5] Meier (1988), S. 14-61 zur Bedeutung von Polis, Bürger und Festen. Stahl (2003) S. 237-243. Raaflaub (1989) passim, zur Entstehung des politischen Denkens.

die gesamte Antike hindurch bestehen. Die zur Festigung verwendeten Mechanismen, wie gemeinsame Riten, gemeinsame Feste, wie die Olympischen Spiele oder die großen Dionysien, eine fest geordnete Gesellschaftsordnung in sozialen Gruppen, die aber letztlich gleichwertige Bürger waren, [1] bildete ein starkes inhaltliches Band, welches später nicht nur die hellenistische Kulturen zusammenhielt.

Die territoriale Komponente einer Polis tritt in ihrer Rezeption hinter den oben genannten inhaltlichen Bestandteilen der griechischen Kultur und Gesellschaft zurück.[2] Grenzen wurden zumeist im Zusammenhang mit kleinräumlichen territorialen Verteilungsmustern und -konflikten[3] innerhalb der Polis zum Thema und dabei auf die Ebene gemeinschaftlicher Konflikte reduziert.[4] So steht die Grenze als Raumelement der gesamten griechischen Polis stark im Hintergrund politischer und kultureller Entscheidungen. Jedoch spielte der ummauerte Stadtraum der Polis selbst eine wichtige Rolle. Zusammenfassend lässt sich ein Fragment von Alkaois anführen, der das Verhältnis von Polis und Mauern treffend beschreibt:

> *„Nicht Stein oder Holz, weder das Geschick des Bewohners machen eine Polis aus, aber überall dort wo Männer wissen, wie sie sich selbst schützen können, dort sind Mauern und dort ist eine Polis“*[5]

Der spätere Ausspruch Platons, [6] *„Bronze und Eisen müssen die Befestigungen der Stadt mehr formen als Steine“*, zielt nicht nur auf die Schwerter und Schilde der bewaffneten Bürger der Polis, sondern genauso auf die Kulturleistungen der Bewohner, die durch ihre Eigenschaften und Werte die Gemeinschaft verteidigen und damit den Wert ihrer Stadtmauer übertreffen. Das Bild der Stadtmauer steht in der Folge also für die wehrhafte und kulturell homogene Polisgemeinschaft. Die symbolische Bedeutung der Begrenzung der Gemeinschaft steht in direkter Beziehung zu ihrer inneren Verhältnissen. Dass es dabei auch um Grenzen des gesamten Gemeinwesens, in gewissem Maße also ebenso die Staatsgrenzen jenseits der Stadtmauer betreffend, gehen kann, folgt hieraus.

Einen weiteren Aspekt der territorialen Betrachtung der griechischen Gemeinschaften und deren Raum- und Grenzverständnis, prägt der frühe Kontakt mit fremden Völkern auf engstem Siedlungsraum der fruchtbaren Schwemmebenen rund um das Mittelmeer. Das Zusammenleben auf ‚natürlich‘ begrenztem Raum führte dazu, dass es für eine nachhaltige Trennung der Kulturen auf gleichem Boden auf die Kohärenz der Gemeinschaft ankam. Die Griechen entwickelten aus dieser Notwendigkeit der engsten und gleichwertigen Bodenverteilung heraus die ersten Rastersysteme für die Einteilung des Stadtraumes und des umliegenden Landes. So lassen sich z. B. für

[1] Plut. Thes. 25.

[2] McK Camp (2000) S. 48.

[3] Sieh dazu Ruschenbusch (1994) S. 303f.

[4] So haben Solons *seisachteia* oder die kleisthenische Pyhlenordnung bedeutende territoriale Bezüge, beide Phänomene sind jedoch nur Auswirkungen, bzw. Reaktionen auf gesellschaftliche und staatliche Entwicklungen. Der geographische Raum in dem sich die griechische Kultur und die Polis-Welt entwickelten, war topographisch stark in einzelne Siedlungskammern zergliedert, deren enger Raum von Anbeginn der Gemeinschaftsbildung eine eindeutige Abgrenzung von (Acker-)Räumen bedingte. Siehe dazu auch Ruschenbusch (1994), S. 306, der deutlich zeigt, dass z. B. das athenische Blutrecht nicht an geographische Grenzen gekoppelt ist sondern an den athenischen Bürger, wo immer er auch ist. Gschnitzer (1994), S. 21-24, leitet den Ausdruck *hòros*, bzw. *térmon* von der „Grenzfurche“ eines Ackers her, was wiederum auf die Entstehung dieser Begriffe aus einer kleinräumlichen, bäuerlich strukturierten Gemeinschaft heraus deutet.

[5] Alkaios fr. 426. Übersetzt von Treu (1980).

[6] Plat. leg. 778d.

Priene, Milet und den Piräus ‚hippodamische' Stadteinteilungen nachweisen.[1] In den antiken Quellen rücken jedoch die kulturellen Leistungen der *poleis* oder der Kulturen in den Vordergrund und erwähnen nur unpräzise am Rande ihrer Beschreibungen Grenzen und sonstige trennende Elemente. So war die Aufteilung der Welt in Europa, Asien und Afrika durch die Flüsse Nil, Donau und Don scheinbar interessanter und langlebiger als die lokalen kleinräumlichen Grenzeinteilungen. Die Begrenzung der Welt durch den Okeanos[2] folgt eher einem philosophisch-logischen Weltbild als naturwissenschaftlich-rationaler Weltkenntnis.[3]

Bezeichnenderweise betont Plutarch in der Romulusbiographie dreimal einen geschlossenen Raum der römischen Stadt: im *templum, sulcus primigenius* bzw. *pomerium* und der Stadtmauer. Die letzte und stärkste Betonung erfährt die Grenze der Stadt, symbolisiert durch die Stadtmauer, durch den Brudermord des Romulus. Die Gründung Roms beschreibt nicht nur die besondere Entstehung der römischen Kultur von ihren Ursprüngen an, sondern betont die Beachtung von sakralen raumergreifenden Handlungen der damit verbundenen Grenzen. Im Vergleich dazu erwähnt Plutarch in seiner Erzählung über Theseus nur eine Säule, die der territorialen Polisgründung, die zur Trennung der Peloponnes und Attika dienen sollte. Die Inschrift auf der Westseite der Säule verlautete „*Dies ist nicht Peloponnesos, sondern Ionien*", die auf der Ostseite verkündete dem Leser: „*Dies ist Peloponnesos, nicht Ionien.*"[4] Wie Ch. Schubert richtig beobachtete[5] und die oben genannten Quellen von Alaios und Platon bestätigen, verstand sich die griechische Polis viel stärker als Personenverband, um dessen Zentralort sich das Territorium der Polis-Bürger befand. Rom hingegen entwickelte seine stadtstaatliche Expansion und innere Ordnung von Anfang an über die Fähigkeit, nicht nur fremde Völker, sondern ebenso deren Räume einzugliedern und zu beherrschen. Rom vereinnahmte nicht nur die Menschen, sondern bewusst den Raum für sich und seine Götter. Dabei machte es sich nicht nur die Schaffung eines Mittelpunktes der Kultur, wie den Mundus oder Omphalos in Delphi, zum Werkzeug, sondern ebenso die Kreation von bedeutsamen Grenzen im Raum. Diese Grenzen, die des Templums oder des Pomeriums, waren Raum vereinnahmende Strukturen, die sich im Laufe der Geschichte erweitern, den topographischen Gegebenheiten anpassen und optimieren ließen.

5.5 Raum- und Grenzstrukturen in der römischen Lebenswelt

Ausgehend von den aus der Gründungsgeschichte herausgearbeiteten Elementen der römischen Grenzziehung sollen die Muster der Raumbegrenzung und die dazugehörigen Rituale in weiteren Ebenen der römischen Kultur sichtbar gemacht werden. Ziel ist es nachzuvollziehen wie sich in immer größerer geographischer Ausdehnung die Muster der Grenze wiederholen und auf die Grundelemente zurückgreifen. Wie K. Brodersen gezeigt hat, [6] gilt die Darstellung eines Grundmusters aus dem Kleinraum (Stadt Rom) in abstrahierter Weise ebenso für den Großraum.

[1] Schubert (1996) S. 13-42. Und sicherlich für noch viel mehr Städte.
[2] Siehe dazu auch Romm (1994) S. 3ff. und 15. Vgl. Hom. Ill. 18.
[3] Zur Diskussion um das Weltbild und die Kenntnisse über die Gestalt der Erde siehe z. B. Lindgren (1985), Romm (1994) S. 20f; zuletzt Brodersen (2003) S. 71-109 mit weiter Literatur.
[4] Plut. Thes. 24.
[5] Schubert (1996) S. 13.
[6] Siehe Brodersen (2003) S. 289f.

Die Herstellung von Territorien, Grenzen und deren symbolischen Zeichen sind nicht nur räumlich und historisch kontingente Prozesse einer Gemeinschaft und müssen daher in ihren kulturellen Kontexten untersucht werden. Daraus folgt, dass Grenzen oder deren Kontexte nicht ausschließlich direkt an der Grenze analysiert werden müssen.[1]

Am Beispiel der Begrenzung der Raumeinheiten der römischen Kultur und deutlicher an den damit verknüpften Riten zeigt sich die mentale ‚Hintergrundfolie' von Räumen und deren Grenzstrukturen in der Aufarbeitung von sozialgeschichtlichen, sakralen und juristischen Quellen.

Die folgenden Erörterungen folgen einer angenommenen Durchschnittsgröße der begrenzten Raumeinheiten. Da sich nicht immer eine Grenze wie z. B. das *pomerium* der Stadt Rom anhand seiner *cippi* zumindest teilweise archäologisch oder literarisch nachweisen lässt, sollen die Grenzen der Raumstrukturen an ihren transponierten und semiotisch gleichen Symbolen nachvollzogen werden.

Die Bedeutung des Raumes der römischen domus

Will man die römische Gesellschaftsordnung verstehen, so muss man die *domus* und die darin bestehenden Verhältnisse sowohl intern als auch extern, d. h. von Mitgliedern zu Nicht-Mitgliedern der *domus*, beobachten und analysieren.[2] Die römische *domus*[3] – das Haus des römischen Bürgers – enthält das Basismuster der römischen Kultur, welches sich in der Integrität und Konsistenz in Verhältnissen und Riten seiner einzelnen integralen Bestandteile wieder finden lässt und bildet damit das Kerngerüst der gesamten Gesellschaftsordnung. Es ist also nicht verwunderlich, dass sich dieses erfolgreiche, in Jahrhunderten entwickelte und zugleich stabile Sozial- und Kultursystem in vielen anderen Ebenen römischer Herrschafts- und Staatsstruktur begrifflich und in den sozialen Verhältnissen wiederfindet.

Das Haus als sakraler Ort

Die Riten und Handlungen, die in der *domus* des Bürgers vollzogen wurden, sind Vorbilder für die gesellschaftliche und gemeinschaftliche Ebene der *sacra publica*.[4] Aus den häuslichen Beziehungen und Bewertungen der *domus* lassen sich bis in die Begriffe hinein Parallelen finden. Im Atrium fanden die *sacra privata*, die heiligen Handlungen des Haushaltes unter der Aufsicht des pater familias und der Bildnisse der Ahnen[5] statt. Ebenso waren hier mit ihren Altären und Votiven die Penaten, Laren und der *genius* vor Ort. Hier im Zentrum des Hauses fanden die wichtigsten sakralen Handlungen der Familie statt; hier wurde der Knabe zum Mann indem er die Bulla abnahm und die *toga virilis* anlegte, um sich in der Bürgerliste einzuschreiben. Hier begann der rituelle Weg des Mädchens zur Frau mit einem Opfer am Hausaltar. Auf dem Weg zum Haus des Bräutigams opferte sie an jedem Larenaltar an den Kreuzungen der Straßen und zuletzt wieder an dem Larenaltar in ihrem neuen Zuhause, dem Haus des Bräutigams.[6] Bänder an der Tür des Hauses zeigten eine neue Geburt

---

[1] Vgl. Paasi (1995) S. 28.
[2] Eine gute Zusammenstellung von Quellen zum Haus bietet Kunst (2003).
[3] Vgl. Linke (1999) s.v. Domus, in: DNP, Sp. 762/763.
[4] Zum Verhältnis von *sacra publica* und *sacra privata* siehe Rüpke (2001) bes. S. 27-37.
[5] Vitr. 6, 3, 6.
[6] Siehe dazu Orr (1978) S. 15.

im Hause an und im Atrium nahm der Vater das Kind als Zeichen der Anerkennung seiner Vaterschaft vom Boden der *domus* auf. Am neunten, bzw. achten Tage für ein Mädchen, wurde der Name des Kindes im Atrium verkündet, ebenso wie die rituelle Reinigung der *lustratio* am *dies lustricus.*[1] Auch die Trauer um Verstorbene hatte ihren Platz im Atrium und an den dazugehörigen Altären. Das Haus des Bürgers bildete somit einen sakralen und sozialen Mikrokosmos für sich.

Die Entwicklung des eigenständigen Haushaltes unter der Ägide des Hausherren und dessen fast eigenständige Sakralität war ein Produkt aus jahrhunderterlanger republikanischer Entwicklung des Bürgerrechts, deren Wurzeln in der vorstaatlichen Zeit der römischen Kultur liegen. Zusammenfassend beschrieb Cicero das Haus des römischen Bürgers als den heiligen Ort des Bürgers:

> *„quid est sanctius, quid omnium religione munitius quam domus unius cuiusque civium? Hic arae sunt, hic foci, hic di penates, hic sacra, religiones, caerimoniae continetur: hoc perfugium est ita sanctum omnibus, ut inde abripi neminem fas sit."*

> *„Was ist heiliger, was durch jede religiöse Rücksicht geschützter als das Haus des einzelnen Bürgers? Hier sind die Altäre, hier ist der Herd, hier sind die Penaten, hier wird das heilige, der Gottesdienst, die Zeremonien (von den Mauern des Hauses) eingefasst: dies ist ein Zufluchtsort, der allen so heilig ist, dass jemanden von dort fortzureißen einen Frevel darstellt."*[2]

Neben den persönlichen Interessen, die Cicero in seiner Rede für sein Haus offenbart, [3] zeigt sich die überaus wichtige Beziehung zwischen Bürgerstatus und Haus. Der verbannte, aus der Gemeinschaft entfernte Bürger wurde nicht nur als Person aus der Gemeinschaft entfernt, sondern ebenso wurde die Grundlage seiner sozialen und wirtschaftlichen Stellung aufgehoben: Haus und Grundstück des Verbannten wurden bewusst als symbolischer Akt zerstört. Die *di penates* sorgen für das Wohl der Familie, deren Altäre sind das religöse Zentrum des Hauses, dem der häusliche und familiäre Oberpriester, der *pater familias*, opfert. Die Penaten sorgen für den Bestand der *familia* als Ganzes und werden im Gegensatz zu den von der ganzen Familie verehrten Laren, [4] nur vom *pater familias*[5] verehrt.

Ein besonders schönes Beispiel für einen häuslichen Penaten; bzw. Laren-Altar bietet das Haus der Vettier in Pompeji. In Miniatur findet sich eine Tempelfront angedeutet, unter deren Giebel sich die Penaten/Lares befinden und dort im Haus verehrt werden.[6] Damit ist der Larenaltar quasi ein *templum in domum.*

Von den Göttern und Riten des römischen Haushaltes lassen sich viele Verbindungen zu den im Raum der römischen Bürgergemeinschaft verehrten Gottheiten und vollzogenen Riten knüpfen.

---

[1] Clarke (1991) S. 10.

[2] Cic. dom. 109, Übersetzung durch den W. Moschek.

[3] Zur Rede über sein Haus aus siehe: Stroh http://www.lrz.de/~stroh/schriften/dedomosua.pdf; letzter Zugriff am 20.12.2010.

[4] Siehe auch Latte (1960) HAW, V 4, 90ff.

[5] Plaut. Merc. 834; Dion. Hal. ant. 1, 67, 3.

[6] Der Begriff des *lararium* ist erst aus der Historia Augusta und damit erst im 4. Jahrhundert n. Chr. belegt: Hist. Aug. 4, 3, 5; 18, 29, 2; 18, 31, 4f. Zuvor ist es als *sacrarium*, Cic. Verr. 4, 2, 4; 3, 7; Cic. fam. 13, 2., *aedicula*, Petron. 29, 8; Iuv. 8, 111 oder *sacellum* bezeichnet zu finden.

Die Penaten des römischen Bürgers[1] bilden somit die strukturelle Verbindung zu den *publici Penati populi Romani Quiritium.*[2] Diese öffentlichen Penaten des römischen Volkes[3] wurden nicht nur oft mit Vesta genannt, [4] sondern diese Penaten wurden im *penus Vestae* aufbewahrt.[5] In diesem Tempel wurden ebenso die *sacra,* bzw. die *pignoria imperii,* die „Unterpfänder der römischen Herrschaft"[6] das Palladium[7] aufbewahrt. Daneben gab es in Rom eine besondere *aedes Penatium* – der Tempel der Penaten – auf der Velia.[8]

Ein weiteres Zentrum des Hauses, für das es auf Stadt- und Staatsebene ein Gegenbild gibt, bildet der Herd. Im schon genannten Tempel der Vesta findet sich das heilige, von den Vestalinnen gehütete Herdfeuer der Hera. Die Parallelen von Götter- und Staatsordnung zur häuslichen Ordnung sind augenfällig und spiegeln sich über Jahrhunderte in ihrer gegenseitigen Entwicklung.[9]

Was Cicero mit der doppelten Heimat beschreibt, [10] der Heimat des Ortes und der politisch-rechtliche Heimat, sind seine Villa und die Villa seiner Vorfahren. *„...hic sacra, hic genus, hic maiorum multa vestigia."* „...hier ist das Heilige, hier ist die Familie, hier haben die Ahnen viele Spuren hinterlassen." Die Erinnerung an die Vorfahren bildet ein weiteres wichtiges Strukturmerkmal der römischen Gesellschaft. Die Sitte der Vorfahren bildete eine weitere mentale und kulturelle Richtschnur für alles Handeln des Römers; die Bedeutung des *mos maiorum* darf nicht unterschätzt werden.[11]

Die Bilder oder Büsten und Masken der Vorfahren waren im Zentrum des Hauses im Raum des *pater familias* aufgestellt und konstituierten dadurch eine physische Präsenz der Geschichte und Taten der verstorbenen Familienmitglieder. Zugleich bildeten sie als Monumente im Sinne des Ursprungsbegriffs *moneo*[12] – ermahnen – die Verbindung zur eigenen Vergangenheit und zur räumlichen Verbundenheit mit dem Ort des Bürgers, der *domus.* Die römische Familie hält jedoch nicht an dem strikten Ort einer *domus* fest und macht sie so zum Generationen-alten Familiensitz, sondern durch die neue Inbesitznahme oder den Umbau geht auf die *domus* ein Teil des gesellschaftlichen Ansehens über.[13] Hier zeigt sich die Aufteilung von Bedeutung und Wertigkeit des Ortes und der Eigenschaften seiner Bewohner, bei denen die Kombination von Raumqualität (*domus*) und der Qualität des Rauminhaltes (Familie) sich zu einem Gesamtbild fügen, aber trotzdem getrennt bleiben.

Bemerkenswert ist die von Seneca gezogene Verknüpfung der Ahnen des einzelnen Bürgers mit dem Ursprung der Bürgergemeinschaft, dem Mundus:

> *„unus omnium parens mundus est; sive per splendidos sive per sordidos gradus ad hunc prima cuiusque origo perducitur."*

---

[1] Cic. Sest. 30.
[2] DessILS 108.
[3] Zu einer Identifizierung der Penaten als Dioskuren in der römischen Frühzeit ALFÖLDI (1977) S. 241f.
[4] Cic. Catil. 4, 18; Cic. dom. 144; Cic. har. 12; Cic. nat. 2, 67; Ov. met. 15, 864; Serv. auct. Aen. 2, 296.
[5] Fest. 296 L.; Tac. ann. 15, 41; vgl. auch Dion. Hal. ant. 2, 66.
[6] Vgl. GROSS (1935).
[7] Cic. Scaur. 48.
[8] Varro l. l. 5, 54; Liv. 45, 16, 5; Aug. RG 19.
[9] RADKE (1981): Die dei penates und Vesta in Rom in: ANRW 17, 1, S. 357.
[10] Cic. leg. 2, 3-5.
[11] Zuletzt PINA POLO (2004) S. 124 betont zu recht die Bedeutung des mos maiorum und als Strukturmerkmal der römischen Erinnerungs- und Alltagskultur.
[12] GEORGES Bd. 2, Sp. 1001 und vgl. Liv. 8, 11, 16.
[13] Dazu z. B. Cic. off. 1, 138-139.

„Der einzige Vater aller ist der mundus; über glänzende oder über unansehnliche Stufen wird dorthin der erste Ursprung eines jeden zurückgeführt."[1]

Diese Aussage von Seneca verbindet den geschlossenen Raum der römischen Familie in ihrer *domus* mit der Gemeinschaft aller Bürger, in deren Rahmen sie existiert.

Die Tür des Hauses stellt einen weiteren wichtigen Ort des Übergangs mit sakraler Konnotation dar. Über die Türschwelle – *limen* – und zwischen den *ianua* hindurch betritt man das Innere des Hauses. Die sprachliche und sinnhafte Verwandtschaft zu Ianus, dem doppelgesichtigen Gott des Durchganges, weist auf die sakral-juristische Trennung zweier Räume hin. Die Hauswand trennt Frieden und Ordnung des Inneren von äußeren Gefahren durch Geschlossenheit und Einheit des Gebäudes ab. Die bauliche Geschlossenheit der Außenwände der römischen *domus* war nicht nur auf klimatische Gegebenheiten des Mittelmeerraumes zurückzuführen, sondern gleichsam auf einen semantischen Bezug. Bei möglichst großer Geschlossenheit nach Außen gibt es einen bewusst gestalteten und geöffneten Blick und Eingang ins Innere des Hauses. Türpfosten und Türschwelle stellten die juristische[2] und kultische Grenze zwischen häuslicher Welt der *familia* und des *pater familias* zur Welt des öffentlichen Raumes der Gemeinschaft der Bürger dar. So waren die Türen der *domus* prinzipiell immer jenen geöffnet, [3] die sich unter den Schutz und die Fürsorge des Patrons stellten. Die Öffentlichkeit des Hauses konnte jedoch allein schon durch die Sicht durch die schmale Tür ins Innere des Hauses hergestellt werden, durch die der Blick des Betrachters auf die wesentlichen wichtigen Teile der *domus,* das Tablinum oder den Sitzplatz des *pater familias,* gelenkt wurde.

In dieser Hinsicht ist nicht nur die Tür als Element des horizontalen Durchganges zu verstehen, sondern gleichsam die Öffnung zum Innenhof – *impluvium* – welcher eine vertikale Zugangsmöglichkeit darstellt. Das *impluvium* dient als wichtiges Element mediterraner Bauweise zur natürlichen Beleuchtung des Innenlebens des Hauses sowie zur Ent- und Belüftung. Wichtiger ist, dass die Öffnung des Daches den Blick zum Himmel über dem Grundstück ermöglicht. Oft nicht weit vom sakralen und rechtlichen Zentrum des Hauses, ließ sich eine Art des ‚privaten' Auspiziums vollziehen.[4] Die Voraussetzungen für ein solches „privates" *auguratorium* wären gewesen: Ein abgeschlossener und sichtbar definierter Raum (also ein *templum* in seiner allgemeinsten Definition), der einen Ausblick auf einen entsprechenden Raum im Himmel freigibt. Das Haus des römischen Bürgers wäre damit der private Raum der Familie zwischen Himmel und Erde.[5]

Neben den Begriffsparallelen und inneren Strukturen erweisen sich einige Riten des römischen Bürgerhaushaltes als transponierbar auf größere Räume der Gemeinschaft. Im Haus und in der Bürgergemeinschaft verbinden sich identitätsstiftende (z. B. die *adlocutio*[6]) und raumversichernde (*suovetaurilia,* [7] *ambarvalia,* [8] *terminalia)* Riten der römischen Kultur.

[1] Sen. de benef. 3, 28, 2. Übersetzt von Kunst (2000) S. 205.

[2] Zu gerichtlichen Verhandlungen im Haus eines Bürgers siehe: Jos. ant. 16, 361 – 372 (c. 11, 2. 3), Jos. bell. Iud. 1, 535 – 543 (c. 1, 2. 3).

[3] Selbstverständlich waren die Türen und Tore in vielen Fällen überwacht: siehe Colum. I, 5, 7 und durfte bei berechtigter Gefahr geschlossen werden, so Liv. 40, 7.

[4] Diese ‚privaten Auspizien' waren aber wohl schon zur Zeit des Cicero nicht mehr üblich. Cic. div. 2, 36, 76.

[5] Das römische Recht unterschied sehr deutlich zwischen *privatus* und *res publica.*

[6] Siehe Varro l. l. 6, 57; Suet. Tib. 23.

[7] Cato de agr. 144.

[8] HA Aurelian. 20, 3; Serv. ecl. 3, 77.

Eine weitere interessante etymologische Herkunft ist der lateinische Begriff für die Türschwelle auf: *limen* weist in seiner Wortbedeutung eine große Nähe zu *limes* auf, [1] das sich von der Grundidee her als Schwelle zwischen zwei Räumen, zwei Feldern oder zwei abgemessenen Räumen der Flur und dem Raum des Hauses und dem Raum außerhalb der Wohn- und Lebensgemeinschaft darstellt.

Der Tempel als Haus der Götter

Das Haus der Götter, der Tempel, ist dem Haus des römischen Bürgers in Rechts- und Kulturtradition nachgeahmt.[2] In die Cella, den zentralen Raum des Tempels, dürfen nur die Priester eintreten. Die eigentlichen Opfer und öffentlichen sakralen Handlungen finden vor dem Tempel statt. Der Blick ins Innere des Tempels war bei geöffneten Türen möglich und ließ den Betrachter die Kultstatue der Gottheit als Hausherrn des Tempels erblicken. Zum Tempel selbst gehörten neben dem Götterbildnis auch der Opferaltar auf dem Vorplatz sowie der heilige Hausrat. Die augenscheinlichste Unterscheidung zum normalen Haus des Bürgers ist die Front des Tempels selbst, mit Säulen und Giebel, die aus etruskischem und griechischem Einfluss entstand.[3] Die zumeist erhaltene und bekannte Form des römischen Tempels entsteht erst spät innerhalb der römischen Geschichte, ab dem 2. Jahrhundert v. Chr., mit dem zunehmenden Kulturkontakt und der Symbiose mit den Griechen.

Den Zutritt zum Tempel selbst überwacht ein Aedituus, [4] der als ‚Hausverwalter' des Tempels gelten kann.[5] Die Form des römischen Tempels als geschlossenes, mit Säulen umstandenes Gebäude war ein Produkt des Kontaktes mit etruskischer und griechischer Kultur. Der altrömische Tempel war eher ein einfacher Altar, der mit einer einfachen Umgrenzung wie Bändern, Pfählen oder einem Graben aus seiner Umwelt hervorgehoben wurde. Dieser Raum bildete das eigentliche *templum*, das als heiliger Bereich den Göttern übereignet wurde. Das wirklich Sakrale ist der Boden, die Erdoberfläche einer bestimmten Stätte, bei der die Gestaltung der Kultstätte von zweitrangiger Bedeutung ist. Daher unterscheidet man im römischen Recht zwischen Privateigentum, Eigentum der Gemeinde und Eigentum der Götter. Durch die Auguren wird das *templum* festgelegt und durch die *consecratio*[6], ein festgelegtes Weiheritual, [7] aus dem Gemeindebesitz den Göttern übereignet.

Beim griechischen Tempel[8] war der abgeschlossene *temenos* auch innerhalb der Stadt ein konstitutives Element dieses Baukomplexes. Ein durch eine Mauer abgeschlossenes *templum* war ebenso in der römischen Stadt möglich und konnte innerhalb des Stadtgebietes einen beträchtlichen Platz einnehmen.[9]

Wie aber das Forum Romanum zeigt, waren Tempel auch ohne diese eindeutigen

---

[1] Mommsen (1890) S. 111 FN 1 leitete das Wort *limes* von *limen – der Türschwelle* – ab. Vgl. dazu Festus 116; auch Gebert (1910) S. 199ff., sowie Fabricius (1926) Sp. 572.

[2] Vgl. dazu Kaser (1912) S. 475.

[3] Vitruv 4, 8, 5.

[4] Zu den Funktionen des Aedituus: Sen. ep. 41, 1; Liv 30, 17, 6.

[5] Kaser (1966) S. 476.

[6] Festus 424, Gai. inst. 2, 2, 4. Das auf Numa zurückgeführte Ritual den Raum in profan und sakral zu ordnen, vgl. Liv. 1, 21, 1ff., schuf die Vorlage für die gemeinschaftliche Ordnung des römischen Staates. Vgl. Frateantonio (1997) s.v. Consecratio, in: DNP 3, 127f.

[7] Siehe dazu auch Sen. cons. ad Marc. 13, 1; der hier von den „*sollemnia pontificalis carminis verba*" berichtet.

[8] Zur Entwicklung des griechischen Tempels siehe Gruben (1976) und älter Rodenwaldt (1951).

[9] Als Beispiele lassen sich die Akropolis in Athen aber auch das Heiligtum von Delphi aus der griechischen Geschichte, sowie Gerasa/Jerash, anführen, die mit einer durchgehenden Temenos-Mauer umgeben waren.

Grenzen in den Raum einer Stadt integriert, [1] wobei das erste Forum in Rom jedoch eine Sonderstellung einnimmt.

Beispiele für diese Arten des *templum* mit einem Altarstein in anderen, kleineren räumlichen Bezügen waren z. B. die Ara Pacis des Augustus und gleichermaßen die vielen Straßenaltäre der stadtrömischen Vici. Die Compitalaltäre dieser einzelnen Vici waren seit der Reform des Augustus[2] den Laren und gleichzeitig dem *genius augusti* geweiht.[3] Der Kaiser wurde damit an fast jeder Kreuzung der Stadt Rom sichtbar und somit flächendeckend präsent. Der Princeps in seiner Funktion als Patron aller Bürger und in seiner Funktion als Pontifex Maximus war auf diese Weise für jeden sichtbar und konnte damit auch die Stadt quasi als ‚Sakralraum' definieren.

Ein solcher Opferplatz entstand aus der pragmatischen und wenig abstrakten Göttervorstellung der römischen Religion, deren Beziehung zu Ort und Wirken göttlicher Mächte sich wiederum an der Lebenswelt der bäuerlichen Gesellschaft orientierte.[4] Die Altäre an den Kreuzungen waren sowohl in der Stadt als auch auf dem Land zu finden. Das Gegenstück zum städtischen Bezirk ist der *pagus*, der von seiner etymologischen Bedeutung her einen abgeschlossenen Raum bezeichnet.[5] Der Altar- oder Opferstein hob immer auf eine besondere räumliche Separierung der Areale ab; der Grenzstein betonte den Übergang des vermessenen Feldes zum unvermessenen Raum oder zu einem Raum mit anderen (Besitz-)Eigenschaften.

5.6 Die Stadt als besonderer Raum

Die antike Kultur war Stadtkultur.[6] Die römische Zivilisation machte trotz oder vielleicht gerade wegen ihres bäuerlichen Ursprungs die Stadt (Rom) zur Grundlage und zum Zentrum ihrer Kultur. Die Stadt Rom wurde im Laufe ihrer Geschichte erst zu einem wirklichen Machtfaktor im Mittelmeerraum, als ihr Städte und Land hinzugefügt wurden. Mit Salernum, Puteoli und Tempsa begann eine Ära der römischen Machtentfaltung, die den Raum des zukünftigen *Imperium Romanum* durch Städte beherrschte. So bezeichnete Cicero die Kolonie Narbo als Wachtturm des Reiches[7] und die Alpen als Mauer, [8] welche Oberitalien vor fremden Angriffen bewahrt. Dies macht klar, welches Bild er im Kopf hatte, als er von der Nordgrenze des Reiches sprach: Eine Stadtmauer, die nicht nur die Stadt selbst, sondern auch den von der Stadt Rom beanspruchten Raum der Apenninhalbinsel abgrenzt.

Die Stadt und ihr unmittelbares Umfeld bildeten eine symbiotische Einheit und dennoch war zugleich die Trennung von antiker Stadt und Umland eindeutig definiert. Die Entwicklungen des Verhältnisses der beiden Räume zueinander beschreibt ein besonderes Wertverständnis in der römischen Kultur. Zugespitzt formuliert blieb die römische Kultur immer in den bäuerlichen Traditionen und Wertvorstellungen ihrer Frühzeit verhaftet, war es doch der römischen Elite vorgegeben, ihr standesgemäßes Vermögen nur aus Grund und Boden zu erwirtschaften. Der lange Prozess von

[1] Es ergibt sich daraus die Frage, wie das *templum* der jeweiligen Götter von anderem Besitz/Boden unterschieden wurde.
[2] Plin. nat. hist. 3, 66.
[3] Zanker (1987) S. 132-140.
[4] Siehe dazu Kaser (1966) S. 23-27.
[5] Vgl. Mommsen RStR III/1 S. 116.
[6] Vgl. Dahlheim (2000) S. 9.
[7] Cic. Font. 5, 11, vgl. Tac. Agr. 14.
[8] "*alpium murus*", Cic. Phil. 5, 37.

der lockeren Siedlung hin zur Stadt erfordert eine bedeutende Leistung innerhalb der kulturellen, gemeinschaftlichen und damit gesellschaftlichen Entwicklung. Die Art, wie eine Kultur eine Stadt definiert, hängt folglich von der ihr eigenen Entwicklung von Recht, Religion und Raumvorstellung ab. Die Bedeutungen, die Implikationen und Wertvorstellungen fanden in der römischen Kulturgeschichte mit der heiligen Stadtgrenze – dem *pomerium* – ihre prägnanteste Formulierung. An dieser religiös und juristisch konnotierten Schwelle lassen sich die wichtigsten kulturellen und mentalen Eigenschaften der römischen (Stadt-)Kultur im Vergleich zum Außen ablesen.

Die sakrale Integrität der Stadt wurde durch verschiedene Riten und Feste in der Gemeinschaft der Bürger und Einwohner gefestigt. Die Lupercalien des 15. Februars[1] waren eine archaische *lustratio* des Stadtraumes, wie die Parilien[2] des 21. Aprils und die der *ambarvalia* gleichzusetzende *amburbia.*[3]

Die Bedeutung der domus im Rahmen der Stadt

Die physische Gestalt des Hauses stellte in der Stadt-Topographie für die Bürgergemeinschaft einen wichtigen visuellen Fixpunkt der Gesellschaftsordnung dar. Das Haus repräsentierte durch sein Äußeres, d. h. seine Lage und Sichtbarkeit, seinen architektonischen und künstlerischen Bauschmuck, die Position des Besitzers innerhalb der römischen Gesellschaft. Dabei gingen im Idealfall innere wie äußere Gestalt parallele Wege der Statusrepräsentation. Katalogartig erklärte Vitruv, welche Wohnraumgestaltung zu welcher Gruppe der Gesellschaft gehörte.[4] Die Räume des Bürgers mit Funktionen in Politik und Gesellschaft stellten eine Misch- und Übergangsform zu öffentlichen Gebäuden der Stadt her. Was im Inneren des Hauses vorging, beraten und besprochen wurde, was und wie es dort präsentiert wurde, war Gegenstand der sozialen und politischen Positionierung in der römischen Gesellschaft.

Ein einprägsames Beispiel gibt Cicero mit seinem Anliegen, sein in prominenter Lage gut sichtbares Grundstück –

> *„in conspectu prope totius urbis domus est mea..."*
>
> *„in einer guten Übersicht über die ganze Stadt ist mein Haus"*[5]

– nach der Rückkehr aus der Verbannung wiederzubekommen. Für Cicero war dieses gut sichtbare Grundstück und die damit verbundene Sichtbarkeit des Hauses Teil seiner Identität – sowohl für sich selbst als auch als Bürger Roms.[6] Neben der Lage waren auch die Front des Hauses Ort für Statusbekundungen des Hausbesitzers. Plinius bringt die Bedeutung der Gestaltung der Außenmauern auf den Punkt:

> *„Aliae foris et circa limina animorum ingentium imagines eran tadfixis hostium spoliis quae nec emptori refigere liceret, triumphabantque etiam dominis mutatis aeternae domus. Erat haec stimulatio ingens, exprobrantibus tectis cotidie inbellem dominum intrare in alienum triumphum."*

[1] Varro l. l. 6, 34; Plut. Romulus 21, 6.

[2] Ov. fast. 4, 721-862.

[3] HA Aurelian. 20, 3.

[4] Vitruv 6, 5, 2-3.

[5] Cic. dom. 100.

[6] *„...demigrandum potius aliquo est quam habitandum in ea urbe in qua tropea de me et de re publica videam constituta."* „... dann muss ich irgendwohin auszuwandern, da es mir nicht möglich ist in dieser Stadt zu wohnen, in der diese Trophäe des Sieges über mich und den Staat sichtbar sind."

„Außerhalb und um die Türschwelle herum befanden sich andere Bilder ihres (der Hausbesitzer) hohen Mutes, und dort waren die den Feinden abgenommenen Beutestücke angebracht, die auch der Käufer nicht entfernen durfte. So stellten die Häuser nach dem Wechsel ihres Besitzers, für immer dessen Triumph zur Schau. Dies war ein mächtiger Anreiz, da das Haus dem unkriegerischen Herrn täglich vorwarf, er betrete den Ort eines fremden Triumphes."[1]

So waren am Haus des Pompeius als Zeichen seiner Siege über Piraten Schiffsschnäbel angebracht.[2] Einem ähnlichen Zweck diente die Aufstellung von Lorbeerbäumen als Zeichen imperatorischer Gewalt und die Verzierung mit Eichenlaub an der Tür zum Haus des Augustus als Ehrenbezeugung der *corona civitas*, die Augustus als Retter der Bürgerschaft auszeichnete.[3]

Die Summe all dieser kulturellen und symbolischen Eigenschaften des römischen Hauses, die sich in Lage, Umgebung und baulicher Gestalt ausdrückten, findet sich im Beispiel der *domus augustana*[4] wieder. Die Lage auf dem Palatin, die direkte Nachbarschaft zum Apollon-Tempel und zur ‚Hütte des Romulus' und die Aufstellung der Lorbeerbäume an der Eingangstür vermitteln das Bild eines in seinem Status nicht zu übertreffenden Bürgers der *res publica romana*. Die Bedeutung der *domus* des Princeps steht damit immer in einem engen Verhältnis zur Reichs- und Stadtentwicklung im Rahmen des römischen Kaisertums. Seit Augustus entwickelt sich auf dem Palatin eine neue Art des repräsentativen Baus des Princeps, die sich über die Verbindung in die Vergangenheit mit Romulus und allen Kaisern nach Augustus bewusst in die Tradition dieser berühmten Männer mit diesem Wohnort stellte.

Im Allgemeinen musste das Haus eines Patrons der römischen Gesellschaft nach seinen repräsentativen und sozialen Ansprüchen allen seinen Klienten, nach Status hierarchisch differenziert, offen stehen.[5] Dies war jedoch im Falle eines Bürgers mit dem Anspruch, Patron aller Bürger zu sein, mit einer normalen *domus* nicht mehr zu bewältigen. Auf dieser letzten Ebene, der Spitze der Gesellschaftsordnung, nahm die Fürsorge des Patrons für seine Klienten, die Pflege von Recht und Ordnung, letztlich „staatlichen" Charakter an. Die folgerichtige bauliche und institutionelle Konsequenz aus dieser Notwendigkeit des obersten Patrons der römischen Gesellschaft zog bereits Julius Caesar.

Das Forum Iulium war die logische und gleichzeitig geniale Weiterentwicklung des Gedankens der Statusrepräsentation eines römischen Patrons in abstrahierter baulicher Gestalt und Funktion einer *domus publica.*

Die Kaiserforen als domus

Das Forum als Ort der Kommunikation und Repräsentation der *res publica* konnte nicht durch die *domus* eines Einzelnen, sei es auch des Princeps, ersetzt werden. Baumaßnahmen auf und direkt am Forum Romanum waren wohl selbst noch in der hohen Kaiserzeit den republikanischen Traditionen dieses Ortes unterlegen. Einzige Möglichkeit für den jeweiligen Princeps war es also, einzelne Funktionen des Forum

[1] Plin. nat. hist. 35, 6-7. Übers. v. Kunst (2000).
[2] Cic. Phil. 2, 68f. Vgl. Plut. Pompeius 40.
[3] Aug. RG 34.
[4] Vgl. Gianfilippo (1983).
[5] Vgl. Zanker (1997) S. 36. Selbstverständlich kam z. B. nicht jeder arme Plebejer in die Privatgemächer des Patrons.

Romanum in einen eigenen Raum zu überführen. Ein eigenes und geschlossenes Forum ermöglichte die Präsentation der persönlichen Macht und politischer Ambitionen bei gleichzeitiger öffentlicher Legitimation im Rahmen der *mos maiorum* durch die Gestaltung als für das Volk zugänglichen Ort.

Die Foren der Kaiser enthalten alle wichtigen Elemente einer traditionellen Domus und konnten durch die Loslösung von der baulichen traditionellen Hausgestalt neue Elemente der Repräsentation der Macht in einer Kombination von traditionellen Elementen von Forum und Domus hinzunehmen. Die Verquickung von privatem und öffentlichem Charakter der Kaiserforen spiegelt sich in der Art ihrer Finanzierung wider. Schon Augustus betonte, dass das nach ihm benannte Forum auf einen von ihm gekauften Grundstück lag und mit Geld aus Kriegbeute finanziert wurde.[1]

Das, was sich auf kleinerer Ebene in den Stadtvillen der Patrone abspielte, die *adlocutio*, die Rechtsprechung, die Versorgung der Klienten mit der *sportula* etc., war in den Kaiserforen tägliches Geschäft. In den Foren findet sich die gleiche Form der Präsentation von Macht und kultureller Segregation wie in der Domus. Von der Ahnenverehrung bis zu den bewusst gestalteten Blickachsen und separierten Räumen verschiedener Rangordnung findet sich sogar die Beschränkung auf einen relativ kleinen Haupteingang wieder. Während das Forum Romanum von vielen Straßen z. T. auch breite Zugänge hat, sind die Zugänge zu den Fora zwar monumental, aber im Verhältnis zur Gesamtfläche der einzelnen Fora sehr klein gestaltet. Auch das größte und zuletzt gebaute Forum, das des Kaisers Traian, [2] beinhaltete alle Bau- und Bildelemente patronaler häuslicher Repräsentation.

Die Eingangsbereiche des Vestibüls und der Fauces waren im Traiansforum mit einem Triumphbogen ausgebaut. Der größte Raum im Zentrum – das Atrium der Domus – und der große Platz mit der Reiterstatue in der Mitte eröffneten dem Besucher den Blick auf die verschiedenen Räume zu Abwicklung von täglichen Geschäften und Haushaltstätigkeiten. Je weiter man sich vom Eingang entfernt, desto näher kommt man den sensiblen und wichtigen Bereichen des ‚Hausherren'. Der zentrale Raum des *pater familias/patriae* ist das Tablinum, bzw. die Basilika. Hier wurde Recht gesprochen, mit Klienten verhandelt und gesprochen usw. Hier im hinteren Bereich des Forums und auch einer *domus* war der Ort der Ahnen- und Götterverehrung; hier zeigte sich der Patron und Hausherr im Rahmen seiner Vorfahren und deren Traditionen und Geschichte. Bezeichnenderweise ist hinter der Basilika Ulpia die Bibliothek und die Säule des Traian verortet, weiter dahinter der Tempel des vergöttlichten Traian und der Plotina: Ein deutlicher Bezug auf die Aufgaben dieses Bereichs in einer Art ‚*domus publica*' des Princeps.

Eine herausragende Besonderheit ist der Ort des Grabes Traians. Wie er wohl auch in der Frühzeit der römischen Kultur innerhalb der Domus, im Hortus gelegen war, wird im Forum Traians nicht nur die besondere Ehre dieses Grabortes, sondern auch der Rückbezug auf die Frühzeit der römischen Kultur offensichtlich. War der ursprüngliche Raum der Stadt Rom nur innerhalb des *pomerium*, ist seit dem 4. Jahrhundert vor Christus im XII-Tafel-Gesetz das Verbot zu finden, seine Verwandten innerhalb des Hauses zu bestatten. Der neue Ort der Begräbnisse war damit außerhalb des *pomerium* und damit außerhalb der Stadtmauern. Traian wurde folglich im Prinzip

[1] Aug. RG 21.

[2] Dazu die neusten Ausgrabungsergebnisse zum Traiansforum mit exzellenten Rekonstruktionen Packer (2002) und ausführlich Packer (1997).

im *hortus* seiner Domus nach alter Sitte beigesetzt – eine Ehre, die Traians Bedeutung für seine Zeit unterstreicht.

Die ‚privaten' *domus* der Kaiser blieben in gewissem Maß traditionell, in ihrer Funktion stärker dem Princeps als *pater familias* zugeneigt und gebunden. In der Domus des Princeps verwischen die Trennungslinien zwischen Öffentlichkeit und der Abgeschlossenheit der Familie zwar deutlich, jedoch findet im Haus des Kaisers gleichzeitig die stärkste Trennung durch den deutlichen sozialen Statusunterschied statt. Die theoretische öffentliche Zugänglichkeit des Kaiserhauses beschreibt Plinius in seiner Lobrede auf Traian im Jahre 100 n. Chr.:

> *„Habet hoc primium magna fortuna, quod nihil tectum, nihil occultum esse patitur; principum vero non domus modo sed cubicula ipsa intimosque secessus recludit, omniaque arcana noscenda famae proponit atque explicat. Sed tibi, Caesar, nihil accommodatius fuerit ad gloriam quam penitus incipi."*
>
> *„Zu den Begleiterscheinungen einer hohen Stellung gehört vor allen dies, dass sie nichts verborgen, nichts geheim bleiben lässt, und gar im Falle des Principes öffnet sie nicht nur das Haus, sondern selbst die cubicula und den intimsten Zufluchtsort, und sie bringt alle Geheimnisse ausführlich zur Kenntnis der Öffentlichkeit. Jedoch Dir, Caesar, könnte dem Ruhm nichts dienlicher sein als der Einblick in das Innerste."*[1]

Der Text zeigt, dass die *domus* der Präsentationsraum der Familie des Hausherren ist, der – theoretisch – allen seinen Klienten und im Fall des römischen Kaisers damit allen Bürgern des Reiches offen stand.[2] Praktisch hatten selbstverständlich nur ausgewählte und vom sozialen Status hohe Mitglieder der römischen Gesellschaft Zugang zur Domus des Kaisers.

Im Gegensatz dazu sei eine von römischen Historikern als negativ bewertete kaiserliche Domus eines Princeps genannt. Der Bau der so genannten *domus aurea* des Nero wurde als *hybris* des Herrschers angesehen, [3] denn die prunkhafte Ausstattung mit Gold und Edelsteinen sowie auch die Größe des Hauses überstiegen die bei diesen Bauten geforderte angemessene Selbstdarstellung und Selbstpositionierung innerhalb der Gesellschaft.[4] Interessanterweise versuchte Nero eine eigene kleine Welt in seiner *domus* zu schaffen. So waren ein Meer bzw. Teiche, Wälder, Weinberge, Weiden, Wildtiere und sogar ein beweglicher Himmel in diesem Gebäudekomplex zu finden. Die Welt wurde im Haus des Nero, in der *domus* des römischen Kaisers, abgebildet.[5]

Die Aufregung entstand nicht primär dadurch, dass die *domus aurea* eine enorme Fläche im Zentrum von Rom einnahm oder in der prachtvollen und außergewöhnlichen Ausstattung, sondern vielmehr darin, dass Nero dieses Haus nicht als eine Art Forum dem Volk zugänglich machte und fast ausschließlich für sich selbst beanspruchte. Nero sperrte somit einen Großteil seiner *clientela* von seiner *domus* aus und damit die Bürger Roms von der Darstellung und der Teilhabe an der Macht über die Welt.

[1] Plin. paneg. 83, 1. Übersetzung von Kühn (1985).

[2] Das Fehlen dieser theoretischen Öffentlichkeit, auch gerade in privaten Gemächern, wurde den Christen später zum Vorwurf gemacht und wurde zu einem Grund der Verfolgung.

[3] Vgl. Suet. Nero 31, 1-2: *„non in alia re tamen damnosior quam in aedificando domum a Palatino Esquilas usque fecit..."* und Mart. epigr. 2; Suet. Nero 39, zur Bewertung auch Kunst (2000) S. 160.

[4] Dazu auch das Urteil von Tac. ann. 15, 42, 1.

[5] Siehe dazu auch die Interpretation von Förtsch (2001) s.v. Domus Aurea, in: DNP 3, Sp. 763-766.

Die *domus* und die Foren wurden als Repräsentationsort für den römischen Kaiser und dessen Klienten, die Bürger Roms, gebaut. Der Kaiser baute nicht nur fürs Volk, um es bei Brot und Arbeit zu halten oder persönliche Neigungen auszuleben, [1] sondern in seiner Funktion als Princeps hatte er die Aufgabe, in seinen Bauten seine Taten und damit die Leistungen des römischen Volkes darzustellen. Die Bildprogramme vom Augustusforum bis zum Traiansforum sprachen eine deutliche Sprache: Hier im Forum präsentiert sich das Volk von Rom mit seiner Geschichte, seinen Taten und Errungenschaften sowie der Ehrfurcht vor den Göttern und Ahnen im Rahmen einer öffentlichen Domus, des obersten römischen Patrons, des Princeps und Kaisers.

Die porta

Dem Tor kommt im Wechsel zwischen den Räumen eine besondere Bedeutung zu. Etymologisch aus dem Tragen (*portare*) des Pfluges an der Stelle, wo der Durchgang durch das *pomerium* sein sollte, entstanden, ist das Tor mit einer Unmenge von Bedeutungen behaftet, die über die reine Funktionalität eines Mauerdurchlasses hinausgehen. Ohne Tore wäre es sakraltechnisch und juristisch nicht möglich, etwas in den Raum oder aus dem Raum zu bringen, ohne die Grenzen zu verletzen.

Plutarch erklärt die Bedeutung des Tores der Stadt im Zusammenhang mit ihrer räumlichen und sakralen Integrität:

> *„Warum sie (die Römer) die Stadtmauern als ganzes für unverletzlich und heilig halten, die Stadttore aber nicht. Wie Varro schreibt, muss man die Stadtmauer für heilig halten, damit man sie tapfer verteidigt und dafür zu sterben bereit ist. (...) Die Tore aber durften nicht heilig gemacht werden, weil durch sie vieles Notwendige gelangte, aber auch die Toten hinausgeleitet werden."*[2]

Die Folge ist, dass jeder, der nicht die vorgesehenen Tore und Türen zum Raum benutzt, einen sakralen Frevel und einen Rechtsbruch begeht.[3]

Als weiteres Beispiel sei hier eine besondere Tür oder ein noch stärker symbolisierter Durchgang genannt: die Porta Triumphalis bzw. der Triumphbogen. Erstere ermöglichte dem Triumphzug, den ursprünglichen Bereich der Stadtgemeinschaft – *domi* – entsühnt aus dem Bereich des *militiae* über das *pomerium* zu betreten.[4] Die wichtige symbolische Reinigung des siegreichen Feldherren und des Heeres im Triumphzug durch das Tor war ein wichtiges Element des Einzugsritus. Wie aus den oben gemachten Beobachtungen zum Pomerium und dem Raum der Stadt erkenntlich wurde, wäre jedes Eintreten ohne diese Reinigung ein Frevel gewesen.

Dem siegreichen Feldherren war es vergönnt, als erster einen zu seinen Ehren und zu Ehren des römischen Sieges errichteten Triumphbogen in der Ausstattung eines Triumphators im Zuge eines für ihn gewährten Zuges zu durchschreiten, denn auf den Bögen waren Taten und Triumphe des siegreichen Feldherren dargestellt. Der Sieger durchschreitet nochmals seine auf dem Triumphbogen verewigten Taten und wird durch sie zu einem neuen, ehrenvollere Menschen.

---

[1] Zanker (1997) S. 43f.

[2] Plut. mor. 270F-271A. Übersetzung Kunst (2000) S. 81.

[3] Vgl. besonders Kunst (2000) S. 81, FN 125.

[4] Dazu ausführlich Rüpke (1990) S. 228f.

Der Triumphbogen stellt für die Bürger Roms die Tür zum befriedeten und kultivierten heiligen Raum der Gemeinschaft dar. Imaginiert durch die Taten und Ehrenbezeichnungen in Stein am Bogen selbst, stellt der Triumphbogen die Tür zum gemeinsamen heiligen Bereich des Staates dar. Der Triumph des Feldherren wird zum Triumph der Gemeinschaft. Mit dem Durchschreiten dieses Tores erlangt sowohl die geehrte Person selbst einen neuen Status, als auch die Gemeinschaft.

5.7 Das Haus auf dem Land: die Villa Rustica

Der römische Begriff *villa*[1] bezeichnet in seiner allgemeinen Bedeutung ein Wohngebäude außerhalb der Stadtmauern.[2] Die römischen Landgüter sind über Zeit und Raum des Imperium Romanum als stetes Element des römischen Lebensstiles und der Wirtschaftsweise zu werten.[3] Columella beschreibt die innere Aufteilung der Villa als dreigeteilt. Einen *pars urbana*, der Wohntrakt des Herren, einen *pars rustica*, in dem die Arbeiter leben, und einen *pars fructaria*, in dem die Früchte des Feldes untergebracht werden.[4] Diese drei Teile finden sich in der idealen Villa wieder, die sich im Laufe der Entwicklung und in regionalen und persönlichen Unterschieden verändert hat. Die Akzentuierung eines Teils des ‚Hauses auf dem Land', spiegelt die jeweilige Nutzung durch den Bewohner wider.

Die Villa Urbana

Als Zwischenglied von Stadthaus, der Domus, und der Streusiedlung, dem offenen *vicus*, ist die römische *villa urbana* einzuordnen. Sie befindet sich auf dem Land und trägt zugleich Züge städtischer Kultur[5] mit Wasserleitungen, Hypokausten und der Gesamtanlage des Wohntraktes. Aber mit ihrer Größe bot die Villa ebenso Platz für Fischteiche, [6] Vögelhäuser, Gartenanlagen und eigene Kultbezirke.

In ihrer extremsten Form verloren die Villen der römischen Oberschicht fast jegliche wirtschaftliche Funktion und dienten als Ort des *otium*, mit verschwenderischen Bauten und Bauschmuck, deren Steigerung bis hin zu Villenanlagen reicht, wie sie z. B. die „villa Iovis"[7] des Kaiser Tiberius auf Capri, die Villa des Hadrian bei Tivoli, die von ihm selbst gut beschriebene Villa des Plinius[8] oder die Villen anderer wohlhabender Römer überall im Reich darstellen, die in ihrer Größe und Ausstattung einmalig waren. Diese Villen stellten eine Art ‚Bildungslandschaft' dar, in der Kultur und Natur gleichermaßen von ihren römischen Besitzern in Szene gesetzt wurden. Die Villa Urbana ist in ihrer Entwicklung als ausgelagerte Domus zu verstehen, die sich ohne die baulichen Zwänge der Stadt entwickeln konnte.[9] Die Funktion von architektonisch gestalteten Ausblicken und Blickachsen in Häusern und Villenanlagen, die Lenkung des Blicks auf bewusst gewählte Ausschnitte von Landschaften oder Gärten, eingerahmt von Türen, Toren und Fenstern, scheint sich aus der Tradition der Raum-

[1] Zur Herkunft des Begriffs: Varro r. r. 1, 2, 14,

[2] Mielsch (1987) S. 7; van Buren (1958) s.v. Villa, in: RE VIII A.

[3] Zur Entwicklung von Typen der *villae* siehe Mansuelli (1990) S. 327ff. und Mielsch (1987) S. 32ff.

[4] Colum. de re rust. 1, 6.

[5] Kunst (2000) S. 161f. mit Plin. nat. hist. 35, 6-7.

[6] Siehe dazu Mielsch (1987) S. 23-32.

[7] Dazu ausführlich Krause (2003).

[8] Einen ausgiebigen Kommentar zu den Villenbriefen bietet Förtsch (1993).

[9] Mansuelli (1990) S. 331.

erfassung durch das Auspizium entwickelt zu haben, wie J. Rüpke[1] bemerkt, und sich besonders bei den römischen Villen zur Perfektion entwickelt zu haben.

Dem Ideal der römischen Oberschicht nach sollten die Senatoren ihr ständiges, standesgemäßes Einkommen aus den landwirtschaftlichen Betrieben der *villae* bestreiten und gleichzeitig allen ihren gesellschaftlichen Pflichten nachkommen. Ebenso sollten sie Landbesitz auf der italischen Halbinsel haben.[2] Dieses Ideal zeigt die wichtige Verbundenheit der römischen Kultur zu ihren agrarischen Wurzeln und gleichzeitig zur Stadt Rom als Zentrum von Kultur, Politik und Gesellschaft.

Gleich ob es die Villa eines Senators war oder das Landgut eines Angehörigen der lokalen Elite in Britannien oder in der Provinz Afrika proconsularis: neben den zentralen Wirtschafts- und Wohnbauten gehörte zu diesem Gebäudekomplex die diesen abschließende Mauer. Nahezu bei allen nachgewiesenen *villae* ist eine solche Abgrenzung vom weiterem Areal und direktem Umland zu finden. Dabei ist die Funktion einer solchen Einhegung im überwiegenden Maße nicht als Pferch für Tiere zu sehen, sondern als bewusste Heraustrennung eines zentralen Bereichs des Wohnens und Lebens auf dem Land. Schon die ersten in den Quellen erwähnten *villae* des 2. Jahrhunderts v. Chr. werden als von einer Mauer umgebendes Areal beschrieben.[3]

So trägt auch die Villa von Settefinestre bei Cosa ‚Ziertürme' in ihrer Umfassungsmauer der ersten Hälfte des 1. Jahrhundert vor Chr., [4] von der man vermuten kann, dass diese Türme wirklich nur zur Zierde gebaut wurden und keinen wirklichen Verteidigungswert mehr hatten. Wenn sich die römische *villa* auch in ihren verschiedenen ursprünglichen Teilbereichen von *urbana* und *rustica* weiterentwickelt und je nach Intention des Besitzers genutzt und ausgebaut wurde, blieb die Hervorhebung des Baukomplexes aus seiner Umwelt bis in die Spätantike bestehen.

Die Villa Rustica

Die ländliche Lebensweise war insgesamt wohl die verbreitetste Art des alltäglichen Lebens in der Antike. Der bebaute und bewohnte Stadtraum nahm den weitaus kleineren Teil der antiken Bevölkerung auf, war jedoch der kulturell bedeutendere.

Die Villa Rustica in den nord-westlichen Provinzen jenseits der italischen Halbinsel war jedoch im Normalfall das, was wir heute als Landgut oder Bauernhof bezeichnen würden. Hier vermischte sich die Lebensweise der einheimischen Bevölkerung, die zumeist in kleineren Weilern und Streusiedlungen lebte, mit der Bau- und Wirtschaftsform der *villae*.[5]

Das Beispiel der ‚Haselburg' bei Höchst im Odenwald zeigt, dass wohl nicht nur landwirtschaftliche Erzeugnisse produziert und gelagert wurden, denn ebenso gab es gesonderte Areale für kleinere Heiligtümer innerhalb der Mauern der Villa. Dies unterstreicht Parallelen zur Struktur der ummauerten Stadt, die sich durch Mauern und rituelle Grenzen in verschiedene, ineinander aufnehmende Bereiche gliedern lässt. Eine Parallele zum Kastell zeigen die Begriffe *praetorium*, der im Lauf des 1.

[1] Rüpke (1990) S. 31. Siehe auch Beispiele aus den so genannten die Villenbriefen des Plinius ep. 2, 17, 20-21; 5, 6, 19 und 5, 6, 23.

[2] Vgl. Mielsch (1987) S. 94; Plin. ep. 6, 19.

[3] Die Villa des P. C. Scipio Africanus soll laut Seneca ep. 86, 3 eine hohe Umfassungsmauer und Türme *„propugnaculi"* gehabt haben.

[4] Mielsch (1987) S. 48. Ausführlich zu den Villen bei Cosa Carandini (1985).

[5] Zur Bauentwicklung der römischen Villen im Rheinland siehe Olemann (1990) S. 172-190.

Jahrhunderts n. Chr. neben dem Begriff *villa* für das Wohngebäude des Landgutes aufkommt[1], und *propugnaculum,* die Schutzmauer, Schutzturm beschreibt. Die gleiche Bezeichnung für das Gebäude des Kommandeurs einer Legion und des Wohntraktes einer Villa betont auch in der Etymologie der Begriffe die Nähe zu einem befestigten Lager und zur baulichen Abstammung des Landgutes von seinen mauerbewehrten Ursprüngen im 2. Jahrhundert v. Chr.

Ein deutliches Beispiel für die Stellung der ummauerten Villa im Verhältnis zur Stadt und deren Umwelt zeigt ein Relief, das heute in Rom zu sehen ist.[2] Neben der stilisierten Ordnung innerhalb der Stadtmauern wird auf dem Relief die durch wilden Bewuchs als nicht kultiviert gekennzeichnete Umwelt der Stadt durch Straßen und einzelne Villenanlagen strukturiert und gegenübergestellt. Eine vor der Stadt abgebildete Villa bringt im kleinen Rahmen einen kultivierten Raum in das Chaos der ungezähmten Natur.

Alles in Allem zeigt sich das römische Landgut, gleich welchen architektonischen Ausbaus oder Orts, gleichsam als Miniatur der eigenen, abgeschlossenen, durchstrukturierten Welt innerhalb einer mehr oder weniger romanisierten, aber insgesamt ‚wilden' Umwelt.

5.8 Das castrum als „altera patria"[3]

Das Lager der Legionen und der Auxilia stellte während der Dienstzeit für Soldaten des römischen Reiches den Lebensmittelpunkt dar. Die innere Struktur des Lagers spiegelt viele Elemente einer mentalen und sozialen Grundordnung wieder, die sich in der physischen Gestalt aufzeigen lassen.

Livius beschreibt das Lager der Soldaten:

> *„Patria altera militaris est haec sedes, vallumque pro moenibus et tentorium suum cuisque militi domus ac penates sunt."*
>
> *„Die zweite Heimat des Soldaten ist das Lager, und der Wall steht für die Stadtmauer und auch sein Zelt für das Haus des Soldaten, wo die Penaten sind."*[4]

Zwar spricht Livius hier vom temporären Marschlager des republikanischen Milizheeres, jedoch zeigt diese Textstelle auf, wie wichtig es dem römischen Bürger war, besonders wenn er sich im Kriegszug fern der Heimat befand, weiter der *pater familias* zu bleiben. Dies drückt sich in dem Entwurf des Livius aus, einzelne Elemente des bürgerlichen Empfindens von Heimat und insbesondere des Hauses auf das Soldatenleben zu projizieren. Der Erdwall wird zur Stadtmauer, die dünne lederne Zeltbahn zur Hauswand und das beengte Innere des Zeltes birgt den Raum zur Verehrung der Penaten.[5]

Aus den temporären Lagern der Republik wurde seit Augustus an vielen Stellen des Imperiums eine feste Installation. Die Anlage der Legionslager wurde nach dem Idealbild einer Stadt aufgebaut. Das Beispiel der Stadtanlagen z. B. von Thamugadi im heutigen Algerien oder der Grundriss der Stadt Aosta in Norditalien zeigen, dass

[1] Mielsch (1987) S. 3 nach Millar (1977) S. 27, Anm. 32.
[2] Siehe dazu Zanker (1987) S. 327, Abb. 260.
[3] Siehe dazu auch ausführlich Rüpke (1990) S. 165ff. Rüpke nennt das Lager sogar „altera Roma".
[4] Liv. 44, 49. Übersetzung durch den Autor.
[5] Die Penaten waren bewegliche Idole, die bei Bedarf mitgenommen werden konnten.

bis zum Beginn des 2. Jahrhunderts die Idee des *Roma Quadrata* keine antiquierte und abstrakte Bauform war, sondern gebaute Realität werden konnte. Das Lager wurde zur zweiten Heimat der Soldaten und band diese damit an ihr neues Lebensumfeld des Lagers.

> *„quippe et provincias sueto militium contubernio gaudebant, plerique necessitudinibus et proprinquitatibus mixti, et militibus vetustate stipendorium nota et famila castra in modum penatium diligebantur."*

> *„Es hatten auch die Provinzialen Freude an dem gewohnten Zusammenleben mit den Soldaten, viele fühlten sich durch freundschaftliche und verwandtschaftliche Verbindungen mit den Soldaten vermischt, und die Soldaten wurden durch lange Dienstzeit bekannt und vertraut mit dem Lager, dass es ihnen zu einem neuen Haus und Herd (Ort der Penaten) wurde."*[1]

Was schon in den Marschlagern der republikanischen Milizen als Heimat galt, kann und muss für die späteren Holz-Erde- und Stein-Kastelle der Kaiserzeit gegolten haben. Viel stärker als bei den Legionen muss die Kasernierung der Auxilia prägend auf die Soldaten gewirkt haben. Die bewusste Loslösung aus dem sozialen Gefüge des Geburtsortes und ihres Familienverbandes brachte für die neu rekrutierten Hilfstruppen eine fast völlige Konzentration auf den Militärdienst in der römischen Armee.

Das Beispiel des Festkalenders der *cohors XX Palmyrenorum* aus Dura-Europos aus severischer Zeit listet neben den wichtigen Feiertagen[2] für Kaiser und die römischen Hauptgötter ebenso die Tage des Fahneneides der Einheit auf. Die militärische Einheit wird zur Familie des Soldaten, sowohl für den Legionär als auch für den Auxiliar. Die Armee war ein mächtiger Teil der Gesellschaft, der eine eigene kleine Gemeinschaft innerhalb des Staates bildete. Dieser Gemeinschaft von Soldaten wurde in ihrer 25jährigen Dienstzeit die römische Kultur eingeprägt, so dass sie bei der Entlassung aus der Armee wohl wirklich die römischen Sitten erlernt hatten, wenn sie das römische Bürgerrecht erhielten.

In der Bauweise der Kastelle glichen sich Auxilia und Legionen: Die militärischen Standlager wurden in Grundriss und Struktur seit der Einführung eines stehenden Heeres einer römischen Idealstadt nachempfunden. Nach Hygin wurden die Tore einer Bürgerkolonie *„in morem castrorum"*[3] angelegt und die Agrimensoren verrichteten im militärischen wie im zivilen Bereich die gleichen Arbeiten. Flavius Josephus beschreibt das Marschlager der Legionen als improvisierte Stadt mit Marktplatz, Handwerkerviertel und dem Feldherrenzelt in der Mitte, einem Tempel gleich.[4] Der Aufbau eines festen Standlagers einer Legion lässt sich wie ein Auxiliarkastell in ein gemeinsames Muster[5] bringen: Im Zentrum stand das Fahnenheiligtum des Lagers. Der Keller beherbergte nicht nur die Kasse der Einheit, sondern hier im zentralen Gebäude war der Ort der Verehrung des Kaisers als obersten Feldherrn und Patrons der Soldaten. Hier befanden sich die Standarten und Feldzeichen der Einheit, die für die Identität und das Wohlbefinden der Einheiten eine enorme Rolle spielten.[6] An

[1] Tac. hist. 2, 80, 3. Übersetzt von Borst (1984).
[2] Zur Bedeutung der Feiertage siehe Herz (1978) S. 1135ff.
[3] Hyg. grom. L 180 = Campbell (2000) S. 143.
[4] Ios. bell. Iud. 3, 5, 2.
[5] Vgl. auch Rüpke (1990) S. 165ff.
[6] Zur Entwicklung und zur Bedeutung der Feldzeichen Rüpke (1990) S. 185ff.

der *via principalis* rechts neben dem Tribunal lag das *auguratorium,* [1] von dem aus der Feldherr bzw. der Lagerkommandant Auspizien vornehmen konnte.[2] Die Auspizien des Lagers waren wohl ursprünglich die Gleichen gewesen wie die der Stadt Rom, was durch die Auszugsauspizien nachvollziehbar wird, die der Feldherr sowohl beim Auszug aus der Stadt wie aus dem Lager einholen musste.[3]

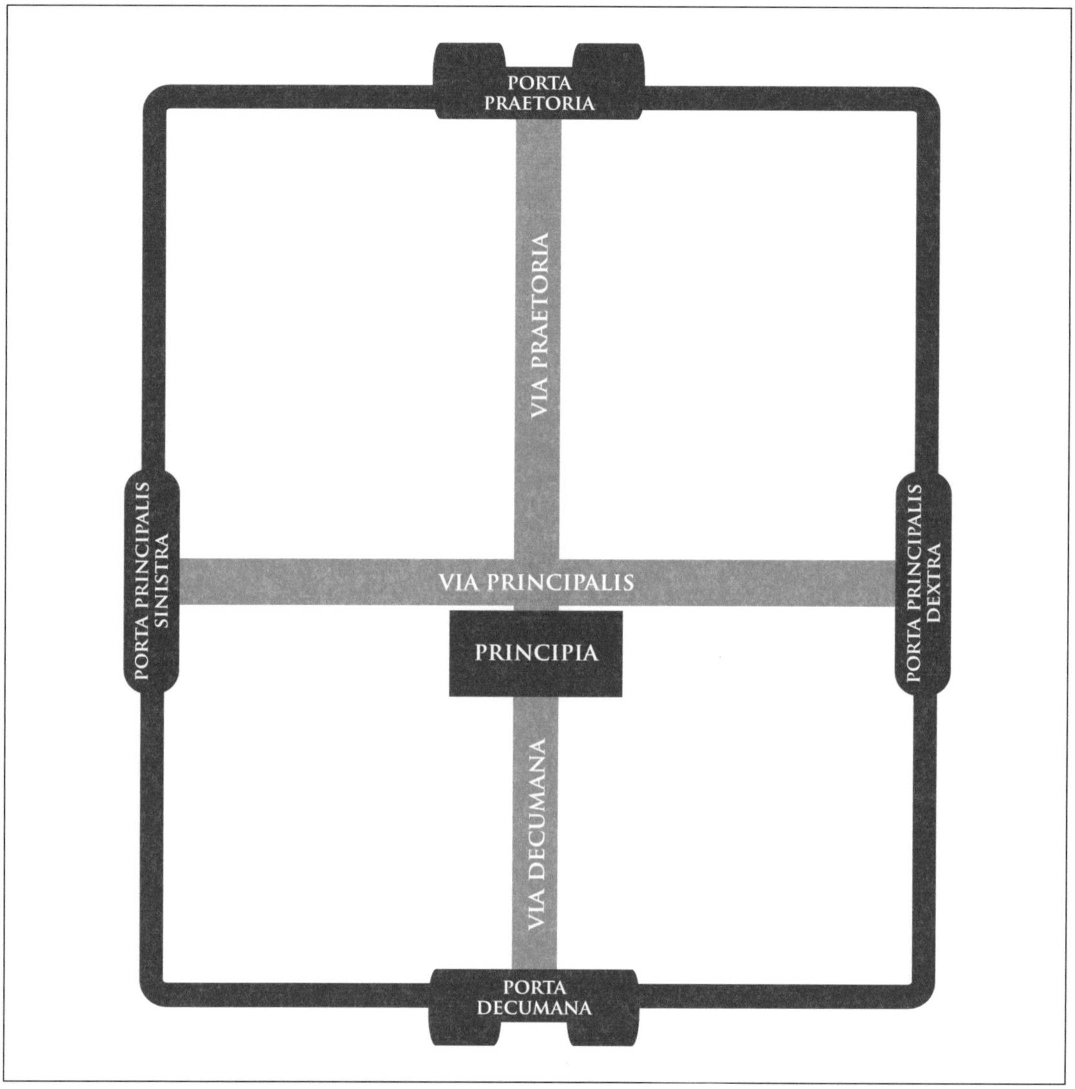

Abbildung 26: Bezeichnung der Lagertore eines Kastells, Grafik: Moschek/Stein.

5.9 Domi und das ius postliminium

An dieser Stelle soll die Untersuchung zweier Begriffe aus dem Justiz- und Sakralbereich eine Brücke zwischen den relativ gut archäologisch und literarisch fassbaren Ebenen römischen Raumverständnisses zu weniger gut greifbaren Räumen schlagen. Die Begriffe *domi* und *ius postliminium* zeigen in ihrer Entwicklung von den Anfängen

[1] Vgl. Polyb. 6, 42.

[2] Vgl. Rüpke (1990) S. 146.

[3] Das Opfer der *souvetaurilia* wurde immer vor Unternehmungen vollzogen. Siehe Rüpke (1990) S. 146, FN 19.

der römischen Kultur bis in die Spätantike eine wichtige Determinante von Rechts- und Sakralauffassungen in Bezug auf räumliche Wirksamkeit und deren Grenzen. *Domi,* als erstarrter Lokativ von *domus,* beschreibt die Heimat, [1] die Herkunft des römischen Bürgers. Mit dem Begriff *domi* war eine territoriale Definition verbunden, da sich der Begriff auf die Stadt Rom, die Heimat bezog.

Zum Bereich *domi* zu gehören wurde im Bundesgenossenkrieg zu einem der Ziele der aufbegehrenden Verbündeten Roms. Die an volle römische Bürgerrecht geknüpften Pflichten und Riten machten eine Ausweitung des territorialen Bereichs des *domi* unausweichlich. Damit vergrößerte sich ebenso das rechtliche Areal dieses Heimatbegriffs.

Seit dem Ende der Konflikte um 89 v. Chr. gehörte fast die gesamte italische Halbinsel bis zum Fluss Po zum Bereich des römischen Rechts. Nach Beendigung der inneren Konflikte der republikanischen Zeit von 4. bis zum 1. Jahrhundert v. Chr. wurden Machtgefälle und die rechtlichen Unterschiede stärker in die Provinzen transponiert und führten dort zu ähnlichen Problemen wie zuvor im italischen Kernland.

Als weiteres wurde im Begriff *domi* als verfestigtem Wort für soziale Einheit und Raum des Friedens gezeigt, dass sich im Gegensatz zu *militiae* die anthropogene Konstante des Hauses als friedliche Heimat des Familienverbandes auf eine größere Einheit des gemeinschaftlichen Zusammenlebens erweitert hatte.[2]

Der Bereich des *domi* erweiterte sich vom Haus über den Stadtraum und das damit verbundene Umland des *ager Romanus* weiter über die Apennin-Halbinsel hinaus. So verlor der Begriff *domi* die Bedeutung des *ager Romanus antiquus* und der Bereich der italischen Halbinsel übernahm diese Aufgabe nach dem Bundesgenossen-Krieg. Nachdem durch Augustus auch der Bereich zwischen Alpen und Po zum römischen Bürgergebiet wurde, [3] entstand, wie aus den *laudes italiae* z. B. des Vergil ersichtlich wird, dieses Gebiet als *domi,* gegenüber den durch Magistrate verwalteten Militärbezirken der Provinzen.[4]

Am Begriff *domi* lässt sich die juristische Konstruktion des *ius postliminium,* des archaischen „Rückkehrrecht“[5], mit interessanten unten aufgeführten Parallelen betrachten:

Das noch in der Spätantike in den juristischen Schriften erwähnte und diskutierte *ius postliminum,* [6] stellte von seinen Ursprüngen aus vorstaatlicher Zeit, bei der die Rückkehr hinter die Schwelle des Hauses, die Wiederaufnahme in den friedlichen Bereich der Hausgemeinschaft dar.[7] In republikanischer Zeit war das *postliminum* besonders für in Gefangenschaft geratene Soldaten und deren Besitz und Rechte zu Hause wichtig. Der rein privatrechtliche Schwebezustand des Bürgers während der Gefangenschaft wurde durch die Gewährung des *ius postliminium* und die damit verbundene Wiederaufnahme der *libertas* und *civitas* beendet. Neben den privatrecht-

[1] Mommsen RStR III/1 S. 781, in FN 5 stehlt Mommsen neben *domi* den Begriff der *origo* als Heimatbegriff. Siehe auch Nörr (1963) S. 525ff. zum Begriff der *origo.*

[2] Rüpke (1990) passim.

[3] Suet. Aug. 49, 1 berichtet das Italia nicht mehr zum „*imperium militiae*“ gehöre und damit zum befriedeten Bereich des *domi.* Vgl. Simshäuser (1977) S. 406.

[4] Siehe dazu Bleicken (2000) S. 453.

[5] Schiemann (2001) s.v. Postliminium, in: DNP 10, Sp. 220. Siehe auch Mayers Konversationslexikon Bd. 13, S. 282 von 1886.

[6] Z. B. Dig. 49, 15, 5, 1-3.

[7] Kreller (1963) Sp. 865.

lichen Konsequenzen, die ihre Wirkung größtenteils innerhalb der *domus* entfalteten, weist ein prätorisches Edikt[1] darauf hin, dass es dem in *hostium potestate* befindlichen möglich war, noch ein Jahr nach Wiedererlangung des Rechtsstandes sein altes Vermögen einzuklagen. Bedeutend ist hierbei, dass der Heimkehrer, sobald er wieder am Ort seiner bürgerlichen Herkunft war, seine Rechte und Pflichten wahrnehmen konnte. Unklar bleibt wie, wann und wo die „Rückmeldung" vonstatten ging. Die Möglichkeit der offiziellen Wiedereinsetzung in den alten Rechtsstand[2] könnte ein Hinweis darauf sein, dass der Gefangene nach der Freilassung prinzipiell beim Betreten des *ager Romanus*, spätestens jedoch in seinem Heimatort oder seinem eigenen Haus, seine Rechts- und Geschäftsfähigkeit voll wiedererlangte.

Die Entstehung dieses Rechtes des Wiederkehrers in der frühen Expansionsphase des römischen Stadtstaates zwischen dem 5. und 3. Jahrhundert, hatte zusammen mit der Tatsache der bis zum Ende der Republik bestehenden temporären Bürger-Miliz-Heere eine tragende Bedeutung. Ohne dieses Recht wäre der gefangen genommene Bürger pauschal seiner sozialen und wirtschaftlichen Grundlage beraubt worden.

Die Begriffe von *domi* und *ius postliminium* lassen den Schluss zu, dass es in der Rechtsprechung und vor allem im Bewusstsein der Bürger Roms ein Denken in strikten, räumlich abgestuften Kategorien gab. Diese Kategorien waren nicht in ihrer räumlichen Größe beschränkt, sondern waren flexible, der jeweiligen historischen Entwicklung angepasste juristische und sakrale Konstruktionen. Wichtig ist jedoch bei beiden Begriffen, dass sie sich auf feste räumliche Grenzen beziehen.[3]

5.10 Die Provinzen des römischen Reiches

Die bisher betrachteten Räume der römischen Kultur erfassten sehr konkrete physische Strukturen und Objekte, die von ihrer Größe her überschaubar waren. Jenseits des Stadtraumes bzw. des Umlandes der Stadt erstreckt sich ein Raum, dessen räumliche Dimensionen in seiner Gesamtheit nicht mehr vom Menschen erfasst werden kann. Der geographische Raum der römischen Provinz stellt aber einen Großraum dar, der durch einzelne *landmarks* strukturiert und damit erfassbar wird. Diese einzelnen physischen *landmarks* des Großraums, wie Flüsse, Berge oder Städte, sind verbunden mit einem System von Routes und weiteren daran angeschlossenen ‚sekundären' *landmarks*, wie z. B. kleinere Flüsse, Wege, kleinere Siedlungen und lokale topographische Besonderheiten.

Die Provinzen waren in ihrer ‚primären' Gestalt als Teil des Herrschaftsgebietes der Römer außerhalb der Stadt Rom und Italiens als reine Verwaltungs- und Administrationseinheiten anzusehen.[4] Die Bezeichnung *provincia* weist im Ursprung des Wortes darauf hin, dass es sich um den Aufgabenbereich eines römischen Magistrats handelte. Dieser Aufgabenbereich fasste daher primär kein fest umrissenes Territorium, [5] sondern wurde über den zu beherrschenden Inhalt, z. B. Volksgruppen oder Stämme, definiert. Dazu kommt, dass noch die ersten Provinzen leicht zu fassende, abgeschlossene geographische Gebiete, z. B. Inseln wie Sardinien und Sizilien, waren.

---

[1] Dig. 4, 6, 1, 1.

[2] Siehe zur Einsetzung in den alten Rechtsstand Gaius 1, 129: „*ius postlimini, qui hi ab hostibus capti sunt, si reversi fuerint, omnia pristina iura reciperunt.*"

[3] Zur Notwendigkeit der Grenzen von Staat oder Provinz beim *postliminum* Watson (1967) S. 255.

[4] Vgl. Eck (1998) S. 167ff.

[5] Vgl. Eck (1998) S. 172f.

Auf der für die Provinz wichtigen Ebene der verwaltungstechnischen Raumstrukturierung[1] werden die Informationen nach dem System der Subsidarisierung[2] nach Städten, Siedlungen und deren zugeordneten Territorien sortiert.[3] Immer feiner ausgearbeitet und der jeweiligen juristischen, fiskalischen, administrativen Ebene entsprechend und damit in der Folge auch der „Karte im Kopf" gemäß, wird der Raum durch diese Strukturierungsmerkmale fassbar.[4]

Die Provinzen orientierten sich in ihrer Ausdehnung nach den ihnen untergeordneten *civitates*. Der Statthalter bekam keine Karte, sondern eine *formula*, auf der die Ausdehnung des Gebietes der einzelnen Kolonien, Civitates oder Municipien und Völker seines Aufgabenbereiches verzeichnet waren.[5] Dadurch blieben die Provinzen flexible, leicht umstrukturierbare und vor allem verwaltbare Regionen, die nach römischen Vorgaben, in Reaktion auf wirtschaftliche oder militärische Ereignisse und Erfahrungen in der Verwaltung, von den jeweiligen Zentren aus neu gestaltet werden konnten.[6]

Das kultische und politische Zentrum für die Bewohner einer römischen Provinz war der Provinziallandtag, das *concilium* oder *koinon*. Diese *concilia provinciae* bildeten die förmliche Vertretung von Städten und Völkerschaften unter der Leitung eines *flamen* oder *sacerdotes provinciae*. Dieser jährlich wechselnde Priester, der für den Kaiserkult am Hauptort einer Provinz zuständig war, rekrutierte sich aus der Elite der Einheimischen der Provinz. Der Provinziallandtag stellte eine Institution dar, die es neben der reinen römischen Provinzverwaltung ermöglichte, eine eigenständige Verwaltung und Lösung von provinzinternen Problemen zu finden. Ähnlich wie bei den Städten griff das Subsidaritätsprinzip der römischen Verwaltung[7] auf überregionaler Ebene der Provinzen ein, das über mehrere Provinzen hinweg einen auf den Kaiser zugewandten Kult als Bindeglied der lokalen Untereinheiten zueinander und zu Rom entwickelten konnte. Die gemeinsam ausgerichteten Festtage und Spiele schufen auf römische Art und Weise ein Zusammengehörigkeitsgefühl, das für die Entwicklung einer Identifikation mit Rom in den Provinzen nicht unterschätzt werden darf.

War die Spitze der Provinzverwaltung für Bürger der Provinz mit dem Amt des Provinzalpriesters erreicht – und damit meist der Stand eines Ritters –, blieb nur noch der Sprung in den Senatorenstand, der im Laufe des 1. und 2. Jahrhunderts für einen Bürger aus der Provinz nicht mehr so selten war.

Für alle freien Bewohner der Provinzen war die Bürgerrechtsverleihung durch Caracalla 212 n. Chr. der logische und konsequente Schlusspunkt einer juristischen, sozialen, kulturellen und politischen Nivellierung der Bewohner des Reiches. Caracalla fasste in ein Edikt, was sich schon seit Jahrzehnten abzeichnete: Die rechtliche Angleichung zwischen Rom und seinen Provinzen.

Was sich an den Provinzen nachvollziehen lässt, ist die schon auf geographischer, administrativer und kultureller Ebene wiederholte Struktur der Raumgliederung: ein Raum mit eindeutigem Zentrum, einer lokalen Hauptperson (dem Provinzialpriester

[1] Gottlieb (1989) S. 75ff. und Alföldy (1989) S. 41ff.

[2] Siehe dazu Jehne (1999) zur Bedeutung des Subsidaritätssystems im Rahmen der Friedenssicherung im gesamten römischen Reich.

[3] Dazu ausführlich Galsterer (1988) S. 85f. und Alföldy (1989) S. 45ff.

[4] Dazu auch jüngst Hänger (2004) für die Bedeutung bei der militärischen Planung.

[5] Vgl. Brodersen (2003) S. 129-137.

[6] Dazu siehe z. B. Ternes (1976) S. 740ff. für die Beispiele Germania Superior und Belgica.

[7] Jehne (1999) S. 7f.

oder noch viel mehr dem Statthalter), den dazugehörigen Kulten (Provinziallandtag mit Festspielen und Opfern), sowie einer eindeutigen Zuordnung jedes einzelnen Menschen innerhalb der Provinz. Entlang der verschiedenen Ebenen der römischen Verwaltung wusste jeder Landbesitzer, an welche übergeordnete Stelle er sich bei Problemen zu wenden hatte.

Durch die eindeutige Zugehörigkeit jedes Ortes und jeder *civitas* zu einer Provinz und deren kultischem Zentrum, ergibt sich die Wiederkehr der schon bekannten Struktur von Kultzentrum mit dem Kultausübenden und den dazugehörigen definierten Raum. Zwischen den einzelnen zu vermitteln und Recht zu sprechen Provinzen war es eine verwaltungstechnische und organisatorische Aufgabe des römischen Staates. Durch die Subsidarität der Verwaltung und Rechtsprechung wurde nicht nur die einheimische Bevölkerung weniger stark von ihren gewohnten Zentren entfremdet, sondern durch die zunehmende Stärkung der Städte an die Kultur und die Verwaltung der Römer gebunden.

Bei einem Teil der Anfragen an die Verwaltung der Provinzen oder gar an die kaiserliche Verwaltung direkt zeigt sich in den überlieferten territorialen Konflikten in den Provinzen, wie wichtig die permanente Sorge um die Grenzen zwischen den einzelnen Körperschaften der Provinzen auch dem Kaiser war.[1]

> *Ex au[ctor]itate / Imp(eratoris) Caes(aris) divi Traiani Parthici [f(ilii)] / divi Nervae nepotis Traian[i] / Hardiani Aug(usti) p(atris) p(atriae) p(ontificis) m(aximi) tr(ibunicia) p(otestate) XX[I] / co(n)s(ulis) III proco(n)s(ulis) auspiciis L(uci) Aeli C[a]/[es(aris)] Imp(eratoris) {IMP} fil(ii) co(n)s(ulis)* ***termini*** *pos(iti) i[n]/ ter Regienses et saltum Cu[---] / per C(aium) Petronium Celerem proc(uratorem) Au[g(usti)] / an(no) provin(ciae) LXXXXVIII.*

> *Mit der Autorität des Imperators Caesar, Sohn des vergöttlichten Traianus Parthicus, Neffe des vergöttlichten Nerva, Traianus Hadrianus Augustus, Vater des Vaterlandes, zum elften Mal mit tribunitizischer Amtsgewalt, zum dritten Mal Konsul, Prokonsul, unter den Auspizien des Konsuls Lucius Aelius Caesar Sohn des Imperators, wurden heilige Grenzsteine zwischen Regienses und dem Bogen/Bucht Cu[...]per von Caius Petronium Celerem, Prokurator des Augustus im Jahr 98ten Jahr der Provinz gesetzt.*[2]

Aus der gleichen Provinz Numidia, im heutigen Algerien, wohl wenige Jahre zuvor:

> *Iussu Imp(eratoris) Caes(aris) / Traiani Hadria/ni Aug(usti)* ***termini*** */ repositi Capito/nis Pomponian(i) / per Peregrinum / Aug(usti) ser(vum) mensor/em missum ab ip/so inter Suppenses / et Vofricenses.*

> *Auf Weisung des Imperators Caesars Traianus Hadrianus Augustus sind die heiligen Grenzsteine des Capitionus Pomponianus wiederausgestellt worden, durch Peregrinus, den Sklaven des Augustus, der als Vermesser von ihm (dem Kaiser) geschickt worden ist zwischen den Suppensern und Vofricensern.*[3]

---

[1] Burton (2000) S. 195ff. mit Liste der erhaltenen Inschriften dazu. In die Hälfte der Inschriften ist der Kaiser mit eingebunden. S. 213.

[2] AE 1895, 68 = CIL 8, 21663 = ILS 5963 (EDH HD 023038) Fundort Er-Rahel im heutigen Tunesien, wohl gesetzt im Dezember 136 n. Chr.

[3] AE 1942/43, 35. AE 1983, 944. (EDH HD 020493) aus Hr. Moussa, Algerien.

Beide Inschriften zeigen, dass auf kaiserlichen Befehl, durch den Procurator der Provinz oder durch einen eigens geschickten Mensor, die Termini zwischen den genannten Völkern gesetzt oder wiederaufgestellt werden.

Im Gegensatz dazu stand die Bezeichnung der Grenzen der Provinz zu nicht-römischen Gebieten. Aus der Zeit von Kaiser Septimius Severus (195 n. Chr.):

> *Ex auctoritate Imp(eratoris) Caes(aris) / L(uci) Septimi Severi Pii Per/tinacis Aug(usti) Arab(ici) Adiab(enici) / pontif(icis) max(imi) trib(unicia) pot(estate) III / imp(eratoris) VII co(n)s(ulis) II p(atris) p(atriae) C(aius) Iul(ius)/Pacatianus proc(urator) Aug(usti) inter / provinciam Osrhoenam et / regnum Abgari **fines** posuit*
>
> *Mit der Autorität des Imperator Caesar Lucius Septimius Pius Pertinax Augustus, Arabicus, Adiabenicus, oberster Priester, Inhaber der tribunizischen Gewalt zum dritten, Imperator zum siebten, Konsul zum zweiten Mal, Vater des Vaterlandes, hat der Statthalter des Augustus Caius Pacatinus zwischen der Provinz Osrhoenam und dem Königreich des Abgar die Landgrenzen gesetzt.*[1]

Sowie unter der Autorität von Vespasian (um 75 n. Chr.):

> *[Ex au]ct(oritate) Imp(eratoris) Vespa/siani Cae(saris) Aug(usti) p(atris) p(atriae) **fi/nes** provinciae(!) no/vae et veter(es) de / recti qua **Fossa / regia** fuit per Ru/ tilium Gallicum / co(n)s(ulem) pont(ificem) et Sen / tium Caecilia / num praeto/ rem legatos / Aug(usti) pro pr(aetore)*
>
> *Mit der Autorität des Imperators Caesar Augustus, Vater des Vaterlandes, sind die neuen Landgrenzen der Provinz und weitere verlegt worden, die durch die Fossa Regia geregelt wurden, durch Rutilius Gallius Konsul und Oberster Priester und Sentius Caecilianum, Praetor des Statthalters.*[2]

Die Weisung, die Provinzen untereinander neu zu begrenzen und damit den Aufgabenbereich der Statthalter festzulegen, bezeugen die ersten beiden Inschriften. Die Notwendigkeit der höchsten Autoritäten des Reichs betont die Wichtigkeit der Grenzangelegenheiten. Anhand der überlieferten territorialen Konflikte in den Provinzen zeigt sich, wie wichtig die permanente Sorge um die Grenzen zwischen den einzelnen ‚Körperschaften' der Provinzen war.[3]

Bei der Begrenzung der Provinzen untereinander jedoch wird der Begriff *finis* gebraucht. Daraus lässt sich schließen, dass die im Prinzip gleichwertigen Provinzen untereinander nur durch religiös weniger stark konnotierte Grenzen festgelegt werden.

Die in der letzten Inschrift genannte *fossa regia*[4] zur Zeit des Vespasian verdeutlicht ebenso, dass die Provinzgrenze schon in der Mittels des 2. Jahrhunderts v. Chr. durch einen längeren Graben gekennzeichnet wurde und diese immer noch bekannt

[1] AE 1982, 10, (EDH HD 001994), gefunden zwischen Zeugma und Edessa, Ausführlich dazu Wagner (1983) S. 113-114.

[2] AE 1902, 44. = EDH HD 031815 aus Chetlou, Tunesien. Siehe auch EDH HD 024240 = ILT 624 = AE 1932, 28 aus Sidi-Ahmed-Ghrib, Tunesien.

[3] Burton (2000) S. 195ff. mit Liste der erhaltenen Inschriften dazu.

[4] Näheres Huss (1998). Die bekannten Grenzsteine der *fossa regia* sind:
ILT 1293 = CIL 8, 25860 = CIL 8, 14882; EDH HD 028212 = AE 1912, 148; EDH HD 028215 = AE 1912, 149; EDH HD 028218 = AE 1912, 150 ; EDH HD 028221 = AE 1912, 151; EDH HD 031815 = AE 1902, 44 = ILS 5955 = CIL 8, 25967; EDH HD 024240 = ILT 624 = AE 1932, 28; EDH HD 010742 = ILT 623 = AE 1939, 131 AE 1941, 27; EDH HD 028735 = CIL 8, 23084 = AE 1898, 26 = AE 1894, 64.

war. Der Graben, von Scipio dem Jüngeren als Grenzgraben gegen das numidische Königreich im Süden gezogen, wurde von Vespasian 73/74 n. Chr. aus fiskalischen Gründen nun wohl als innere Grenze bestätigt. Der gesamte Verlauf und die Länge des Grabens sind insgesamt jedoch nicht mehr eindeutig nachweisbar, jedoch stellt die *fossa regia* wohl den ersten und für diese Zeit singulären Versuch einer uns überlieferten großräumlichen römischen Raumbegrenzung dar.

Innerhalb dieser Strukturierung des Raumes der Provinzen wird deutlich, dass die römische Kultur auf ihre sehr konkreten Grundzüge der Raumerfassung und -strukturierung ihrer Vergangenheit zurückgreift, in der die Konflikte um Äcker und Weideland noch in direkter Nachbarschaft zur Stadt Rom ausgetragen wurden. Das Beispiel der Kriegserklärung[1] der Römer an den Gegner beschreibt, wie wichtig den Römern die Grenze zum fremden Raum für den Ritus der Kriegserklärung durch einen Fetialen[2] war:

Livius Ab Urbe condita 1, 32, 6ff.

„Legatus ubi ad fines eorum venit, unde res repetuntur, capite velato filo -lanae velamen est – "Audi, Iupiter!" inquit; "audite fines!" (cuiuscumque gentis sunt, nominat); "audiat fas! Ego sum publicus nuntius populi Romani; iuste pieque legatus venio verbisque meis fides sit!" Peragit deinde postulata. Inde Iovem testem facit: "Si ego iniuste impieque illos homines illasque res dedier mihi exposco, tum patriae compotem me numquam siris esse!" Haec, cum fines suprascandit, haec, quicumque ei primus vir obvius fuit, haec portam ingrediens, haec forum ingressus, paucis verbis carminis concipiendique iuris iurandi mutatis, peragit. Si non deduntur, quos exposcit, diebus tribus et triginta – tot enim sollemnes sunt – peractis bellum ita indicit: "Audi, Iupiter, et tu, Iane Quirinus, dique omnes caelestes vosque terrestres vosque inferni, audite! Ego vos testor populum illum" (quicumque est, nominat) "iniustum esse neque ius persolvere. Sed de istis rebus in patria maiores natu consulemus, quo pacto ius nostrum adipiscamur." Tum nuntius Romam ad consulendum redit."

„Jedes mal wenn der Gesandte zum Gebiet (zu den Grenzen) derjenigen kommt, von denen Genugtuung gefordert wird, sagt er, nachdem er das Haupt mit einem Faden umwunden hat – von Wolle ist das Gewand – : „Höre, Jupiter, hört, Grenzen (höre, Gebiet)" (wes Volkes auch immer Gebiet es ist, das nennt er) „Es höre auch das göttliche Recht! Ich bin der Staatsbote des römischen Volkes; gerecht und pflichtbewusst komme ich als Gesandter und meinen Worten sei Glaubwürdigkeit (Glaube)!" Er zählt dann die Forderungen auf. Sodann macht er Jupiter zum Zeugen: „Wenn ich ungerecht und pflichtvergessen fordere, dass jene Menschen und jene Dinge mir ausgeliefert werden, dann sollst du niemals zulassen, dass ich im Besitze meines Vaterlandes sei!" Dies formuliert er, wenn er die Grenzen überschreitet, dies, wenn der erste Mann, wer auch immer es sei, ihm begegnet, dies, wenn er das (Stadt)tor betritt, dies, nachdem er das Forum betreten hat, wobei er (nur) wenige Worte der Formel und des Schwurwortlautes verändert hat. Wenn die (Männer) nicht ausgeliefert werden, deren Auslieferung

[1] Die 20 Fetialen hatten die Aufgabe, die sakralen Verbindungen zur anderen Völkern zu pflegen, vgl. Cic. off. 1, 36; Liv. 9, 9, 3; und waren ebenso die Botschafter für diplomatische Entscheidungen des römischen Senats (Liv. 1, 32, 6) und waren auch für die Kriegserklärung und dem damit verbundenen Ritus beauftragt. Siehe zur Kriegserklärung auch Rüpke (1990) S. 105ff.

[2] Zur Bedeutung der Fetialen Wiedemann (1986) 478ff. und der Kriegserklärung mit dem Speer Rüpke (1990) S. 103ff.

er verlangt, sagt er nach Ablauf von 33 Tagen – so viele (Tage) sind nämlich üblich – den Krieg so an: „Höre Jupiter, und du, Janus Quirinius, und alle Götter im Himmel und ihr auf der Erde und ihr unter der Erde, hört! Ich nehme euch zu Zeugen, dass jenes Volk (welches auch immer es ist, das nennt er) ungerecht ist und das Recht nicht erfüllt. Aber bezüglich dieser Angelegenheiten werden wir in der Vaterstadt (im Vaterland) die Älteren befragen, wie wir unser Recht erlangen."[1]

Ohne diesen Ritus konnte es keinen gerechten Krieg geben und folglich auch keine Landeroberung, ohne den Zorn der Götter hervorzurufen. Wie bei der schon erwähnten Formel der *deditio* deutlich wurde, [2] kamen nach der Eroberung des Gebietes auch die Bürger, Güter und Götter in den römischen Besitz.

Zusammen mit der Kriegserklärung, die literarisch belegt noch unter Marcus Aurelius symbolhaft am Bellona Tempel in Rom stattfand, vertieft sich der Eindruck, dass sich in den Außengrenzen des römischen Herrschaftsbereiches zwei parallel laufende Entwicklungen abbilden:

Mit der Vergrößerung des *ager Romanus*, mit dem die Vergrößerung des Bereiches *domi* einherging, [3] erweiterten sich die römischen Territorien zuerst inselhaft um die Kolonien und um Rom herum. Auch zu dem Zeitpunkt, an dem diese Areale entweder über einen ‚Mittelraum' des Stadtumlandes herausgingen oder sich in weiter entfernte Regionen ausweiteten, blieb die Struktur der Raumeinteilung die Gleiche. So blieb exemplarisch für die Stadt Rom der *ager Romanus anitquus* fassbar, dessen rechtliche und sakrale Grenzbedeutung sich in ritueller Form konservierte, jedoch aufgrund der in die Ferne gerückten Grenzen faktisch an Bedeutung verlor. Für Rom endete dieser Prozess auf der italischen Halbinsel erst nach den Bundesgenossenkriegen und wurde durch die Reform der Regionen Italiens unter Augustus[4] gefestigt.

Die Gebietsgrenzen innerhalb einer Provinz blieben subsidiär den mittelräumlichen, regionalen und den entsprechenden einzelnen Verwaltungsbereichen zugeordnet. Die Konsequenz für diese Grenzen war, dass diese behandelt wurden wie Grenzen zwischen römischen Äckern – mit dem Unterschied der Besteuerung des Bodens, wenn dieser nicht von Bürgern römischen Rechts bestellt wurde. Mit der steigenden Dichte von Städten und Siedlungen und den dazugehörenden vermessenen Arealen auch in den Provinzen, die zwar längst nicht flächendeckend waren, verstärkte sich ein Kontrast zu den nicht römischen Bereichen jenseits der Provinzen. Dieser Unterschied zu den nicht-römischen Bereichen war bis weit in das 1. Jahrhundert besonders an den Außengrenzen nicht groß genug, um die Provinzen als Ganzes zu sehen und von ihrer Gesamtfläche her zu betrachten. Im Zentrum der Aufmerksamkeit und der Sorge um und in den Provinzen waren die in Kleinräumen organisierten Gebietskörperschaften mit den jeweiligen Völkern und Bewohnern, die je nach Rechtsstatus von Land und Person Steuern zahlen mussten.

Die steigende Bedeutung der Provinzen für Rom nachzuvollziehen ist in der Hinsicht ein bedeutendes Element dieser Arbeit, da sich anhand der Grenzziehungen in den Provinzen ein ähnliches Muster der Raumstrukturierung nachvollziehen lässt,

[1] Übersetzt von H. Hillen, Ergänzungen von W. Moschek.
[2] Liv. 1, 38, 1-2.
[3] Vgl. dazu Simshäuser (1977) S. 401ff.
[4] Suet. Aug. 30.

welches schon in den älteren und kleineren Räumen römischer Kultur beobachtet worden ist. Während Romanisierung und Romanisation[1] Kunst, Kultur und das tägliche Leben in vielen Bereichen veränderte und weiterentwickelte, blieben in besonderem Maße das Grenzenziehen und die Grenzen über die Jahrhunderte konstant in Bezug auf Bedeutung, Ritus und Rezeption.[2]

Wichtig ist die für den Großraum zu beobachtende Abstraktion von Räumen, die dazu führt, dass diese Räume und ihre Grenzen auf bekannte und zu erfassende Strukturen und Muster heruntergebrochen werden. Diese Muster sind lebensweltlich bedingt und bilden sich in einer ‚mental map' ab.

Kultus und Ritus der unterschiedlichen Grenzziehungen bleiben über die Jahrhunderte der römischen Expansion nahezu unverändert. Die Versicherung der Orte auf den verschiedenen Ebenen der alltäglichen Lebenswelt der römischen Kultur über Grenzen und die Überschreitung durch Tore und Überwindung und Erweiterungen geben ein kohärentes Bild ab. Dieses Bild orientiert sich an der Erfassung der Grenzen der subjektiven Grenzziehung eines jeden Einzelnen und an seiner ritualisierten Umsetzung in der Gemeinschaft. Das heißt konkret, dass im ‚römischen' Alltag der Umgang mit Grenzen sich an den von der Kultur vorgegebenen Strukturen orientiert, die sich in soziologischen, juristischen und religiösen Unterschieden und deren alltäglichen Gegebenheiten umsetzt.

Die letzte räumliche Ebene, auf die diese Arbeit hinstrebt, die des gesamten Imperium Romanum mit der damit verbundenen Grenze des Limes, soll am Beispiel der Handlungen des Kaiser Hadrian im Kontext der bis hierin in der Arbeit behandelten Verhältnissen der römischen Kultur eingebettet werden. Denn Hadrian ist der Kaiser, mit dem die ersten Palisaden in Germanien und der nach ihm benannte Wall in Britannien in Verbindung gebracht werden können.

[1] Zu diesen Begriffen siehe WOOLF (2001) Romanisierung und SPICKERMANN (2001) Romanisation.
[2] SCHUBERT (1996) S. 13.

6 Die Bedeutung Kaiser Hadrians für die Grenzen des Imperium Romanum

„Ego nolo Caesar esse,
ambulare per Britannos
[latitare per Germanos]
Scythicas pati pruinas"

„Nimmer will ich sein der Cäsar,
Umwandern die Britannen,
[Umherstreifen bei den Germanen]
Nicht den Frost der Scythen leiden."[1]

Florus über die die Reisen Kaiser Hadrians, Historia Augusta, Hadrian 16, 4

6.1 Hadrians Bild in der Forschung[2]

Das Bild Hadrians hat sich in der Forschung der letzten 150 Jahre seit der ersten Biographie der Moderne von Gregorovius 1851 bis in die letzten Jahre gewandelt und wurde zum Teil konträr gezeichnet.[3] In den letzten Jahren nimmt die Forschung zunehmend von dem Bild des „Graeculus" Abstand und seit der Biographie von A.R. Birley 1997 „Hadrian – the Restless Emperor"[4] liegt eine moderne und quellenkritische Arbeit zu Hadrian[5] vor. Zuletzt ist die Arbeit von S. Mortensen 2005 bedeutend, da sie den Forschungsstand und den Wandel der Meinungen über die Person und die Wirkung Hadrians kritisch zusammenfasst. Den Höhepunkt der Forschungen zur Geschichte und dem Verständnis des Kaisers brachte die Austellung „Hadrian - Empire and Conflict" 2008 in London, die zusammen mit der dazugehörigen Veröffentlichung von Th. Opper, einen neuen Blickwinkel auf Hadiran eröffnet.[6]

Fast alle Autoren, die über Kaiser Hadrian schrieben, kommen überein, dass sie den Beginn seines Principat als Epochenwende, Zäsur oder einen Systemwechsel verstehen.[7] Diese Einschätzung geht zu großen Teilen auf die Bewertung des Wechsels der Expansionspolitik Traians zur Friedenspolitik Hadrians zurück und lässt zumeist viele wichtige Kontinuität schaffende Handlungen[8] in den Hintergrund fallen, ohne die Hadrian nicht so lange auch mit Frieden im Inneren hätte regieren können Im Rahmen dieser Arbeit spielt die Gestaltung der Friedenspolitik Hadrians eine große Rolle, ebenso wie die Neugestaltung der inneren Strukturen des Imperium Romanum, da diese, so wie es eine der Thesen dieser Untersuchung ist, sich gegenseitig bedingen.

[1] Übersetzung nach Gregorovius (1884). Die dritte Zeile wurde später in Übersetzungen hinzugefügt um das Versmaß und die Zeilenzahl dem Antwortgedicht des Hadrian anzupassen.

[2] Das wechselnde und facettenreicher werdende Bild von Hadrian wird besonders deutlich am hervorragenden Katalog zur Hadriansaustellung in London 2008. Opper (2008).

[3] Vgl. Mortensen (2004) S. 2-21.

[4] Birley (1997). Eine deutsche Ausgabe gibt es seit 2006, Birley (2006).

[5] Schon ein Jahrhundert alt, aber immer noch in vielen Teilen eine mustergültige Sammlung und Erörterung der Quellen zu Hadrian und seinen Reisen: Weber (1907).

[6] Siehe dazu Opper (2008).

[7] Vgl. dazu Kornemann (1905) S. 1; Birt (1913) S. 303; Bengtson (1995) S. 300 und Christ (1988) S. 315.

[8] Hingewiesen sein hierbei nur auf die Fortführung und Vollendung der Bauten Traians in Rom, die Sorge um die Kriegswitwen und Waisen, aber ebenso der Ausbau und den Wandel der Infrastruktur in den Grenzprovinzen. Letztere – wie zu zeigen sein wird – mit einer anderen Absicht als Traian.

Geht man von dem von E. Kornemann formulierten Systemwandel aus, nach dessen Ansicht Hadrian „großer Friedenskaiser, Kulturbringer, Wohltäter der Menschheit und Religionserneuerer“[1] war, kann man auch ein Bezug zu den Grenzen des Reiches vermuten. Da Kornemann seine kritische Meinung zu Hadrians Außen- und Expansionspolitik zum Maßstab der Bewertung machte, fiel sein Bild zu Hadrian fast ‚zeitgemäß' negativ aus.[2] Die defensive Außenpolitik und die Stärkung des Hellenismus waren immer wieder Kritikpunkte am Handeln Hadrians, die das römische Reich letztlich zum Untergang geführt hätten. Aber gerade diese zuletzt genannten Punkte waren die Grundvoraussetzungen für den Wohlstand, den Frieden und letztlich den Fortbestand des Reiches für weitere Jahrzehnte. Es kann davon ausgegangen werden, dass das Reich die Kriege im Norden und im Osten nicht überstanden hätte ohne die Stärkungs- und Strukturierungsphase in hadrianischer Zeit. Die Stärkung der hellenistischen Welt ist als innerer, nachhaltiger Aufbau dieses Reichsteiles gegen die Gefahr der Parther zu verstehen. Ohne die innere Neuordnung mit weit reichenden Konsequenzen für Wirtschaft und Kultur der Städte, die Festlegung des *edictum perpetuum*[3] als *ius honorarium*[4] und den strukturellen Umbau des stehenden Heeres in einen Militärapparat, der wehrhaft, konstruktiv und pietätvoll den Kaiser Roms in seiner Sorge um den Bestand des Reiches unterstützt, wäre die Herrschaft Hadrians wahrscheinlich nicht so friedlich verlaufen.

Das Verhältnis Hadrians zur Stadt Rom und dem Reich war von Beginn seiner Herrschaft an von einer besonderen Qualität geprägt. Die Vorrangstellung des Kaisers band die wichtigsten und prestigeträchtigsten Bauten an den Kaiser und nicht erst seit Augustus war die Baupolitik in Rom ein offenes Fenster zu den politischen Programmen und der römischen Stadt-Kultur. In den Bauprogrammen und Gebäudekomplexen Roms wurden nicht nur die urbanen Notwendigkeiten von Renovierung und Ausbau erfüllt, sondern die gebaute Gestalt der Stadtlandschaft Rom wurde mit eindeutigen Zeichen der Macht, Politik und Größe Roms und seines Herrschers ausgestattet.[5] Diese Eigenschaften konnten sich im Bildschmuck einzelner Gebäude, in der Art des Gebäudes, seiner Größe und Ausstattung oder im Kontext zu anderen Gebäuden ausdrücken. Wer in Rom baute bzw. bauen ließ, war sich der permanenten Wirkung und der Bedeutung für das tägliche Leben bewusst, die sein öffentliches Werk für das Volk in Rom hatte.[6]

In dieser Tradition des kaiserlichen Bauens sind selbstverständlich die Bauten Hadrians in einem semantischen Kontext des Bauens in der Stadt Rom für das Verständnis seiner Politik gegenüber dem Volk und dem Staat von Rom zu sehen.[7] Die ersten Jahre der Herrschaft des Hadrian waren prägend für die gesamte Herrschaftszeit. In den Jahren zwischen Traians Tod und seiner ersten Reise 121 n. Chr. wird der Grundstein für seine Baupolitik in Rom gelegt und damit das Fundament der Herrschaft, wie sie Hadrian dem Volk von Rom durch seine Bauprogramm vermitteln wollte. Die lang andauernde Abwesenheit des Kaisers, sowie seine schon in der Antike von einigen Römern als verweichlicht abgewertete[8] Neigung zum Griechentum und Athen

[1] Kornemann (1939) S. 272.
[2] Vgl. Kornemann (1905) S. 1.
[3] Siehe für die Rekonstruktion Lenel (1927).
[4] Vgl. Paulus (1997) s.v. Edictum Perpetuum, in: DNP 3, Sp. 877.
[5] Grundlegend dazu: Zanker (1987) auch Knell (2004).
[6] Zur Bedeutung der Bauten des Kaisers in Rom ausführlich Zanker (1987) Der Kaiser baut fürs Volk.
[7] Vgl. z. B. Boatwright (1987) S. 5.
[8] Gegen das diffamierende Bild des „*Graeculus*“ (HA Hadr. 1, 5) und in des Antike nicht verstandenen Hadrian und

waren sicherlich der stadtrömischen Bevölkerung nicht verborgen geblieben. Die Umstände seiner Adoption, seine erste, blutige Machtdemonstration die Ermordung von vier Konsularen[1] – und die kampflose Aufgabe der neuen Provinzen im Osten ließ so manche Frage an der Ausrichtung der Politik Hadrians bei der Bevölkerung aufkommen. Das Bild einer Gewaltherrschaft war sicherlich in so manchem Kopf dieser Tage erschienen und bis zum Ende seiner Herrschaft verflüchtigten sich die Vorbehalte der römischen Elite nicht grundlegend.[2] Bemerkenswert ist dabei, dass trotz der in den spätantiken Quellen genannten Aversionen gegen den „*Graeculus*"[3] und trotz der langen Abwesenheit von Rom weder potentielle senatorische Kandidaten noch der *plebs* Roms eine Gefahr für das dann längste Principat[4] seit Tiberius waren.

Der Aufstieg zum Kaiser und seine Herrschaft selbst mussten also besonders bei Hadrian mit den traditionellen Säulen der Macht durch Konsens des Princeps mit dem Senat, [5] dem Volk von Rom, dem Militär und den Provinzen gefestigt werden. Ebenso waren weitere mächtige potentielle Mitkandidaten um die Nachfolge Traians außer Gefecht zu setzten. Dennoch wäre ohne eines Minimalkonsens Hadrian unmöglich gewesen, über 21 Jahre zu herrschen und eine Politik durchzusetzen, die in militärischen Belangen und in Expansionsplänen des Reiches im krassen Gegensatz zur Politik seines Vorgängers, dem *optimus princeps* Traian stand. Wie konnte Hadrian den Systemwechsel vom expansiven und von der traditionellen ‚*imperium sine fine*'-Ideologie gespeisten traianischen System der Stärke hin zum defensiven, auf die Innenpolitik konzentrierten System nicht nur durchsetzten, sondern zudem das Reich stabilisieren und sogar nach seinem Tode zu stärken? Ohne geschicktes politisches Taktieren, ohne Rücksichtnahme auf Senat und Militär, ohne einen generellen Konsens wäre Hadrian sicherlich ein ähnliches Schicksal wie Caligula, Nero oder Domitian beschieden gewesen.

Es stellt sich also die Frage, wie es Hadrian schaffte, den Systemwechsel, der am deutlichsten in seiner Grenz- und Expansionspolitik sichtbar wird, den entscheidenden Säulen der Macht und Stabilität des Reiches verständlich und annehmbar zu gestalten. Dies konnte erst dann gelingen, wenn Hadrian das Reich auf sein Ziel – die Konsolidierung des Reiches – hin einstimmen und eine Verinnerlichung dieses Gedankens, innerhalb der *termini* des Imperiums[6] zu verbleiben, in einer breiten Mehrheit verankern konnte. Ohne ein zumindest ausgeglichenes Verhältnis zu den mächtigsten Personen im Reich wäre ein nachhaltiges Handeln Hadrians nicht möglich gewesen.

6.2 Das Verhältnis Hadrians zum Senat

Der plötzliche Tod des Traian auf seiner Rückreise nach Rom war eine potentiell gefährliche Situation für die Stabilität des ganzen Reichs. Ohne einen durch Adoption

seiner Vision von Rom schon Thornton (1975) S. 433f. und zuletzt Mols (2003) S. 458.

[1] Dazu ausführlich Premerstein (1908).

[2] HA Hadr. 27, 1-2: „Nach seinem Tode wurden von vielen Seiten abfällige Urteile über ihn laut. Der Senat hatte nicht übel Lust, Hadrians Verfügungen für ungültig zu erklären. Auch wäre Hadrian nicht unter die Götter versetzt worden, wäre Antoninus nicht darum eingekommen."

[3] HA Hadr. 1, 5.

[4] Vgl. HA Hadr. 25, 11: Hadrian regierte einundzwanzig Jahre und elf Monate.

[5] Es steht dabei zur Debatte, welche Macht der Senat zu dieser Zeit überhaupt noch hatte. Zumindest weißt der Tod der vier Konsularen darauf hin, dass Hadrian sich der prekären Situation der nicht offiziell vorab von Traian geregelten Nachfolge bewusst war und handeln musste.

[6] Tac. ann. 1, 11: „*coercendi intra terminii imperii*".

bestimmten Nachfolger wären wohl die Wirren um die Nachfolge ähnlich verheerend gewesen wie nach dem Tode Neros. Die prekäre Situation musste durch eine schnelle und gezielte Nennung eines Nachfolgers entschärft werden. Der nächste Verwandte und potentielle Prätendent auf den Kaisertitel der in Frage kam, war Traians Neffe Hadrian. Die Annahme des Imperiums durch die Akklamation des Heeres, bzw. durch seine durch Plotina fingierte Adoption[1] zeigt, das es wichtig war, eine Person aus dem direkten Umfeld Traians auszuwählen, die auch eine akzeptierte Führungspersönlichkeit beim Heer war.

Der Widerstand gegen Hadrian in Senatskreisen war in seinen ersten Regierungsmonaten anscheinend so groß gewesen, dass Hadrian den Weg einer Machtdemonstration wählte, um sein Principat auch in den elf Monaten seiner Abwesenheit von Rom durchzusetzen. Die Hinrichtung der vier Konsulare[2] bewirkte zwar eine tiefgreifende Verstimmung mit Teilen des Senats, jedoch gewann Hadrian die Machtprobe. Was der Senat von Anfang an kennen lernte, war ein zielstrebiger Hadrian, der sich nicht nur durch seine Akklamation der Legionen im Osten[3] eine Machtbasis geschaffen hatte und ohne zu zögern die Beseitigung einer Gegnerschaft im Senat veranlasste, was Hadrian Zeit für den Aufbau seiner Position als Nachfolger Traians verschaffte. Das Principat Hadrians begann aber ebenso mit einer vermittelnden Handlung, einem Brief an den Senat mit der Bitte um Bestätigung der Akklamation durch den Senat.[4] Dies zeigte offensichtlich Hadrians frühe Bereitschaft, im Konsens mit dem höchsten Gremium der *res publica* zu herrschen, [5] und das Reich zu verwalten.

Jedoch entspannte sich erst nach seiner Rückkehr nach Rom 118 n. Chr. das Verhältnis des Senats zum neuen Kaiser.[6] Wie Cassius Dio[7] und die Historia Augusta berichten, suchte er den Senat nicht durch weitere Einschränkungen zu düpieren. Hadrian versuchte ein ausgeglichenes Verhältnis durch Gewährung der Ehren eines zweiten oder dritten Konsulats herzustellen und auf Dauer ein ausgeglichenes Verhältnis der Macht aufzubauen.[8] In der kurzen Zeit zwischen 118 und seiner erneuten Abreise im Jahr 121 n. Chr. vermochte Hadrian sein Verhältnis zum Senat in Rom so weit zu stabilisieren, dass er ohne größere Sorgen die erste vier Jahre dauernde Reise durch die Provinzen des Reiches beginnen konnte. In diesen drei Jahren in Rom legte Hadrian den ‚Grundstein' für die seine wichtigsten Bauwerke in Rom, die durch seine kommenden Reisen weitere wichtige Bedeutungen erhalten sollten.

Wichtig sind hierbei die Veränderungen, Neuerungen und Verstärkung bestimmter Aspekte der Reichskultur und Politik, die Hadrian einführte oder verstärkte. Aus dem nachzuzeichnenden Prozess der sich veränderten Herrschaftspolitik müssten sich die inneren Strukturwandlungen[9] des Reichsverständnisses – und damit eines Mentalitätswandels – bezüglich der inneren (angestrebten) Kohärenz der Gesellschaft und der mit ihr verbundenen Grenzen erschließen lassen.

[1] Cass. Dio 69, 1, 1: „Hadrian war nicht durch Traian adoptiert worden."
[2] Ausführlich dazu Premerstein (1908): passim.
[3] Schon Vespasian 69 n. Chr. war von den Legionen im Osten zum Imperator ausgerufen worden.
[4] Cass. Dio 69, 2, 2.
[5] Vgl. dazu Thornton (1975) S. 437-439.
[6] Vgl. Birley (1997) S. 93-112.
[7] Cass. Dio. 69, 7, 1: „Alle wichtigen und dringlichsten Geschäfte erledigte er in Zusammenarbeit mit dem Senat."
[8] HA Hadr. 8, 4-5.
[9] Kornemann (1939) S. 275.

6.3 Hadrian und die Stadt Rom

Die Art und Weise, wie Hadrian sein Principat zu führen gedachte und welche Akzente Hadrian für seine Politik setzen wollte, spiegelt sich in seiner Bautätigkeit in der Stadt Rom wieder. Damit führt Hadrian ein wichtiges Mittel der (Bau-) Politik der römischen Kultur fort.

Hadrians Bautätigkeit war umfangreich.[1] Im Reich und ebenso oder gerade wegen seiner langjährigen Abwesenheit in Rom finden sich eine beachtliche Anzahl an Gebäuden, die auf Initiative des Aelius Hadrianus hin errichtet oder wieder aufgebaut wurden.[2] So kommt M. T. Boatwright[3] zu dem richtigen Schluss, dass viele bedeutende Bauten aus augusteischer Zeit ohne das umfangreiche Bauprogramm unter Hadrian nicht so gut erhalten wären. Unter Hadrian kam es zu einer ‚augusteischen Renaissance', was in der Konsequenz ein Wiederaufblühen griechischer Kunst und Kultur in Rom bedeutete. Die Bezüge, die Hadrian in seinem Bauprogramm in Rom herstellt, verknüpfen in gekonnter Weise das augusteische Stadtbauprogramm mit seinen eigenen Zielen für das Reich. Die wichtigsten Gebäude, die in Verbindung mit Hadrian stehen, kann man in drei Kategorien aufteilen:[4]

a) Wiederhergestellte und restaurierte Bauwerke

Zu diesen gehören das Augustus-Forum, die Ara Pacis, das Horologium Augusti und die Bauten des Agrippa auf dem Marsfeld.

b) Neubauten des Hadrian

Der Tempel der Venus und Roma[5], das Hadrians-Mausoleum und die Villa Hadriana[6] zählen zu den herausragenden Bauwerken des hadrianischen Rom.

Als ‚Mischform' ist das Pantheon anzusehen, da es einerseits formal eine Renovierung, praktisch jedoch einen Neubau darstellt. Beachtenswert ist, dass für alle diese Bauwerke (bis auf das Mausoleum) der Baubeginn zwischen 118 und 121 n. Chr. liegt, zwischen der ersten Ankunft als Kaiser in Rom und dem Beginn seiner ersten Reise durch das Reich. Dies betonte schon gleich zu Beginn Hadrians Regierung eine Hinwendung zur Stadt Rom. Spätestens mit dem Bau seines Mausoleums[7] wollte Hadrian seine Zugehörigkeit zur Stadt und zur Tradition des Princeps seit Augustus, in Rom seine Grabstätte zu haben, kundtun.

Ein Bauwerk vielmehr für Hadrian stellt das Hadrianeum[8] dar, der Tempel für den vergöttlichten Hadrian auf dem Marsfeld, nördlich des Pantheons.

---

[1] Siehe HA Hadr. 19, 2 und 19, 9; Aurelius Victor *Epitome* 14, 4-5.
[2] Siehe HA Hadr. 19, 10-12.
[3] Boatwright (1987) S. 5-9.
[4] Ausführlich dazu Boatwright (1987) S. 263-272.
[5] Ohne Beschriftung RIC II 440, 783; RIC III 622 = BMC 1279 ein Sesterz des Antoninus Pius mit einer Decastyltempelfront und „Romae Aeternae SC".
[6] Obwohl die Villa des Hadrian bei Tivoli nicht zu den stadtrömischen Bauten gehört, ist sie als Ersatz für eine Bautätigkeit auf dem Palatin zu sehen. Anders als andere Villen der Kaiser, diente diese Villa als zweiter ‚Regierungssitz'. Auch Boatwright (1987) S. 5 zählt sie quasi zu den ‚städtischen Bauten' Roms.
[7] Cass. Dio 69, 23, 1; Vgl. Platner (1929) S. und Eisner (1979) S. 319-329 der betont, dass Hadrian bei seinem Mausoleum bewußt keine architektonischen Anlehnung an das Mausoleum gesucht hat. Vgl. auch Kuhlman (2002) S. 93.
[8] Vgl. Gall (1912) s.v. Hadrianeum, in: RE VII 2, 2170ff.; Toynbee (1934) S. 152-159.

c) Fortgeführte Bauten des Traian

Ein weiteres wichtiges Element stellen die von Hadrian fortgeführten und vollendeten Bauten Traians dar.[1] Das zum Todeszeitpunkt Traians noch nicht fertiggestellte Forum Traianum konnte für Hadrian sowohl Prüfstein und Möglichkeit sein, sich in Bezug auf seinen Vorgänger den ,*optimus princeps*' und dem Senat und dem Volk von Rom zu positionieren.

Letztlich würde noch eine Kategorie sinnvoll erscheinen, die jene Bauwerke interpretiert, die von Hadrian begonnen oder für ihn nach seinem Tod errichtet wurden. Dabei handelt es sich in Rom um den Tempel des vergöttlichten Hadrians, das ,Hadrianeum'.[2] Dieser Tempel soll zum Ende dieses Kapitel über Hadrians Tätigkeiten in Rom und im Reich helfen, die Ergebnisse dieses Kapitel an einem Beispiel zusammen zu tragen.

Die Baumaßnahmen auf dem *campus martius*, besonders die Restaurierung mehrerer Gebäude aus augusteischer Zeit, verlagern den Blick auf die Gesamtkomposition dieser Bauten im Verhältnis zur hadrianischen Reichspolitik: Es war Hadrian anscheinend ein dringendes Bedürfnis, einen überdeutlichen Bezug zu Augustus[3] und dessen Politik herzustellen. Die von Hadrian in Auftrag gegebenen Renovierungsmaßnahmen, wie zum Beispiel des Augustus-Forums mit dem Mars-Ultor Tempel, [4] dem *horologium Augusti*, [5] der *saepta Iulia*[6] oder der Ara Pacis, [7] wollen die Zeit des Augustus in seinen erneuerten Gebäuden wiederauferstehen lassen, genauso wie Hadrians Neubauten überdeutliche ,architektonische Zitate' des goldenen Zeitalters des Augustus tragen. Als ein Beispiel, das den Übergang zwischen traianischer und hadrianischer Politik und den Rückbezug auf traditionelle Werte und Orte Bezug nimmt, soll hier kurz die so genannten ,Anaglypha Hadriani' die Komplexität des Bauens für die Stadt Rom verdeutlichen.

Hadrian und das *pomerium* der Stadt Rom

Die geheiligten Stadtgrenzen des *pomeriums* zu erweitern, wurde nur dem zugestanden, der „das römische Volk durch ein von Feinden errungenes Gebiet bereichert hatte."[8] Nach Romulus vergrößerten Servius Tullius, Sulla, Caesar, Claudius[9] und Vespasian[10] nachweislich die rituelle Linie des *pomerium*. Für Augustus[11] und Nero[12] kann es angenommen werden, für Traian gibt es nur einen literarisch unsicheren

[1] Hierauf weißt nicht nur HA Hadr. 19 hin, sondern ebenso die teilweise künstlerische Gestaltung fehlender Elemente des Forum Traianum hin. Auf den so genannten Catsworth-Tafeln sind bärtige Soldaten zu sehen, die Schuldtafeln verbrennen. Der Bart wurde erst unter Hadrian zur Mode und in der Kunst bzw. Öffentlichkeit alltäglich.

[2] Fertiggestellt unter Antoninus Pius, vgl. HA Pius 8, HA Verus 3; Vgl. Platner (1929) S. 250; Richardson (1992) S. 184f. und Toynbee (1934) S. 152-159.

[3] Dies lässt ebenso in seinen später emissionierten Münzreihen interpretieren, in denen er seine Titulatur auf den Münzen bis auf „Hadrianus Augustus Pater Patriae" reduziert. Vgl. dazu RIC II 969, 970, 975 und RIC II 832c und 977 sogar ohne den Titel „Pater Patriae".

[4] HA Hadr. 19, 10.

[5] Boatwright (1987) S. 266.

[6] HA Hadr. 19, 10.

[7] Boatwright (1987) S. 266.

[8] Gell. 13, 14, 2f: „*habebat autem ius profendi pomerii, qui populum romanum agro de hostibus capto auxerat.*" Siehe auch Brodersen (2003) S. 253.

[9] CIL 6, 37023 (EDH HD 020165).

[10] CIL 6, 31538c (EDH HD 028285).

[11] Tac. ann. 12, 23; Cass. Dio 55, 6, 6 und HA Aurelian 21, 11.

[12] HA Aurelian 21, 11. Die Zuverlässigkeit dieser Quelle muss an diesem Punkt als besonders kritisch bewertet werden.

Hinweis[1] und Hadrian erneuerte und festigte die alte heilige Stadtgrenze. Ein *cippus*[2] als Beispiel dieser Terminierung des Hadrian gibt erhellenden Aufschluss:

> *[Ex s(enatus)] c(onsulto) col[l]e[g]ium / [au]gurum auctore / [Im]p(eratore) Caesare divi / [T]raiani Parthici f(ilio) / [d]ivi Nervae nepote / [T]raiano Hadriano / Aug(usto) pontif(ice) max(imo) trib(unicia) / potest(ate) V co(n)s(ule) III proco(n)s(ule) / terminos pomerii /* ***restituendos*** *curavit*
>
> *Durch Senatsbeschluss unter der Autorität des Kollegiums der Auguren hat der Imperator Caesar, Sohn des vergöttlichten Traianus Parthicus, Neffe des vergöttlichten Nerva, Traianus Hadrianus Augustus, oberster Priester, Inhaber der tribunizischen Gewalt zum fünften, Konsul zum dritten Male, Prokonsul, sich für die Wiederherstellung der heiligen Grenzsteine des pomerium gesorgt.*[3]

Insgesamt sind vier *cippi* der *pomeriums*-Bestätigung des Hadrian bekannt. Bemerkenswert ist in den Inschriften die Nennung des Amtes des Proconsuls in der Kaisertitulatur. Der Titel drückt die Amtsgewalt außerhalb des *pomerium* aus und weist in dieser Inschrift auf dem *cippus* auf das Wirken des Hadrian außerhalb der Stadt Rom in den Provinzen hin.[4] Der Titel ist zwar schon auf offiziellen Dokumenten vor Traian geführt worden, [5] die sich mit den Provinzen oder proconsularen Tätigkeiten beschäftigen, [6] aber die Existenz dieses Titels auf dem *cippus* des *pomerium* betont an dieser sichtbaren Stelle die amtsrechtlichen Konsequenzen des *pomerium* und verstärkt zugleich die Verantwortung und Macht des Titelträgers für beide Räume.[7] Die Ereignisse im Jahr 121 n. Chr. werfen in Bezug auf die Restauration der Stadt und des Reiches ein besonderes Licht: Kurz bevor Hadrian die Stadt Rom zu seiner ersten Reise im Jahr 121 verließ, bestätigte Hadrian das *pomerium* der Stadt Rom durch die *restitutio* dieser sakralen Stadtgrenze. Der Zeitpunkt hierfür könnte der Geburtstag der Stadt Rom (21.4.), zusammen mit der Inauguierung des *templum Romae et Veneris*[8] gewesen sein oder eventuell schon früher im Jahr z. B. im Zusammenhang mit den Terminalia am 23. Februar.[9]

Der Vergleich mit einer Inschrift der Pomerium-Erweiterung[10] des Claudius aus dem Jahre 49 n. Chr.(a) und der des Vespasian und des Titus aus dem Jahr 75 n. Chr. (b) zeigt, dass sich beide Inschriften von der des Hadrian unterscheiden:

> *a) Pomerium // Ti(berius) Claudius / Drusi f(ilius) Caisar(!) / Aug(ustus) Germanicus / pont(ifex) max(imus) trib(unicia) pot(estate) / VIIII imp(erator) XVI co(n)s(ul) IIII / censor p(ater) p(atriae) / auctis populi Romani / [fi]nibus pomerium /* ***ampliavit*** *terminavitq(ue) // CIIX*
>
> *Pomerium // Tiberius Claudius Sohn des Drusus, Caisar Augustus Germanicus, oberster Priester, Inhaber der tribunizischen Gewalt zum neunten, Imperator*

[1] HA Aurelian 21, 11.

[2] Vgl. Boatwright (1987) S. 64-73. Der cippus des Hadrian lag exakt über dem des Vespasian (CIL 6, 31538c).

[3] CIL 6, 40855 (EDH HD 027389). Hervorhebung von W. Moschek.

[4] Dazu Weber (1907) S. 98/99.

[5] Siehe dazu König (1971) S. 42ff.

[6] Kienast (1990) S. 29f.

[7] Varro l. l. 5, 193 beschreibt das *pomerium* hier einmal sogar als *orbis*. Vgl. dazu auch Whittaker (1994) S. 24.

[8] Dazu Kienast (1980) S. 402.

[9] Zu den Terminalia an den VII KAL.MART. auch Scullard (1985) S. 122-124.

[10] AE 1909, 208; CIL 6, 37023. (EDH HD 020165). Hervorhebung von W. Moschek.

zum 16ten, Konsul zum vierten Mal, Zensor, Vater des Vaterlandes, hat mit der Autorität des römischen Volkes die Landgrenzen des pomerium erweitert und mit heiligen Grenzsteinen versehen. // 108[1]

b) CLVII // [I]mp(erator) Cae[sar] / Vespasianu[s] / Aug(ustus) pont(ifex) max(imus) / trib(unicia) pot(estate) VI imp(erator) XI[V] / p(ater) p(atriae) censor / co(n)s(ul) VI desig(natus) VII / T(itus) Caesar Aug(usti) f(ilius) / Vespasianus imp(erator) VI / pont(ifex) trib(unicia) pot(estate) IV / censor co(n)s(ul) IV desig(natus) V / auctis p(opuli) R(omani) finibus / pomerium ***ampliaverunt****/ terminaveruntque // CCX[L]*

158 // Der Imperator Caesar Vespasianus Augustus oberster Priester Inhaber der tribunizischen Gewalt zum sechsten, Imperator zum 14ten Mal, Zensor, Konsul zum sechsten und designiert zum siebten Mal, Titus Caesar Augustus, Sohn des Vespasian, Imperator zum sechsten Mal, Priester, Inhaber der tribunizischen Amtsgewalt zum vierten Mal, Zensor, Konsul zum vierten designiert zum fünften Mal, haben unter der Autorität des römischen Volkes dessen Landgrenzen und das pomerium erweitert und mit heiligen Grenzsteinen versehen. // 240[2]

Nicht nur, dass nur der Unterschied der Erweiterung und der Bestätigung ins Auge fällt, sondern vielmehr, dass Hadrian kein Censorenamt inne hatte und das bei Claudius und Vespasian, die Erweiterung aus der Autorität des römischen Volkes her vollzogen wurde. Hadrians autorisierende Macht hingegen war das Gremium der Auguren und der Senat. Wenn auch die Tradition und der Ritus der Pomeriumserweiterung im Dunkeln liegen, stellt sich ein deutlicher Unterschied in den Gremien und der Kulthandlung dar. Hinzu kommt die seltene und an dieser Stelle, einem *cippus* des Pomerium bedeutenden Ort, die Aufführung des Titels des Proconsuls. Inschriften dieser Bedeutung und dieser Seltenheit überlassen nichts dem Zufall und stellen wohlüberlegte und dem Anlass entsprechende Objekte dar. Hadrian ließ also wohl bewusst seine Funktion als Prokonsul mit auf dem bestätigten Pomerium verewigen, um zu zeigen worum es ihm bei seinem Amt als oberster Magistrat der Provinzen Roms ging: die Bestätigung und Festlegung der Grenzen Roms – sowohl der Stadt als auch des Reiches – in seiner Zeit. Als symbolischer Akt der Grenzbestätigung wird hier in der Stadt Rom vollzogen, was Hadrian darauf in seiner Reise scheinbar im viel größeren Maßstab, nämlich fast reichsweit vollzieht: Er kümmert sich in seiner Funktion als *proconsul*, als *pontifex maximus* mit Senatsbeschluss und unter der Autorität der Auguren, um die Wiederherstellung der heiligen Grenzen Roms. Die Unterstützung der Provinzen in seiner Position als Patron aller römischen Bürger und deren Land, zeigt Hadrians Bemühungen um die Bestätigung und Integrität der Grenzen des gesamten *Imperium Romanum* als Erweiterung des *ager Romanum*.

Das ‚neue' Forum Hadriani

Hadrians bestätigtes *pomerium* Roms und weiter die allgemeine Baupolitik in Rom lassen den Schluss zu, dass Hadrian die alten geschlossenen Bauformen der Kaiserforen aufbrechen wollte, ohne sie physisch zu verändern. Aus dem baulichen Zwang, dass ein neues Forum im Zentrum Roms weitere und großflächige Geländeplanierungen

[1] Kienast (1990) S. 90.

[2] CIL 6, 40854 (EDH HD 027386). Zur Datierung siehe Kienast (1990) S. 109 und 112.

zur Folge gehabt hätte, stellt sich die Frage, warum Hadrian dies bewusst nicht in die Tat umsetzt und selbst die Erneuerung von Gebäuden nicht mit seinem Namen in Verbindung brachte. Die Macht und die finanziellen Mittel aus seinen eigenen Vermögen hätte Hadrian als Erbe von Traian gehabt. Die Entscheidung, Rom auf andere Weise, auf subtilere und zugleich intellektuelle Art, dauerhafter zu prägen, war eine Facette seiner vielfältigen Persönlichkeit und seiner Politik.

Der exzellent ausgebildete und an vielen Fächern interessierte Kaiser erzeugte schon bei den antiken Historikern ein widersprüchliches Bild, das bei seiner Bewertung in der Geschichtsschreibung als unausgeglichenes und unberechenbares Wesen seinen Einschlag fand. Der Grad der möglicherweise intellektuellen Entfremdung oder auch Enttäuschung Hadrians von der Bevölkerung Roms zeigt sich im Aufbau seiner Villa bei Tivoli, die als Refugium seiner letzten Lebensjahre gilt. Wie schon Nero in der *domus aurea*[1] versuchte Hadrian, die Welt ‚in nuce' in architektonischen Zitaten und nachgestalteten Landschaften nach seinen Reiseeindrücken nachzubilden. Persönliche, auf seine eigene Position hinweisende Bauten und ausschweifende städte- und landschaftsbauliche Ambitionen hielt Hadrian aus dem Stadtzentrum Roms heraus. Hadrian baute in Rom auf bewusst traditionelle Weise die Bauten seines Vorgängers Traian zu Ende, restaurierte ältere Gebäude ohne den Namen des ursprünglichen Erbauers zu tilgen und seinen eigenen einzusetzen.

Ausgehend von der These des kulturell angelegten und rituell tradierten Begrenzungswillens der römischen Raumerfassung und -beherrschung, wie er im vorherigen Kapitel dargelegt wurde, sollte der Wille zur Begrenzung des Reiches durch Hadrian seinen Ausdruck in den verschiedenen Ebenen der Raumstrukturierung wieder finden. Ausgangspunkt dafür ist die gestalterische Arbeit des Princeps in Rom.

Zwei Gebäude stehen besonders mit ihrer äußeren und inneren Gestalt und den damit verknüpften Intentionen für die Politik Hadrians: Das Pantheon und der Tempel der Venus und Roma. Diese beiden für Rom einmaligen Gebäude spiegeln besonders im Kontrast zur gesamten Bautätigkeit Hadrians in Rom den weiter zu klärenden „Systemwandel"[2] für das Imperium Romanum wieder. Die Inkorporation traditioneller Werte und Handlungen zeigen sich in der *pietas* Hadrians nicht nur gegenüber seinen Vorgänger, besonders auf Augustus, sondern auch in der Betonung der Werte der stadtrömischen Bevölkerung. Die Anaglypha auf dem Forum Romanum ist ein deutliches, in der Forschung nicht unumstrittenes, Symbol der *pietas* gegenüber dem Volk von Rom. Einfacher, weil als architektonisches Zitat des Mausoleum des Augustus zu sehen[3] und in seiner Funktion damit eindeutiges Symbol der Verbundenheit mit Rom, ist das Mausoleum des Hadrian[4] zu interpretieren.[5]

Wenn Augustus die aus Ziegeln erbaute Stadt Rom als eine aus Marmor hinterließ, [6] war es Hadrian, der dem Marmor des ersten Princeps neuen Glanz verlieh. Was jedoch jenseits der reinen *simulatio* und *restauratio* liegt, erschließt sich dem Betrachter erst, wenn die Neubauten mit den Restaurationen und dem gesamtpolitischen Programm Hadrians in Einklang gebracht werden.

[1] Vgl. z. B. Waldherr (2005) S. 219-225.
[2] Kornemann (1905) S. 17.
[3] Boatwright (1987) S. 164.
[4] Weihinschrift des Antoninus Pius für Hadrian und Sabina aus dem Jahr 139 n. Chr. CIL 6, 984 = ILS 322.
[5] Vgl. Boatwright (1987) S. 162f.
[6] Suet. Aug. 100.

Das neue Pantheon des Hadrian

Eines der bemerkenswertesten Gebäude in Rom war und ist das Pantheon.[1] Seine Gestalt und seine immer noch in größten Teilen antike Bausubstanz weisen es als eines der wenige Bauwerke aus, die Jahrhunderte von Niedergang und Zerstörungen in Rom überstanden haben. Die Kassettendecke, wie auch die Öffnung des *opaion* am oberen Scheitelpunkt der Kuppel, die das einzige Licht in den Raum bringt, machen den Innenraum des Pantheon nicht erst für den heutigen Besucher zu einem besonderen Erlebnis.

Trotz der baulichen Superlative und der einmaligen Gestalt des Kuppelbaus bleiben einfache Fragen zum Pantheon unbeantwortet. Sein ursprünglicher Zweck und die Gestalt des von Agrippa[2] gebauten Gebäudes, aber ebenso die heutige Gestalt mit seiner Rotunde und Verwendung in der Antike bleiben verschwommen hinter den wenigen Quellen stehen. Damit schließt sich die Frage an welche Rolle das Gebäude im Verhältnis zu den anderen Bauten Hadrians in Rom spielte und welche Intentionen sich daraus folgern lassen. Das Pantheon fügt sich, ohne die direkt angrenzenden Gebäude zu verändern oder besonders zu überragen, in das Gebiet des alten Pantheons ein. Weder die Neptun-Basilika noch die Saepta Iulia[3] werden von der gewaltigen Rotunde baulich beeinflusst und so fügt sich der Rundbau nahtlos, bzw. mit nur wenigen Metern Abstand in die Bebauung des Marsfeldes ein. Im Norden, in Richtung Augustus-Mausoleum und Ara Pacis schloss sich an den Eingangsbereich des Proanos einen Porticus an, in dessen Mitte der *arcus Pietatis*[4] stand. Erst über diesen großen Platz erreichte man den Eingangsbereich des neuen Pantheon.

Das Gesamtensemble des Pantheons – sowohl seines städtebaulichen als auch innenarchitektonischen[5] Kontextes – ist entscheidend für seine Interpretation. Trotz seiner völligen Neugestaltung und seiner neuen Bauweise unter Hadrians Ägide, fügt sich das Pantheon in das Stadtbild Roms ein, ohne größer aufzufallen. Mit einer Art ‚understatement', die sich in einer äußerlichen Einreihung in das Bauensemble des Marsfeldes und der extrem traditionellen Unterordnung des ursprünglichen Bauherrn Agrippa ausdrückt, fokussiert sich die Pracht und die gestalterische Macht des Hadriansbaus auf sein Inneres. Für das Pantheon liegt keine vollständige archäologische Bauaufnahme vor.[6] Das hat zur Folge, dass es aufgrund der fehlenden Basis von exakten Daten zu diesem Bauwerk mehr Vermutungen als belegbare Interpretationen geben kann. Das Pantheon hat vermutlich nicht deshalb die mehr als 1800 Jahre überlebt, weil es zu großen Teilen aus massiven Beton-Ziegelmauern mit einer sich darüber spannenden Leichtbetonkuppel gebaut ist, sondern das ‚Innenleben' und die daraus resultierende Faszination[7] scheinen das Pantheon vor größeren Zerstörungen bewahrt haben. Hinzu kommt, dass es recht früh zur größten Kirche Roms wurde und damit weiteren größeren Zerstörungen im Mittelalter entging.

Vom ursprünglichen Zweck und der Gestalt des von Agrippa[8] gebauten Gebäudes ist weniges bekannt. Der ursprüngliche Bau scheint eine Art offenes *templum* gewe-

[1] Vgl. Boatwright (1987) S. 43ff.
[2] Siehe dazu Shipley (1933) S. 55-65.
[3] Vgl. Platner/Asby (1929) S. 490f.
[4] Platner/Asby (1929) S. 42.
[5] Ausführlich zur Innengestaltung siehe de Fine Licht (1966) S. 89-126.
[6] Für diesen Hinweis danke ich Herrn Prof. Dr. H. Knell, Darmstadt.
[7] McDonald (1976) S. 95 hält das Pantheon für das „bedeutendste Gebäude der Architekturgeschichte".
[8] Vgl. Cass. Dio 53, 27, 2.

sen zu sein, [1] also vielleicht ein Portikus mit einem kleinen Tempel am nördlichen Ende. In diesem Tempel sollen, neben Statuen von Agrippa selbst und Augustus im Proanos, Statuen der Venus[2] und des Mars gestanden haben.[3] Die Bauinschrift gibt an, [4] dass der ursprüngliche Bau im Jahr 27 v. Chr. begonnen wurde. Diese heute sichtbare und mit 70 cm Letternhöhe größte Bauinschrift des gesamten Reiches, [5] ist jedoch erst in hadrianischer Zeit angebracht worden. Das ursprüngliche Pantheon brannte zweimal durch Blitzschlag in den Jahren 80 und 110 n. Chr. nieder.[6]

Ziegel aus dem Fundament der Rotunde weisen darauf hin, dass der Kuppelbau in hadrianischer Zeit, zwischen 118 und 126 n. Chr.[7], grundlegend neu aufgebaut wurde. Die Fundamente der Rotunde des Pantheons nehmen exakt den Grundriss des Vorgängerbaus Agrippas auf und erhalten das Areal des alten Baugrundes. Die Fertigstellung ist wahrscheinlich in die Regierungszeit des Antoninus Pius zu setzten, wie die Historia Augusta berichtet.[8]

In diesem eng bebauten Teil des Marsfeldes hätten bei Vergrößerungen große Eingriffe in die umliegenden Bauten des Agrippa vorgenommen werden müssen, was scheinbar vermieden werden sollte. Die Ausrichtung des Gebäudes wurde anscheinend um 180 Grad nach Norden gedreht. Der Eingang zum Pantheon ist damit nicht mehr im Süden, zum Forum Romanum, sondern in Richtung des Mausoleums des Augustus und seiner Sonnenuhr. Das Proanos des alten Templums wird in dem neuen Bau an der Schnittstelle zwischen der neuen Rotunde und dem ebenso neuen Vorplatz integriert. Der Bereich vor dem alten Proanos des Agrippa wurde von einem Porticus umstanden Hof eingerahmt, in dessen Mitte sich der *arcus pietatis* erhob.[9]

Dass Hadrian trotz der fundamentalen Umgestaltung des Pantheons die Weihinschrift beibehalten hat, wäre in so weit noch keine Besonderheit, denn wie die Quellen bezeugen *„obwohl er allerorten eine Unmenge von Bauten errichtet hatte, brachte er niemals seinen eigenen Namen an“*[10]. Seltsam ist jedoch, dass sich Hadrian in einem so gewaltigen Bau wie dem Pantheon betont[11] auf Agrippa bezieht. Weder ein Münzbild noch eine Inschrift künden von einem besonderen Anlass, der auf das Pantheon des Agrippa oder des Hadrian Bezug nimmt. Das Schweigen der Quellen zum Ursprungsbau, zum Umbau, der Neugestaltung oder zu einer Funktion oder exakten Namen, [12] legen den Schluss nahe, dass es sich nicht um einen Tempel, eine *aedes*, im ursprünglichen Sinn gehandelt haben kann. Hadrian hielt Gericht[13] im Pantheon. Das

[1] Höcker (1999) s.v. Pantheon, in: DNP 9, Sp. 269f.

[2] Plin. nat. hist. 4, 121; Macrobius 3, 17, 17. Beide Autoren berichten von den Perlen der Kleopatra, von denen die nicht in Essig aufgelöste im Ohr der Venusstatue im Pantheon zu finden ist: Plinius beendet die Geschichte um das teuerste Mahl der Antike *„comitatur fama unionis eius parem, capta illa tantae quaestionis victrice regina, dissectum, ut esset in utrisque Veneris auribus Romae in Pantheo dimidia eorum cena.“*

[3] Plin. nat. hist. 36, 38.

[4] CIL 6, 896: M AGRIPPA L F COS TERTIUM FECIT und Cass. Dio 53, 27, 2-3, der den Baubeginn in das Jahr 25 v. legt.

[5] Alföldy (2003) S. 5ff.

[6] Amm. 10, 14: *„Pantheum velut regionem teretem speciosa celsitudine fornicatam: elatosque vertices scansili suggestu consulum et priorum principum imitamenta portantes, et Vrbis templum forumque Pacis et Pompei theatrum et Odeum et Stadium aliaque inter haec decora urbis aeternae.“*

[7] Dagegen und für Bau, bzw. Planung unter Traian: Kienast (1976) und Sperling (1999) S. 2; Haselberger (1995) S.296f.

[8] HA Pius 8, 2.

[9] Gegen diese Verortung Richardson (1992) S. 28; dafür de Fine Licht (1968) S. 25-34.

[10] HA Hadr. 19, 9.

[11] Das ist nicht nur in der Letterngröße der Inschrift zu erkennen, sondern ebenso darin, dass Hadrian sie überhaupt angebracht hat.

[12] Vgl. Höcker (1999) s.v. Pantheon, in: DNP 9, Sp. 269.

[13] Cass. Dio 69, 7, 1.

weist in der Folge darauf hin, dass der Bau des Agrippa jedenfalls kein reiner Sakralbau war. Es bleibt damit die Frage, was das Bauwerk Agrippas war, denn welches Bauwerk kann so bedeutungstragend für Augustus, Agrippa und in der Folge für Hadrian gewesen sein, das es nach über 100 Jahren, trotz einzigartiger Neugestaltung, wieder unter dem Namen des Marcus Agrippa aufgebaut wurde. Aufschluss kann daher eine ausführlichere Interpretation der Bauinschrift bringen:

„M. Agrippa Luci Filii Consul Tertium fecit" „Marcus Agrippa, Sohn des Lucius, Konsul zum dritten Mal, baute dies" kündet die Inschrift auf dem Architrav über dem Eingang. Das wirft zuerst den Blick auf die Person des Agrippa selbst. Als langjähriger Weggefährte und General des Octavian/Augustus hat sich Agrippa besonders in der Zeit der Konsolidierung der Herrschaft und der Neuorganisation des Reiches und der Stadt Rom einen Namen gemacht. Zu dem Baukomplex auf dem Marsfeld kommen in Rom noch aus seiner Zeit als Ädil 33 v. Chr. Straße, Wasserleitungen und Bäder sowie bemerkenswerte Spiele.[1] Das gesamte Bauprogramm, das Agrippa auf dem Marsfeld nach 27 v. Chr. in Abwesenheit des Augustus initiierte, war neben den Bauten des Augustus sowohl prägend für diese Stadtregion als auch für die gesamte Stadt Rom. Neben der Saepta Julia kamen die Thermen und Gärten bzw. das *stagnum* des Agrippa und die *porticus Vipsania* hinzu. Dieser Porticus ist deshalb etwas Bemerkenswertes, da in diesem Gebäude die so genannte Weltkarte des Agrippa untergebracht war.[2] Jedoch gibt es weder von dieser Weltkarte noch von der Porticus einen archäologischen Befund. Wie diese Weltkarte aussah, ist Gegenstand einer hier nicht weiter zu erörternden Forschungsdiskussion.[3]

Fest steht, dass die ‚Weltbeschreibung' nur aufgrund langjähriger Vermessungen der Hauptverkehrslinien, durch Reiseberichte und ein traditionelles Weltbild der Römer entstanden ist. Agrippa war u. a. für die Organisation des Straßenwesens besonders in Gallien[4] und Spanien verantwortlich gewesen. Das *miliarium aureum*[5] auf dem Forum Romanum geht letzten Endes auf die Organisationsleistung Agrippas zurück und definiert den Mittelpunkt des reichsweiten Straßennetzes. Auf diesem goldenen Meilenstein waren die Straßenentfernungen zu den wichtigsten Städten des römischen Reiches verzeichnet.[6]

Ein weiteres Ergebnis der langjährigen Organisationsleistungen des Agrippa muss die nach ihm benannte Weltkarte gewesen sein. Es lässt sich vermuten, dass diese Karte nicht nur ein reiner Text war, wie Brodersen es vorschlägt, [7] sondern eine Mischform aus Text und Bild gewesen sein kann. Die symbolhafte Darstellung von Städten und Völkern wie im den Gärten des Pompeius und den mit ihnen verbundenen Landschaften und Provinzen waren in Rom bis in die Spätantike geläufig. Die Vermessungsingenieure der römischen Armeen hatten die in die neu eroberten Länder führenden Straßen vermessen, sowie die Landmarks der Provinzen[8] (Städ-

[1] Cass. Dio 49, 43.
[2] Plin. nat. hist. 3, 17.
[3] Brodersen (2003) S. 268ff.; Dilke (1998) S. 41-43.
[4] Strabon 4, 6, 11.
[5] Plin. nat. hist. 3, 66/67; Plut. Galba 24.
[6] Diese Straßen Roms bilden das Hauptelement der Tabula Peutingeriana, einer mittelalterlichen Abschrift einer spätantiken unbekannten Vorlage. Itinerarien in Form von Listen waren im Reich häufig präsent: auf Meilensteinen, Reiseberichten, Bechern fanden sich diese Listen mit Abständen zwischen einzelnen Punkten, zwischen Start und Ziel. Bildliche Darstellungen von Straßen, Orten und geographischen Gegebenheiten waren weitaus seltener. Dazu ausführlich Brodersen (2003) S. 166-194
[7] Brodersen (2003) S. 286.
[8] Siehe Brief des Balbus an Celsus im Kapitel 3.2.

te, Legionslager) erfasst. Auch wenn diese Messergebnisse nicht in einem zentralen Werk verarbeitet wurden, war es für die strategische Planung von Kriegen und Feldzügen ebenso notwendig wie für die Verwaltung und Kontrolle der Steuereinnahmen einen möglichst konkreten Einblick in räumliche Strukturen der Provinzen zu haben. Ob dies nur Listen und in eng ‚verwandten' Itinerare oder etwas anders ikonographisch Gestaltetes waren, sei an dieser Stelle dahin gestellt. Es ist jedoch klar, dass die machtpolitische Konsequenz einer bildlich dargestellten Welt ist für die römische visuelle Kultur nicht zu unterschätzen ist.

In welcher Form auch immer die Welt präsentiert wurde, sie wurde in einer typisch römischen Art und Weise den Betrachtern dargeboten. Wie die beeindruckende und in der Spätantike hergestellte Tabula Peutingeriana zeigt, wird eine Welt präsentiert, in der es nicht um geographische Präzision oder um die Grenzen des Reiches geht, sondern um die Darstellung eines Machtbereiches, in dessen Zentrum die Stadt Rom steht. Wer die Welt auf diese Weise darstellen kann, beweist Wissen, das die Macht über diesen Raum darstellt. Auch Augustus hatte seine Macht bis an viele der bekannten Grenzen der Welt seiner Zeit vorangetrieben und dies auch in seinem Tatenbericht dargestellt.

Der genaue Ort der *porticus Vipsania* ist jedoch nicht bekannt, die Porticus scheint aber westlich der via Lata gelegen zu haben.[1] Insgesamt geht es den Autoren dieser Darstellung der ‚römischen' Welt um die Propagierung der Macht der in Struktur gefassten Landschaften und Völker. Wer also auf Agrippa und seine Leistungen referiert, setzt sich in die Nachfolge eines Neuorganisators der Infrastruktur des Imperium Romanum.

Das zweite auszuwertende Element der Bauinschrift ist das „COS TERTIUM". Die ausgeschriebene Anzahl der Konsulate anstelle der häufigeren römischen Ziffer III, ist in sofern etwas besonderes, da die Namesbestandteile der Inschrift auch nicht vollständig aufgelöst sind und noch nicht einmal der Gentilname „Vipsanius" des Agrippa genannt wird. Es liegt also m. E. eine Betonung auf dem dritten Konsulat des Marcus Agrippa und dem Jahr 27 v. Chr., in dem Octavian zum siebten Male Konsul war: Das entscheidende Ereignis dieses Jahres war die „Restituto rei publicae" die Rückgabe der außerordentlichen Gewalten des Octavian zurück an den Senat.[2] Die Konsequenzen dieser Machtrückgabe waren enorm für die Zukunft des Reiches. Der von diesem Tag an Augustus genannte Octavian überragte alle nur noch an Autorität (*auctoritas*), nicht an Amtsgewalt.[3] Von zentraler Bedeutung ist der Begriff der Wiederherstellung (*restituta*) des Reiches, bzw. der *res publica.*

Nach diesen innenpolitisch wichtigen Ereignissen im Januar des Jahres 27 v. Chr. bei denen er nicht nur besondere Ehren erhalten hatte, sondern ebenso das *imperium proconsulare* für zehn Jahre erhielt, musste Augustus in der Mitte des Jahres nach Gallien aufbrechen, um erst Mitte des Jahres 24 v. Chr. nach dem Krieg in Spanien und schwer erkrankt nach Rom zurückkehren.

Bei einer Darstellung des römischen Weltbildes in hadrianischer Zeit würde sich das Bauwerk des Agrippa, welches mit der gleichen Absicht – der Repräsentation des gesamten Reiches – für das augusteische Zeitalter gebaut wurde, bei einer Präsentation des Reiches Hadrians, als direkter Nachfolge des augusteischen Reiches anbieten.

[1] Platner (1929) S. 430.
[2] Aug. RG 34.
[3] Aug. RG 35.

Die Verweise auf eine Sicht des Reiches, wie es Augustus definierte, zeigen sich in den architektonischen Zitaten weiterer Bauten Hadrians deutlich. Das Augustus-Forum oder auch die Sonnenuhr des Augustus erfuhren nicht nur notwendige Wiederherstellungen. Ein deutlicher städtebaulicher und architektonischer Hinweis auf die Annahme eines Vermächtnisses[1] und der Versuch einer *‚simulatio augusti'*

Diese Umkehrung der Ausrichtung bindet das Pantheon in einen weiteren Zusammenhang mit vielen von Hadrian auf dem Marsfeld errichteten Bauwerken, wie dem Tempel für Matidia, [2] dem westlich anschließenden Isaeum und Seraperum, der restaurierten Saepta Iulia und dem später erbauten Hadrianeum[3] ein. Auf dem Marsfeld entstand ein zweites Zentrum Roms, [4] das für Hadrian, aber ebenso für Antoninus Pius und Mark Aurel zu einem wichtigen Stadtteil ihrer Repräsentation in Rom wurde, was sie m. E. im Aufstellen ihrer Säulen in diesem Stadtgebiet, in einer Funktion als visualisierter Tatenbericht in Anlehnung an das Vorbild Augustus, bestätigten.

Der Tempel der Venus und Roma

Auch der Doppel-Tempel für die Venus Felix[5] und die Dea Roma kann wie das Pantheon mit einer architektonischen Superlative aufwarten: Er ist der größte Tempelbau in Rom.

Der Tempel der Roma und Venus, [6] der im Süden den Fuß des Palatin und den Titusbogen überragte, stellte mit seiner direkten Anbindung über die *via sacra* und seiner Ausrichtung auf den Concordia Tempel einen neuen südlichen Eckpunkt des Forum Romanum dar. Nicht zufällig ist es die *cella* der Roma, die nach Norden auf das Forum blickt, während die *cella* der Venus Felix nach Süden ausgerichtet ist.[7] Die Göttin Roma, bis dahin ohne Tempel in Rom, aber mit vielen Orten der Verehrung in den Provinzen ab dem 2. Jahrhundert v. Chr.[8] und später im Zusammenhang mit dem Kaiserkult vor allem im Osten des Reiches, blickt auf das Zentrum der Stadt Rom, dem Ursprung des *Imperium Romanum*. Die Verehrung der römischen Herrschaft durch die Provinzen des Reiches wird symbolisiert in der Dea Roma. Erstmals unter Hadrian war ab 121 n. Chr.[9] ein offizielles Kultbildnis der Roma in der Stadt des Romulus präsent. Vom gleichen Bauwerk aus blickt die Göttin, auf die das iulische Geschlecht seine Abstammung von Aenaeas und damit aus der griechischen Götterwelt begründet, [10] vom Zentrum in das römische Reich hinaus.

[1] Selbstverständlich versuchten alle Kaiser sich in eine möglichst direkte Verbindung zu Augustus zu stellen, um ihre eigene Macht zu legitimieren.

[2] Vgl. Kienast (1990) S. 126f; Leichenrede des Hadrian CIL 14, 3579; siehe auch Münzen wie z. B. RIC 300.

[3] HA Pius 8.

[4] Vgl. Boatwright (1987) S. 34ff., die die Veränderungen des Marsfeldes in hadrianischer Zeit als eine der wichtigsten städtebaulichen Veränderungen Roms seit langem und für lange Zeit betont.

[5] Die Bildnisse der Kultbilder sind wohl auf Münzen zu finden: Romae Aeternae: RIC III 110, 623; Veneri Felici: RIC III 114, 651a.

[6] Vgl. Richardson (1992) S. 409f; Platner (1929) S. 553ff.

[7] Prudentius Contra Symachum 1, 217-219.

[8] Die Feste der Rhomaia in Kleinasien sind die frühesten Zeugnisse; hierzu treten auch Tempel im Westen wie in Lugdunum (Lyon) die *dea Roma* und den *divus Iulius*.

[9] In diesem Jahr 121 n. Chr. ist zum 21. April, dem Fest der Parilien, das Gelöbnis zum Bau des Tempels und sein Baubeginn festzulegen, die Einweihung ist wahrscheinlich 135 n. Chr., die Fertigstellung ist wohl in antoninische Zeit zu legen. Vgl. HA Pius 8, HA Verus 3; Vgl. Platner (1929) S. 250 und z. B. RIC III 622.

[10] Auch das Forum Iulium hatte einen Tempel der Venus Genetrix (Plin. nat. hist. 2, 93f), mit dem schon Caesar die göttlichen Ursprünge seiner Familie betonen wollte. Dazu Richardson (1992) s.v. Forum Iulium.

Abbildung 27: Querschnitt und Grundriss des Tempels der Venus und Roma.[1]

In seiner Doppelweihung an Roma und Venus, seiner topographischen Lage zum Forum Romanum und seiner architektonischen Gestalt des größten Tempels in Rom, zeigt sich eine Symbolik der Verknüpfung des Zentrum mit seinem Reich: [2]Die politische wie religiöse Aussage der zwei Rücken an Rücken gesetzten Götter, die den göttlichen Ursprung Roms und zugleich die Göttlichkeit Roms in den Provinzen darstellt, ist die Zusammengehörigkeit der Stadt Rom und seiner Provinzen zu sehen. In dem zum Geburtstag der Stadt Rom am 21. April 121 n. Chr. geweihten Tempel der Venus und Roma ist vielleicht das politischste Bauwerk Hadrians zu sehen. Dieser Tempel stellt zwar keine Art ‚Forum' des Hadrian dar, [3] der ein Forum Traians ohnehin nur schwerlich übertreffen konnte und vielleicht auch nicht wollte. Hadrian schien sich mit seiner Baupolitik in Rom viel stärker auf eine traditionelle, den Ahnen und Vorgängern zugewandte, Weise beziehen zu wollen, denn die größte Aufmerksamkeit brachte Hadrian den Bauten des Augustus entgegen. Zugleich ist die Entscheidung, einen Tempel für Roma zu errichten, ein deutliches Zeichen, dass sich die Idee von Rom abstrahiert[4] und zu mehr wurde als der rein physischen Gestalt der Stadt Rom.

Der Tempel selbst ist mit seiner decastylen Säulenordnung nicht nur eine Referenz an den zweiten Tempel mit dieser Säulenordnung, den Mars-Ultor Tempel des Augustus-Forums, sondern dieser Tempel spannt den Bogen direkt nach Athen zum ebenfalls unter Hadrian vollendeten Olympieion mit einer ebensolchen Säulenordnung.

Hadrian und seine Villa

Hadrian baute in geringer Entfernung zu Rom sein Landgut, um dort im anderen Rahmen als in Rom, seinen Träumen und Visionen in architektonischer Weise nachzukommen. Das, was Hadrian in der Stadt Rom als Frevel, dekadent oder Bruch mit den Traditionen nachgesagt worden wäre und er dort unterließ, baute er sich in seiner Villa bei Tivoli.

An den nach Süden exponierten Hängen auf den Grundmauern eines älteren Bauwerkes plante und baute der Kaiser eine eigene Welt auf über einhundert Hektar, deren völlige Größe bisher noch nicht von den Archäologen ergraben wurde. Bedeutend ist, das Hadrian selbst wie auch wohl schon bei anderen Gebäuden in Rom in die Planung von Gebäuden eingriff.

[1] Aus Meyers Großes Konversations-Lexikon, 6. Auflage 1905-1909.
[2] Siehe dazu Opper (2008) S. 126f., der auch den architektonischen Vergleich zum Olympieion in Athen zieht.
[3] Zu diesem Schluss kommt Mols (2003) S. 464. Für eine ähnliche Funktion spricht sich auch Richardson (1992) S. 418 aus.
[4] Purcell (2000) S. 434.

So gab Hadrian schon von seinen Reisen aus Aufträge an seine Architekten, bestimmte Orte des Reiches in seiner Villa nachzubauen.[1] Das bekannteste Beispiel ist der nachgeahmte Canopus-Kanal mit einem Serapeum am südlichen Ende. Herausragend wegen seiner Form ist das so genannte ‚Teatro Marittimo', [2] welches die intimsten Privatgemächer des Kaisers darstellte. Im Zentrum des ringförmigen Wassergrabens befindet sich von einer Kuppel überdacht ein abgeschlossener Raumkomplex.

Wenn man die Gestalt als die architektonische Wiedergabe des vom okéanos umflossenen *orbis terrarum* interpretiert, spiegelt dieses Gebäude die Vorstellung der griechisch-römischen Weltvorstellung wieder. Auf der kreisrunden Insel befand sich ein vollständiges Haus[3] mit Bädern und Triklinium, in dem der wichtigste und mächtigste Römer lebte. Der Princeps des *Imperium Romanum* füllte mit seiner *domus* die Welt aus. Die im ‚Teatro Marittimo' zu Stein gewordene Metapher, dass die Oikomene gleich der einer römischen *domus* ist, [4] wird besonders im Gesamtzusammenhang mit Hadrians Wirken als römischer Kaiser einleuchtend. Der Hausherr, der *pater familias,* ist zugleich der *pater patriae* und Patron aller römischen Bürger. Der Herr dieses Hauses sieht sich und sein Haus als Zentrum einer römischen Welt. Der *orbis terrarum* ist gleich dem römischen Haus in seiner sozialen, kulturellen und gesellschaftlichen Gliederung und wird dadurch zum *orbis Romanum.*

In seiner idealisierten Form finden sich hier das römische Reich und die Vorstellung seiner Struktur wieder. Im Zentrum ein Wohnraumkomplex, der einer eigenen domus, einer Stadt oder dem *orbis Romanus* gleichgesetzt werden kann. Umflossen vom Weltozean, wie z. B. Hekataios die Welt sah, [5] bildet dieser Wohnkomplex diese ‚mental-Map' der Welt ab. Die ist somit ein gebauter Hinweis darauf, wie Hadrian diese griechisch-römischen Weltbilder rezipierte und als so maßgeblich und prägend ansah, dass er einen sehr wichtigen Teil seiner Villa danach gestaltete.

6.4 Hadrians Reisen

Hadrian ist als Reisekaiser bekannt.[6] Kein Princeps vor und auch nach Hadrian ist ohne militärischen Anlass so viel durch sein Reich gereist.[7] Mag es sein Wissensdurst, seine ‚griechische Seele' sein oder eine bei Hadrian oft vermutete Antipathie zur Stadt Rom sein. Ebenso sind die Gründe der Reisen in der Versicherung der Klienten in den Provinzen zu sehen, [8] um die Macht und den Einfluss des Princeps zu festigen und zu erweitern.

Bezüglich des Limes spielt ein weiterer Aspekt der Reisen Hadrians eine tragende Rolle. Um die Reisen des Kaisers Hadrian als eine Art *amburbium*, eine *ambarvalia* oder Wiederherstellung der Grenzen des *orbis Romanus* zu interpretieren, sind sie u. a. als Konsequenz der Handlungen Hadrians in Rom des Jahres 121 n. Chr. zu sehen. Seine Aktionen auf seinen Reisen sind damit für diese Arbeit ein wichtiger Teil der Bestä-

[1] HA Hadr. 26; vgl. Eck (1998) s.v. Hadrianus, in: DNP 5, Sp. 63.
[2] Vgl. Ulebackler (1985).
[3] Winnefeld (1895) S. 59f.
[4] Vgl. dazu Stierlin (1984) S. 170.
[5] Vgl. dazu auch schon Herodot hist. 4, 36, der sich über die Art seiner wissenschaftlichen Vorgänger, die Welt als exakter Kreis vom Ozean umflossen ansahen, lustig macht.
[6] Vgl. Halfmann (1986) S. 40-48 und 188ff. Vgl. Kienast (1996) S. 128-131.
[7] Siehe dazu zuletzt Birley (2003) S. 423-441. Siehe HA Hadr. 13, 5.
[8] Halfmann (1986) S. 21ff.

tigung für die Beantwortung nach der Frage nach dem Zweck des Limes. Um diese These des ‚Umgangs' bzw. Kontrolle des Princeps an den Grenzen des Reiches weiter zu untermauern, seien einige der nachweisbaren Stationen dieser Reise und seine Tätigkeiten nachzuvollziehen, die Hadrian hauptsächlich nicht nur als auf Notwendigkeiten reagierenden römischen Kaiser, [1] sondern als aktiven und kreativen Staatsmann zeigen. Das heißt, es findet nicht nur eine *simulatio* des schon Bekannten statt, oder die Fortführung der *mores maiorum*, sondern ebenso eine Neuinterpretation und Neugestaltung des Imperium Romanum und dies auch an den Grenzen des Reiches.

Hadrian brach frühestens Ende April des Jahres 121 n. Chr. von Rom – zur zweiten seiner drei großen Reisen[2] – in Richtung Nordprovinzen auf. Gallien[3] lag auf seinem Weg in Richtung Germania Superior.[4] Wie uns Münzemissionen zeigen, scheint Hadrian sodann in Richtung Rätien und Noricum gereist zu sein, [5] um über Ober- und Untergermanien dann im Jahr 122 n. Chr. nach Britannien[6] zur Teilnahme an einem Krieg in der Provinz[7] überzusetzen. Von dort aus führte die Reise Hadrian wieder zurück, bevor er weiter über Tarraco[8] 122/123 n. Chr. und Legio (León)[9] durch Spanien nach Gallien[10] reist. Im Jahre 123 ist seine Gegenwart in Nemausus (Nîmes)[11] und Apta (Apt)[12] belegt. Der in Tarraco durch Hadrian restaurierte Tempel des Augustus war der erste dieser Art im Westen des Reiches, wie Tacitus berichtet, [13] und zeigt, dass Hadrian bewusst auch auf seinen Reisen Augustus' Nachfolge betonte. Von Spanien aus verliert sich die Spur des Reiseweges in Richtung Osten, bevor die Präsenz des Kaisers wieder im gleichen Jahr für Pontus und Bithynien zu belegen ist.[14] Die durch einen drohenden erneuten Konflikt mit dem Partherreich nötige Anwesenheit des Kaisers, um den Friedensverhandlungen mit seiner eigenen Person und Präsenz von zwei Legionen Nachdruck zu verleihen, sind Gründe für eine schnelle Anreise aus dem äußeren Westen in den Osten des Reiches.

Nach der Entschärfung der Situation an der Euphratgrenze ging der Reiseweg des Kaisers über Thrakien im Jahr 124 zurück in die Provinz Asia, um dort durch die Städte Ilium, [15] Pergamon, Smyrna und Ephesos[16] über Rhodos nach Athen und Eleusis

---

[1] Dagegen Millar (1977) S. 25ff.

[2] Rechnet man die Rückreise nach Rom nach seiner Thronbesteigung 117 n. Chr. Ankunft in Rom Mitte 118 n. Chr., seine zweite Reise 121 – 125 n. Chr. und die Dritte 128 – 132 n. Chr. Umstritten ist eine letzte Reise 134/135 n. Chr. Vgl. Birley (2003) S. 44.

[3] HA Hadr. 10, 1.

[4] HA Hadr. 10, 2 ff.

[5] Weber (1907) S. 108/109 nennt nach Dürr (1881) folgende Städte mit einer rechtlichen Statusveränderung unter Hadrian, die eine Anwesenheit des Kaisers ebenso wahrscheinlich aber natürlich nicht notwendig machen: Aelia Ovilava (Wels in Ober-Österreich), Ceticum, Augusta Vindelicorum, Abudiacum (Füssen).

[6] HA Hadr. 11, 2 und 12, 1. Die Inschriften RIB 974 aus Netherby; RIB 1340 aus Benwell on Wall; RIB 1637 vom Wall nahe Housesteads; RIB 1852 vom Meilenkastell 47, erwähnen Hadrian. Das Hadrian aufgrund eines Feldzuges nach Britannien gezogen ist macht die Emmission seiner Münzen mit der Prägung der „EXPEDITIO BRITANNICA" wahrscheinlich. Vgl. dazu ausführlich Rosenberger (1992) S. 97f.

[7] Siehe Halfmann (1986) S. 196;

[8] HA Hadr. 12, 3-5.

[9] Der Besuch der in Spanien stationierten Legion ist wahrscheinlich und ist von der Art seiner Reisen, die auch der Inspektion der Truppen in vielen anderen Provinzen dienten, sinnvoll anzunehmen.

[10] HA Hadr. 12, 1.

[11] Hier ließ Hadrian eine Basilika in Erinnerung an Plotina errichten: CIL 15, 691 und siehe HA Hadr. 12, 2 und Cass. Dio 69, 10, 2.

[12] Die Inschrift CIL 12, 1122 legt zusammen mit HA Hadr. 20, 12 nahe, das Hadrian auch in Apta zugegen war.

[13] Tac. ann. 1, 78, 1. Vgl. Horster (1997) S. 40-45 mit weiteren literarischen Belegen für Hadrians Bautätigkeit.

[14] Birley (2003) S. 430; Halfmann (1986) S. 197-202. Am 29. August 124 ist Hadrian in Ephesos, vgl. Kienast (1996) S. 128, nachweisbar.

[15] Philostratus Heroicus 288.

[16] Im September/Oktober 124 wird Hadrian in die Mysterien von Eleusis eingeweiht. Kienast (1996) S. 128.

zu gelangen. Nach ausführlichen Reisen durch den Peloponnes und der Station und Überwinterung in Athen in Jahren 124/125 n. Chr. scheint Hadrian über Delphi nach Sizilien und letztlich im Sommer 125 nach Rom zurückgekehrt zu sein.[1]

Die Städte des Reiches erfuhren durch den Besuch des Kaisers die ‚Naherfahrung' eines sonst nur in Schrift und Bildnis omnipräsenten und nahezu gottgleichen Wesens.[2] Die kaum zu unterschätzende Ehre eines Kaiserbesuches[3] für die Städte, deren Ansehen und Status insgesamt; die Bedeutung für die lokalen Behörden und Honoratioren und für lokale Kulte sowie den besonders im hellenistischen Osten verbreiteten Kaiserkult, hatte für die normale Stadtbevölkerung spürbare Auswirkungen. Ehren, Bauwerke wie Wasserleitungen, Hafenanlagen und andere öffentliche Bauten, [4] Getreide und Geldzuweisungen[5] waren gängige Gastgeschenke und Profilierungsmöglichkeit der lokalen Eliten zum Anlass eines Kaiserbesuches. Da Hadrian viel mehr Städte auf seinen Reisen in Friedenszeiten besuchte als die meisten seiner Vorgänger, wird auch der positive Effekt dieser Besuche verstärkt: Der Kaiser kam nicht mit auf dem Durchzug zu Kriegen befindlichen Legionen, was eine kostspielige Versorgung der Truppen durch die Städte bedeutet hätte. Es ist davon auszugehen, dass für die langjährigen Kriege in Dakien und Arabien die anliegenden Städte stark in Mitleidenschaft gezogen wurden.

Die Besuche Hadrians sollten das Heilbringende und Positive des römischen Kaisers in die Provinzen bringen, was sich in seiner *adventus*, seiner wirkungsvollen *praesentia* und als *restitutor* ausdrückt.[6] Wie auch schon bei Augustus – durch die Oden den Horatius Flaccus in Verse gefasst[7] – waren Glück und die auf der *virtus* des Princeps basierende kaiserlichen Frieden (*pax augusta*) die Dinge, die die Bevölkerung erwartete.

Die Ehrungen sowie der Ausbau der Infrastruktur und der weichen und harten Standortfaktoren führten zu einer Belebung der Konkurrenz unter den Städten einer Region.[8] Die Folgen für das mit den Städten direkt verbundene Umland waren positiv und in weiteren Handels-, Handwerks- und allgemeinen Wirtschaftsbemühungen der Städte erkennbar. Das erfolgreiche Ergebnis der Städtepolitik in wirtschaftlicher Hinsicht resümiert Aelius Aristides wenige Jahre später überschwänglich in seiner Rede auf Rom:[9] Das Erblühen der städischen Kultur im Reich war die Grundlage für die weitere wirtschaftliche und gesellschaftliche Festigung in den meisten Gebieten des römischen Herrschaftsgebietes.

Was ein solcher Besuch des römischen Kaisers bei der Stadt- und Landbevölkerung bewirkt haben muss, kann kaum mit einem Staatsbesuch eines Monarchen unserer Zeit verglichen werden, bei dem sich Tausende von Menschen am Weg der Person drängen, um diese zu sehen oder gar zu berühren. Die Person und das Amt des antiken römischen Kaisers überragten durch seine Macht und seine sakrale Bedeutung

[1] Aus Tibur schrieb Hadrian einen Brief nach Delphi, der sich in die Zeit zwischen dem 14.08. und 12.09.125 n. Chr. datieren lässt, Birley (2003) S. 431. Text bei Oliver (1989) S. 183ff., Nr. 75.

[2] Vgl. Birley (2006) S. 113, der Hadrian als den meistgesehensten Kaiser bezeichnet.

[3] Zum Zeremoniell siehe Alföди (1935) S. 199ff.

[4] Zu den städtischen und infrastrukturellen Baumaßnahmen Hadrians in Kleinasien siehe ausführlich Schondorfer (1997).

[5] Siehe Cass. Dio 69, 5, 3.

[6] Vgl. Witulski (2007) S. 163, bes. FN 710.

[7] Hor. carm. 4, 5.

[8] Vgl. Halfmann (1990) S. 85ff.

[9] Arist. Kapitel 81ff.

den normalen Einwohner der antiken Welt auf eine unglaubliche Weise. Allein die Möglichkeit, ihm sogar eine Bitte[1] zu stellen oder einen juristischen Fall zur Entscheidung vorzubringen, kommt im Prinzip für den einfachen Bürger einer Begegnung mit einem Gott gleich, besonders im hellenistisch geprägten Osten des Reiches, der schon seit den Zeiten des Augustus den römischen Kaiser als Gott bzw. göttlich verehrte. So sind die Berichte über Wunderheilungen von Kaisern oder wundersame Ereignisse im Zusammenhang mit deren Besuchen[2] nichts Ungewöhnliches in der Antike. Dass sich der Kaiser als höchster Richter für alle Besucher eines solchen Convent-Gerichtstages[3] oder Provinziallandtages persönlich mit den Problemen in der Provinz beschäftigte, zeigte das Ausmaß, die neue Qualität der Nähe zum Kaiser und damit zum Reich.

Ohne stärker auf die vielen einzelnen Orte seiner Reisen einzugehen, soll das einzelne Beispiel der Stadt Athen die Politik Hadrians für die Städte des Reiches verdeutlichen. Genauso wie das Bauen in Rom Zeichen für die Politik eines römischen Herrschers ist, so ist das Bauen in der Provinz mindestens genauso wie die nicht unbedingt notwendige Präsenz an Orten des Reiches ein Hinweis auf ein Verständnis von Herrschaft und Gestaltungswillen des Princeps. Athen sollte wohl als Leuchtturm für ein neues und gestärktes römisches Reich für die Wohltaten und Vorteile besonders auch für den griechischen Raum des *Imperium Romanum* fungieren.

6.5 Hadrian und Athen

Als Stellvertreter und Spitze der Stadtkultur des griechischsprachigen Ostens des römischen Reiches, soll die traditions- und geschichtsreiche Stadt Athen den Einfluss der hadrianischen, panhellenischen Politik[4] verdeutlichen. Gerade weil Athen nicht an der Peripherie des Reiches lag, sondern geographisch, kulturell und wirtschaftlich eines der Zentren bildete, war besonders auch von Athen aus die Verbindungen zum römischen Reich und dessen Provinzen und Grenzen aufzubauen

Hadrian trat nicht nur als Euerget in den Städten auf, sondern er belebte die eigenfinanzierten profanen und sakralen Bautätigkeiten der Städte und den Wettbewerb untereinander, der einen wirtschaftlichen Aufschwung in den kommenden Jahrzehnten zur Folge haben sollte. Städte wie Ephesos und Pergamon waren in ihrer Bedeutung für Kleinasien und den gesamten östlichen Mittelmeerbereich schon seit dem Ende der hellenistischen Königreiche zu den wichtigsten wirtschaftlichen und kulturellen Zentren aufgestiegen. Im Gegensatz dazu war Athen zu Hadrians Zeit nicht mehr die mächtigste Polis des Mittelmeerraumes, aber immer noch eines der historisch und kulturell bedeutendsten Zentren. Und obwohl viele Städte in Kleinasien reicher und mächtiger waren, hatte Athen den Nimbus der Macht von über einem halben Jahrtausend Geschichte und Kultur. Athen blieb bis in die Spätantike der heimliche Hauptort des hellenistisch geprägten Osten des Mittelmeeres, was nicht aus wenigen Gründen auch Hadrians Verdienst war.

---

[1] Siehe dazu HA Hadr. 20, 1 und Cass. Dio 69, 6, 3 an diesen Stellen wird über das nahe Verhältnis von Hadrian zu der einfachen Bevölkerung gesprochen. Jedoch ist es gleichzeitig kritisch zu betrachten, ob sich dahinter der Topos des spätantiken und guten Herrschers verbirgt.

[2] Das Regenwunder des Mark Aurel im Markomannenkrieg 172 n. Chr., oder der Regen zu Hadrians Besuch in Afrika nach fünf Jahren Trockenheit (HA Hadr. 22, 14).

[3] Z. B. HA Hadr. 12, 4 für Tarraco in Spanien.

[4] Dazu Birley (2006) S. 79ff.

Hadrians Interesse und sein Einfluss auf die Bürger der Stadt Athen spiegeln sich in der Ehre eines eponymen Archonats 111/112 oder 112/113 n. Chr. wider. Mehr als fünf Jahre vor seiner Erhebung zum Kaiser bekleidete der aus Italica stammende Römer das höchste Amt der Stadt des Theseus.[1] Nur wenige Römer vor Hadrian waren Archon, [2] die meisten *in absentia*, was den Titel Hadrians durch seinen Aufenthalt noch weiter verstärkt. Die Bauaktivität in Athen ist nicht weniger beeindruckend als in Rom; die Liste der bekanntesten Bauwerke, die auf Hadrian in Athen und im griechischen Osten des Reiches zurückgehen, lässt erahnen wie tiefgreifend und sichtbar der Wandel und die Erneuerung in dieser wichtigen Stadt der griechischen Welt war.

Auf seiner ersten Reise durch das Reich als Kaiser verweilte Hadrian 124/125 n. Chr. in der Stadt[3] und fügte seit über 300 Jahren zum ersten Mal wieder der Stadt eine neue Phyle, [4] die „Hadrianis" hinzu.[5] Noch zweimal sollte Hadrian lange in Athen weilen, 128/129 sowie 131/132 n. Chr. so oft und so lang, wie in sonst keiner zweiten Stadt nach Rom.[6] Über 95 Weihinschriften an Hadrian sind in Athen gefunden worden[7] und gipfeln in der Ehre der Aufstellung einer Statue von Hadrian am Altar der eponymen Heroen.[8]

Die Inschrift auf dem Hadriansbogen in Athen belegt die Rolle des „*Graeculus*" für das von Hadrian gewollte neue Selbstverständnis der Athener: „Dies ist Athen, die ehemalige Stadt des Theseus" auf der Westseite und „Dies ist die Stadt von Hadrian, nicht von Theseus" [9] auf der Ostseite.[10] Das was Hadrian mit dieser Inschrift ausdrücken wollte, war mehr als die Ankündigung des Neubaus von Teilen von Athen, [11] sondern vielmehr die Neugeburt, die Wiedergeburt und *renovatio* der gesamten Stadt und ihrer Kultur.[12] Das neue Athen des Hadrian lag in der Integration der Theseusstadt in die Ziele der Stadt des Romulus. Denn hier in der Stadt Athen erhoben sich nach Hadrians Einwirken neue und das Stadtbild verändernde Bauwerke, aber jedoch wohl kein neuer Stadtteil. Der Tempel der Hera und des Zeus Panhellenios, [13] ein Gymnasium[14] und ein Pantheon, [15] die „Bibliothek des Hadrian"[16] und ein Aquädukt[17] werden in ihrer Bedeutung für die Stadt nur noch von der von Hadrian forcierten Vollendung des Olympieions, dem Tempel für den olympischen Zeus[18] nach über sechs Jahrhunderten überragt. Als weitere Ehre wurde ihm daher nach 129 n. Chr. im griechisch geprägten Ostteil des römischen Reiches der Name *Hadrianos Sebastos Olympos* verliehen.[19]

[1] Boatwright (2000) S. 144 schreibt, dass Hadrian das Amt *in absentia* inne hatte, Birley (2000) S. 64 spricht sich dagegen aus.
[2] Birley (2000) S. 58-65.
[3] Halfmann (1986) S. 41-42, 191.
[4] HA Hadr. 20, 4 spricht von einer neuen Stadt.
[5] Willers (1990) S. 69 äußert sich kritisch zu einer neuen Phyle „Hadrianis" innerhalb der Stadt.
[6] Kienast (1993) S. 206-222; Boatwright (2000) S. 144.
[7] Benamin (1963) S. 61-71.
[8] Zahrnt (1979) S. 395.
[9] IG II², 5185. Interessant erscheint hier der vergleichbare Wortlaut zur Beschreibung Plutarchs der Einteilung des Raumes durch Theseus. Plut. Thes. 24; vgl. Kapitel 6.
[10] Oliver (1965) S. 124. Aus dem Englischen übersetzt von W. Moschek.
[11] Adams (1989) S. 12-14.
[12] Siehe dazu Adams (1989) S. 10-16.
[13] Pausanias 1, 18, 6-7; Cass. Dio 69, 16, 1-2.
[14] Oliver (1989) Nr. 85; IG II² 1102; Boatwright (2000) S. 168.
[15] Pausanias 1, 18, 9.
[16] Pausanias 1, 18, 9.
[17] CIL 3, 549 = Smallwood (1966) Nr. 396. Dazu auch Boatwright (2000) S. 167f.
[18] Pausanias 1, 18, 6-7; Cass. Dio 69, 16, 1-2; HA Hadr. 13, 6. – Die Einweihung fand im Jahr 132 n. Chr. statt.
[19] Birley (2006) S. 78.

Mit den Bauwerken waren weiterreichende kulturelle und wirtschaftliche Folgen verbunden: Der Bedeutungszuwachs des von Hadrian inaugurierten Panhellenion für große Teile der hellenistisch geprägten Mittelmeerwelt, sowie der sakrale Wirkungsbereich des Olympieions von Athen, knüpften in ihrer Art an den attischen Seebund an. Hadrian war jenseits seines reinen Bauprogramms für Athen ebenso für die Belebung und die Neueinrichtung von Festspielen und Agonen verantwortlich.[1] So sind mit Sicherheit die ab 137 n. Chr. stattfindende Panhellenia[2] auf Hadrian zurückzuführen, die Hadrianeia[3] wurden zumindest von ihm initiiert. Die Bedeutung der Feste, der Baupolitik und der damit verbundenen Kulte, ziehen das Bild eines geplanten Aufbaus Athens und seines kulturellen und politischen Einflussbereiches nach sich, der sich nicht an den persönlichen Neigungen Hadrians orientierte, [4] sondern vielmehr im Bezug zur Reichspolitik zu sehen ist.

Die Stärkung der Stadt Athen schuf ein Vorbild und politischen und wirtschaftlichen Angelpunkt, um den sich die innere Struktur des östlichen Reichsteiles bilden konnte. Der wirtschaftliche Wohlstand der Städte im Osten des Reiches war ein wichtiger Faktor innerhalb der gesamten Wirtschaft des Reiches. Die Städtepolitik Hadrians ist besonders im Osten des Reiches als Anstoß zu einem Synergieeffekt zu denken, der sich im Eifer der Städte, sich untereinander zu übertreffen, ausgestaltete. In der Forcierung der Städte des Ostens durch erweiterte Bürgerrechte muss sich Hadrian den Titel des „Graeculus" mit Traian teilen.[5] Auch Traians Anliegen war es, die Städte zu einer neuen Blüte zu führen und nicht ihr Geld in überdimensionierte Fehlplanungen von Prunkbauten und Versorgungsanlagen zu stecken.[6] Hadrian sah sich darüber hinaus aber wohl noch als neuer Perikles, [7] der in dessen Tradition die Griechen zu einem neuen Bund zusammenbringen wollte.[8] Die ihm verliehen Titel des *Panhellenios*[9] und *Panionios* zeigen, [10] dass die Absicht Hadrians, die hellenistische Welt des römischen Reiches zusammenzuführen, von den Menschen dieser Zeit verstanden wurde.[11] Die Einrichtung des Panhellenions 131/132 n. Chr. mit seinem festen Gebäude[12], Festen, [13] Kulthandlungen wurde nicht von allen Hellenen gleich positiv aufgenommen, vielleicht weil dadurch der schon vorhandene Kaiserkult neue Bedeutung und neue Anbindung an die römische Kultur und im Besonderen an den römischen Princeps fand.

Dieser kurze Einblick in die Städtebau-, Kultur- und Religionspolitik unter Hadrian in Athen zeigt, worum es dem Nachfolger Traians geht: Der Aufbau der Kultur und Wirtschaftsträger des Reiches, um von innen heraus das Reich zu erneuern und zu stärken. Aelius Hadrianus versucht die Kultur und Wirtschaft ausgewählter Städ-

[1] Mortensen (2004) S. 243f.
[2] Cass. Dio 69, 12, 2; vgl. dazu Wörrle (1992) S. 339-344.
[3] Siehe die verschiedenen Orte von Agonen auf der Inschrift eines Athleten aus der 2. Hälfte des 2. Jahrhunderts: IG XIV 739. Dazu Günther (2005/6).
[4] Gregorovius (1880) S. 76f.: „Alle idealen Neigungen fanden hier [in Athen] volle Befriedigung."
[5] Vgl. Sherwin-White (1973) S. 262.
[6] Wie man an den Aufgaben und Problemen des Plinius in Bythinien und Pontus erkennen kann: siehe dazu Plin. ep. 10. das Hadrian die Politik des Traian auch fortführte HA Hadr. 5, 1.
[7] Birley (2006) S. 78f.
[8] Siehe dazu die Karte bei Boatwright (2000) S. 148.
[9] Vgl. Benjamin (1963) S. 75 mit den Inschriften der für Hadrian geweihten Altäre die Ihn so nennen.
[10] Zu den sakralen Ämter Hadrians Rüpke (2005) S. 842.
[11] Vgl. dazu auch Benjamin (1963) S. 57f.
[12] Cass. Dio 69, 16, 2; Paus. 1, 18, 9; vgl. IG IV^2 1384; Halfmann (1986) S. 208f.
[13] Ab 137 n. Chr., vgl. Wörrle (1992) S. 339-344.

te als Motor für ein goldenes Zeitalter wieder in Gang zu bringen. Hadrian nutzt die Kraft der römischen Herrschaft, um die Energie[1] der zivilisatorischen Errungenschaften der griechischen Kultur[2] zu verbreiten und zu festigen. Der Wille zur *renovatio* bzw. *restitutio* der griechischen Kultur drückt sich über Athen hinaus durch die Erneuerung verschiedenster Gesetze aus, die zum Teil seit Jahrhunderten Bestand hatten. Das Bild eines neuen Perikles oder Solon ist von Hadrian bewusst provoziert worden, um es als Vehikel für eine erfolgreiche Zusammenführung der hellenistischen Welt im Rahmen des Imperium Romanum zu gebrauchen. Hadrian wurde in Athen, Megara und Kyrene als Nomothet bezeichnet und gefeiert. Das Beispiel des Öl-Gesetzes für Athen[3] zeigt, dass sich Hadrian nicht scheute, aktiv und betont auch alte Gesetze zu überarbeiten und neue Gesetze zu schaffen. Dies waren Grundvoraussetzungen für eine prosperierende Gesamtwirtschaft.

Gleichzeitig waren aber auch die Macht und die militärische Gewalt des Römerreiches in der Personifizierung des Kaisers, dessen ‚Soldatenstiefel im Nacken' immer noch präsent.[4] Nicht nur das jahrelange und blutige Niederkämpfen des jüdischen Aufstandes und seiner ständigen Sorge um die Wachsamkeit des Militärs, sondern auch durchaus in der künstlerischen Darstellung abseits der Krisenherde des Reiches. Die bei Hierapytna auf Kreta gefundene Statue Hadrians, die ihn als Feldherrn und Sieger mit dem Fuß auf einem Besiegten zeigt, bringt die „gewaltbewusste" Seite der ‚römischen' Macht-Politik Hadrians kraftvoll zum Ausdruck.[5]

An der Spitze der hadrianischen Reichspolitik stehen die traditionsreichen und symbolträchtigen Städte Rom und Athen als Prototyp für eine neue Zeit. Beide Städte bilden zwei kulturelle und wirtschaftliche ‚Leuchtfeuer', Orientierungsmarken für die weitere Entwicklung des gesamten römischen Reiches. Nicht durch Eroberung und Expansion wurde der Fortbestand des Imperiums gesichert, sondern durch innere Stärkung und Verminderung der Unterschiede im Reich. Mit der Kraft der Herrschaft der römischen Kultur und der Kraft der Zivilisation der griechischen Kultur[6] war die Reichsidee Hadrians zu verwirklichen. ‚Renovare' bzw. ‚restituere' waren wichtige Schlagworte der Rückbesinnung auf alte Werte und Vorbilder der römischen und griechischen Geschichte, in der Hadrian die Zukunft für das Imperium Romanum sah. Die Politik und die Taten Hadrians in Athen und Kleinasien hatten das Ziel der Zukunftssicherung für das gesamte Reich. Dieses Ziel konnte nur auf soliden wirtschaftlichen, kulturellen und sozialen Säulen gebaut werden. Die festen inneren Strukturen einer Gesamtgesellschaft im römischen Reich waren in der griechischen Tradition und Mentalität nicht allein durch eine feste und sichtbare Grenze wie dem Limes zu bekommen, sondern durch eine – der griechischen Geschichte und Mentalität näheren – intensivere politische und kulturelle Bindung zu erlangen.

[1] Oliver (1968) bezeichnet die panathenaeische Rede des Aelius Aristides mit Bezug auf die Bedeutung der griechischen Kultur „The civilizing Power".

[2] Vgl. Bengtson (1950) S. 508f., der den Bedeutungszuwachs und die Leitfunktion der griechischen Kultur seit Hadrian betont.

[3] Oliver (1989) Nr. 92; Freis (1994) S. 164f. mit dt. Übersetzung.

[4] Vgl. die Hierapythna Statue Hadrians (Archäologischen Museum Istanbul, Inv. Nr. 585) oder vgl. Plut. mor. 813E.

[5] Vgl. dazu auch Opper (2008) S. 66, Fig. 49.

[6] Abgeleitet aus den Titeln der Arbeiten von Oliver (1953) „The Ruling Power" und Oliver (1968) „The Civilizing Power".

6.6 Hadrian und die Grenzen des Reiches

Das Beispiel Germanien

Die schon unter Traian ab ca. 100 n. Chr. aus den zentralen Bereichen an die spätere Limesline verlegten Kastelle[1] erfuhren unter Hadrian keine weiteren Veränderungen. Der ‚Wetteraubogen', die Kastelle am Main und die des Odenwaldes wurden in den ersten Jahrzehnten des 2. Jahrhunderts bezogen. Die damit verbundene Umstrukturierung des obergermanischen Heeres war eine der wichtigsten Maßnahmen zur Sicherung und Strukturierung der Provinz durch Traian. Die Orte der Lager wurden in großen Teilen strategisch und verkehrsgünstig im Hinterland angelegt. Diese von Traian begonnenen Verlagerungen der militärischen Einheiten und die Einrichtung von ziviler Gebietsadministration mit *civitates* führte Hadrian fort. Ebenso wurden in dieser Zeit die ersten Lager für *numeri* angelegt.[2] Dieser neue Typus einer ca. 140-160 Mann starken Auxiliartruppe bildete in den kommenden Jahren eine bedeutende Rolle in der Besetzung der Lager und Türme an den Grenzen des Reiches.

Die erneuten Okkupationen Domitians jenseits des Rheins beschränkten sich auf einen weitaus kleineren Bereich als unter Augustus und Tiberius. Anhand der geologischen Karte der Wetterau wird schnell deutlich, dass von den Römern zum Ende des 1. Jahrhunderts der fruchtbare Bereich von einem Bogen der Kastelle umschlossen und mit Straßen und zur Versorgung der Einheimischen und Soldaten wichtigen Landgütern erschlossen wurde. Die neuen Kastellorte blieben weit hinter den ein halbes Jahrhundert zuvor erreichten Orten wie Marktbreit, der Elbe und Waldgirmes zurück. In diese Provinz führte Hadrian der Weg in der ersten Jahreshälfte 121 n. Chr. und er überwinterte[3] in Obergermanien, bevor er 122 n. Chr. über Nierdergermanien nach Britannien reiste. Die Provinz Germania superior war Hadrian nicht unbekannt, denn er hatte sein drittes Tribunat[4] bei der Legion XXII Primigenia in Mainz ab Ende 97 n. Chr. angetreten[5] und war dort wohl bis ins Jahr 98.[6]

In den Zusammenhang mit dieser Reise muss die Beschreibung der Palisade in Obergermanien gezogen werden die laut Historia Augusta *„durch ein System von großen Pfählen, die nach Art eines mauerähnlichen Geheges tief eingerammt und miteinander verbunden wurden"*.[7] Diese literarische Beschreibung passt zu den archäologischen Befunden der Limespalisade, wie sie an verschiedenen Stellen des ORL ausgegraben wurde. Bisher fehlte jedoch ein eindeutiger Nachweis der Verbindung zu der Grenzpolitik des Hadrian. Der Zufallsfund von Holzstümpfen der Palisade in Marköbel aus den Jahren 2003[8] und 2004 ergänzen das Bild des Kaiserbesuchs und seiner Absichten in der Provinz. Die Holzreste in Marköbel konnten dendrochronologisch auf ein Fälldatum im Jahr 119/120 n. Chr. bestimmt werden.[9] Dies würde in der chronologischen Reihenfolge der Verarbeitung des Holzes – Fällen im Winter 119/120 und einer Verarbeitung im Jahre 120 – zum Besuch Hadrians im Sommer 121 n. Chr. in der Provinz Germania superior passen.

[1] Wie z. B. Gernsheim, vgl. RiH S. 315; Trebur-Geinsheim, vgl. Hanel (1997) S. 41-45; Ladenburg vgl. RiBW S. 341-343.
[2] Vgl. Schallmayer (2006) S. 54 und ausführlich Reuter (1999) S. 363ff.
[3] Vgl. Weber (1907) S. 106; Cass. Dio 69, 9, 4 und HA Hadr. 10, 2.
[4] Für eine Person mit Hadrians Herkunft uns Stellung ist schon ein zweites Jahr als *tribunus laticlavus* ungewöhnlich.
[5] Vgl. Birley (2006) S. 14f.
[6] Vgl. Birley (2000) S. 37ff.
[7] HA Hadr. 12, 6.
[8] Schallmayer (2003) S. 12ff.
[9] Schallmayer (2003) S. 12ff. und Schallmayer (2006) S. 74.

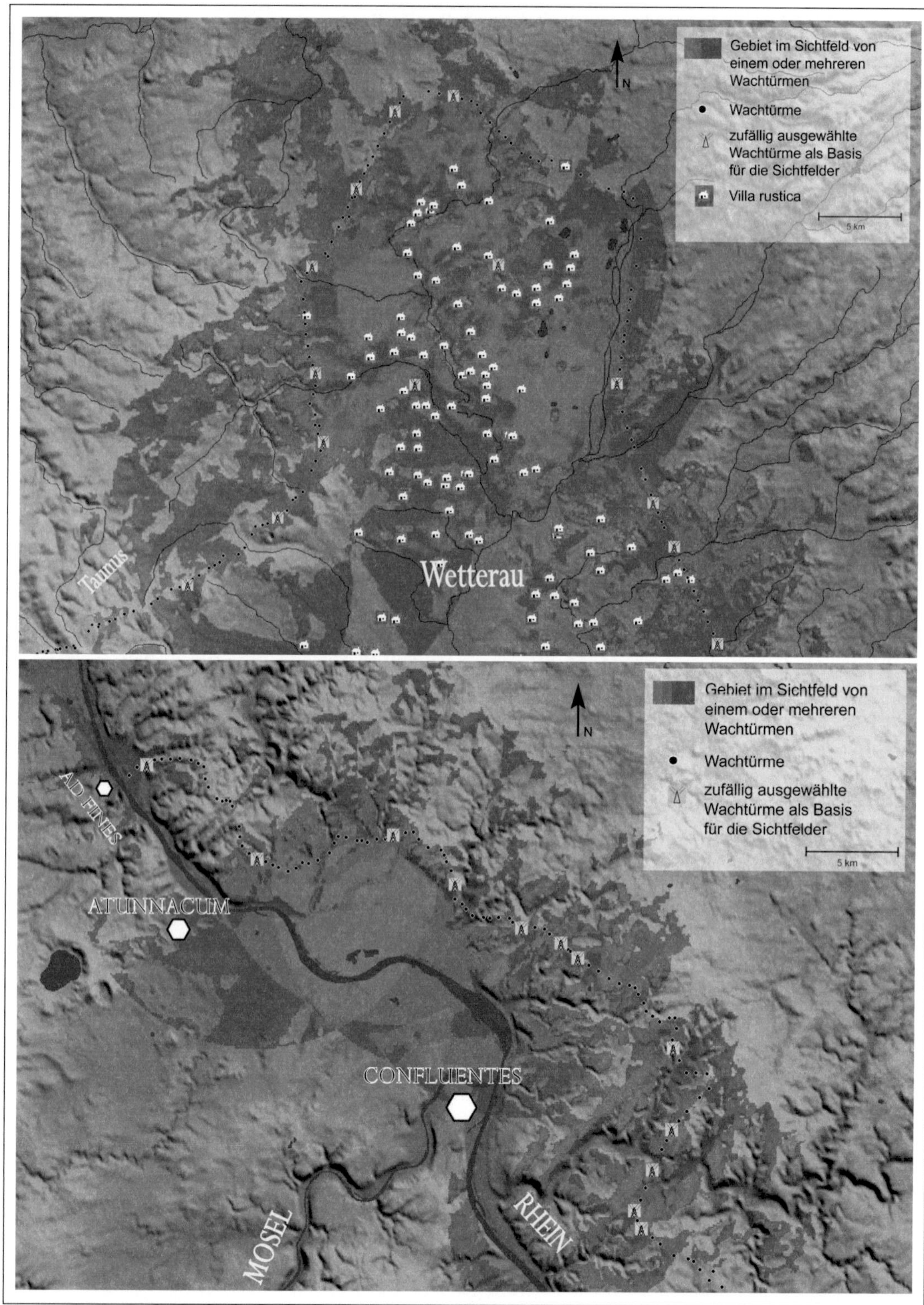

Abbildung 28: Sichtbarkeit der Wachttürme in der Wetterau und im Neuwieder Becken/Koblenz: 3D Topographie basierend auf SRTM Höhendaten, Daten des LDA Hessen Standorte der Wachttürme, Orte der villae rusticae (eigene Aufname/GIS Projekt). Angenommene Höhe der Türme 8-10 m, Augenhöhe des Betrachters 2 m über der Erdoberfläche, bei einer Sichtweite von 10 km. In Rot erscheinen die möglichen ‚Blickfächer', d. h. hier waren die Türme, bzw. deren Lichter/Signale direkt sichtbar. Kartographie W. Moschek

Hadrian konnte dort in diesem Jahr eine auf eine beachtliche Länge ausgebaute Palisade in der Wetterau erblicken. Die Vorbereitungen für die Errichtung einer mehrere Zehner-Kilometer langen Palisade aus Eichenstämmen haben wohl von den ersten Planungen bis zur Vollendung mehrere Jahre gedauert. Durch den Fund in Marköbel wird wahrscheinlich, dass das Zusammenfallen von Fälldatum der Bäume und Besuch des Kaisers in der Provinz kein Zufall war, sondern eine von langer Hand geplante Inspektion der Grenze in Obergermanien.

Aus der rein topographischen Analyse der Sichtbarkeit[1] der die Wetterau und das Neuwieder Beckens bei Koblenz umgebenden Wachttürme kann zweierlei abgeleitet werden. Einerseits kann durch die spätestens bei Nacht von Signalfackeln beleuchteten[2] und damit sichtbaren Türme ein Gefühl der Geborgenheit oder *securitas* bei der indigenen Bevölkerung im Inneren des Reiches erweckt werden. Die unter Traian begonnene Verlegung des Militärs an die Peripherie und die Umwandlung der Gebietskörperschaften unter zivile Verwaltung wird unter Hadrian fortgeführt. Dadurch verstärkt sich der Eindruck der friedlichen Umgestaltung dieses Raumes, obwohl die Präsenz von Angehörigen der Auxilia und Numeri sehr hoch gewesen sein muss.[3]

Bedeutend ist für die Erschaffung der neuen Grenze Obergermaniens, dass Hadrian die vorhandene Struktur des Grenzsaumes aufnahm und auf bzw. nahe bei den Überwachungs- und Kontrollschneisen und Kastellen und Wachttürmen ein durchgängiges Sperrwerk errichten ließ. Auf den vermutlich in vielen Bereichen zwischen den Türmen, Kastellen, Kleinkastellen oder Schanzen vorhandenen Schneisen entstand in den Jahren nach 119 n. Chr. zwischen Rhein, Main und Neckar ein durchgehendes Sperrwerk. Dabei kam es scheinbar nicht darauf an, dass es möglichst einheitlich aus einer Holzpalisade bestand, sondern – wie die z. T. unterschiedlichen Ausführungen der Sperrwerke zeigen[4] – auf die insgesamt abschließende Funktion auf dem Limes.

Das Beispiel Britannien

Übertroffen wurde die Palisade in ihrer Monumentalität nur noch durch die im Bau befindliche Mauer in Britannien. Als Hadrian 122 n. Chr. Britannien erreichte, [5] fand er sicherlich eine Großbaustelle vor. Laut Vermutungen von P. R. Hill[6] hatten ca. 30000 Menschen fast neun Jahre an dieser Mauer arbeiten müssen, um sie zu vollenden. Die Mauer des Hadrian birgt neben noch vielen ungelösten Fragen zur Planung und Ausführung, wie zum Beispiel die verschiedenen Anordnungen der Kastelle am Hadrianswall, dessen wechselnde Mauerdicke oder die primäre Ausführung des

[1] Die Sichtbarkeit der Wachttürme untereinander hat schon Wooliscroft (2000) für die Limites in Britannien und Teilen Germaniens untersucht und festgestellt. Für viele andere Strecken der Limites gilt eine zumindest immer wieder Streckenweise gute Sichtbarkeit der Wachttürme vom Reich aus. Wie die Wetterau und das Neuwieder Becken können sowohl in Tunesien, Algerien, Jordanien und Syrien die Sichtbarkeitsfächer wie gezeigt in vielen Regionen nachvollzogen werden.

[2] Wie sie auf der Traianssäule zu sehen sind

[3] Vgl. den Bericht über die Einsatzstärke der Kohorte am Hadrianswall der uns auf einer der Vindolandatäfelchen Nr. 154 der 1. Kohorte der Tungerer erhalten geblieben ist. Es ist abzulesen, dass sehr viele der Soldaten (von 752 waren nur 296 im Kastell, 337 in Coria im Hinterland) unterwegs waren, um für ihr tägliches Leben, als auch für die Versorgung der jeweiligen Einheit, Sorge zu tragen.

[4] Die Mauer zwischen Kleinkastell Zwing und WP11/34 im Odenwald, vgl. Schallmayer (1984) S. 99f., oder die Bruchsteinmauerreste zwischen WP 3/59 -WP 3/61 im Taunus, wo Steinmauern die z. T. zuvor vorhandene Palisade ersetzt haben. Vgl. Klee (1989) S. 77-80.

[5] Ob Hadrian wegen eines Aufstandes oder Feldzuges nach Britannien reiste ist nicht eindeutig in den Quelle zu belegen.

[6] Hill (2006) S. 175. Vgl. Auch Fields (2003) S. 29 mit einer Auflistung der geschätzten Mengen der Baumaterialien für den Hadrianswall.

Westteils in Torf und Holz, auch Einblick in die wechselnde Bauausführung. Hierbei verstärkt sich wiederum die Möglichkeit, dass nicht an die Ausführung der Mauer als Schutz oder Verteidigung gleich einer Kastellmauer gedacht wurde, sondern es vielmehr um das generelle Zeichen einer Abgrenzung ging.

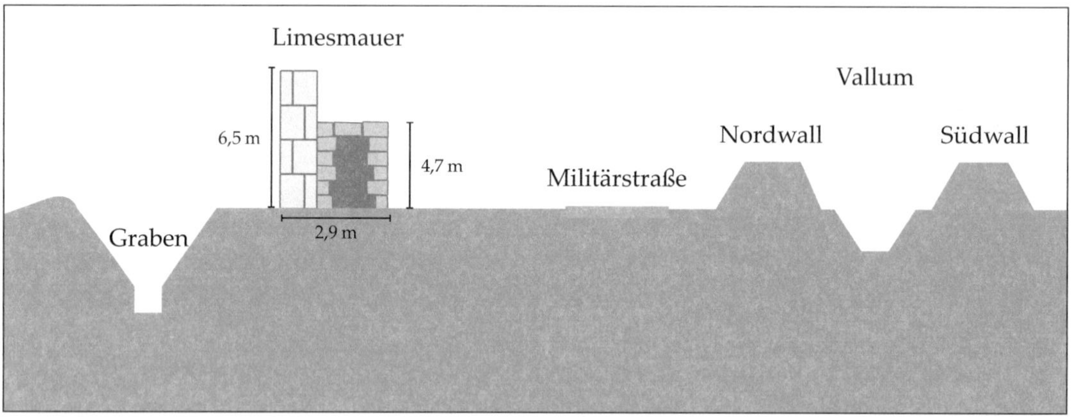

Abbildung 29: Schematischer Querschnitt des Hadrianswalls, Grafik: Moschek/Stein

Abbildung 30: Milecastle 39 des Hadrianswalles (Aufnahme W. Moschek).

Durch eine 1792 in der Kirchenmauer von Jarrow – südlich der Tynemündung, in der Nähe von Wallsend-Newcastle – gefundene, leider stark zerstörte Inschrift[1], kommt in der bisherigen Rekonstruktion etwas mehr zur Absicht des Mauerbaus

[1] CIL 7, 498 = RIB 1051.

hervor.[1] Vielleicht ist diese Inschrift im Rahmen einer *adlucutio*[2] während eines Truppenbesuches Hadrians 122 n. Chr. in das Bauwerk der Mauer – rekonstruiert mit [*vallum*][3] – zu Ehren des Kaisers integriert worden.[4] Die Notwendigkeit (*necissitate*), ein solches Werk zu errichten, wird nicht aus hauptsächlich militärischen Gründen der Abwehr der Barbaren, [5] sondern aus einer weiteren Notwendigkeit heraus erklärt. Hadrian trennte die Barbaren von den Römern mit Hilfe einer 80 römischen Meilen langen Mauer, die er aus göttlicher Vorhersehung, um das Reich in seiner territorialen Ausdehnung zu erhalten, erbauen ließ. Die Mauer ist nicht eine militärische Notwendigkeit, sondern ein Zeichen sakraler und patriarchischer Fürsorge für den Bestand des Imperium Romanum.

Dass es Hadrian bei dieser Mauer ebenso um den Gesamtbestand des Reiches geht, kann aus dieser kaiserlichen Inschrift und dem damit verbundenen Anspruch als Kaiser des Imperium Romanum geschossen werden. In der Tradition der kaiserlichen Fürsorge für die Bürger und Äcker des Reiches, in Vertretung des Willens der Götter wurde, quasi als Ziel allen römischen göttergerechten Handelns, diese Mauer gesetzt.

Die Gestaltung der Mauer mit weißem Verputz und rotem Fugenstrich, [6] wie bei vielen anderen militärischen und zivilen römischen Bauten, erhöhte die Sichtbarkeit enorm. Auch wenn man sich die Landschaft – im Vergleich zur Gegenwart – als stärker bewaldet vorstellen muss, wird der Anblick der von Horizont zu Horizont reichenden Mauer sehr beeindruckend gewesen sein.

Auch wenn der westliche Teil zuerst nur als Torf-, bzw. Grassodenmauer gebaut wurde und die Türme in Holz-Erde-Bauweise, [7] steht dies der Gesamtaussage dieses Sperrwerkes nicht im Wege: In Germanien und Britannien wird die Bedeutung des Walles gegen eine potentielle Gefahr von außen klarer als an verschiedenen anderen Abschnitten der Grenze des Imperium Romanum. Die Funktion solch geschlossener Sperrwerke, um Schmuggel oder kleine Raubzüge von „Räuberchen“ zu verhindern bzw. zu erschweren, stellt sich selbst in Frage, wenn man bedenkt, dass nicht nur an den bekannten Pässen und Wegen, sowie in der Nähe von Siedlungen außerhalb des Reiches diese Sperrwerke gezogen wurden.

Neben der Grenze zum Reich der Parther bestand der längste Landabschnitt der römischen Grenzen in Nordafrika. Nur kurz soll auf diese Gebiete und ihre Eigenarten bezüglich der Funktion als Grenze eingegangen werden.

Der Limes in Arabia, Africa proconsularis und Mauretania tingitana – Wälle und Kastelle gegen Wüstensand?

Die Okkupationsgeschichte dieses Raumes ist wie auch bei allen anderen geographischen Grenzräumen der römischen Expansion eine wichtige Grundlage für das Verständnis des Wechsels im Verhalten an diesen Grenzen. Der Raum des Maghreb, also des Mittelmeerküstengebietes Afrikas, ausgenommen Ägypten, der sich in der rö-

[1] Vgl. dazu den Text, Rekonstruktion und die Erörterungen zu dieser Inschrift auf S. 81.
[2] Huebner, E. im Kommentar zu CIL 7, 498. Siehe auch Mortensen (2004) S. 258, FN 61.
[3] Vgl. dazu die Inschrift auf dem Staffordshire Moorland Cup: „...*rigore val[l]i..*"
[4] Diese stark zerstörte und in vielen Teilen ergänzte Inschrift könnte jedoch von einer ähnlichen Ansprache wie dem in Lambesis stammen. Vgl. Birley (2003) S. 440 und Speidel (2006).
[5] Vgl. auch HA Hadr. 11, 2.
[6] Vgl. Crow (1991) S. 58f.
[7] Vgl. Breeze/Dobson (2000) S. 66.

mischen Kaiserzeit in die Provinzen Numidia bzw. Africa Proconsularis[1] und Cretae und Cyrenae[2] und Mauretania Tingitana/Caesarensis, [3] aufteilte, stellte nicht nur in seiner Geschichte, der Abfolge der Eroberung oder der ansteigenden Siedlungsdichte des Gebietes einen bemerkenswerten Raum dar.[4]

Die primären Faktoren für die Ausbildung der Grenze im Maghreb lagen von jeher im Naturraum, [5] der deutlicher als kaum anderswo im römischen Reich den Ort und die Entwicklung der Grenzen prägt.[6] Hier stoßen fruchtbare Ebenen getrennt von Bergrücken fast direkt an unwirkliche Salzpfannen und die größte Wüste der Erde, die Sahara. Trotz des in der Antike gemäßigteren Klimas in Nordafrika bildete der ‚Ozean aus Sand' damals wie heute eine der unwirtlichsten und menschenfeindlichsten Gegenden der Welt. Dieser scharfe naturräumliche Kontrast zeichnet den fruchtbaren und damit kultivierbaren Raum auf sehr deutliche Weise nach.[7]

Die Sahara, bzw. die klimatisch bedingte vorgelagerte 400 Millimeter Niederschlags-Isohypse, bildet eine natürliche Grenze des Ackerbaus und der festen Siedlungen. In den Gebieten, die zwischen 200 und 100 Millimeter Niederschlag im Jahr hatten, war noch extensive Weidewirtschaft möglich. Südlich dieses fruchtbaren 150-200 Kilometer breiten Streifens entlang der Mittelmeerküste, der durch Gebirgszüge wie den Aures aufgelockert nach Süden ausgreifen kann, fehlt das Wasser, um dauerhafte Bewirtschaftung zu ermöglichen.[8] Die z. T. heute noch auf Luftbildern[9] sichtbaren und weitläufigen Centurations-Systeme künden von einer intensiven und erfolgreichen römischen Landwirtschaft.[10] Wirtschaftsgüter waren der Getreide- und Fischreichtum, [11] die Olivenöl- und Weinherstellung, sowie der begehrte numidische Marmor.

Prägend für den Maghreb war der Unterschied zwischen Ackerbau und Steppe, bzw. Wüste und damit zwischen der sesshaften und nomadischen Bevölkerung. Während die sesshaften Bevölkerungsteile der fruchtbaren Küstenregion intensiv in die römische Kultur integriert wurden, war ein Teil der nicht in den Städten angesiedelten Urbevölkerung nomadisch geblieben und blieb die gesamte römische Herrschaftszeit hindurch ein Unsicherheitsfaktor. Wie jedoch in Inschriften nachzuweisen ist, [12] war z. B. der Handel mit den Garamanten, die nie zum Reich gehörten, ein Teil der wirtschaftlichen Tätigkeit in diesem Gebiet.

Große Teile der nordafrikanischen Küsten waren also schon lange vor den Römern ein intensiv besiedeltes und kultiviertes Gebiet. Dass jedoch innerhalb von wenigen Generationen eine regelrechte Stadtlandschaft entstand, die in ihrer Dichte und

[1] Seit 146 v. Chr.; Fushöller (1979) S. 29-49. Siehe dazu Bechert (1999) S. 83-88 und Whittaker (2000) S. 282 mit weiterer neuerer Literatur.

[2] 74/67 v. Chr.

[3] 40/42 n. Chr. mit den Zentren von *Iol Caesarea* und *Volubilis*.

[4] Siehe dazu Charles-Picard (1962) S. 42-77.

[5] Die Bedeutung der naturräumlichen Gegebenheiten für die Entwicklung dieser Region in römischer Zeit betont Fushöller (1979) ausdrücklich in seiner Arbeit.

[6] Vgl. Fushöller (1979) S. 30.

[7] Siehe z. B. Karte des Naturraumes Nordafrika mit 200 mm Niederschlags-Isohypse. Aus Whittaker (1994) S. 94.

[8] Charles-Picard (1962) S. 14.

[9] Siehe die Bilder bei Ruprechtsberger (1993) S. 40.

[10] Siehe dazu Karte Barrington Nr. 29-35.

[11] Man beachte allein die sehr häufige Wiederkehr des Themas Ozean, Fische und Fischfang in den wunderschönen und hochwertigen Mosaiken aus den Hafenstädten aus römischer Zeit, die sich heute z. B. in den örtlichen Museen bewundern lassen.

[12] Marchial (1979) S. 451 nennt das Beispiel eines Soldaten in *tripolitania* der *„cum Garamantibus"* zusammenarbeitet. Vgl. Whittaker (1994) S. 95.

Wirtschaftskraft führend im Reich war, ist eine kulturtechnische Meisterleistung der römischen Verwaltung.[1] So stark der Küstenstreifen romanisiert war, so stark war ebenso der Gegensatz zum großen Gebiet des ‚Nichts' der Sahara. Lediglich wenige kleine Stämme und Karawanen durchzogen diesen menschenfeindlichen Raum des größten Sandmeeres der Welt. Die wenigen Oasen am Wüstenrand waren die letzten Wasserstellen für z. T. hunderte Kilometer. Viele der Oasen und Handels- und Transhumanzwege waren schon früh von den Römern besetzt und ausgebaut worden.

Die seit Tiberius in Ammedara/Haidra stationierte Legio III Augusta[2] stellte die einzige große militärische Einheit in diesem dicht besiedelten Gebiet dar. Nach dem letzten Aufstand unter Tacfarinas[3] zwischen 17-24 n. Chr.[4] wurde es ruhig bzw. friedlich in den afrikanischen Provinzen Roms, so dass die Hauptbeschäftigung der Soldaten der Legion war im 1. Jahrhundert der Ausbau der Infrastruktur und die Landvermessung. Für Vespasian lässt sich daher die Bestätigung der *fossa regia* um 73/75 n. Chr. nachweisen, die als Demarkationslinie zwischen dem Köngreich Numidien und der römischen Provinz Africa Vetus wohl ab 46 v. Chr. als einfacher Graben gezogen wurde.[5] Erst unter Traian wurde dem Reich das Gebiet südlich des Aures-Gebirges einverleibt. Die Vermischung von einheimischer Bevölkerung und römischen Kolonisten vollzog sich schnell und resultierte im Heranwachsen einer stabilen Gesellschaft.[6] Unter Hadrian wurde auch für den Maghreb in seinem kulturellen und wirtschaftlichen Förderung der Städte der Grundstein gelegt, der es ermöglichen sollte, einen römischen Kaiser aus einer Stadt der afrikanischen Provinzen – Septimius Severus – hervorzubringen.

Diese prosperierende Provinz zwischen der Küste des Mittelmeeres und der Sahara erhielt seit der Regierungszeit Hadrians ein verstärktes System von *clausurae* und Gräben und Mauern.[7] Seit den Untersuchungen von J. Baradez ist das geographische Ausmaß des *„fossatum Africae"*[8] in großen Teilen bekannt und in den folgenden Jahrzehnten weiter erforscht worden, [9] jedoch blieb auch im nordafrikanischen Bereich des Reiches eine Klärung des Sinns des Limesausbaus unter Hadrian aus.

Vom Besuch der Legio III Augusta durch Hadrian im Juli 128 n. Chr., ist in einer in großen Teilen erhaltenen Inschrift ein besonders wichtiges Zeugnis für eine *„allocutio"* erhalten geblieben. Die Sorge des Princeps um die Disziplin und die Schlagfertigkeit des Heeres stehen als ein Grund für den Besuch. Zugleich stellt dieser Truppenbesuch mehr dar als nur eine Inspektion der militärischen Truppe. Es ist zugleich eine Ehrung durch den Besuch der jeweiligen Einheit als auch jedes einzelnen Soldaten, deren Patron der oberste Feldherr ist. In diesem Zusammenhang kann geschlossen werden, dass Hadrian auf seinen Reisen nahezu alle Legionslager besuchte. Wie ein solcher Besuch vonstatten ging, beschreibt die Inschrift aus Lambaesis, die weit über die zu erwartenden Exerzierübungen[10] hinausgehen.

[1] Vgl. Bechert (1999) S. 86.
[2] Die Legio III Augusta wechselte noch zweimal ihr Standlager: nach Theveste und später nach Lambesis.
[3] Mommsen nannte Tacfarinas den Arminius Nordafrikas: Mommsen (1856) S. 633.
[4] Tac. ann. 3, 74 zum Tacfarinas-Aufstand.
[5] Vgl. Klee (2006) S. 143f.
[6] Vgl. Cherry (1998) S. 223ff., Gutsfeld (1989), Freis (1980).
[7] Whittaker (1994) S. 79f.
[8] Baradez (1949).
[9] Siehe dazu Trousset (1974) zum Limes Tripolitanus in Libyen und Tunesien, sowie Euzennat (1989) zum Limes Tingitana. Älter: Fushöller (1979) und Charles-Picard (1962).
[10] Siehe dazu Veg. mil. 2, 23.

> *[...die Schanzarbeiten, die] andere [auf] mehrere Tage verteilten, habt ihr an einem Tag zu Ende geführt. Eine Mauer, die lange Arbeit erfordert und wie sie für dauerhafte Winterquartiere ausgeführt wird, habt ihr in einer nicht längeren Zeit erbaut, als (eine Mauer) aus Rasenstücken erbaut wird. Diese Rasenstücke werden in gleicher Größe ausgestochen, lassen sich leicht transportieren und handhaben und ohne Verdruss aufeinander schichten, da sie ihrer Natur nach weich und eben sind; ihr aber (habt die Mauer) mit großen schweren und ungleichmäßigen Steinen (erbaut), die niemand transportieren, hochheben oder versetzen kann, ohne dass sich dabei Ungleichmäßigkeiten unter ihnen einstellen. Einen Graben durch harten rauen Kies habt ihr gerade ausgeworfen und ihn eben gemacht, indem ihr ihn durch Abhacken geglättet habt.*[1]

Die Verbindung zum Wall am anderen Ende des Imperiums[2] tritt in der Erwähnung der Mauer in den Blick. Die Beschreibung des Baus einer Befestigungsanlage, die einen Winterlager gleichkommt, ist zuerst einmal nicht verwunderlich, da solche Schanzarbeiten auch zum täglichen Geschäft der Soldaten auf einem Marsch gehören konnten. Es verwundert jedoch, wie ausführlich dieser Bau beschrieben wird und vor allem überrascht, dass eine Grassoden-Mauer, wie sie in Afrika nicht üblich gewesen sein wird, in der Inschrift erwähnt und beschrieben wird. Wälle aus Torf und Grassodenstücken sind aber im Britannien dieser Zeit gebaut worden. Der westliche Teil der Hadrianswalls ist in dieser Technik errichtet worden, genauso wie der später weiter nördlich errichtete Wall des Antoninus Pius. Zusammen mit den in der Inschrift erwähnten Gräben ergibt sich die exakte Beschreibung der Wälle in Britannien. Hinzu kommt, dass dieses Wälle und Gräbenziehen Teil des Präsentation der Einheit vor dem obersten Heerführer, dem Kaiser, diente.

Die Inschriften von Lambaesis und Jarrow können mit dem Bau der Palisaden in Obergermanien als ein Phänomen zusammengefasst werden: Es werden Mauern und Palisaden zum Besuch/Inspektion/Adluctio des Kaisers Hadrian von den Militärs der jeweiligen Provinz erbaut. Alle Bauwerke erfüllen nicht den Zweck einer effektiven Wehrmauer[3], sondern trennen *nur* das Barbarische vom Römischen. Diese Trennung der Welt findet an den Grenzen, die nicht Flüsse oder der *océanos* waren, durch sichtbare Bauwerke statt. Die Palisade in Germanien, die Mauer in Britannien, die Türme, Gräben und Mauern in Nordafrika und dem Nahen Osten: Alles Bauwerke, die in ihrer Landschaft offen sichtbar den Zweck einer kulturellen Markierung vollziehen. Verstärkt durch die topographische Lage und die Betonung durch den Anstrich in Weiß und mit rotem Fugenstrich, wird an den Enden des Imperiums die *maiestas* des Reiches demonstriert.

Hinzu kommt, dass die Mauern und Palisaden häufig topographisch so lagen, dass sie von vielen Stellen im Innern des Reiches aus besser zu sehen waren, als des Öfte-

[1] CIL 8, 2532: „*(...) uis ipsis in [//]tationis [munitiones quas] alii [per] / plures dies divisis[sent e]as uno die peregistis murum lo[ngi] / operis et qualis mansuris hibernaculis fieri solet non [mul]/to diutius exstrucxistis(!) quam caespite exstruitur qui m[o]/dulo pari caesus et vehitur facile et tractatur et sine mo[les]/tia struitur ut mollis et planus pro natura sua vos lapi[dibus] / grandibus gravibus inaequalibus quos neque vehere n[e]/que attollere neque locare quis possit nisi ut inaequa[lita]/tes inter se conpareant fossam glaria duram scabram[que] / recte percussistis et radendo levem reddidistis (...)*“ Übersetzung Freis (1994). Jüngst zur Ansprache des Hadrian auch Speidel (2006) S. 10.

[2] Birley (2000) S. 142f.

[3] Auch die Mauern in Britannien war keine effektive Wehrmauern. Vgl. Coollingwood (1921). Auch wenn an Teilen vor der Mauer kleine Wehrgräben und Fallgruben gefunden wurden. Birley (2006) S. 44f. Vgl. Bidwell (2004) S. 109-113. So sind aber die Zeitstellung dieser Gräben nicht genau bekannt und könnten daher aus späterer Zeit stammen.

ren von Außen; von dort aus waren sie oft nicht weit sichtbar.[1] Dies war sicherlich nicht auf taktische Überlegungen zurückzuführen, sondern vielmehr auf die Prämisse, dass die Bauwerke nach innen wirken sollten.

Noch einmal: Die Gefahren, die von Außen auf die Bauwerke einströmten, waren gering und mit bei weitem geringerem Aufwand zu bewältigen. Das System der Grenzorganisation unter Traian hatte gezeigt, wie effektiv und schlagfertig die Grenzen strukturiert sei konnten, um die sensiblen Bereiche der Provinzen (z. B. größere Städte) zu schützen. Die Besetzung der Wasserstellen und Wanderungskreuzungen der Nomaden in Nordafrika hätte völlig ausgereicht, um im Vorfeld der Siedlungs- und Landwirtschaftsgebiete einen sicheren Cordon um die Siedlungs- und Bewirtschaftungszone herzustellen. Neben den für die Infrastruktur wichtigen Straßen wurden jedoch zusätzlich lange Gräben in die Steppe gezogen. In der kargen und nahezu vegetationslosen Steppe am Rande der Wüste treten künstliche Bauwerke und Strukturen viel stärker hervor als im dichten Wald Dakiens oder Germaniens. Eine Straße oder ein Graben, der in dieser Gegend permanent sichtbar ist, erscheint wie ein Fremdkörper in einem Gebiet, in dem Verwitterung und Sand normalerweise alles in kurzer Zeit schleifen und sich zu eigen machen. Die Gräben hatten im Laufe der Jahre mehr mit Versandung zu kämpfen als mit angreifenden Nomaden.

Was aber jedem Menschen beim Anblick dieser Bauwerke klar wird, ist die grundlegende Botschaft: An dieser Linie beginnt ein besonderer Bereich, etwas anderes als ein ausschließlich von der Natur geprägter, wilder Raum. Ohne diese Linie zu übersehen kann man das Reich nicht betreten, zu deutlich ist die Markierung in der kargen Landschaft. Die gewohnten und traditionell von den Nomaden genutzten Wege, nahezu alle Zugänge zum Reich werden von Türmen und Toren geprägt, die wiederum das Bild des bewussten Durchganges und kontrollierten Einlasses markant zeichnen. Jedem Nomaden wäre es möglich gewesen, diese Sperren zu umgehen oder unbemerkt zu überqueren, jedoch war er sich dann eines solchen Handelns und der Tatsache bewusst, dass er ein Unrecht beging, wenn er diese Markierung bzw. Hindernis nicht auf die vorgesehene Art und Weise überschritt.[2]

Das Beispiel der *clausurae* und *fossae* in Nordafrika lassen die Bedeutung der Bauwerke als Monument klar hervortreten. Die militärische Funktionalität tritt in den Hintergrund, [3] da die symbolische Aussage des sichtbaren Gebietsabschlusses in den Vordergrund rückt. Dort, wo natürliche Hindernisse den Charakter der Grenze bestätigen, finden sich eindeutige Hinweise auf eine durch künstliche Bauwerke verstärkte Funktion als Grenze des römischen Reiches.

6.7 Zusammenfassung

Das Herrscherbild Hadrians weicht in den letzten Jahren der Forschung mehr und mehr von der betonten Griechenfreundlichkeit, bzw. der Betonung der ‚Graeculus-Komponete' als negativem Beispiel römischer Herrschaft ab.[4] Hadrian war und musste ein Princeps sein, der es verstand, sein Principat mittels Konsens in der Art eines

---

[1] Abgesehen davon war eine wichtige Bedingung, dass die Türme streckenweise untereinander Sichtkontakt hatten. Vgl. Baatz (2007) S. 14ff. und Wooliscroft (2000) der den Limes generell als Signallinie interpretiert.

[2] Vgl. dazu die Erörterungen zur Lebenswelt, Mensch und Raum im Kapitel 4.

[3] Whittaker (1994) S. 82f.

[4] Dazu zuletzt sehr deutlich Opper (2008) und Vout (2003) S. 442-445.

Römers zu führen. Ohne diese Konsensfähigkeit wäre Hadrian lediglich die Wahl der Gewaltherrschaft geblieben, um an der Macht zu bleiben. Seine Fähigkeit, mit den größten und wichtigsten Gruppen des Reiches in Verbindung zu treten und diese Menschen zu seiner *clientela* zu machen, war eine der herausragensten Leistungen seiner Herrschaft.

Man kann davon ausgehen, dass Hadrian fast jede Legion des Reiches persönlich besuchte.[1] Nicht nur den im Kampf befindlichen Armeen wurde die Präsenz des Imperators zuteil, sondern im gleichen Maße konnte die in den Standlagern trainierenden Legionen sich der Ehre eines Besuches sicher sein. Das Band zwischen Hadrian und den Soldaten seiner Zeit wurde von ihm nicht nur auf der reinen militärischen Ebene von ‚Zucht und Ordnung'[2] gepflegt, sondern gleichsam zeigt sich die Sorge um die Religion der Soldaten, ein darüber hinaus gehendes wichtiges Element der Bindung an den Kaiser und das Reich.

Die bei den hadrianischen Münzbildern nachvollziehbare und bewusste Integration der Provinzen als zunehmend bedeutender Teil des römischen Reiches, folgt dem wirtschaftlichen und kulturellen Trend seit Gründung des Principats: Die ständig steigende Zahl an Senatoren mit provinzialer Abstammung, der Aufstieg der Ritter aus allen Teilen des Reiches in die Reichselite, die stetig wachsende Infrastruktur in den ehemals ‚barbarischen' Provinzen, die Gründung und das Wachsen der Städte als Motoren und Indikatoren des wirtschaftlichen Wachstums der Regionen sind Merkmale einer Entwicklung, der Hadrian offener als alle anderen Kaiser vor ihm Rechnung trägt.[3] Offener deshalb, weil Hadrian anscheinend anerkennt und danach handelt, dass die unter Traian erneut aufgenommene Expansion Roms nicht ohne grundlegende Veränderungen endlos weitergehen konnten.

Die sakrale Bindung der Städte durch den Kaiserkult an den Princeps war nicht ausschließlich als persönliche Bindung an den Kaiser gedacht, [4] sondern vielmehr als Bestreben, den östlichen Teil des Reiches über die Person des Kaisers an Rom und das gesamte Reich zu binden.[5] Die Einrichtung des Panhelleinion brachte die Einbindung der lokalen Honoratioren[6] und lokalen Eliten auf überregionale, ja nahezu reichsgleiche Ebene.[7]

In Athen gestaltete Hadrian mit seiner Baupolitik das geistige Zentrum des griechischen Ostens. Um beide Reichsteile zu einem Gesamtkörper zusammen zu bringen war es nötig, den 'griechischen' Osten nicht nur zu verstehen und zu beachten, sondern noch mehr aufzuwerten und seine Traditionen und Fähigkeiten für das gesamte römische Imperium nutzbar zu machen. Die Städtepolitik Hadrians ist besonders im Osten des Reiches als Anstoß zu einem Synergieeffekt zu sehen, der sich im Eifer der Städte, sich untereinander zu übertreffen, ausgestaltete. Bezüglich der Stärkung der Städte des Ostens mit Hilfe erweiterter Bürgerrechte muss sich Hadrian den Titel des „Graeculus" mit Traian teilen.[8] Auch Traians Anliegen war es, diese Städte zu

[1] Cass. Dio 69, 9, 1.

[2] Vgl. Cass. Dio 69, 5, 2 und 69, 9, 4. Vgl. Birley (2006) S. 42.

[3] Zum Wandel des Eigenverständnisses des römischen Staates zwischen Traian und Hadrian siehe Millar (1977) S. 18.

[4] Zu einer Verehrung des römischen Herrschers im hellenistischen Osten, kam ab 195 v. Chr. die Verehrung der Dea Roma. Siehe Mellor (1981) Sp. 960ff.

[5] Vgl. Thornton (1978) S. 457/458; Mortensen (2004) S. 236f.

[6] Willers (1990) S. 98.

[7] Oliver (1970) S. 136f.

[8] Vgl. Sherwin-White (1973) S. 262.

einer neuen Blüte zu führen und nicht ihr Geld in überdimensionierte Fehlplanungen von Prunkbauten und Versorgungsanlagen zu stecken.[1] Die erwirtschafteten Überschüsse waren jedoch im Gegensatz zu Hadrian von Traian unter Anderem in großen Teilen zur Finanzierung militärische Unternehmungen im Osten verwendet worden. Strategisch war die Stärkung der Städte und der Ausbau der Straßen eine der wichtigsten Aktionen im Vorfeld größerer Feldzüge. Der Dakienfeldzug mit den Straßen an der Donau, der Feldzug gegen Nabatäer mit dem Bau der Via Nova Traiana und auch der Ausbau des ‚Stanegate' im Norden Britanniens brachten auch der zivilen Infrastruktur nachhaltige Vorteile, jedoch war das Primärziel Traians, ein effektives militärisches Rückgrat für das Reich zu schaffen.

Hadrian setzt – nicht nur, aber dennoch besonders – das für die Stadt Rom schon seit dem Ende der Republik bekannte Symbol der *urbs* Rom als compendium totius mundi[2] um. Wieder wird die Stadt Rom Vorbild für den gesamten Erdkreis: Mauern und Palisaden begrenzen den besonderen Raum der römischen Lebensweise, ihrer Herrschaft und ihrer Götter.

Bauten wie das Traians-Forum, die mit der Beute aus den Dakerkriegen finanziert wurden, stellen ebenso einen in naher Zukunft nicht zu übertreffenden Höhepunkt in der Geschichte Roms dar. Ebenso waren die von Traian begonnene infrastrukturellen Maßnahmen an allen Enden des Reiches Grundlage für zukünftigen wirtschaftlichen Ausbau. Die *via nova Traiana* im heutigen Syrien und Jordanien, die Straßen im Atlas-Gebirge in Marokko und Algerien und die Mauer bei Sala sowie die Stanegatelinie in Britannien weisen auf eine ausgefeilte Romaniserungspolitik Traians hin. Hadrian setzte bei der Fortsetzung dieser Maßnahmen seine eigenen Akzente in eine andere Richtung und unter eine andere Prämisse. Die innere Stärkung und Zusammenführung des Reiches unter römischer Ägide durch Kultur- und Wirtschaftspolitik waren für Hadrian nachhaltige Instrumente der Herrschaft.

Der Wert und die Notwendigkeit der militärischen Vorbereitung und Disziplin zur Wahrung des Friedens im Innern sowie zu den Nachbarn, waren Hadrian durchaus bewusst. Seine Sorge um die Armee zeigt, dass sich Hadrian seine in 10jähriger Dienstzeit gesammelten Erfahrungen zu Nutze machte, um die Soldaten nicht nur mit Geldgeschenken, Manövern oder Beschäftigungstherapien bei Laune zu halten. Die Schwierigkeiten, die Antoninius Pius damit hatte, Hadrian zu einem Gott erklären zu lassen, [3] zeigen, dass die Vision Hadrians nicht nur bei großen Teilen von Senat und Volk Roms unverstanden blieb, sondern vielmehr sogar eine Aversion gegen die Person – und damit die Politik des „*Graeculus*" schürte. Sucht man nach den Gründen für diese Haltung gegenüber der Leistung Hadrians, wird man schnell fündig: Die problematische Machtübernahme, die freiwillige Verkleinerung des Reiches und der offensichtlichen Abkehr von der Expansion des römischen Reiches, Hadrians häufige Abwesenheit von Rom und die Gleichstellung der Provinzen mit dem italischen Kernland.

Dies alles musste die traditionellen Kräfte des Reiches gegen Hadrian aufbringen. Besonders vor dem Hintergrund des „optimus princeps" Traian mussten die o. g. Taten Hadrians als deutlicher Bruch mit der sich über Jahrhunderte entwickelte Tradition des Strebens nach der Weltherrschaft ausgeben.

[1] Wie man an den Aufgaben und Problemen des Plinius in Bithinien und Pontus erkennen kann: siehe dazu Plin. ep. 10.
[2] Vgl. dazu Brodersen (2003) S. 253. Beispiele bei Gernentz (1918) S. 49f.
[3] Siehe unter anderem Clauss (1999) S. 141. HA Hadr. 27, 1-2.

Diese Weltherrschaft war u. a. nur möglich geworden, da sich im römischen Verständnis außerhalb des Machtbereiches von Senat und Volk von Rom nichts befand, was als Kultur verstanden werden konnte.[1] Die Ignoranz gegenüber dem ‚Außen' machte feste, sichtbare Grenzen auf Reichsebene zu einem fundamentalen Widerspruch zum Weltherrschaftsanspruch der römischen Kultur.

Aus einem grundlegenden Selbstverständnis heraus brauchte das Reich sich nicht vor den Barbaren zu fürchten oder hinter Mauern zu verstecken. Wie Appian es in seiner römischen Geschichte nachvollzieht: bevor die Völker nicht in das Reich eingegliedert worden sind, waren sie völlig uninteressant. Das wirkt sich nicht nur auf das römische geographische Weltbild aus, das sehr selektiv, trotz besseren geographischen Wissens, nur die römische Welt im Auge hat. Die geographisch existierende Welt hat sich aus römischer Sicht dem römischen ideologischen Weltbild unterzuordnen.

Das was bleibt ...

Als Hadrian am 10. Juli 138 n. Chr. in Baiae starb, [2] ließ er eine Stadt Rom hinter sich, in der er, mehr als viele seiner Vorgänger, seine Spuren hinterlassen hatte. Gewichtiger als der größte stadtrömische Tempel der Venus und Roma, komplexer als ein einfacher Rückbezug auf Augustus und umwerfend neuer als das Pantheon waren die mit seinen Bauwerken verknüpften politischen und kulturellen Intentionen, die allesamt auf einen Paradigmenwechsel im römischen Reich hindeuten: Das Reich fand Einzug in die Stadt Rom und Rom ging auf neue Weise in seinem Reich auf. Der Bezug des gesamten Reiches zur Stadt Rom war mit der Sakral-, Wirtschafts- und Kulturpolitik Hadrians überdeutlich geworden und stärkte damit auch die Position des Princeps. In seiner Person lässt sich damit ein Konzept der inneren Kohärenz für das *Imperium Romanum* in Reich und Stadt vereinigen. Besonders deutlich wird der Wandel im Reichsverständnis vor der Politik seines Vorgängers Traian am Umgang mit den Grenzen, sowie der Stärkung der Provinzen.

Wäre der Limes des Hadrian nur eine geistreiche, aber in der Praxis völlig wirkungslose Einrichtung eines ‚graecophilen' und wirklichkeitsfremden Kaisers gewesen, hätten die Bauwerke auf den Schneisen nicht lange Bestand gehabt. Keiner der folgenden Kaiser hätte die Mauern und Palisaden gepflegt oder gar erneuert, wenn sie nicht einen tieferen Sinn gehabt hätten. Die Kriege ab den 160er Jahren forderten eine effektive und schlagkräftige Armee, ohne scheinbar sinnlose „Arbeits-Beschaffungs-Maßnahmen"[3] und Verschwendung von Material und Menschenkraft. So war es für seinen Nachfolger Antoninus Pius schwer gewesen, dem verstorbenen Hadrian die Göttlichkeit zu Ehren kommen zu lassen, jedoch war es anscheinend ein Leichtes, die Palisaden und Mauern beizubehalten, ja sogar auszubauen und später gar völlig neu zu errichten. Die Effekte, die diese Bauwerke hervorrufen sollten, schienen bei den Betroffenen angekommen und akzeptiert worden zu sein und zwar so deutlich und effektiv, dass es auch in den kommenden Jahrzehnten bis hin zur Regierungszeit von Caracalla nicht nur zu notdürftigen Ausbesserungen der Wälle und Palisaden kam, sondern vielmehr zu Neubauten und Verbesserungen der linearen Grenzmarkierungen. Die Idee hinter den von Hadrian initiierten Bauwerken schien den nachfolgen-

[1] Bleicken (1978) S. 219-234 mit grundlegenden Erörterung der Struktur der römischen Außenpolitik.
[2] HA Hadr. 25, 6.
[3] Mann (1974) S. 523.

den Generationen so wichtig und effektiv, dass sie selbst unter ungünstigeren politischen und wirtschaftlichen Bedingungen als Hadrian sie vorfand, diese finanziellen und organisatorischen Anstrengungen an den Grenzen nicht scheuten. Im Folgenden soll die Entwicklung der Limites in den Regierungsjahren von Antoninus Pius und Caracalla nachvollzogen und in das Muster von Raum, Religion und Recht der Römer eingebettet werden.

Offensichtlich konnte Hadrian den Erfolg seiner Handlungen nicht mehr selbst sehen. Die Probleme, die Antoninus Pius hatte, Hadrian zu einem Gott erklären zu lassen, zeigen, dass die Vision Hadrians für das Volk und das Reich der Römer nicht nur bei großen Teilen von Senat und Volk Roms zur Lebzeiten Hadrians noch unverstanden blieb, sondern vielmehr sogar in eine Aversion gegen die Person des Kaisers – und damit die Politik des „*Graeculus*" umschlug. Sucht man nach den Gründen für diese Haltung gegenüber der Leistung Hadrians wird man schnell fündig. Viele dieser Punkte sprechen gegen das traditionelle römische Bild eines Princeps und *pater patriae*, der sich in der von Vergil formulierten Ideologie nur um die Suprematie des römischen Volkes in der Welt bemüht. Besonders vor dem Hintergrund des „*optimus princeps*" Traian mussten sich die o. g. Taten Hadrians als ein Paradigmenwandel, mit der sich über Jahrhunderte entwickelten Tradition des Strebens nach der Weltherrschaft ausnehmen. Diese Weltherrschaft war u. a. nur möglich geworden, weil sich im römischen Verständnis außerhalb des Machtbereiches von Senat und Volk von Rom nichts befand, was als Kultur oder als souveränes Staatengebilde verstanden werden konnte.[1] Die Ignoranz gegenüber dem 'Außen' machte feste, sichtbare Grenzen auf Reichsebene zu einem fundamentalen Widerspruch zum Weltherrschaftsanspruch der römischen Kultur. Aus einem grundlegenden Selbstverständnis heraus braucht das Reich sich nicht vor den Barbaren zu fürchten oder hinter Mauern zu verstecken. Wie es der Grieche Appian in seiner römischen Geschichte nachvollzieht: Bevor die Völker nicht in das Reich eingegliedert worden waren, galten sie aus römischer Sicht als fast völlig uninteressant. Das wirkte sich nicht nur auf das römische geographische Weltbild aus, das sehr selektiv, trotz besseren Wissens, nur die römische Welt im Auge hatte.[2] Die geographisch existierende Welt hat sich aus römischer Sicht dem römischen Weltbild unterzuordnen. Bestes Beispiel sind die Erörterungen des älteren Plinius zur Gestalt der Erde und der Ausdehnung Roms in der Welt, die per Eigendefinition letztlich römisch ist.[3] Ebenso spricht die sprachlich-semantische Entwicklung des Begriff *orbis Romanus*[4] für die sich entwickelnde Sichtweise der römischen Gesellschaft als einziger wichtiger Kulturträger der bewohnten Welt, so dass z. B. Tacitus *orbis noster* im sinne von *orbis terrarum* benutzt.[5] Der Erfolg der Ausbreitung des römischen Reiches bestätigte die Überlegenheit der Römer gegenüber vielen anderen Kulturen.

Doch mit der Schaffung der sichtbaren Grenze entstand ein Bauwerk, das es laut römischer Weltherrschafts-Ideologie gar nicht geben durfte: Eine Mauer, eine Palisade am Ende des Reiches bedeutete ein sichtbares negativ konnotiertes Eingeständnis in vielerlei Hinsicht. Es war ein Zeichen der Schwäche, die Expansion nicht weiter vorantreiben zu können, ein sichtbares Zugeständnis, dass es eine Außenwelt gab,

[1] Bleicken (1978) S. 219-234 mit einer immer noch gültigen Erörterung der Struktur der römischen Außenpolitik.
[2] Siehe dazu Pomponius Melas Werk.
[3] Vgl. dazu Plin. nat. hist. 3, 39ff; 36, 118. Dazu Vogt (1929) S. 193f. und Kaerst (1903) S. 26.
[4] Vogt (1929) Orbis Romanus. Passim.
[5] Tac. Agr. 12 und Tac. Ger. 2.

die von der eigenen Welt zu trennen war. Das Innehalten der Expansion wäre nicht problematisch gewesen, denn es gab in der römischen Kaiserzeit vor Hadrian Zeiten der Nicht-Expansion, [1] kritischer war die bewusste, bauliche Eigenbegrenzung des Reiches.

Bemerkenswert ist in diesem Zusammenhang, dass Hadrian in seinem langen Prinzipat zwei imperatorische Akklamationen erhielt.[2] Seine Zeit war auch eine Zeit der militärischen Auseinandersetzung, wie der Bar-Kochbar-Aufstand zeigt. Jedoch handelt es sich scheinbar um ‚bestandssichernde Maßnahmen' und um eine bewusste Zeichensetzung des militärisch erfahrenen Hadrian gegenüber potentiellen Aufständischen im Reich. Dass Hadrian seine Soldaten nicht außer Acht ließ und für ihr Wohl in Sachen Versorgung, Religion und militärischen und handwerklichen Belangen Sorge trug, zeigen seine Handlungen deutlich.

Die Inschriften der Bauabteilungen am Hadrian's Wall künden zwar zumeist eher von einem handwerklichen Pragmatismus als von kunstreichen Darstellungen des Sieges über Barbaren, wie später am Antoninus Pius Wall in Schottland, was auf eine erst zögerliche Identifizierung der Soldaten mit dem Wall schließen lässt. Immerhin scheint sich mit den ‚Souvenirs' der Schalen (Staffordshire Moorland Patera, Amiens-Patera und Rugde Cup, siehe Kapitel Quellen) vom Hadrianswall zu zeigen, dass die Haltung der Soldaten hinsichtlich des Hadrianswalls hin zu Stolz und Ehrfurcht gewandelt hat.

Die wirtschaftlich und gesellschaftlich positiven Effekte, generiert aus der gestärkten Innenpolitik und Wirtschaft, ermöglichten es Antoninus Pius, nicht nur ohne die Reisen das Reich ohne größere Aufstände zu regieren, sondern er konnte den Makel der festen, sichtbaren, aber der Ideologie eines grenzenlosen Reiches nicht vereinbaren Mauer, mit den Vorteilen der festen Reichsgrenze kombinieren. Dass es eine Diskussion um den Bestand der Palisaden gegeben hat, macht die Erwähnung und damit die Einmischung in die Frage nach dem Sinn dieser Grenze in der Festrede des Aelius Aristides durchaus wahrscheinlich.[3] Dadurch, dass er dem Reich durch den Neubau von Mauern in z.T. monumentaler Weise zeigte, dass diese Mauer keineswegs das endgültige Ende der Expansion war, fügte Antoninus die positiven Erträge dieses Bauwerkes zusammen. Mit dem Ausbau bzw. Neubau der Limites vollendete Pius die Synthese der Limites mit der Ideologie des *„imperium sine fine"* und der *mos maiores*, zusammen mit den wirtschaftlichen, kleinräumlich militärischen, Vorteilen in Verknüpfung mit der weit reichenden identitätsstiftenden Funktion dieses Bauwerkes für die Bevölkerung in seiner Nähe.

Bedeutend für die folgende Erörterung der Jahre des 2. Jahrhunderts zwischen Hadrian und Caracalla ist die Rezeption der Reichspolitik durch griechische Gelehrte. Suchte Polybios im 2. Jahrhundert vor der Zeitenwende noch nach den Gründen für den schnellen Aufstieg und Erfolg, sowie den Unterschieden zu den Römern, war es den im griechisch geprägten Kulturraum des Reiches aufgewachsenen Menschen scheinbar klar geworden: Die Macht und die Kraft des Wohlstands, den die römische Verwaltung und das Weltreich mit sich brachten, kosteten die Städte in Kleinasien – die es konnten – voll aus. Wie prägend besonders für den griechischen Osten die Möglichkeiten waren, im Reich Einfluss nicht nur durch wirtschaftliche und poli-

[1] So ließ Tiberius von der Eroberung ganz Germaniens ab.
[2] Antoninus Pius erhielt ebenso nur zwei Akklamationen. Siehe Kienast (1996) S. 130 und S. 135.
[3] Auch Klein (1981) S. 86.

tische Macht zu erlagen, sondern ebenso durch Philosophie, Kunst und Wissen zu gewinnen, zeigt die unter Hadrian neu initiierte politische und kulturelle Belebung Athens als Zentrum des griechischen Ostens des römischen Reiches. Die zunehmende Zahl an Senatoren aus Griechenland und den anderen Provinzen war ein seit Augustus fortschreitender Prozess und begleitet die zunehmende Nivellierung der Macht- und Kulturverhältnisse von Rom und seinen Provinzen.

Hadrians Bemühungen – wenn nicht eine innere kulturelle und mentale Einheit, dann doch zumindest viele gemeinsame kulturelle Fixpunkte zu schaffen, bilden sich in seiner Sicht auf die Gestaltung der Grenzen des Reiches ab. Wie aus dem ‚Teatro Marittimo' ersichtlich, war das idealisierte Weltbild der vom Ozean umflossenen Oikomene in seiner Villa präsent. Die rituelle Handlung der Bestätigung des *pomerium* der Stadt Rom, seine Reisen, die unter anderem als *ambulatio* oder auch als Besuch der Ländereien des pater familias interpretiert werden können, sowie seine Bemühungen, in Rom und Athen neue Zentren der gemeinsamen Identität über innere Gemeinsamkeiten zu schaffen. Es scheint der Versuch Hadrians deutlich zu werden, durch Handlungen im Kleinraum der Stadt Rom Prozesse und Vorhaben im Großraum des Imperium Romanum deutlich zu machen.[1]

In der Peripherie des Reiches scheint Hadrian über die Polarisierung in ‚Wir-Römer' und die jenseits des Limes gleich ‚Nicht-Römer', eine Definition der Einheit des Reiches hergestellt zu haben. Neben der nun eindeutig sichtbaren Möglichkeit, sich mit einer Palisade oder Mauer als zum Imperium Romanum gehörig bestimmen zu können, gab die Anlage des Limes durch seine Monumentalität den Eindruck einer überwältigenden militärischen und kulturellen Überlegenheit, die in einer ‚maiestas imperii' zu fassen ist. Die von Hadrian propagierten Schlagworte *securitas, tranquillitas* und *stabilitas* lassen sich ohne weitere Mühen mit dem Gefühl der Geborgenheit in einem Haus, einer umfriedeten Villa, einer ummauerten Stadt oder einem von einem Sperrwerk umgebenen Reich verbinden.

[1] Vgl. dazu Brodersen (2003) S. 252.

7 Zwischen Hadrian und Caracalla: Die Festigung der „Limes-Idee“

In diesem Kapitel soll im ersten Teil kurz dargelegt werden, wie sich die Idee der Limites festigte und dass die damit verbundenen Prinzipien der inneren Strukturierung und Festigung auch in den kommenden Jahrzehnten, die sich außenpolitisch sehr von den Jahren Hadrians unterschieden, die Limites weiterhin tragbar sein ließen.

Im zweiten Teil dies Kapitels soll die gestiegene Bedeutung der Tore in den Wällen und Mauern die Verbindungen zu den möglichen mentalen Dispositionen des Limes darlegen. An verschiedenen Beispielen sollen sich die bisher festgestellten möglichen Absichten und Sichtweisen zu diesen Grenzen wiederum nachvollziehen lassen.

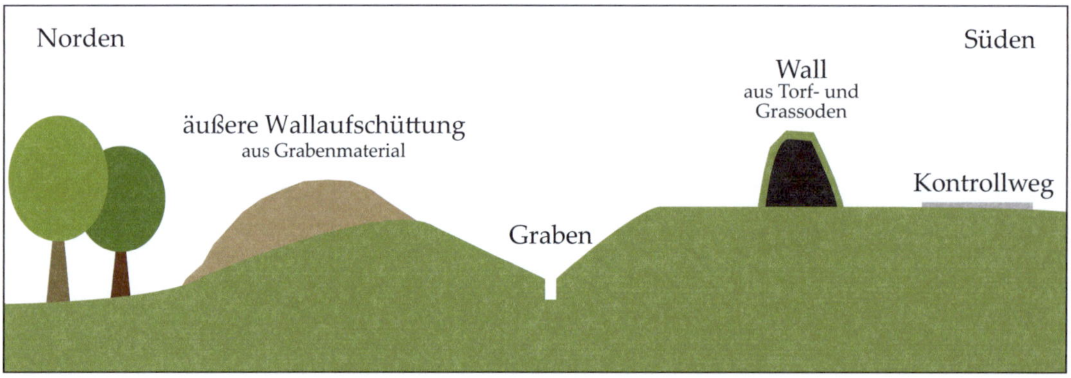

Abbildung 31: Typischer Querschnitt des Antoninuswalls, Grafik: Moschek/Stein.

7.1 Von der Mauer des Antoninus Pius zur raetischen Mauer

Den Aspekt des Sieges und der Landnahme für das römische Reich verdeutlichen die Weihesteine des Antoninus Walls in ihrer Bildsprache. Auf den Steinen künden gefesselte Barbaren oder Kränze bringende Personifizierungen der Göttin Victoria den Sieg über die Feinde des *Imperium Romanum*. Zwischen 142 und 143 n. Chr.[1] scheint die Niederschlagung und die Eroberung des heutigen Südschottlands nicht nur Antoninus Pius eine imperatorische Akklamation[2] eingebracht zu haben, sondern der Wall wurde von den am Bau beteiligten Einheiten[3] als Monument des Sieges und der Ehre des Kaisers interpretiert. Unter dem erfahrenem Legat Lollius Urbicus[4] wurde der knapp 60 km lange Wall aus Torf und Grassoden auf einem aus groben Sandsteinen gefertigtem Fundament errichtet.

Die Vorverlegung des Odenwaldlimes

Die dendrochronologische Untersuchung und Neudatierung von fast 135 Holzfunden am Rätischen Limes ergaben für ihre chronologische Einordnung ein recht ein-

[1] Vgl. Keppie (1998) S. 14.
[2] Vgl. Kienast (1996) S. 135; Robertson (2001) S. 5f.
[3] Die gesamte II Legio Augusta, Detachements der VI Victrix und der XX Valeria Victrix waren am Bau beteiligt. Siehe dazu Breeze/Dobson (2000) S. 98 und Keppie (1998) S. 14ff. und Robertson (2001) S. 13.
[4] Siehe zu Lollius Urbicus CIL 8, 6706.

heitliches Bild. Mit Abweichungen von maximal 10 Jahren lassen sich die Holzfunde von Palisadenstümpfen auf ein Fälldatum in die Jahre um 160 n. Chr. bestimmen. Es ergibt sich also für die erste Ausbauphase des rätischen Limes als durchgehende Palisade ein Planungsansatz, der in die letzten Herrschaftsjahre des Antoninus Pius reicht und dessen Ausführung in die ersten Jahre von Marcus Aurelius und Lucius Verus zu setzen ist.

Ort	Datierung/ Fälldatum	Material
Rainau-Buch Schwabsberg	165/166 n. Chr	Eichenstämme
Rottenbachtal	163/164 n. Chr.	Eichenstämme
Mönchroth	Zw. 235 bis 239 n. Chr.	Nadelholz
Vorderer Odenwald-Limes	Anfang 3. Jh. bis ca. 260 n. Chr.	Teilweise als Steinmauer

Tabelle: Die am Rätischen Limes verwendeten Holzarten und ihre dendrochronologische Einordung.

Ein solches gewaltiges Bauunternehmen erforderte eine Vorbereitungszeit von mehreren Monaten, wenn nicht Jahren. Die Fällungen von Eichenstämmen in einer solch großen Zahl und Mächtigkeit stellten auch für den germanischen „Urwald“[1] eine Strapazierung dieser Ressource dar.[2] Es ist anzunehmen, dass schon im Rahmen der Kastell- und Wachturmbauten, sowie des täglichen Holzbedarfs der Mannschaften in den mindestens 50 Jahren seit Gründung der Provinz und der Anlage der ersten Überwachungsschneisen große Mengen an Hartholz verbraucht wurden. Die Hölzfällerkommandos – der *lignarii* – der ersten Jahren des 2. Jahrhunderts, die in Trennfurt[3], Obernburg[4] und Stockstadt[5] in den Odenwald[6] und in die Gebiete jenseits des Main vordrangen, um Holz zu schlagen, könnten im Zusammenhang der Vorbereitung einer militärischen Aktion des Septimius Severus gehandelt haben.[7] Jedoch zeigen diese Aktionen der Holzfäller zweierlei: Einerseits bereite es offensichtlich den Verantwortlichen und den Ausführenden kein Problem, jenseits des Limes zu operieren und andererseits, dass einige der benötigten Hölzer nicht mehr einfach im eigenen erschlossenen Raum zu bekommen waren.

Zusammen mit dem Ausbau der Grenze wurden infrastrukturelle Maßnahmen wie zum Beispiel die Brücken über Lech und Donau sowie den Straßenausbau notwendig. Die aufwändigen Baumaßnahmen konnten nur mit Hilfe eines massiven Ausbaus des Hinterlandes sinnvoll geplant durchgeführt und längerfristig gesichert werden. Dieser tief greifende Einschnitt in die strukturelle Gestalt der Provinz musste über mehrere Jahre im Voraus geplant werden und verfolgt – sowohl in der baulichen und strukturellen Kontinuität – den Bau des vorderen Odenwaldlimes, der in den Jahren

[1] Vgl. Nenninger (2001) S. 29-37. Tac. Ger. 5, 1 und 2, 1. Schallmayer (2004) S. 37.
[2] Vgl. Nenninger (2001) S. 202-210 und Haase (2006) S. 130-134.
[3] CIL 13, 6618.
[4] CIL 13, 6623.
[5] CIL 13, 11781.
[6] Vgl. Speidel (1983) S. 111ff.
[7] Vgl. Herz (1985) S. 428.

ab 158 n. Chr. unter C. Pedo[1] als bemerkenswertes Monument[2] in die Landschaft gelegt wurde. Die Datierungen des vorderen Odenwaldlimes, wie sie die neuste Forschung aufgebracht haben, machen es nicht nur wahrscheinlich, sondern vielmehr logisch, dass das Gesamtbauwerk unter Antoninus Pius geplant und in großen Teilen auch gebaut wurde. Die Verlegung der Kastelle des ‚Alb-limes' in den Jahren zwischen 155 bis 160 n. Chr.[3] ist durch einen geplanten und geordneten Abzug der Truppen nach Norden gekennzeichnet. Dies würde in das Schema der Phasen des Auf- und Ausbaus eines Limes passen. Zuerst werden die Kastelle gebaut und danach werden Schneisen, Türme und Palisade oder Mauern angelegt.

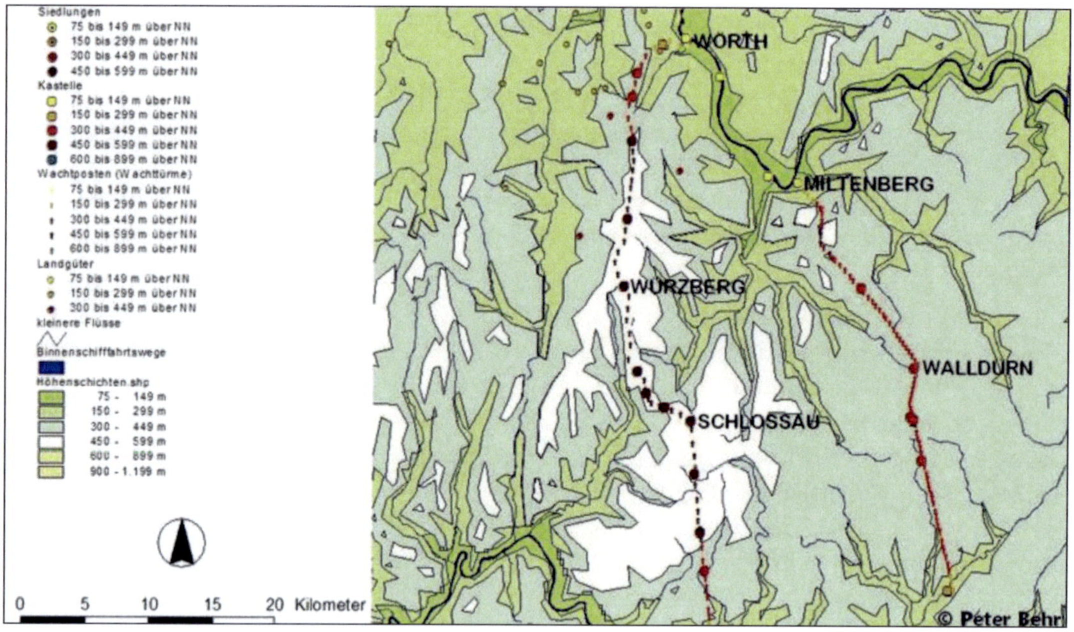

Abbildung 32: ‚Der tiefergelegte Limes'. Karte der zwei Limites im Odenwald auf verschiedenen Höhenstufen. GIS/Limes-Projekt 2005.[4]

Die Gründe für die Verlegungen von Odenwaldlimes und Alb-, bzw. Raetischem Limes sowie des Antoninus Pius-Walls sind bisher unbeantwortet. Wahrscheinlich sind jedoch, dass sowohl in Britannien als auch Germanien der militärische Widerstand sehr gering bis überhaupt nicht vorhanden war und ein schneller „militärischer" Sieg möglich war. In Schottland bot sich zudem noch die Verkürzung der Walllinie an, genauso wie im Süden von Deutschland die Inkorporierung des nördlichen Vorfelds der Donau eine kürzere Verbindung zwischen den wichtigen Zentren an Rhein und Donau zuließ. Ebenso lässt sich die Verlegung des Odenwaldlimes in besiedlungsfreies Gebiet nachvollziehen; dazu kommt eventuell die Verlegung der Kastelle und Wachttürme aus den klimatisch ungünstigeren und ‚härteren' hohen Regionen in tiefer gelegene Landschaften. Wichtig war für Antoninus Pius jedoch wohl die Vergrößerung des Reiches und seine daraus resultierende Akklamation als siegreicher Feldherr.[5]

[1] Alföldy (1987) S. 57.

[2] Vgl. Alföldy (2003) S. 10. Alföldy nennt besonders die schnurgerade Strecke zwischen und Lorch als ein Zeichen der „*maiestas imperii*" nach den in Vitr. pref. 2 gemachten Vorgaben für ein öffentliches Bauwerk.

[3] Vgl. dazu ausführlich Heligmann (1990) S. 198f.

[4] Siehe dazu: www.gis.geschichte.tu-darmstadt.de.

[5] Vgl. Kienast (1996) S. 135.

Die Bildsprache auf den Distance-Slabs[1] (s.o.) spricht vom Sieg und der Abtrennung über das Barbarische und verdeutlicht damit auf eindrucksvolle Weise die Sicht der Soldaten, die dieses Bauwerk in Schottland als Siegesmonument bauten.

Einige Kontinuitäten werden klar: Antoninus Pius setzte die Idee der Abgrenzung des Reiches seines Vorgängers fort und erweiterte die Grenzmarkierung in erheblicher Weise in ihrer Ausdehnung. Das Prinzip, welches hinter dem Bau der Palisaden, Mauern und Gräben stand, schien die militärische Funktion bei weitem zu überragen, aber letztere blieb dennoch ein integraler Bestandteil des Gesamtkonzepts. Die Aufgabe der Wachttürme, Kleinkastelle und Kastelle blieb gleich effizient; zur Erfüllung von größeren militärischen Verteidigungsaufgaben waren jedoch Palisade oder Wall und Graben nicht effektiver gestaltet worden. Die Gründe für die Verlegung der Grenzanlagen im Gesamtzusammenhang mit der Herrschaft des Antonius Pius sind bemerkenswert, da dieser Kaiser ohne größere Reisen und Kriege das Reich in seiner Struktur stärken konnte.

Unter Marcus Aurelius bezog die *legio III Italica* das Lager in Regensburg und es wurden weitere infrastrukturelle Maßnahmen und zivile Gebietskörperschaften im Limeshinterland in Rätien gegründet.[2] Die Palisade, datiert im Rottenbachtal auf 163/164 n. Chr., bei Schwabsberg auf 165 n. Chr., die Lager von Aalen, Osterburken und Rainau-Buch auf 159/160 n. Chr.[3] verweisen auf eine weitere Ausbauphase in relativer Ruhe in dieser Region. Trotz der langwierigen Konflikte mit den Markomannen, die über Jahre große militärische und zivile Resourssen verbraucht haben, hielt man an allen bestehenden Limites an diesem Konzept fest.[4]

Geht man davon aus, dass zur Zeit des Septimius Severus[5] oder Commodus[6] die raetische Mauer[7] – mit einer Dicke von 1, 20 m und 2-3 m Höhe[8] – in weiten Teilen die Palisade ersetzt hat, erscheint die mit Septimius Severus erneut einsetzende Blütezeit im Hinterland – erkennbar z. B. an Erweiterung von Gebäuden der vieler *villae rusticae*[9] – als logische Konsequenz der Schaffung von Sicherheit und Frieden in diesen Gebieten.[10]

Der Limes war also ebenso in der Funktion als wichtige Landmarke, die eine römische Provinz von der Welt außerhalb der römischen Herrschaft trennte und als Element der Raumstrukturierung[11] und in der Landschaft visualisierten *securitas* zu verstehen.

[1] Vgl. Keppie (1979) S. 16ff.
[2] Schallmayer (2006) S. 58.
[3] Schallmayer (2006) S. 74.
[4] Vgl. Schönberger (1987) S. 401ff.
[5] Vgl. Klee (2006) in der sehr guten und übersichtlichen Tabelle im Nachsatzblatt.
[6] Vgl. Hekster (2003) S. 41f. Zu den militärischen Leistungen des Commodus siehe Aur. Vic. de caes. 17, 2.
[7] Schallmayer (2006) S. 57.
[8] Baatz (2000) S. 49.
[9] Schallmayer (2006) S. 58.
[10] Vgl. Le Bohec (1993) S. 216.
[11] Bestätigt wird dies durch die Erwähnung von zwei *limites* im *„Itinerarium provinciarum Antonini Augusti"* aus der Zeit der Severer-Dynastie zu Beginn des 3. Jahrhunderts: *„limes, id est vallum"* ist dort zu lesen, was darauf hinweist, dass dieser dort bezeichnete *limes* eine Ausnahme war. Einerseits zeigt dies, dass nicht der Wall oder die Palisade mit dem Begriff *limes* bezeichnet wurden, sondern wie *vallum* und andererseits, macht die Tatsache, dass dieser Wall in einem Straßenverzeichnis erscheint, ihn zu einer Landmarke der Orientierung. Damit beinhaltet der *limes* immer noch seine ursprüngliche Bedeutung als eine Art letzter Weg, als Feldrain zum unbekannten und unvermessenen Gebiet. Der *limes* stellt wichtige Landmarke zur Orientierung zwischen zwei Orten, von denen der eine als Vorposten auch außerhalb des Imperiums liegen konnte, dar. Der *limes* erfüllte laut des Itinerars die gleiche Funktion an verschiedenen Enden des Imperiums als Landmarke und zwar in Mauretanien, wo das Itinerarium das letzte Kastell als jenseits des Limes verzeichnet wie in Britannien. Dabei wurde der Straßenabschnitt zum Kastell von der so genannten Mauer von Sala oder vom Hadrianswall aus gerechnet.

7.2 Die Romrede als Resümee der Romidee in antoninischer Zeit

Die Bedeutung der Preisrede des Aelius Aristides auf Rom des Jahres 143 n. Chr. wurde schon mehrfach betont. An dieser Stelle der Untersuchung zur Einordnung des Phänomens des Limes steht diese Rede an zentraler Stelle, weil sie als Zusammenfassung zeitgenössischer Betrachtung und Rezeption der römischen Welt zur Mitte des 2. Jahrhunderts gelten kann. So wie Aristides die Grenze des Reiches in den Aufbau seiner Rede einbaut und als Stadtmauer bezeichnet, wird sie für den Griechen zu einem wichtigen Element des römischen Staates. Das heißt, dass die Beschreibung und die Einordnung des Limes in dieser Rede in Rom den römischen Kulturzusammenhang dieser Zeit klar macht und zeigt, welche Bedeutungen in dieses Bauwerk gelegt wurden.

Der nochmalige Blick auf die Teile der Rede, in der auf die Grenzen des Reiches Bezug genommen wird, offenbart viele Zusammenhänge zu den bisherigen Erörterungen von Raum, Religion und Kultur des Römerreiches und dem Zusammenhang zum Ausbau der Grenzen seit Hadrian.

Aristides beginnt hier sein Lob und die Entwicklung des Bildes der für ihn wichtigen Mauern der Stadt Rom mit dem Herunterspielen und Diffamieren anderer historischer Befestigungen von Städten berühmter vergangener Reiche.

> *Kapitel 79:* [1] *„Auch über die Befestigungsanlagen (τειχῶν*[2]*) habt ihr euch beraten und Gedanken gemacht; sie verdienen es, jetzt erwähnt zu werden. Man könnte diese Stadt weder unbefestigt nennen nach dem anmaßenden Vorbild der Lakedämonier noch wiederum so glanzvoll bewehrt wie Babylon oder irgendeine andere Stadt, die davor oder danach mit prächtigeren Mauern umgeben war. Ja, ihr habt gezeigt, dass diese Befestigung nur Spielerei und in Wahrheit das Werk eines Weibes war."*
>
> *Kapitel 80: „(...) Freilich, ihr habt die Mauern (τειχῶν) nicht vernachlässigt, aber ihr habt sie um euer Reich herumgeführt, nicht um eure Stadt. (...)"*
>
> *Kapitel 81: „Über den äußersten Ring des Erdkreises (οἰκουμενικός) hinaus legtet ihr ganz ähnlich wie bei der Umwallung einer Stadt (τειχισμῷ πόλεως) noch eine weitere Grenzlinie an, die beweglicher und leichter zu bewachen ist. Dort führtet ihr Befestigungsanlagen auf und erbautet Grenzstädte, jede in einem anderen Gebiet. In diese berieft ihr Siedler, (...)."*

Aristides verbindet hier die Besiedlung der römischen Welt, die durch die Umwallung gekennzeichnet ist, mit der Romanisierung dieser Gebiete. Diese Besiedlung kann für Aristides nur mit entsprechender Sicherung des Raumes und der Städte einhergehen.

> *Kapitel 82: „Wie ein Graben ein Lager ringsherum umgibt, ist es mit dem Umfang dieses Ringes. Wollte man ihn berechnen, so misst er nicht zehn und nicht zwanzig Parasangen oder noch ein wenig mehr – es gibt überhaupt keine Zahl, die man mit Recht angeben könnte -, sondern er schließt das gesamte Gebiet ein, das von dem bewohnten Teil Äthiopiens und vom Phasis auf der einen Seite sowie vom Euphrat im Binnenland und der großen, letzten Insel im Westen begrenzt wird. Dies alles kann man als Ring und Umfang der Mauern (τειχῶν) bezeichnen."*

[1] Übersetzung von Klein (1983).

[2] Siehe dazu τεῖχος, *εος, τό* (vgl. *τοῖχος*), die Mauer, bes. Stadtmauer, die zur Befestigung der Stadt dient. *Pape-GDHW Bd. 2, S. 1081*. Die Mauer des Hauses wird diminutiv benutzt.

Die Erwähnung eines Lagergrabens (τάφρος) betont die Aufgaben und die notwendige Präsenz des Militärs. Gleichsam ist der Zusammenhang mit Beschreibung der Größe des Reiches nicht zwingend mit der Gesamtausdehnung des „Lagergrabens“ kongruent, jedoch steigert Aristides hier das Bild des Ringes über seine geographischen Ausmaße. Die Erwähnung Britanniens mit seinen gewaltigen und bestens ausgebauten Mauern des Hadrian und des Antoninus Pius, verleiht dieser Metapher zusätzlich an Glanz und Glaubwürdigkeit.

> *Kapitel 83: „Sie sind nicht aus Asphalt und gebrannten Ziegelsteinen gebaut und sie stehen nicht da, mit Stuck verziert – aber auch diese herkömmlichen Formen gibt es an allen Orten, und zwar in sehr großer Zahl, und sie sind, wie Homer von der Mauer eines Hauses sagt, aus Steinen eng und sorgfältig zusammen gefügt, unermesslich an Größe und heller erstrahlend als Erz.“*[1]

Über die Baumaterialien dieser Mauern – Asphalt, Ziegel und Steine – und die Verkleidung mit Stuck, nimmt er einerseits Bezug auf die Art der Römer, das Mauerwerk von Bauten weiß zu tünchen und mit rotem Fugenstrich zu versehen, damit es hell strahlend ist wie z. B. ein aus Marmor gebautes Gebäude. Kastelle, Wachttürme, Zivilbauten wurden wenn möglich mit dieser hellen Außenfassade verkleidet. Ebenso wurde auch der Hadrianswall weiß getüncht und als hell strahlende Mauer in die Landschaft Britanniens gesetzt.

Andererseits nimmt der Bezug auf die Baumaterialien eine Steigerung. Der Hinweis auf die Bauweise mit sorgfältig bearbeiteten Steinen, lässt einen Hinweis auf bedeutende öffentliche und/oder sakrale Gebäude schließen. Weiter nimmt er aber über den Rückgriff auf Homer die Mauern des Hauses (οικίαν τοῖχον) als Vorbild für die Maueranlage um das Reich. Damit wird der griechische oikos oder die römische domus als Ursprung und Vorbild eingesetzt.

> *Kapitel 84: „Aber die Ringanlage, bei weitem größer und eindrucksvoller, ist überall uneinnehmbar und unzerstörbar, und sie überstrahlt alle Befestigungen und niemals vorher waren Mauern so stabil gebaut. Sie werden von Männern mit vorgehaltenem Schild verteidigt, welche die Flucht nicht kennen (...) Man dürfte hier zu Recht den Vers des Euripides anführen, man erblicke „eine Fläche aus reinem Erz“ (...) So eng sind der Befestigungsring der Durchgänge und Mauern und der Ring der Menschen verbunden, welche den ganzen Erdkreis schützen.“*[2]

Aristides steigert von Kapitel 79 bis 84 sein Lob auf die Mauern Roms, das in Kapitel 84 gipfelt. Aristides betont nicht nur wiederum den Befestigungsring, sondern verweist zugleich auf die Wache stehenden Menschen und die dahinter stehende Kultur und Gesellschaft. Das, was der Befestigungsring verteidigt – die römische Kultur – wird zwar durch die Mauer in Größe und Glanz repräsentiert, jedoch sind es die Einwohner, die von Innen für die Stabilität und Wehrhaftigkeit des römischen Reiches stehen.

In der Gesamtkomposition einer Rede, die Rom verherrlichen sollte und die Leistungen der Bewohner der Stadt hervorhob, erschien die ausführliche Betrachtung

[1] Hier findet sich im Sprachgebrauch der Rede vielleicht eine Parallele zum Aufbau und zur Verstärkung des Vergleichs der Mauer des Hauses mit der Stadtmauer, da Aristides den Begriff der Stadtmauer und den dazugehörigen Begriff der Hausmauer (notwendigerweise?) im Diminutiv benutzt. Übersetzung: Klein (1983).

[2] Übersetzung: Klein (1983).

der Aufgaben des Militärs etwas befremdlich,[1] besonders im Blick auf die vielen Jahre ohne größere Konflikte seit Hadrian. Aristides unterstreicht dabei aber die zivilisierende und romanisierende Wirkung des römischen Militärapparates als eines der wichtigen Elemente für die Größe Roms. Nicht nur die reine Eroberung und Beherrschung mit Soldaten ist das Geheimnis des Erfolgs der Römer, sondern vielmehr das Teilhaben lassen der einheimischen Bevölkerung am Dienst für das Reich auf administrativer und militärischer Ebene. Das soziale und juristische Aufstiegspotential, welches das römische Militär bot, war eines der stärksten Kräfte für die Romanisierung und Romanisation.[2] Aristides betont die Rolle des Militärs für den Aufstieg Roms durch Krieg und die Funktion der Soldaten für die *pax augusta.*

Dennoch wird nicht der militärische Nutzen des Mauerrings in den Vordergrund gestellt, sondern seine Wirkung für die Menschen darin. Aristides versteht die Mauern als Element der Gemeinschaft der innerhalb des Mauerrings lebenden Menschen. Damit ergibt sich die Hauptwirkungs- und Bedeutungsrichtung der Limites nach innen.

In diesen Kapiteln über das Lob der Mauern Rom an seinen Grenzen wird ebenso das Ideal Vitruvs[3] für ein öffentliches Gebäude in das Lob rezipiert: „(...)verum etiam ut maiestas imperii publicorum aedificiorum egregias haberet auctoritates (...)". Die Größe, Bauweise sowie seine Erhabenheit hebt die Mauer um den orbis Romanum von einem einfachen profanen Bauwerk ab.

R. Klein geht recht in der Annahme, [4] dass Aristides in eine mögliche Diskussion um den Ausbau der römischen Grenzen in seiner Zeit eingreift. Was Hadrian mit Palisade und Mauern begann, wird nachweislich unter Antoninus Pius fortgesetzt: Die Expansion des Reiches bleibt für Antoninus Pius eine zweite, als mögliche Reaktion auf wenige Konflikte zu wertende Möglichkeit wie unter Hadrian.

Der Aus-, bzw. Umbau der Wachttürme am Odenwaldlimes zu Steintürmen ab 146 n. Chr. und die wenige Jahre später unter C. Pedo stattfindende Verlegung[5] um nur wenige Zehnerkilometer nach Osten, bestätigten ebenso wie die Errichtung des nördlichen Antoninus Pius Walls in Schottland die Effizienz und den Erfolg der Idee eines abgeschlossenen Reiches. Die Verlegung der Limites in Britannien, [6] Raetien und Germanien zeigte den Zeitgenossen, dass es sogar möglich war, ohne größere Kriege das Reich zu mehren und durch die erweiterten Grenzbauwerke zu vereinnahmen. Hinzu kam sogar die Eigenschaft, das der *pater patriae* nicht für die Sicherheit aller römischen Felder sorgte, sondern sogar, dass er die ganze Welt nach römischen Vorbild strukturierte und ordnete.

Dass das Reich nicht in einer starren Panzerung verharren wollte und konnte, [7] zeigten nicht nur die groß angelegten Verlegungen der Limites, sondern ebenso die Durchlässigkeit dieser Grenze. Was aber Aristides in seinem Lob auf Rom nicht erwähnte, sind die notwendigen Durchgänge, wie sie bei den erwähnten Metaphern von Haus und Stadtmauer notwendig sind. Daher soll an dieser Stelle der Arbeit, in der es um die Festigung der Limes-Idee des Hadrian geht, ein Seitenblick auf die wichtigen Durchgänge in den Raum des Imperium Romanum stehen.

[1] Klein (1981) S. 37 und Bleicken (1998) S. 940f.

[2] Vittinghoff (1986) S. 535-555; fasst das Potential der Bürgerrechtsverleihungen an Veteranen der Auxilia zu Recht als eines der stärksten Kräfte der Herrschaftssicherung des Kaiserreiches auf breiter Ebene auf.

[3] Vgl. Vitr. 1, 2f.

[4] Klein (1981) S. 115.

[5] Alföldy (1987) S. 56f.

[6] Vgl. dazu zuletzt Breeze (2006) S. 99-104.

[7] Auch Arist. 81 hatte diese Beweglichkeit der Grenzen betont.

7.3 Übergänge und Torsymbolik: portae am Limes

Benwell – ‚Vallum Crossing'

Die geschlossenen Bauwerke der Grenzen benötigten selbstverständlich Durchgänge, um sowohl militärische Aktionen als auch Handel zu ermöglichen. Neben den in jedem Milecastle des Hadrianswall vorhandenen Durchgang – die jedoch später zugebaut wurden – befanden sich Durchgänge zumeist in den Kastellen, [1] die in der Mauer integriert waren.[2]

Neben diesen rein vom Militär genutzten Durchgängen befanden sich nur drei 'zivile' Übergänge im Hadrianswall, wo römische Straßen den Wall durchqueren. In Birdoswald (Banna), in Stanwix (Uxelodunum) und bei Halton Chesters (Unnum), wo die so genannte Dere-Street den Wall bei der 'Portgate' kreuzte. Ohne durch das Sieb militärischer Kontrolle in Kastellen oder Milecastles zu gehen, war ein Verlassen oder Betreten des Imperium Romanum sehr schwierig und letztlich auch sehr gefährlich.

Ein besonderer, in seinen Fundamenten erhaltener Übergang über das *vallum* südlich des Kastells Condercum (Benwell), stellt ein Tor dar, welches den Weg zum Kastell überspannt.[3] Dieses Tor verstärkt in seiner Position – direkt im *vallum* – und als Torbau die Besonderheit des Übergangs über diese Grenze. Auch wenn man den Bereich zwischen *vallum* und Hadrianswall als besondere militärische und siedlungsfreie Zone versteht – wie sie vielleicht auch im größeren Maßstab auf der Innenseite des ORL bestanden hat[4] – mindert dieser Umstand nicht die Torsymbolik und alle damit verbundenen und schon erwähnten kulturellen Eigenschaften.

Dass der Eingang oder das Tor eines römischen Kastells einen besonderen Übergang zweier Räume markiert, ist mit der Erörterung des Lagers als *altera patria* schon betont worden. Dass die Tore im Hadrianswall ebenso gestaltet wurden, betont ihre Bedeutung und wird besonders durch die Lage an der letzten Kastellmauer des Imperium Romanum im Norden der bekannten Welt noch verstärkt.

Tore am Antoninus Pius Wall

Die wohl bedeutendste Tafel des Antoninus-Walls aus Brigdeness, [5] die schon in Kapitel 4 besprochen wurde, ist eines der Beispiele dafür, dass der Sieg, die Eroberung und mit den Göttern verbundene Einnahme von neuem Land verewigt werden sollten. Die Bedeutung der Darstellung der *suovetaurilia* im Zusammenhang mit der Beendigung der Kriegszugs des Antoninus und des Wallbaus muss nochmals hervorgehoben werden. Die Darstellung des Opfers von Eber, Ziegenbock und Stier auf diesem Stein betont einerseits die Funktion als Reinigungsopfer nach oder vor einer Schlacht; zugleich bleibt dieses höchste Opfer aber auch Teil eines zirkularen Rituals, das den Raum umschreibt, der gereinigt werden soll.[6] Alles was innerhalb des umschrittenen Raumes ist, wird entsühnt und aufgrund der dadurch erlangten Reinheit durch die Götter vor dem Wilden und Bösen des Außen beschützt. Die ent-

[1] Siehe hier z. B. Housesteads. Siehe Klee (2006) S. 20.
[2] Vgl. Klee (2006) S. 29.
[3] Siehe dazu auch die Rekonstruktion des Tores über das *vallum* südlich des Kastells Condercum (Benwell) bei Klee (2006) S. 21.
[4] Vgl. dazu Sommer (2004) S. 313.
[5] CIL 6, 1066.
[6] Vgl. dazu Baudy (1998) S. 115ff.

sühnte Einheit stellt einen *pars pro toto* dar, der für den Kaiser und für das Imperium Romanum gekämpft und neues Land erobert hat. Beides – Land und Soldaten – sollen von der Blutschuld des Krieges und dem Chaos befreit werden, um in die den Göttern wohlgesinnte römische Gemeinschaft aufgenommen bzw. zurück zu kehren. Die Herkunft der *suovetaurilia* aus dem Gang um das eigene Feld, wie bei Cato[1] beschrieben, bleibt zu erkennen.

Mars, der Gott des Chaos und der Wildheit, soll mit dem Opfer von diesem Ort fern gehalten werden. Das Barbarische ist sogar auf der Steinplatte sichtbar, denn auf der anderen Bildtafel wird quasi der Blick durch ein fiktives Tor des Walls gewährt. Dort kämpften die Römer gegen die Barbaren, dort war noch kein kultivierter und befriedeter Raum. Gleichsam erweckt die Ausstattung der Ränder der Bildteile der Tafel den Eindruck, der Betrachter blicke aus einer Stadt, aus einem Tempelbezirk, durch ein Tor hinaus in die Landschaft. Der Tempelgiebel, unter dem das Opfer stattfindet, ist über eine Säule und einen Fries über der von Greifen an den *peltae* gehaltenen *tabula ansata* mit der Inschrift, mit dem Torbogen verbunden, durch den man die Macht und den Sieg der Römer über die Barbaren sieht. Die Abbildung der souvetaurilia dieser Tafel betont nicht ausschließlich die *lustratio* des Heeres, sondern vielmehr die Einbeziehung und die Bestätigung des eroberten Landes für das römische Volk. Gleichsam wie die Neueinweihung des Juppiter-Tempels auf dem Kapitol, wird ein Raum markiert und durch das Opfer gereinigt.[2]

Die *souvetaurilia* bleibt ein entsühnender Ritus für den Raum, dessen Wirkung vom Weg der Opfertiere aus nach innen zielt und den damit definierten Ort aus dem Normalen hervorhebt.

Die allgemeine Torsymbolik der Inschriftentafel Nr. 11[3] bezeugt einerseits den Sieg über die britannischen Barabaren – die weibliche Figur im zentralen Bildfeld symbolisiert wohl nicht Victoria, dazu fehlen die Attribute des Palmzweiges und des Globus, sondern vielmehr die Britannia, wie sie schon auf Münzen des Hadrian abgebildet wurde[4] – und bringt zugleich erneut eine Torsymbolik[5] an die Sperranlagen an den Reichsgrenzen im Norden.

Übergänge am Obergermanisch-rätischen Limes

Am Obergermanisch-rätischen Limes lassen sich einige Durchgänge archäologisch nachweisen, [6] bzw. sind durch die Lage von Kastellen[7] und Wachttürmen sehr wahrscheinlich. Das Wachhaus und das Kastell am Saalburg-Pass, am Wachtposten 1/18 „Auf der Wurzel", in der Nähe des Kastells Haselburg[8] und am rätischen Limes beim Wachtposten 13/43[9]. Bei letzteren sind vergoldete Bronzebuchstaben gefunden worden, die darauf schließen lassen, dass beim oder am Limesdurchgang eine Bau- oder

[1] Cato de agr. 141.
[2] Tac. hist. 6, 53, 3.
[3] Zählung nach Keppie (1979). Vgl. Keppie (1979) S. 16 = AE 1971, 225 = EDH HD 011341: *„Imp(eratori) C(aesari) / T(ito) Ae(lio) / Hadriano / Anto/nino / Aug(usto) / Pio p(atri) p(atriae) / vex(illatio) leg(ionis) / XX V(aleriae) v(ictricis) / fec(it) / p(er) p(edum) III"*
[4] Vgl. Keppie (1979) S. 16.
[5] Wie schon beim Distanzstein Nr.1 CIL 6, 1066 = RIB 496.
[6] Vgl. Bender (2005) S. 48.
[7] So stellen wohl das Kastell Zugmantel und Alteburg-Heftrich Kontrollpunkte an wichtigen Verkehrswegen zu der Siedlungskammer des Limburger Beckens dar.
[8] Vgl. Baatz (2000) S. 223.
[9] Vgl. Baatz (2000) S. 278.

Weiheinschrift angebracht war.[1] Obwohl vom ORL leider keine Inschriften oder Bild- und Relieftafeln erhalten sind wie vom Antoninus Pius Wall in Schottland, lassen sich jedoch Parallelen zwischen beiden Durchgängen ziehen. Die Übergänge waren genau definiert und wurden bewacht. Strukturell sind die Übergänge den Toren und Durchgängen im Hadrianswall und Antoninus Pius-Wall sehr ähnlich, obwohl bei den Wällen in Britannien die Militärlager viel näher an die Mauern und Durchgänge gebaut wurden.

Das Limestor bei Dalkingen[2]

Das als große Feldwache und später als Limestor bezeichnete Bauwerk bei Dalkingen ist bisher einmalig am ORL. Der in mehreren Phasen entstandene Bau, [3] zeigte sich in seiner letzten Ausbauphase wohl in der Form eines kleinen Triumphbogens. Die bei den Ausgrabungen gefundenen Reste einer Panzerstatue, deren Ausschmückung mit kaiserlichen Symbolen[4] auf ein bronzenes Kaiserbildnis schließen lassen, [5] verweisen auf eine besondere Bedeutung des Bauwerkes für die Geschichte des Limes und der Bedeutung seiner Tor und Übergänge.

In diesem Zusammenhang des Verlassens des Reiches muss das Überschreiten des Limes durch Kaiser Caracalla gestellt werden, wie es in den Akten der Arvalbrüderschaft vermerkt ist. Hier fügt sich zu diesem Limes als Landmarke die Funktion als für die religiösen Handlungen wichtigen Übertritt über den Limes in das Barbarenland ein, dem die „Brüder des Romulus" eine wichtige Bedeutung beimaßen. Der *limes Raetiae,* von dem hier die Rede ist, lässt sich im Zusammenhang mit den Akten der Arvalbrüder den *limes* des *ager Romanus,* den äußersten Feldrain des römischen Reiches, interpretieren.[6] Der Kaiser verlässt das Reich und betritt eine andere Welt. *‚barbarorum terra'* ist die Bezeichnung für ein Gebiet, in dem der oberste Feldherr den Schutz und den Beistand der Götter braucht, um den sich die Opferzeremonie der *frates arvales* bemüht.

Zu dieser Fürbitte der Arvalbrüderschaft in Rom scheint das so genannte Limestor von Dalkingen perfekt zu passen. Das Tor von Dalkingen ist vielen Ehrenbögen[7] in den verschiedenen Teilen des Reiches ähnlich, denn an dieser Stelle wird nicht nur der symbolische Übergang des Siegers durch seine auf dem Bogen verewigten Taten, hin zu einem Menschen mit neuen Qualitäten zelebriert, sondern ebenso wird der Übergang vom Imperium Romanum ins Land der Barbaren in eine architektonische Form gefasst. Durch diesen ‚kleinen' Triumphbogen überschreitet Caracalla symbo-

---

[1] Vgl. Schallmayer/Becker (2001) Sp. 431.

[2] Vgl. Schallmayer (2006) S. 58.

[3] Siehe dazu Planck (1974).

[4] Sowohl die leicht überlebensgroße Ausführung der Bronzestaue als auch die Ausschmückung mit kaiserlichen Symbolen wie dem Adler am Schwertknauf, deuten auf eine Darstellung des Kaisers hin. Fundort an der SO-Seite des Limestores bei Dalkingen. Inv. R. 815.15 ff.

[5] Dagegen Baatz (2000) S. 263-266 interpretiert das Gebäude als kleinen Tempel, ähnlich dem zum Heiligtum umgebauten Wachtturm der ‚Schneidershecke' WP 10/37 im Odenwald. Für Baatz kann es sich nicht um ein militärisches Torbauwerk handel, da es sich von anderen Toren von Kastellen in seinem Grundriss unterscheidet. Ebenso vermutet Baatz, dass der Durchgang der ehemaligen Feldwache verschlossen wurde. Interpretiert man die Funde als rein miltiärisch, stellt aber schon die Feldwache eine Besonderheit dar, die nur mit den Milecastles am Hadrianswall zu vergleichen ist, so auch Baatz. Geht man aber von einer reinen militärischen Intention des Bauwerkes weg, kommt man – wie in der Rekonstruktion bei Klee (2006) S. 75 sichtbar gemacht – zu einem Bau der vielmehr einem Triumphbogen ähnelt und von der Zeitstellung seiner Erbauung und der Einbettung in die Geschichte des Feldzuges des Caracalla mitsamt dessen Glorifizierung passt.

[6] Siehe Seite 86ff..

[7] Siehe zu den Triumphbögen allgemein: Kähler (1903) s.v. Triumphbogen, in: RE VII A, Sp. 373ff.

lisch die Schwelle (*limen*) des Reiches/der Provinz/der Stadt Rom und des Hauses zu den Barbaren und wird aus römischer Sicht zum Stellvertreter des Mars, der das Territorium des Reiches verteidigt.

Die Grenze des Imperium Romanum war zur Zeit des Feldzugs Caracallas gegen die Alamannen im Jahr 213 n. Chr.[1] entweder eine Mauer oder eine Palisade in diesem Abschnitt. Bedeutend ist, dass der Übergang des Kaisers als Austritt aus dem Gebiet aus der Ackerflur des Reiches in Rom und an der Grenze selbst zelebriert wird und sowohl durch ein beachtenswertes Bauwerk an der Grenze als auch durch eine Inschrift bei Rom verewigt werden sollte.

7.4 Die Constitutio Antoniana als Ergebnis der Entwicklung eines territorialen Denkens mit Grenzen?

Das in seinem Text, Absicht und Auswirkung in der Forschung nicht unumstrittene Edikt des Caracalla aus dem Jahre 212 n. Chr. soll am Ende dieser Arbeit einen Eindruck geben, wie sich das Denken in festgelegten Grenzen mit Hilfe der Limites in der römischen Geschichte seit der Mitte des 2. Jahrhunderts entwickelt haben kann. Der griechische Text des Papyrus nach der Lesung Riccobono:

> *[Αὐτοκράτωρ Καῖσαρ Μά]ρ̣κ̣ο̣ς̣ Ạὐρήλ̣ι̣[ος Σεουῆρος] Ἀ̣ντων̣ῖνο[ς] Ε̣[ὐσεβὴ]ς λέγει· | [- ca. ? -]η μᾶλλο̣ν̣ α̣ν̣[........ τὰ]ς α̣ἰ̣τ̣ί̣α̣ς̣ κ̣α̣ὶ̣ τ̣ο[ὺς] λ̣[ογι]σμ̣ο̣ὺ[ς] | [- ca. ? - θ]εοῖς [τοῖ]ς ἀθ[αν]άτοις ε̣ὐ̣χα̣ριστήσαιμι, ὅτι τῆ̣[ς] τ̣οιαύτη[ς] | [- ca. ? -]η̣σ̣με συ[νετ]ή̣ρησα̣ν̣. τοιγ[α]ροῦν ν̣ο̣μ̣ίζω [ο] ὕτω με | [- ca. ? -]ω̣ς̣ δύ[ν]α̣σθαι τ̣ῇ μεγαλ̣ειό̣τητι αὐτῶ̣ν τὸ ἱ̣κα̣ν̣ὸν ποι-|[εῖν - ca. ? - όσ]άκις ἐὰν ὑ̣[π]ε̣ι̣σέλθ[ωσ]ι̣ν εἰς τοὺς ἐ̣μ̣ο̣ὺ̣ς̣ ἀν[θρ]ώπους | [- ca. ? -]ν̣ θεῶν συνε̣ι̣[σ]ενέγ[κοι]μ̣ι. δίδωμ̣ι τοῖς συνάπα-|[σιν - ca. ? - κατὰ τ]ὴ̣ν οἰκουμέν̣η̣ν π[ολιτ]είαν Ῥωμαίων, μ̣ε̣ν̣οντος | [τοῦ δικαίου τῶν πολιτευμ]άτων, χωρ[ὶς] τῶν [..]δ̣ειτ̣ικίων. ὀ̣[φ]ε̣ίλει γὰρ τὸ | [- ca. ? -]ν̣ε̣ιν πάντα α̣[..]α ἤδη κ[α]ὶ τῇ νίκῃ ἐνπεριει-|[ληφ - ca. ? -]α̣γμα̣ .[..] λώσει [τὴν] μεγαλειότητα [το]ῦ̣ Ῥωμα[ί]-|[- ca. ? -]. περὶ τοὺς .[....]υς γε̣γεν̣ῆσ̣θα[ι] ἤπερ δ[- ca. ? -] | [- ca. ? -].αλειφ[- ca. 10 -]ω̣ν τῶ[ν ἑ] κάστης | [- ca. ? -]ητω[- ca. 10 -]..[.]ο̣ς̣[- ca. ? -] | [- ca. ? -]θη[- ca. ? -] | [- ca. ? -]ο̣λω[- ca. ? -] | [- ca. ? -]τ̣ο | [- ca. ? -]α̣ | [- ca. ? -]ν̣ελλη | [- ca. ? -]μω | [- ca. ? -]υπ̣ο̣ | [- ca. ? -]κυ | [- ca. ? -]ι̣ειη | [- ca. ? -]ο̣ιεσαν | [- ca. ? -]ε̣γδια | [- ca. ? -] | [- ca. ? -].ος*

Der Text der Constitutio Antoniana, übersetzt ins Lateinische von Riccobono, [2] gibt das Edikt wie folgt wieder:

> *„Imperator Caesar Marcus Aurelius Seuerus Antoninus Augustus dicit: Nunc vero ... potius oportet querellis et libellis sublatis quaerere quomodo diis immortalibus gratias agam, quod ista victoria ... me seruaverunt. Itaque existimo sic magnifice et religiose maiestati eorum satisfacere me posse, si peregrinos, quotiens cumque in meorum hominum numerum ingressi sint, in religiones (?) deorum inducam. Do igitur omnibus peregrinis, qui in orbe terrarum sunt, civitatem Romanorum, manente omni genere civitatum, exceptis dediticiis. Oportet enim*

[1] Siehe dazu Cass. Dio 77, 13, 4 f.

[2] FIRA I, Nr. 88. S. 445-449, freie dt. Übersetzung W. Moschek.

> *multitudinem non solum omnia ... sed etiam victoria circumcingi. Praeterea hoc edictum augebit (?) maiestatem populi Romanorum cum facta sit eadem aliorum (?) (peregrinorum?) dignitas ..."*
>
> *„Imperator Caesar Marcus Aurelius Severus Antoninus Augustus spricht: Jetzt wahrlich ... nach Anfragen und Briefen in denen gefragt wird wievielen unsterblichen Göttern ich danken kann, das sie mich zu jenem Sieg unterstützt haben. Und daher meine ich, ein solch große und fromme Handlung zu vollziehen, die ihrer Majestät gerecht wird, indem die Fremden, wie oft sie auch immer mit den meinen Menschen in Zeremonien und Glauben zusammen gekommen sind. Ich bestimme daher, dass alle Fremden im ganzen Weltkreis das Römische Bürgerrecht erhalten, gleich aus welcher Art Stadt sie kommen, außer den dediticii. Es gefällt mir nämlich, das nicht nur viele sondern sogar Alle von nun an am Sieg teilhaben sollen. Dies Edikt wird die Würde des Volkes des Römer vermehren."*

Die entscheidenden Worte sind *„do igitur omnibus peregrinis, qui in orbe terrarum sunt, civitatem Romanorum, (...)"*

Es gilt ab jetzt der als römischer Bürger, der im Imperium Romanum lebt. Es wurde der Begriff des *orbis terrarum*, der οἰκουμένη[1] gebraucht, um den Kreis der Menschen zu definieren, die gemeint waren. Es werden nicht nur die Städte oder civitates genannt oder die über einen Zensus erfassten Gebiete des Reichs, sondern die dem Ideal und Ziel der römischen Mentalität entsprechende Formulierung des gesamten Erdkreises. Da dieser laut eigener Definition und – wie die letzten Kriege an den Grenzen gezeigt haben – gekünstelter Ignoranz gegenüber den Völkern außerhalb des Reiches Rom/römisch ist, wird die mitschwingende geographische Komponente sichtbar.

Wenn alle Freien des Reiches zu Bürgern römischen Rechts, ausgenommen die *dediticii,* [2] wurden, dann fielen im gleichen Moment die gleichen juristischen Unterschiede wie bei der Verleihung des römischen Bürgerrechts an alle Italiker 89 v. Chr. Der Status der „Eingewanderten", der Menschen ohne römisches Bürgerrecht, wäre der von *peregrini,* [3] insofern er nicht aus einem Stamm oder Volk kam, mit dem das römische Reich im Krieg war. Das *ius postliminium* oder auch der Begriff des *domi* müssten sich parallel mit dieser Veränderung des Bürgerrechts entwickelt haben. Auch wenn der Text letztlich nicht völlig richtig oder vollständig den exakten Wortlaut des Ediktes des Caracalla wiedergibt, ist hierin die Rezeption des Schreibers zu erkennen, was in Bezug auf die Wirkungsweise der Bürgerrechtsverleihung die oben gemachten Vermutungen für eine breitere Masse verstärkt. Damit ist dieses Edikt der Höhepunkt und Endpunkt des Prozesses der Romanisierung der Welt.[4] Das Bild des *pater familias*, des Patrons einer Stadt, wird in dieser Zeit nun in den Großraum des Reiches transformiert und festgelegt.

---

[1] Vgl. Pape-GDHW Bd. 2, S. 303.

[2] Gaius gibt in seinen zusammengetragenen Edikten, den *Institutiones* 1, 41 an, dass *„vocantur peregrini dediticii hi qui quondam adversus populum Romani armis susceptis pugnaverunt, deinde victi sedediderunt."*; „peregrine Unterworfene heißen nun diejenigen, die Waffen gegen das römische Volk erhoben und gekämpft haben, danach aber besiegt wurden." Dies macht den Status *dedicticii* klar als im Reich lebende Gruppen, deren Makel der gewaltsame Kampf gegen die Römer war. Ausgeschlossen wird ein Statuswandel dieser Gruppen jedoch nicht durch die Jahrhunderte alte Praxis der römischen Kultur, ehemalige Gegner durch ihren Dienst für das Reich in zweiter Generation zu römischen Bürgern werden zu lassen. Weiter ist daraus zu schließen, dass eine friedliche Übersiedlung in das Reich unter den Bedingungen des römischen Volkes möglich war.

[3] Siehe dazu Schiemann (2000) s. v. Peregrinus, in: DNP 9, Sp. 540f.

[4] Vgl. Schönbauer (1931) S. 227ff. Dagegen schon Cassius Dio, er sah dieses Edikt kritisch und vermutete nur einen fiskalischen Trick dahinter. Vgl. Cass. Dio 79, 9, 5.

7.5 Ein Resümee der Reichseinheit?

Zu Beginn des 3. Jahrhunderts schrieb Tertullian von der Welt in der er lebte:

> *„Omnia iam peruia, omnia nota, omnia negotiosa, solitudines famosas retro fundi amoenissimi oblitterauenint, siluas arua domuerunt, feras pecora fugauerunt, harenae seruntur, saxa panguntur, paludes eliquantur, tantae urbes quantae non casae quondam. Iam nec insulae horrent nec scopuli terrent; ubique domus, ubique populus, ubique respublica, ubique vita."*[1]

> *„Alles ist bereits zugänglich, alles bekannt, alles für den Verkehr erschlossen; verrufene Einöden sind längst in die lieblichsten Triften verwandelt, Wälder zu Ackerfeldern urbar gemacht, die wilden Tiere durch die zahmen vertrieben, Sandflächen besät, Felsen gesprengt, Sümpfe ausgetrocknet und die Zahl der Städte so groß als ehedem die der Hütten. Auch die Inseln sind nicht mehr Gegenstand der Furcht, Klippen schrecken nicht mehr, überall ist ein Haus, überall Bevölkerung, überall ist der Staat, überall das Leben."*

Damit griff Tertullian auf, was Aelius Aristides bereits ein halbes Jahrhundert zuvor gesagt hatte: „Jetzt aber sind die Grenzen (ὅροι) eures Reiches offenbar doch wohl soweit vorgerückt, dass eine Geringschätzung nicht mehr möglich ist; denn das von ihnen umschlossene Gebiet kann nicht mehr abgemessen werden. (...) Es gibt nichts was euch entgangen wäre, keine Stadt, kein Volk, kein Hafen, keinen Landstrich, außer wenn ihr eine Gegend für wertlos erklärt habt."[2]

Die Aussagen und Metaphern wiederholen sich nach Jahrzehnten; was sich geändert hat, ist die außenpolitische Situation des Reiches. Zunehmend kommen die Grenzen des Imperium Romanum unter Druck von Außen.[3] Unter einem solchen Druck waren sie nicht entstanden und für einen solchen Druck waren sie nicht gebaut worden. Es scheint geradezu so, dass die innere Entwicklung des Reiches eine Festigung erfahren hat, die unter anderem durch die sich wandelnden Mentalitäten im Reich aufgrund eines gemeinsamen Lebensraumes mit gemeinsamer Kultur und eben den gemeinsamen Grenzen, den Limites, bedingt war.

---

[1] Tertullian, de anima 30. Übersezt v. W. Moschek, angelehnt an Kellner (1882).
[2] Arist. 28, übersetzt v. Klein (1983).
[3] Vgl. Whittaker (1994) Kapitel Frontier under pressure.

8 Fazit: Welche Grenzen sind nun gefallen?

In den Jahren um 260 n. Chr. verliert das römische Reich die Gebiete östlich des Rheins und gibt damit Mauern und Palisaden der Limites in Germanien auf. Auch die Mauern in Britannien und die Gräben in Nordafrika werden in den kommenden Jahrzehnten von Rom fallengelassen.

Im Jahre 270 n. Chr. verstärkt Kaiser Aurelius die Stadtmauern Roms. Die Welt wird von neuen „alten" Mauern umschlossen – so, wie Rom vor Jahrhunderten begonnen hatte.

Symbolisch schließt sich hier auch der Kreis dieser Arbeit, der mit dem Emblem einer Grenzdarstellung in der Porticus Octaviae aus augusteischer Zeit begonnen hatte und der sich im symbolischen Torbau des Limestores des Caracalla schließt.

8.1 Ergebnisse aus dem Gang der Arbeit

Die Forschungsgeschichte zeigt uns, dass Erörterungen einer Grenze immer durch die eigene Sozialisierung und Kultur vorgeprägt sind. Dies zeigen sowohl aktuelle Forschungen als auch die spätantiken Quellen:

Zieht man z. B. die Historia Augusta zu Rate, schiebt sich die militärische und kontrolltechnische Funktion des Limes in den Vordergrund. Aber war diese Beschreibung des Limes im 3./4. Jahrhundert nicht der fromme Wunsch danach, die in dieser Zeit gegen das Reich anrennenden Barbaren wie unter Hadrian mit Hilfe einer einfachen Palisade vom Imperium Romanum abhalten zu können?

In den raren uns erhaltenen zeitgenössischen Schriften, in denen die Limites Erwähnung finden – wie der des Aelius Aristides – werden sie als Mauern von Lagern, Städten und letztlich Häusern beschrieben. Auf den ersten Blick scheint dies eine metaphorische und überhöhte Sichtweise zu sein; es drängt sich jedoch die Frage auf, ob es noch andere Quellen gab, die von den Enden des Reiches berichten könnten und warum viele der Quellen, die uns erhalten geblieben sind, dies nicht taten.

Der Überblick über die Quellen von Tacitus bis zur Historia Augusta zeigte, dass die Grenzen des Imperium Romanum – wenn überhaupt – zumeist in groben physisch-geographischen Strukturen beschrieben wurden. In der Struktur der typischen römischen Raumerfassung mittels Landmarken und Itineraren verschwimmen die Enden der Welt. Das Hauptaugenmerk der antiken Quellen liegt in den Handlungen der Menschen und der Beschreibung ihrer Eigenarten, Geschichte und Kultur. Ohne größere Rezeption wurden die militärischen Anlagen der Kastelle, Türme und Schneisen von der ‚schreibenden' Bevölkerung offensichtlich nahezu ignoriert.

Die Erörterung der antiken Quellenlage und Begriffsklärung ließ den Schluss zu, dass die Grenzen an den Enden des Imperium Romanum in ihrer begrifflichen und semantischen Verwendung eine weitaus tiefere Bedeutung haben als oberflächlich aus einer reinen Textinterpretation heraus zu erkennen ist. Den inhaltlichen und alltäglichen Verknüpfungen der verschiedenen sakralen, juristischen und sozialen Grenzen scheint eine ‚Unausgesprochenheit' gemein zu sein, die anhand von Indizien in den juristischen Texten und religiösen Riten und Kulten dennoch zu Tage tritt.

Diese ‚Hintergrundbedeutung' ist textlich in den antiken Quellen nicht direkt fassbar – daher bedurfte es der Untersuchung der möglichen römischen Mentalität, die das Denken von und in Grenzen präkonfiguriert.

Der römische Limes als Phänomen der antiken Lebenswelt kann also in seiner mentalen Prägung als Grenze nur verstanden werden, wenn der Charakter der subjektiven und kollektiven Raumerfassung erkannt und in seinen Wurzeln der psychologischen und praktischen Verarbeitung nachvollzogen wird.

Die Suche nach Räumen und Grenzen in der römischen Alltagskultur brachte ein der sozialen Struktur der römischen Gesellschaft angeglichenes ‚Ringmodell' zu Tage, das sich um die einzelnen räumlichen Elemente des alltäglichen Lebens legt. Diese mit unterschiedlichen Grenzen und Übergängen ausgestatteten Räume bilden ein hierarchisches System, welches sich sowohl horizontal als auch vertikal in der römischen Kultur aufbaut. Vom Kleinraum über den Mittelraum bis hin zum Großraum finden sich also hinsichtlich der Grenzen in Raum und Gesellschaft immer wieder Quer- und Rückbezüge, Wiederholungen und Symbolisierungen.

Dieser Blick auf die konkreten römischen Beispiele von Grenzen und deren kulturelle Entwicklung, sowie die methodische Erörterung dieser Grenzen; der Ansatz, sie in ihrer Absicht und Auswirkung von ihren Wurzeln her zu betrachten und von dort heraus zu erklären, legt nahe, wie Kaiser Hadrian auf vorhandene mentale, soziale, sakrale und juristische Strukturen und Vorprägungen in der römischen Kultur bauen konnte, um seine Idee des ‚Systemwandels des Reiches' zu beginnen.

Die innere kulturelle Stärkung des Reiches sollte die Idee der Stärkung der Einwohner einer Stadt durch lebenswerte Elementen von Kunst und Kultur, Wohlstand und einem Gemeinsinn nachzeichnen. Als zumindest gedachtes Ideal wollte Hadrian die Stadt (Rom) nicht nur mit einer festen Mauer schützen und zusammenhalten, sondern ihr zusätzlich „innere Werte" geben, die es den Einwohnern als selbstverständlich und lohnenswert erscheinen ließen, dafür zu arbeiten, zu handeln und zu kämpfen. Dazu war es auch notwendig, nicht nur die Soldaten zu besuchen, sondern ebenso eine breite Masse in den Städten des Reiches. Auch gab sich Hadrian nicht nur mit den Riten der Bestätigung der Größe und Gestalt Roms zufrieden, sondern schaffte neue Fixpunkte für die Identifikation mit dem Reich und dem Kaiser. Seine Bautätigkeiten in Rom und Athen mögen dafür glänzende Beispiele sein. Vor allem gelang es Hadrian mit Hilfe zentraler kultureller Multiplikatoren und Vorbilder der antiken Welt – im speziellen z. B. Athen – seine Idee der gemeinsamen Stadt und des Reichs von Rom zu entwickeln.

Obwohl Hadrian auf vorhandene mentale und kulturelle Strukturen und Ideen aufbauen konnte und dies auch mit äußerstem Geschick tat, waren seine lange Regierungszeit, seine unermüdlichen und langen Reisen durch das Reich, sein Willen zur Veränderung des Imperium Romanum nicht ausreichend, um dieses Unterfangen zu beenden. Um so erstaunlicher ist es, dass auch in nachhadrianischer Zeit die Idee des Baus von festen Bauwerken zur Markierung des römischen Reiches fortgeführt wurde. Auch trotz seines bewussten Versuchs, die Weiterführung seiner Vision der Grenzen über die Adoption seiner Nachfolger zu sichern, hätten Antoninus Pius, Mark Aurel, Septimius Severus oder Commodus keine Limites mehr bauen oder ausbauen müssen.

Abbildung 33: Relief Porticus Octaviae 124. (Aufnahme: W. Moschek)

8.2 Welches Bild hatten die Menschen des Imperium Romanum im zweiten Jahrhundert von den Grenzen ihres Reiches?

Sicherlich hatten nicht alle Einwohner Roms eine glänzende, weiße und kreisrunde Stadtmauer oder die Mauer eines Hauses vor Augen, wenn sie sich die Grenzen des Imperium Romanum vorstellten. Diese künstlerische und metaphorische Gestalt der Grenzen war zu jeder Zeit intellektueller Rezeption entsprungen. Viele Bewohner des Imperium Romanum, vor allem auch ehemalige Soldaten, die am Limes stationiert gewesen waren, hatten ein konkreteres Bild vor Augen – dennoch mögen diese Bilder Gefühle der Zugehörigkeit zum Reich, ein Denken in den Kategorien „wir im Reich" und „die dort nicht" hervorgerufen haben. Vom „normalen" Menschen der römischen Antike hat sich keine Aussage über die Grenze und deren Sicht darauf erhalten – quellenkritisch gesehen ein schwerwiegendes Manko. Dennoch lässt das Bild, das aus den vorhandenen Quellen erarbeitet wurde, zumindest ein allgemeingültiges Bild zu:

Würde man versuchen, die Idee des Limes aus der Antike in moderne Metaphern zu überführen, würde meines Erachtens das Bild eines monumentalen Gartenzaunes passen.

Anspruch dieser Grenze

Alles in Allem erfüllten die Sperrwerke an den Enden des Imperium Romanum im 2. Jahrhundert die Anforderung, die Vitruv an bedeutende Bauwerke stellt: Stärke. Diese *maiestas* drückt sich in verschiedenster Weise aus: In Britannien ist es eine Mauer, die einer Stadtmauer gleicht und über 112 Kilometer von Ozean zu Ozean führt. In Germanien reicht eine hölzerne Palisade von Horizont zu Horizont und umgibt dicht besiedelte Gebiete mit einer Kastellmauer oder erstreckt sich gerade über eine Länge von fast 80 Kilometern über Hügel und Täler. Im Süden des Reiches erstrecken sich kilometerlange Gräben in der Wüste, die zwar nur ein Bruchteil der fast 4000 Kilometer der Südgrenze Roms auf dem afrikanischen Kontinent abdecken, jedoch werden wichtige Pässe, Oasen und Transhumanzwege durch Kastelle und Wachttürme kontrolliert – und mit Hilfe dieser untereinander sichtbaren Punkte können große Strecken abgedeckt werden.

An den Stellen, an denen Menschen das Imperium Romanum an Land verlassen oder betreten, auf alten Handelswegen, Transhumanzrouten, Verbindungspfaden zwischen Orten usw., entstanden seit dem Beginn des 1. Jahrhunderts n. Chr. eindeutige Merkmale einer Grenze. Mit dem Bau von festen Sperranlagen wie Mauern, Gräben, Palisaden hebt sich diese so ausgebaute Grenze immer stärker von der Natur ab und betont den Beginn eines anderen Raumes. Dies geschieht nicht nur punktuell an einzelnen günstigen Übergängen zwischen Landschaftsräumen, z. B. natürlichen Formen wie Furten, Meeresengen, Pässen oder Schluchten, sondern z. T. auch von Horizont zu Horizont in Gebieten ohne Durchgänge oder Bevölkerung.

Der Anspruch dieser Grenze war ein absoluter. Die Bedeutung der unterschiedlichen Grenzen ist in dieser Arbeit gezeigt und betont worden. Mit steigender Wertigkeit steigt die Bedeutung einer Grenze in der römischen Kultur. Damit ist der Limes als größte und letzte Grenze ein absolutes Zeichen seiner Kultur. Auch wenn die Grenze von ihrer physischen Gestalt her ein ‚opus mixtum' aus unterschiedlichen Bauformen und Ausbauphasen darstellt, bleibt die Aussage bestehen, mit ihrer Hilfe den römischen Raum von anderen Räumen hervorzuheben.

Je stärker die Grenze ausgebaut wurde, desto stärker war die Aussage des Besitz-Raumanspruches. Größe, Material und Beschaffenheit waren und sind bei Grenzen von Bedeutung. Bemerkenswert war die Sichtbarkeit dieser Militäranlagen am Limes – nicht nur untereinander, sondern ebenso für das Umland. Dies macht nicht signaltechnisch-militärische Sinn, sondern rief auch bei der innerhalb dieser sichtbaren Linie am Horizont wohnenden Bevölkerung ein Gefühl der *securitas* hervor. Das Gefühl, vor potentiellen barbarischen Raubzügen geschützt zu sein, war an den Rändern des Imperium Romanum wahrscheinlich ein wichtiger Faktor der zivilen Entwicklung; umso mehr, als zum größten geographischen und zeitlichen Teilen des Limes kaum größere Bevölkerungsgruppen in der näheren Umgebung jenseits des Limes siedelten. Erst ab dem zweiten Drittel des 3. Jahrhundert überfielen die ersten größeren Völkergruppen aus dem germanischen Nordosten die Limeslinie und überwanden dann auch ohne weiter bekannte Mühen den Limes.

Der wirtschaftliche und kulturelle Austausch zwischen Rom und seinen Provinzen, zwischen den Römern und nicht-Römern war in der gesellschaftlichen Entwicklung schon seit Augustus im Gange. Sichtbare Realität wurde dieser Prozess für die Elite des Reiches spätestens mit dem ersten Kaiser aus der Provinz – Traian. Mit Hadrian wurde der Prozess der geistigen, sozialen und politischen Annäherung Roms an sein Reich und dessen Bewohner in Kultur, Kunst und Politik verstärkt. Wenn das Imperium Romanum eine Weltpolis, eine einzige Stadt werden sollte, dann musste dies nicht nur für die stadtrömische Bevölkerung deutlich und erfassbar werden, sondern ebenso überall dort, wo die griechisch-römische Kultur Einfluss hatte.

8.3 Die Bedeutung Hadrians

Seit Hadrian entstand mit dem Ausbau der Limites zu Sperrwerken die Manifestation eines Grundzuges der römischen Lebenswelt. Im öffentlichen und offiziellen Rahmen sollte Handeln und Wirken für die römische Kultur nur göttergewollt in einem festgelegten Raum möglich sein. Ohne die Einteilung des Raumes war die Kommunikation mit den Göttern, das Handeln im Zeichen der Götter, für die verschiedenen Ebenen der Gesellschaft nicht möglich.

Vom Haus und Hof des einzelnen *pater familias* bis hin zum Reich aller Bürger römischen Rechts: Sichtbare Grenzen und deutliche Übergänge formen das Weltbild der römischen Kultur. Ganz gleich ob es die Grenze der Ackerflur war oder die Mauer der Stadt oder ein Tempelbezirk – alle Räume hatten ihren eignen sakralen Charakter, dessen Kohärenz und Konsistenz durch Riten, Regeln und Rechten bezüglich ihrer Grenzen über Jahrhunderte tradiert und gefestigt wurden. Damit spiegeln diese Grenzen die soziale, juristische und kulturelle Struktur des ‚Römischen' wider.

Die geographische/flächenhafte Ausweitung der römischen Kultur hatte eine Abstraktion der Einzelteile des sich immer stärker erweiternden Weltbildes zur Folge. Dennoch wiederholt sich die Grundform der römischen Raumerfassung in der abstrakten Größe der Vorstellung über die gesamte Welt.

Die Grenzen des Reiches waren wie die eines Randstückes einer Centuriation: Der letzte Feldrain der beackerten Flur bildete zugleich die Grenze zur Wildnis, zum unvermessenen und potenziell gefährlichen Land. Dort, wo kein großer Fluss oder Ozean diese Funktion der Grenze übernahm, bildeten an Land Wüsten und Urwälder das sichtbare, aber nicht genau definierte Ende der römisch strukturierten Welt. In Zeiten potentieller Expansion genügten einzelne Posten, Kastelle und Kontrollstreifen.

Nachdem klar wurde, dass die römische Welt nicht ohne weitere innere Stärkung den Rest der Welt beherrschen konnte, schien es unter Hadrian an der Zeit zu sein, die Grenzen des Reiches zurück zu nehmen, zu betonen und auf eine besondere Art und Weise zu festigen: Die Mauern und Palisaden der Limites waren das Zeichen eines besonderen Raumes, für dessen Konsistenz und Kohärenz der *pater patriae* als *pater familias*, *patronus*, Befehlshaber und *pontifex maximus*, eben der römische Princeps, zu sorgen hatte. Die Zusammenführung aller Teile des Reiches, die in ihren kulturellen Unterschieden lediglich in der Gemeinsamkeit der territorialen Identität und der Herausbildung eines gemeinsamen Staates Erfolg haben konnte, bedurfte der Nutzung des universellen Phänomens der Grenze, das jeder Gemeinschaft bekannt ist, mit dem Zweck der Abgrenzung gegenüber dem Anderen. Dieses elementare Phänomen der Abgrenzung zieht sich, wie gezeigt, durch alle Ebenen der römischen Gesellschaftsordnung und ist in verschiedensten Formen und Rezeptionen auch in anderen Kulturen wieder zu finden.

Die Grenze ist ein konstitutives Element einer Gesellschaft und gleichzeitig ihrer Raumerfassung. Grenzen und die damit unvermeidlich verbundenen Übergänge zwischen den durch sie getrennten Räumen, modulieren die Eigenschaften der Dinge und die dazugehörigen Beziehungen der Menschen beim Betreten, darin Verbleiben und Verlassen des Raumes. Räume und die dazugehörigen Grenzen bilden sich daher auch in ihrer lebensweltlichen Rezeption im Übergang vom Individuum zum Kollektiv in der gemeinsam erlebten Lebenswelt ab. Riten und Rechte formulieren z. B. die gemeinsamen Verhältnisse von Menschen, Räumen und deren Grenzen. Daraus folgt, dass es bei dieser Art der römischen Grenze primär um gesellschaftsinterne Grenzen ging. Was war jedoch mit der Grenze zu Objekten, die außerhalb des römischen Raums und seiner Gesellschaft lagen?

Der symbolische Akt, eine sichtbare, feste Grenze zu ziehen, war für das römische Reich als ein bis dato permanent expansiv eingestelltes Gemeinwesen eine entschiedene Wende. Auf politischer und ideologischer Ebene war der Ausbau der *limites* zu linearen Sperrwerken zweierlei: Die Demontage eines über Jahrhunderte entwickelten und gepflegten Weltbildes einer – räumlich gesehenen – endlos möglichen Expansion, das nun in einem Eingeständnis des zumindest zeitweisen Machtverlustes und der Endlichkeit des „Römischen" verharrte. Gleichzeitig waren die Limites jedoch auch ein Zeichen der Stärke und Macht, sowie der Verwirklichung eines Weltbildes, in dem sich die Anschauung spiegelte, dass die Stadt Rom die Welt sei und dass diese Welt wiederum römisch sei.

Die Anlage der Limites zu planen und zu bauen war das Produkt einer hochorganisierten und hoch entwickelten Kultur, welche in diesem Bau nicht nur einfach ihr Territorium markierte, sondern dieses mit dem Symbol der überdimensionierten Abgrenzung von der restlichen bekannten Welt abhob. Die Monumentalität dieser Grenze machte die letzten Winkel der römischen Provinzen innerhalb des Limes zum Hinterhof der einen Stadt Rom – dieser Grundgedanke wurde bereits in augusteischer Zeit im Relief der Porticus der Octavia visualisiert (s. Abb. 33). Der monumentale Charakter des Limes konnte dabei nicht nur den römischen Eigenanspruch der Herrschaft über die Welt verdeutlichen, sondern als Mahnmal, als Erinnerungsort[1] und in der römischen Erinnerungskultur des *mos maiorum* über Landschaften und Zeiten hinweg wirken; z. T. sichtbar und eindrucksvoll über 1800 Jahre hinweg bis heute. Der Limes ist ein Erinnerungsort von römischer Geschichte und verweist damit auf die Herkunft, auf seine Kultur die dieses Bauwerk schuf.

Die Lebenswelt der römischen Antike definiert die Grenze als sichtbares Symbol des Raumes; die Grenze als Ort der Götter, die das kultivierte Innere vor dem wilden Außen schützen und nicht zuletzt als Grenze, welche die Welt aufteilt und die Begehrlichkeiten und Neugierde derer weckt, die nicht von ihr umgeben werden. Grenzen symbolisieren die Gesellschaft, von der sie erdacht wurden.

Mit der Schaffung von festen Grenzen durch Palisaden, Gräben und Mauern symbolisierten die Römer die Idee und den Willen als Ausdruck ihrer Mentalität und räumlichen Rezeption ihr Reich zu markieren.

Der Limes gab den Einwohnern der Provinzen ein Zugehörigkeitsgefühl zum Imperium Romanum aus einem räumlichen Blickwinkel.

[1] Vgl. Fischer (2006) S. 550ff.

Die Umfassung und Befestigung der Grenzlinien war einerseits ein wichtiger Schritt zur Herstellung einer neuen gemeinsamen Identität des römischen Reiches – andererseits vielleicht aber auch gleichzeitig ein erster Schritt in den Abstieg.

9 Quellen- und Literaturverzeichnis

Abbildungen

Die Abbildungen der Münzen verdanke ich der Vermittlung, Genehmigung und Verwendung www.wildwinds.com und besonders Dane Kurth.

Die Abbildungen 9 und 10 der Schalen vom Hadrianswall verdanke ich der Genehmigung des British Museum London.

Die Abbildung 11 der Distanz-Tafel Nr. 1 erfolgte mit der Genehmigung des Hunterian Museums Glasgow und mit Dank an Dr. Lawrence Keppie.

Abkürzungen

Die Abkürzungen dieser Arbeit sind nach dem Verzeichnis im „Kleinen Pauly" angefertigt. Zur einfacheren Handhabung werden die benutzen Quellenausgaben aufgelistet und bilden die Vorlage für die Übersetzungen in dieser Arbeit falls es nicht anders im Text erwähnt wird.

ANRW	Temporini, H. (Hrsg.): Aufstieg und Niedergang der römischen Welt. Berlin 1972-.
AE	L'Année épigraphique. Paris 1888-.
Barrington	The Barrington Atlas of the Greek and Roman World. Talbert, R.J. (Ed). Princeton 2000.
BJ	Bonner Jahrbücher des Rheinischen Landesmuseums und des Vereins von Altertumsfreunden im Rheinlande. Kevelaer.
BMC	A Catalogue of the Greek Coins in the British Museum London 1873-; Mattingly, H. (Hg.): Coins of the Roman Empire in the British Museum Bd. 3 Nerva to Hadrian. London 1966.
BRGK	Berichte der Römisch-Germanischen Kommission des Deutschen Archäologischen Instituts. Berlin.
CAH	Cambridge Ancient History. Bury, J. (Hrsg.), Cambridge 1923-1939.
CAH²	Cambridge Ancient History, 2nd Edition. Cambridge 1970-2000.
CIL	Corpus Inscriptionum Latinarum. Berlin 1863- .
Dig.	Digesta (corpus iuris civilis) Ed. Th. Mommsen und P. Krüger 1886.
DNP	Der Neue Pauly. Hrsg. v. H. Cancik und H. Schneider. Stuttgart 1996-2003.
EDH	Epigraphische Datenbank Heidelberg; ed. G. Alföldy http://www.uni-heidelberg.de/institute/sonst/adw/edh/
FGrH	Fragmente Griechischer Historiker, ed. F. Jacoby. 15 Bd. Berlin 1923 – Leiden 1958.
Georges	Georges Handwörterbuch der Lateinischen Sprache.
Germania	Germania. Anzeiger der Römisch-Germanischen Kommission des Deutschen Archäologischen Instituts. Berlin.
IG	Inscriptiones Graecae. Consilio et auctoritate Academiae Scientiarum Berolinensis et Brandenburgensis editae. Berlin 1903-
ILLRP	Degrassi, A.: Inscriptiones latinae liberae rei publice. 2 Bde. Florenz 1957-1963.

ILS	Inscriptiones Latinae Selectae, ed. H. Dessau 1892-1916. 5 Bde. Neudruck 1974.
LTUR	Eva Margareta Steinby (Hg.): Lexicon Topographicum Urbis Romae. 6 Bände. Roma 1993-2000.
RAC	Reallexikon für Antike und Christentum. Hrsg. v. Th. Clausner et al. Stuttgart 1950- .
RGA	Hoops Reallexikon der germanischen Altertumskunde. Berlin 1962-2007.
RE	Pauly/Wissowa, Realencyclopädie d. class. Altertumswissenschaften. Neubearbeitung v. G. Wissowa et al. Stuttgart 1893-1980.
RIC	Roman Imperial Coinage. H. Mattingly/R. Syndenham et al. Vol. I-X. London 1923-1994.
PIR	Prosopogrphica Imperii Romani. Groag, E. et al. 1933 –.
Pape- GDHW	Wilhelm Pape: Handwörterbuch der griechischen Sprache. Griechisch-deutsches Handwörterbuch, Bd. 1: A–K; Bd. 2: Λ–Ω; bearbeitet von Max Sengebusch, 3. Auflage, 6. Abdruck, Braunschweig 1914.
Saec.	Saeculum. Jahrbuch für Universalgeschichte. Freiburg.
TAPhA	Transactions and Proceedings of the American Philological Association. New York.
ThLL	Thesaurus Lingua Latina. München 1899-
Vindolanda Nr. XY	Nummer der Tafeln: http://vindolanda.csad.ox.ac.uk/index.shtml.

Werke antiker Autoren

Act. Arv.	Acta Fratrum Arvalium. Commentarii fratrum arvalium qui supersunt: recherches archeologiques a la Magliana ; les copies epigraphiques des protocoles annuels de la confrerie arvale (21 av. – 304 ap. J.-C.) par John Scheid avec la collaboration de P. Tassini. Paris (u.a.) 1998.
Alk.	Alkaios. Fragmente. Griechisch und deutsch. 3. Aufl. hrsg. v. Treu, M., Tübingen 1980.
Amm.	Ammianus Marcelinus. Römische Geschichte. Lat. und dt. mit einem Kommentar von W. Seyfahrt. 1. Teil – Buch 14-17, 5. durchges. Auflage Berlin 1983.
App.	Appianos: Römische Geschichte – rhomaika. Appian von Alexandria. Übers. von Otto Veh. Durchges., eingeleitet u. erl. von Kai Brodersen. München 1987.
Arist.	Ailios (Aelius) Aristides: de laudibus urbis Romae. Die Romrede des Aelius Aristides. Hrsg., übers. u. mit Erl. vers. von R. Klein. Darmstadt 1983.
Aur. Vict. de caes.	Aurelius Victor: de caesaribus. Hrsg., übers. und erl. von K. Gross-Albenhausen und M. Fuhrmann. Darmstadt 1997.
Caes. bell. Gall.	Giaus Iulius Caesar: de bello Gallico. Der Gallische Krieg. Lat.-Dt. Hrsg. v. O. Schönberger. München/Zürich 1990.
Cass. Dio	L. Claudius Cassius Dio Cocceianus. Römische Geschichte. Übers. von O. Veh. Mit einer Einf. von Hans Jürgen Hillen. Düsseldorf 2007.
Cic. dom.	Marcus Tullius Cicero: de domo sua.
Dion. Hal.	Dionysios Harlikanassos: antiquitates Romanae.

Dion. Per.	Dionysios Periegetes: periegesis tes oikumenes. Das Lied von der Welt. Dionysios von Alexandria. Zweisprachige Ausg. von K. Brodersen. Hildesheim/Zürich/New York 1994.
Fest.	Sexti Pompei Pesti de verborum significatu quae supersunt cum Pauli epitome. Editit W.M. Lindsay. Nachdruck der Ausgabe von 1913. Stuttgart 1953.
Frontin. strat.	Sextus Iulius Frontinus: Kriegslisten. Lat. u. Dt. von G. Bendz. Berlin 1963.
Frontin. de agr.	Sextus Iulius Frontinus: De agrorum Qualitate. In: CAMPBELL (2000).
Fronto	M. Cornelii Frontonis: Epistulae. Ed. Michael P. J. van den Hout. Leipzig 1988.
Gai.	Gaius: Institutiones. Hrsg., übers. und kommentiert von U. Manthe. Darmstadt 2004.
HA	Historia Augusta. Römische Herrschergestalten. Bd. 1 von Hadrianus bis Alexander Severus. Eingel. u. übers. von E. Hohl. Zürich/München 1976.
Herodian	Herodian. C. R. Whittaker (Übers.): Herodian. With an English translation. 2 Bde., London 1969.
Liv.	Titus Livius: ab urbe condita.
Mela	Pomponius Mela: de chorographia. Hrsg. v. Kai Brodersen. Kreuzfahrt durch die alte Welt. Darmstadt 1994.
Maudi	Al-Masudi: Les prairies d'or. Übers. B. de Meynard und P. de Countrelle. Bd. 1. Paris 1962.
Ov. fast.	P. Ovidius Naso. Die Fasten. Hrsg., übers., komm. v. F. Bömer. Bd. 1. Heidelberg 1957.
Plat.	Platon: politeia. Der Staat. Eingel. und übers. v. K. Vretzka. Stuttgart 1971.
Plin. ep./paneg.	C. Plinius Caecilius Secundus (minor): epistulae/panegyricus.
Plin. nat. hist.	C. Plinius Caecilius Secundus (maior): naturalis historia.
Pol.	Polybios: Historien. Übers., Anm. und Nachw. von K. F. Eisen. Stuttgart 1990.
Ptol. geogr.	Klaudois Ptolemaeus: Geographia.
Sen.	Lucius Annaeus Seneca: Die kleinen Dialoge. Lat. - Dt. Hrsg., übers. und mit einer Einführung versehen v. G. Fink. 2 Bd. München, Zürich 1992/1993.
Sen. nat.	Lucius Annaeus Seneca: naturalis questiones. Übers. und hrsg. von O. und E. Schönberger. Stuttgart 1998.
Sen. de brev. vit.	Lucius Annaeus Seneca: de brevitate vitae. Von der Kürze des Lebens. Lat./Dt. Übers. und hrsg. von J. Felix. Ditzingen 2000.
Stat.	Statius. Silvae. Übers. u. erl. von H. Wissmüller. Neustadt/Aisch 1990.
Strab.	Strabon: Geographica. Übers. von A. Forbiger. Wiesbaden 2005.
Suet.	C. Suetonius Tranquillus: Die Kaiserviten – De vita Caesarum/Berühmte Männer – De viris illustribus. Lateinisch-deutsch hrsg. und übers. von Hans Martinet. 2., verb. Aufl. Düsseldorf u.a. 2000.
Tac. Agr.	P. Cornelius Tacitus: de vita et moribus Iulii Argicola liber. Lat./Dt. Hrsg. von E. Heller. Mit einer Einf. von M. Fuhrmann. München/Zürich 1991.
Tac. hist.	P.Cornelius Tacitus: Historien: lat./dt. Übers. und hrsg. von H. Vretska. Stuttgart 1995.

Tac. ann.	P. Cornelius Tacitus: Annalen. Übers. von E. Heller. Düsseldorf/Zürich 2005.
Tac. Germ.	P. Cornalius Tacitus: Germania. Hrsg. und übers. von A. Städele. Düsseldorf/Zürich 2001.
Varro l. l.	M. Terentius Varro: de lingua latina. Goetz, G./Schoeller, F. Stuttgart 1910.
Vell.	C. Vellius Paterculus:Historia Romana. Übers. und hrsg. von M. Giebel. Stuttgart 1992.
Veg. mil.	Publius Flavius Vegetius Renatus: de rei militaris. Abriß des Militärwesens. lat. und dt. Mit Einl., Erl. und Indices von F. L. Müller
Verg. Aen.	P. Vergilius Maro: Aeneis. Lat. – dt. in Zusammenarbeit mit M. Götte hrsg. und übers. von Joh. Götte. Mit einem Nachw. von B. Kytzler. München/Zürich 1994.
Vitr.	Vitruvius: De architectura, libri decem. C. Fensterbusch, Übers. mit Anm. zu Vitruv. Darmstadt 1978.

Literatur

Die Limeskongresse seit 1949

Kurztitel	Titel
Limes I	Congress of Roman Frontier Studies 1, 1949, Newcastle-upon-Tyne. Durham 1949.
Limes II	International Congress of Roman Frontier Studies 2, 1955, Deutsch Altenburg. Graz 1956.
Limes III	Limes-Studien. Vorträge des 3. Internationalen Limes-Kongresses in Rheinfelden/Basel 1957. Schriften des Inst. F. Ur- und Frühgeschichte der Schweiz 14. Basel 1959.
Limes IV	Tocik, A./Jenö, F.: Limes Romanus Konferenz Nitra. Nitra 1960.
Limes V	Congressus Internationalis Limitis Romani Studiosorum – International Congress of Roman Frontier Studies. – Zagreb 1961. Jugoslavenska Akad. Znanosti i Umjetnosti. Zagreb 1963.
Limes VI	International Congress of Roman Frontier Studies 6. 1964 in Arnoldshain. Bonner Jahrbücher 19. Köln/Graz 1967.
Limes VII	Roman Frontier Studies 1967. The procceeings of the Seventh International Congress held at Tel Aviv. Tel Aviv 1971.
Limes VIII	Birley, Eric (Hrsg.): Roman Frontier Studies 1969. International Congress of Roman Frontier Studies 8 – 1969 in Cardiff. Cardiff 1974.
Limes IX	Actes du IXe Congrès international D'Etudes sur les Frontières Romaines. Mamaïa, 6-13 September 1972. Ed. par D.M. Pippidi. Bucarest/Köln/Wien 1974.
Limes X	Haupt, D. /Horn, H. G. (Hrsg.): Studien zu den Militärgrenzen Roms: Vorträge des 10. Internationalen Limeskongresses in der Germania Inferior in Xanten 1977. Bonner Jahrbücher Bd. 38. Bonn/Stuttgart 1977.

Limes XI	Jenö, Fitz (Hrsg.): International Congress of Roman Frontier Studies 11, 1976 in Ungarn, Székesfehérvár. Budapest 1977.
Limes XII	Roman Frontier studies 1979. 12th International Congress of Roman Frontier Studies. Sterling. British Archaeological Report 71. Oxford 1980.
Limes XIII	XIII. Internationaler Limeskongress: Aalen, 18. bis 25. September 1983 ; ein Bericht/von Bernhard Hildebrand. [Hrsg.: Landratsamt Ostalbkreis] Aalen 1986.
Limes XIV	Akten des 14. Internationalen Limeskongresses 1986 in Carnuntum – International Congress of Roman Frontier Studies 14, 1986, Deutsch Altenburg; Petronell. Wien 1986.
Limes XV	Roman Frontier Studies 1989. Edited by Valerie A. Maxfield and Michael J. Dobson. Proceedings of the XVth International Congress of Roman Frontier Studies held at Canterbury in 1989. Exeter 1991.
Limes XVI	Roman Frontier Studies 1995. Proceedings of the XVIth International Congress of Roman Frontier Studies. Ed by W. Groenman – van Waateringe, B.B. van Beek, W.J.H. Willems, S.L. Wynia. Oxford 1997.
Limes XVII	N. Gudea, N. (Hrsg.): Roman Frontier Studies 1997. Proceedings of the XVIIth Internat. Congress of Roman Frontier Studies. Zalau 1999.
Limes XVIII	Limes XVIII. Proceedings of the XVIIIth International Congress of Roman Frontier Studies held in Amman, Jordan (September 2000). A conference held under the auspices of the Department of Antiquities of the Hashemite Kingdom of Jordan, The Council for British Research in the Levant and the Department of Archaeology at the University of Liverpool. Volume I and II. Edited by Philip Freeman, Julian Bennett, Zbigniew T. Fiema and Birgitta Hoffmann. (BAR International Series 1084 I/II) Oxford 2002.
Limes XIX	Zolt, Visy (Hrsg.): Limes XIX. Proceedings of the XIXth International Congress of Roman Frontier Studies. Pécs, Hungary, September 2003, Pécs 2005.
Limes XX	A. Morillo - N. Hanel - E. Martín (Hrsg.) Limes XX. XX Congresso Internacional des Estudios sobre la Frontera Romana. XXth International Congress of Roman Frontier Studies, Léon (Espana), Septiembre, 2006. Gladius Anejos 13. Madrid 2009.
Limes XXI	60th Anniversary 2009 in Newcastle.
Limes XXII	September 2012 in Bulgarien.

A

Alföldi (1949)	Alföldi, A.: Die ethische Scheidegrenze am Limes. In: Schweizer Beiträge zur allgemeinen Geschichte 8. Basel 1950. S. 37-50.
Alföldi (1962)	Alföldi, A.: Ager Romanus antiquus. In: Hermes 90 (1962). S. 187-213.
Alföldi (1967)	Alföldi, A.: Studien zur Geschichte der Weltkrise des 3. Jahrhunderts nach Christus. Darmstadt 1967.

ALFÖLDI (1970)	Alföldi, A.: Die monarchische Repräsentation im römischen Kaiserreiche. 3. Aufl., Darmstadt 1970.
ALFÖLDI (1977)	Alföldi, A.: Das frühe Rom und die Latiner. Darmstadt 1977.
ALFÖLDY (1994)	Alföldy, G.: Hadrian als magister der fraters Arvales. CIL VI 970. In: ZPE 100 (1994) S. 464-468.
ALFÖLDY (2004)	Alföldy, G.: Die lineare Grenzziehung des vordern Limes in Obergermanien und die Statthalterschaft des Gaius Popilius Carus Pedo. In: Schallmayer (2004), S. 7-20.
ALFÖLDY (2006)	Alföldy, G.: Römische Strategie und Außenpolitik. In: Grenzen des Imperium Romanum. Mainz 2006.
ALUŠÍK (2006)	Alušík, T: Prähistorische Defensivarchitektur auf Kreta. In: Forum Archaeologiae 39/VI/2006 (http://farch.net).
ANDO (2000)	Ando, C.: Imperial Ideology and Provincial Loyalty in the Roman Empire. Berkeley/Los Angeles/London 2000.
ANDREUSSI (1999)	Andreussi, M.: s. v. Pantheon. In: LTUR 4 (1999), S. 96-105.
ANTE (1981)	Ante, U.: Politische Geographie. Braunschweig 1981.
ASSMANN (1991)	Assmann, A.: Kultur als Lebenswelt und Monument. In: Assmann/ Harth (1991) S. 11-25.
ASSMANN (1992)	Assmann, J.: Das kulturelle Gedächtnis. München 1992.
ASSMANN/HARTH (1991)	Assmann, A./Harth, D. (Hrsg.): Mnemosyne – Formen und Funktion der kulturellen Erinnerung. Frankfurt 1991.
ASSMANN/HÖLSCHER (1988)	Assmann, J./Hölscher, T. (Hrsg.): Kultur und Gedächtnis. Frankfurt 1988.
AURIGEMMA (1966)	Aurigemma, S.: Die Hadriansvilla bei Tivoli. Tivoli 1966.

B

BAATZ (1966)	Baatz, D.: Zur Geschützbewaffnung römischer Auxiliartruppen in der frühen und mittleren Kaiserzeit. In: BJ 166 (1966), S. 194-207.
BAATZ (1966A)	Baatz, D.: Kastell Hesselbach. Limesforschungen Bd. 12. Berlin 1966.
BAATZ (1971)	Baatz, D.: Zum archäologischen Nachweis eines Alemanneneinfalles am obergermanischen Limes unter Elegabal. In: BJ 171 (1971), S. 377-385.
BAATZ (1974)	Baatz, D.: Zur Grenzpolitik Hadrians in Obergermanien. In: Roman Frontier Studies 1969. Cardiff 1974. S. 112-124.
BAATZ (1976)	Baatz, D.: Die Wachttürme am Limes. Stuttgart 1976.
BAATZ (1997)	Baatz, D.: Rhenus transeundus est – Rom überschreitet den Rhein. Antike Schriftquellen und archäologische Spurensuche in Hessen. In: Kommission für Archäologie und Landesforschung Hessen: Berichte der Komm. 4, . 1996/1997 (1997), S. 37-52.
BAATZ (2000)	Baatz, D.: Der römische Limes. Archäologische Ausflüge Zwischen Rhein und Donau. 4. Auflage Berlin 2000.

BAATZ (2003) Baatz, D.: Rez. Wooliscroft, D.J.: Roman Military Signalling. 2000. In: Germania 81/2 (2003), S. 648.

BAATZ (2007) Baatz, D.: Zur Funktion der Kleinkastelle am Obergermanischen Limes. In: Thiel, A.: Forschungen zur Funktion des Limes. Stuttgart 2007. S. 9-25.

BÄCHTOLD-STÄUBLI (1930) Bächtold-Stäubli, H. (Hrsg.): Grenze, Rain; Grenzstein. In: Handwörterbuch des Deutschen Aberglaubens. Bd. 3. Berlin/Leipzig 1930/1931. Sp. 1137-1157.

BANKS (1996) Banks, M.: Ethnicity. Anthrophological Constructions. London 1996.

BARADEZ (1949) Baradez, J.: Fossatum Africae. Vue-aérienne de l'organisation romain dans le Sud-Algérien. Paris 1949.

BARCELO (1995) Barceló, P.: Zur Mentalität des antiken Stadtbewohners. In: Die Alte Stadt. Bd. 22 (1995), S. 51-64.

BARKER (1996) Barker, G./Gilbertson, D./Jones, B./Mattingly, D.: Farming the Desert. The UNESCO Lybian Valleys Archaelogical Survey. Vol. I: Synthesis. Vol. II: Gazetteer and Pottery. Paris, Tripoli, London 1996.

BARNES (1985) Barnes, T. D.: Tertullian: A Historical and Literary Study. Oxford 1985.

BARTLETT/ MACKAY (1996) Bartlett, R./ Mackay, A. (Ed.): Medieval Frontier Societies. Oxford 1996.

BAUDY (1998) Baudy, D.: Römische Umgangsriten. Eine ethologische Untersuchung der Funktion von Wiederholung für religiöses Verhalten. Religionsgeschichtliche Versuche und Vorarbeiten 43. Berlin, New York 1998.

BECHERT (1999) Bechert, T.: Die Provinzen Roms. Mainz 1999.

BECHERT/WILLEMS (1995) Bechert, T./Willems, W. J. H. (Hrsg.): Die römische Reichsgrenze zwischen Mosel und Nordseeküste. Stuttgart 1995.

BECK/PLANCK (1980) Beck, W./Planck, D.: Der Limes in Südwestdeutschland. Stuttgart 1980.

BEHR (1973) Behr, C. A.: The Panathenaic Oration and Defence of Oratory. Aristides in Four Volumes, I. Text and Translation by C.A. Behr. London/ Cambridge 1973.

BEHRENDS (1992) Behrends, O.: Bodenhoheit und privates Bodeneigentum im Grenzwesen Roms. In: Die römische Feldmeßkunst. Interdisziplinäre Beiträge zu ihrer Bedeutung für die Zivilisationsgeschichte Roms. Okko Behrends und Luigi Capogrossi-Colognesi (Hrsg.). Göttingen (Abh-Gött Phil.-hist.Kl. 3.Folge. 193.) 1992. S. 192-284.

BEIER (2002) Beier, M.: Das Müzwesen des Römischen Reiches. Regenstauf 2002.

BELLERS (2000) Bellers, J.: Außenpolitik und Geistesgeschichte: Von Aristoteles bis zur Gegenwart. Publikationen der Uni/GH Nr. 43 (Rote Reihe) Siegen 2000.

BELLEN (1986) Bellen, H.: Die Weltreichsidee Hadrians. In: Forschungszeitschrift der Universität Mainz 1986. S. 5-16.

BELLEN (1997)	Bellen, H.: Politik, Recht, Gesellschaft. Studien zur Alten Geschichte. Stuttgart 1997.
BENDER (2004)	Bender, St.: Die Doppelpalisade am Limes im Vorfeld des Kastells Arnsburg. In: Schallmayer (2004), S. 47-54.
BENDLIN (2001)	Bendlin, A.: s.v. Romulus, in: DNP 10, Sp. 1130-1133.
BENGTSON (1965)	Bengtson, H.: Griechische Geschichte. Von den Anfängen bis in die römische Kaiserzeit. I 3, 4. München 1965.
BENGTSON (1995)	Bengtson, H.: Römische Geschichte. München 1995.
BENJAMIN (1963)	Benjamin, A. S.: The Altars of Hadrian in Athens and Hadrian's Panhellenic Programm. In: Hesperia Vol. 32, 1 (1963), S. 57-86.
BENNETT (1990)	Bennett, J.: The Setting, Development and Function of the Hadrianic Frontier in Roman Britain. Newcastle 1990.
BENNETT (2000)	Bennett, J.: Trajan. Optimus Princeps. 2nd Ed. London 2001.
BERGER (1966)	Berger, H.: Geschichte der wissenschaftlichen Erdkunde bei den Griechen. Unver. photomech. Nachdruck d. 2. verbes. u. erg. Aufl. Leipzig 1903. Berlin 1966.
BERGER/LUCKMANN (1977)	Berger, P./Luckmann, Th.: Die gesellschaftliche Konstruktion der Wirklichkeit. Frankfurt 1977.
BERGGREN (2002)	Berggren, J. L.: Ptolemy's maps as an introduction to ancient science. In: Science and mathematics in ancient Greek culture. C. J. Tuplin and T. E. Rihll (Edd.). Oxford 2002. S. 36-55.
BERTHOLD (1959)	Berthold, H.: Aulus Gellius: Auswahl und Aufgliederung seiner Themen. Leipzig 1959.
BERTRAND (1997)	Bertrand, A.C.: "Stumbling through Gaul: maps, intelligence, and Caesar's Bellum Gallicum", In: Ancient History Bulletin 11, (1997)., S. 107-122.
BERVE (1966)	Berve, H.: Gestaltende Kräfte der Antike. 2. stark erw. Aufl. hrsg. v. Ed. Buchner u. R. Franke. München 1966.
BICHEL (1937)	Bichel, E.: Lehrbuch der Geschichte der römischen Literatur.
BIDWELL (1997)	Bidwell, P. T.: Roman Forts in Britain. London 1997
BIDWELL (2004)	Bidwell, P.: Roman 'barbed wire' on Hadrian's Wall. Current Archaeology 195. (2004), S. 109-113.
BIRLEY (1956)	Birley, E.: Hadrianic Frontier Policy. In: E. Swoboda (Ed.): Vorträge beim 2. intern. Kongress der Altertumsforscher Carnuntum 1955. Graz, Köln 1956. S. 25-33.
BIRLEY (1967)	Birley, A. R.: Roman Frontier Policy under Marcus Aurelius. In: Roman Frontier Studies 1967. Tel Aviv 1971. S. 7-13.
BIRLEY (1979)	Birley, A. R.: Die Außen- und Grenzpolitik unter der Regierung Marc Aurels. In: Marc Aurel. Hrsg. v. R. Klein (WdF 550). Darmstadt 1979. S. 473-502.

Birley (1997)	Birley, A. R.: Hadrian and Greek Senators. In: ZPE 116 (1997) S. 209-245.
Birley (1997)	Birley, A. R.: Hadrian – The restless Emperor. London, New York 1997.
Birley (1999)	Birley, A. R.: s.v. Hadrianswall, in: RGA Bd. 13 (1999), Sp. 268-271.
Birley (1999a)	Birley, A. R.: s.v. Hadrian, in: RGA Bd. 13 (1999), Sp. 267f.
Birley (2002)	Birley, A. R.: Fifty years of Roman frontier studies. In: Limes XVIII. 2002. S. 1-12.
Birley (2003)	Birley, A. R.: Hadrian's travels. In: The representation and perception of Roman imperial power. Proceedings of the third workshop of the international network »Impact of empire (Roman empire, c. 200 B. C. – A. D. 476)«. Netherlands Institute in Rome, march 20 – 23, 2002. Lukas de Blois, Paul Erdkamp, Olivier Hekster, Gerda de Kleijn, Stephan Mols (Edd.): Impact of empire. Roman Empire 3. Amsterdam 2003. S. 425-441.
Birley (2006)	Birley, A. R.: Hadrian – Der rastlose Kaiser. Darmstadt 2006.
Birt (1913)	Birt, Th.: Römische Charakterköpfe. Ein Weltbild in Biographien. Marburg 1913.
Bleicken (1998)	Bleicken, J.: Der Preis des Aelius Aristides auf das römische Kaiserreich. In: Ders.: Gesammelte Schriften II. Stuttgart 1998. S. 901-953.
Blume/Lachmann/ Rudorff (1848)	Blume, F./Lachmann, K./Rudorff, A. (Hrsg.): Die Schriften der römischen Feldvermesser. Vol. 1 Berlin 1848.
Blumenthal (1952)	Blumenthal, A. v.: Pomerium. In: RE XXI, 2 Sp. 1862-1867. Stuttgart 1952.
Boatwright/ Gargola/Talbert	Boatwright, M. T./Gargola, D. J./Talbert, R. J.A.: The Romans. From Village to Empire. A History of Ancient Rome from Earliest Times to Constantine. Oxford/New York 2004.
Boatwright (1987)	Boatwright, M. T.: Hadrian and the City of Rome. Princeton 1987.
Boatwright (2000)	Boatwright, M. T.: Hadrian and the Cities of the Roman Empire. Princeton 2000.
Bodmer (1988)	Bodmer, M.: Die Bedeutung der Textüberlieferung – Vorwort. In: Hunger/Stegmüller/Erbse et al.: Die Textüberlieferung der antiken Literatur und der Bibel. ²München1988.
Boesler (1984)	Boesler, K.-H.: Politische Geographie. Stuttgart 1984.
Bogaers/Rüger (1974)	Bogaers, I. E./Rüger, C. B.: Der niedergermanische Limes: Materialien zu seiner Geschichte. Köln 1974.
Boggs (1940)	Boggs, S. W.: International Boundaries: A Study of Boundary Functions and Problems. New York 1940.
Bollansee (1994)	Bollansee, J.: P.Fay 19. Hadrian's Memoirs, and imperial Epistolary Autobiography. In: AncSoc 24 (1994) S. 279-302.
Bollnow (2000)	Bollnow, O. F.: Mensch und Raum. 9. Aufl. Stuttgart 2000.

Bosl (1977)	Bosl, K.: Johann Turmair, gen. Aventinus aus Abensberg in seiner Zeit. In Zeitschrift für bayrische Landesgeschichte Bd. 40, Heft 2/3 (1977). S. 325-340.
Bosworth (1976)	Bosworth, A.: Vespasian's Reorganisation of the North-East Frontier. In: Antdthan 10 (1976). S. 63-78.
Bowden (1977)	Bowden, M. J.: The great American desert in the American Mind: the histography of a geographical notion. In: Geography of the Mind 1977.
Bowersock (1965)	Bowersock, G. W.: Augustus and the Greek World. 1965.
Bowersock (1969)	Bowersock, G. W.: Greek Sophists in the Roman Empire. Oxford 1969.
Bowersock (1976)	Bowersock, G. W.: Limes Arabicus. In: HSCP 80 (1976) S. 219-229.
Bowersock (1994)	Bowersock, G. W.: Roman Arabia. Cambridge 1994.
Bowman (2000)	Bowman, A.: Life and Letters on the Roman Frontier. Vindolanda and its people. London 1994.
Brand (1984)	Brand, D. C.: Rome and the friendly King. The character of Client Kingship. London 1984.
Braudel (1990)	Braudel, F.: Das Mittelmeer und die mediterane Welt in der Epoche Philipps II. Übersetzt nach der 4. durchges. u. berichtigten Ausgabe 1979. Frankfurt 1990.
Braun (1984)	Braun, R.: Die Anfänge der Erforschung des rätischen Limes. Stuttgart 1984.
Braun (1986)	Braun, R.: Die Erforschung der „Teufelsmauer" in Württemberg bis 1890. In: Fundberichte aus Baden-Württemberg 10 (1986) S. 37-75.
Braun (1991)	Braun, R.: Frühe Forschungen am obergermanischen Limes in Baden-Würtemberg. Stuttgart 1991.
Braund (1986)	Braund, D. C.: The Caucasian Frontier: Myth, Exploration and the Dynamics of Imperialism. In: The Defence of the Roman and Byzantine East. Proceedings of a colloquium held at the university of Sheffield in april 1986. Ed. By Philip Freeman and David Kennedy. BAR International Series 297. S. 31-49.
Breeze (1982)	Breeze, D.: The northern Frontier of Britain. London 1982.
Breeze (1984)	Breeze, D.: Demand and Supply on the northern Frontier. In: R. Miket, C. Burgess (Ed.): Between and beyond the Walls. Edinburgh 1984. S. 264-286.
Breeze (1991)	Breeze, D.: The Frontier in Britain 1984-1989. In Roman Frontier Studies 1989: 15th International Congress of Roman Frontier Studies. Exeter 1991.
Breeze (2007)	Breeze, D.: Roman Scotland. Glasgow 2007.
Breeze/Dobson (1993)	Breeze, D.J./Dobson, B.: Roman Officers and Frontiers. Mavors Roman Army Research X. Stuttgart 1993.

BREEZE/DOBSON (2000) Breeze, D.J./Dobson, B.: Hadrian's Wall. 4th Ed. London 2000.

BREEZE/JILEK (2005) Breeze, D./Jilek, S.: Strategy, tactics, operation – How did frontiers actually work? In: Limes XIX. S. 141-146.

BREEZE/JILEK (2008) Breeze, D. /Jilek, S.(Eds.): Frontiers of the Roman Empire. The European Dimension of a World Heritage Site. Edinburgh 2008.

BREIDECKER (2000) Breidecker, V.: Rom. Ein kulturgeschichtlicher Führer. Ditzingen 2000.

BREWSTER (1997) Brewster, H.: The River Gods of Greece. Myths and Mountain –Waters in the Hellenic World. London/New York 1997.

BRIEFS (1939) Briefs, G. A.: Limes Germanicus: Bridge and Frontier: Part One: In: The Review of Politics, Vol. 1, No. 3 (Jul., 1939), S. 261-274. Part Two: In: The Review of Politics, Vol. 1, No. 4 (Oct., 1939), S. 444-456.

BRINCKEN (1992) Brinken, A.-D. v. d.: Finis terrae: Die Enden der Erde und der vierte Kontinent auf den mittelalterlichen Weltkarten. (MGH Bd. 36) Hannover 1992.

BRODERSEN (1987) Brodersen, K.: Appian von Alexandria, Römische Geschichte, I.Teil: Die römische Reichsbildung, übers. v. O.Veh. (Bibliothek der griechischen Literatur 23) Stuttgart 1987.

BRODERSEN (1993) Brodersen, K.: Appian und sein Werk. In: Aufstieg und Niedergang der Römischen Welt II 34. 1. Berlin, New York 1993. S. 339-363.

BRODERSEN (1994A) Brodersen, K.: Pomponius Mela. Kreuzfahrt durch die Alte Welt [= De chorographia, lateinisch und deutsch mit Erläuterungen]. Darmstadt 1994.

BRODERSEN (1994B) Brodersen, K.: Dionysios von Alexandria, Das Lied von der Welt [= Dionysios Periegetes, Oikuménes Periégesis, griechisch und deutsch mit Erläuterungen]. Hildesheim, Zürich, New York 1994.

BRODERSEN (1998) Brodersen, K.: Das römische Britannien: Spuren seiner Geschichte. Darmstadt 1998.

BRODERSEN (2003) Brodersen, K.: Terra Cognita. Studien zur römischen Raumerfassung. 2., durchgesehene Aufl. Hildesheim/New York 2003.

BRODERSEN (2006) Brodersen, K.: Die Geographie Europas im römischen Denken. In: G. Klose (Red.): Grenzen des Römischen Imperiums. Mainz 2006. S. 28-29, 188.

BRODERSEN/TALBERT (2003) Brodersen, K./Talbert, R.: Space in the Roman World. Its Perception and Presentation. Ed. By R.Talbert and K.Brodersen. (Antike Kultur und Geschichte 5) Münster 2003.

BRUNNER (1954/55) Brunner, H.: Die Grenzen von Zeit und Raum bei den Ägyptern. In: AfO 17 (1954/55). S. 141-145.

BRÜTTING (2003) Brütting, R.: Thesen zur Gesellschaftsgeschichte als Mentalitätsgeschichte. In: GPD (2003) S. 87f.

Buchner (1818)	Buchner, A.: Reisen auf der Teufelsmauer. Eine Untersuchung über die Überbleibsel der Römischen Schutz-Anstalten im Jenseits der Donau gelegenen Rhaetien. Nebst einer Abhandlung über den Carls Kanal. Regensburg 1818.
Buchner (1818)	Buchner, A.: Reise auf der Teufelsmauer. Eine Untersuchung über die Überbleibsel der Römischen Schutz-Anstalten im ienseits der Donau gelegenen Rhaetien. Regensburg 1818.
Burgess/Miket (1984)	Burgess, C./Miket, R. (Ed.): Between and beyond the Walls. Edinburgh 1984.
Burian (1977)	Burain, J.: Der Gegensatz zwischen Rom und den Barbaren in der Historia Augusta. In: Eirene 15 (1977) S. 55-96.
Burian (1998)	Burian, J.: s.v. Feldvermesser, in: DNP 4, (1998) Sp. 457f.
Burke (1991)	Burke, P.: Offene Geschichte: Die Schule der Annales. Dt. von. M. Fienbork. Berlin 1991.
Burck (1992)	Burck, E.: Das Geschichtswerk des Titus Livius. Heidelberg 1992.
Burton (2000)	Burton, G. P.: the Resolution of Territorial Disputes in the Provinces of the Roman Empire. In: Chiron 30 (2000). S. 195-215.
Burtsch-Bechter (2006)	Burtscher-Bechter, B./Haider, P. W./Mertz-Baumgartner, B./Rollinger, R. (Hg.): Grenzen und Entgrenzungen. Historische und kulturwissenschaftliche Überlegungen am Beispiel des Mittelmeerraums. Würzburg 2006.

C

Camp, J. McK. II (2000)	Walls and the Polis. In: Flensted-Jensen, P./ Nielsen, Th. H./ Rubinstein, L. (Ed.): Polis & Politics. Studies in Ancient Greek History. Copenhagen 2000.
Campbell (1993)	Campbell, B.: War and Diplomacy: Rome and Parthia 31 BC – AD 235, in: J. Rich (Hrsg.):, War and Society in the Roman World, 1993. S. 213-240.
Campbell (2000)	Campbell, B.: The Writings of the Roman Land Surveyors. London 2000.
Camporeale (2003)	Camporeale, G.: Die Etrusker. Geschichte und Kultur. Düsseldorf, Zürich 2003.
Canole/Milns (1983)	Canole, P./Milns, R. D.: Neronian Frontier Policy in the Balkans. In: Historia 32 (1983). S. 82-200.
Capelle (1935)	Capelle, W.: Die Vorsokratiker. Die Fragmente und Quellenberichte. Übersetzt und Eingeleitet v. W. Capelle. Leipzig 1935.
Carandini (1985)	Carandin, A.: Cosa, Villa di Sette- finestre. Milano 1985.
Carandini (1985)	Carandini, A. (Hrsg.): Settefinestre. Una villa schiavistica nell'Etruria romana. Bd. 1: La villa nel suo insieme. Bd. 2: La villa nelle sue parti. Bd. 3: La villa e I suoi reperti. Modena 1985.
Carettoni (1983)	Carettoni, G.: Das Haus des Augustus auf dem Palatin. Mainz 1983.

CAROLL (2003) — Caroll, M.: Römer, Kelten und Germanen. Leben in den germanischen Provinzen Roms. Stuttgart 2003.

CASSATELLA (1999) — Cassatella, A.: s. v. Venus et Roma, aedes. In: LTUR 5, 121-123.

CASSIERES (1994) — Cassieres, E.: Philosophie der symbolischen Formen. Zweiter Teil: Das mythische Denken. Darmstadt 1969.

CASTRITIUS (2000) — Catritius , H.: Die Römer im Odenwald. In: Der Odenwald. Zeitschrift des Breiberg-Bundes. 47. Jg., Heft 3 (2000). S. 87-94.

CHARLES (2007) — Charles, M. B.: Vegetius in Context. Establishing the Date of the Epitome Rei Militaris. Historia Einzelschriften 194. Stuttgart 2007.

CHARLES-PICARD (1962) — Charles-Picard, G.: Nordafrika und die Römer, Stuttgart 1962.

CHERRY (1998) — Cherry, D.: Frontier and Society in Roman North Africa. Oxford 1998.

CHEVALLIER (1989) — Chevallier, R.: Roman Roads. London 1989.

CHIALLET (2004) — Chiallet, G.: Dans la Rome des Césars. Paris 2004.

CHOUQUER (2001) — Chouquer, G.: L'étude des paysages. Essais sur leurs formes et leur histoire. Paris 2001.

CHRIST (1881) — Christ, K.: Die römischen Grenzlinien im Odenwald. In: Zeitschrift für wissenschaftliche Geographie. Bd. II (1881) S. 61-64, 99-103, 137-143.

CHRIST (1959) — Christ, K.: Römer und Barbaren in der hohen Kaiserzeit. In: Saeculum 10 (1959). S. 273-288.

CHRIST (1966) — Christ, K.: Grenzen, Vorfeld und Umwelt des Reiches – Fernhandel und Fernwirkung. In: Saeculum-Weltgeschichte II. 1966. S. 516ff.

CHRIST (1988) — Christ, K.: Geschichte der römischen Kaiserzeit. München 1988.

CHRIST (1991) — Christ, K.: Antike Numismatik. 3., unv. Aufl. Darmstadt 1991.

CLARKE (1991) — Clarke, J.R.: The Houses of Roman Italy. 100 B.C. – 250 A.D.: Ritual, Space and Decoration. Los Angeles 1991.

CLARKE (1999) — Clarke, K.: Between Geography and History. Oxford 1999.

CLASSEN (1986) — Classen, C. J.: Die Stadt im Spiegel der Descriptiones und Laudes urbium. Um ein Nachwort vermehrte 2. Aufl. Hildesheim, Zürich, New York 1986.

CLAUSEWITZ (1993) — Clausewitz, C. v.: Vom Kriege. Buch 6, Kapitel 4. Frankfurt 1993. S. 288-293.

CLAUSS (1999) — Clauss, M.: Kaiser und Gott. Herrscherkult im römischen Reich. Leipzig 1999.

CLAUSS (2001) — Clauss, M.: Das Alte Ägypten. Berlin 2001.

COARELLI (1996) — Coarelli, F.: s. v. Porta Triumphalis, LTUR 3, 1996, 333 f.

COHAUSEN (1884) — Cohausen, C. A. v.: Der römische Grenzwall in Deutschland Militärische und technische Beschreibung des Limes. Mit Nachtrag. Wiesbaden 1884-1886.

COHAUSEN (1885/86)	Cohausen, A. v.: Der römische Grenzwall. In: NassA 19 (1885/86) S. 143.
COLLINGWOOD (1921)	Collingwood, R. G.: Hadrian's Wall: A History of the Problem. In: JRS 11 (1921) S. 37-66.
COOTER (1977)	Cooter, D. J.: Preindustrial Frontiers and Interaction Spehres: Prolegomenon to a Study of Roman Frontier Regions. In: Miller, D. h./ Steffen, J.O. (Eds.): The Frontier: Comperative Studies. Norman 1977.
COULSTON (1988)	Coulston, J. C. N.: Military Equipment and the Identity of Roman Soldiers. (BARIS 394) Oxford 1988.
CREIGHTON/WILSON (1999)	Creigthon, J. D./Wilson, R. J. A. (Eds.): Roman Germany: Studies in Cultural interaction. (JRA Suppl. 32) Portsmouth 1999.
CROW (1983)	Crow, J. G.: The Function of Hadrian's Wall and the Comparative Evidence of Late Roman Long Walls. In: Studien zu den Militärgrenzen Roms III. 13. Internationaler Limeskongreß. Aalen 1983. Vorträge. Stuttgart 1986 (Forschungen und Berichte zur Vor- und Frühgeschichte in Baden-Württemberg. Band 20.) S. 724-729.
CROW (1991)	Crow, J. G.: A Review of Current Research on the Turrets and Curtain of Hadrian's Wall. In: Britannia 22, S. 51-64.
CROW/FRENCH (1980)	Crow, J. G. /French, D. H.: New Research on the Euphrates Frontier in Turkey. In: Roman Frontier Studies 1979. Oxford 1980. S. 903-912.
CUNLIFFE (1988)	Cunliffe, B.: Greeks, Romans and Barbarians. Spheres of Interaction. London 1988.
CUNTZ (1990)	Cuntz, O. (Hrsg.): Itineraria Romana. Bd. 1. Itineraria Antonini Augusti et Burdigalense. 1929; Nachdruck Teubner, Stuttgart 1990.

D

DABROWA (1980)	Dabrowa, E.: Le limes anatolien et la frontière caucasienne au temps des Flaviens. In: Klio 62 (1980), S. 382-388.
DABROWA (1986)	Dabrowa, E.: The Frontier in Syria in the first Century A.D. In: The Defence of the Roman and Byzantine East. Proceedings of a colloquium held at the university of Sheffield in April 1986. Ed. By Philip Freeman and David Kennedy. BAR International Series 297. S. 93-108.
DAHLHEIM (1968)	Dahlheim, W.: Deditio und Societas. München 1968.
DAHLHEIM (1977)	Dahlheim, W.: Gewalt und Herrschaft: Das provinziale Herrschaftsystem der römischen Republik. Berlin 1977.
DAHLHEIM (1998)	Dahlheim, W.: Die Antike. München 1998.
DAHLHEIM (2000)	Dahlheim, W.: Die Wiege Europas. München 2000.
DAHLHEIM (2003)	Dahlheim, W.: Geschichte der römischen Kaiserzeit. 3., überarb. Und erw. Aufl. München 2003.

DANNHEIMER (1992) Dannheimer, H. (Hrsg.): Der römische Limes in Bayern. 100 Jahre Limesforschung. Ausstellungskataloge der Prähistorischen Staatssammlung Band 22. München 1992.

DARK (1992) Dark, K. R.: A Sub-Roman Re-defence of Hadrianswall? In: Britannia 23 (1992) S. 111-120.

DAVERIO (1999) Daverio Rocchi, L.: Grenze. In: Sonnabend, Holger (Hrsg.): Mensch und Landschaft in der Antike. Lexikon der Historischen Geographie. Stuttgart/Weimar 1999.

DEININGER (1988) Deininger, J.: Die Antike Welt in der Sicht Max Webers. Eichstätt 1988.

DEININGER (1997) Deininger, J.: Flumen Albis. Die Elbe in Politik und Literatur der Antike. Hamburg 1997.

DEMHARDT (1997) Demhardt, I. J.: Deutsche Kolonialgrenzen in Afrika. Untersuchungen ausgewählter Grenzräume von Deutsch-Südwestafrika und Deutsch-Ostafrika. Hildesheim 1997.

DETLEFSEN (1886) Detlefsen, D.: Das Pomerium Roms und die Grenzen Italiens. In: Hermes XXI 1886. S. 497-562.

DER LIMES Deutsche Limeskommission (Hrsg.): Der Limes. Nachrichtenblatt der Deutschen Limeskommission. 2006 - .

DEUTSCHE LIMESKOMMISSION (2008) Obergermanisch-Raetischer Limes in Bayern 1 : 50 000: von Mönchsroth bis Eining (Donau). Karte. Regensburg 2008.

DIETZ (1983) Dietz, K.-H.: Kastellum Sabonetum und der Ausbau des rätischen Limes unter Kaiser Commodus. In: Chiron 13 (1983). S. 497-536.

DIETZ (1995) Dietz, K.-H.: Die Blütezeit des römischen Bayern, in: W. Czysz/K.-H. Dietz, et al., Die Römer in Bayern. Stuttgart 1995. S. 108-126.

DILKE (1998) Dilke, O. A. W.: Greek and Roman Maps. London 1998.

DINGES (2002) Dinges, M.: Neue Kulturgeschichte. In: Eibach, J./Lottes, G.: Kompass der Geschichtswissenschaft. Göttingen 2002. S. 179-192.

DINZELBACHER (1993) Dinzelbacher, P. (Hrsg.): Europäische Mentalitätsgeschichte. Stuttgart 1993.

DOBSON (1986) Dobson, B.: The Function of Hadrian's Wall. In: Archaeologica Aeliana 5/14 (1986), S. 1-30.

DONNAN/WILSON (1999) Donnan, H./Wilson, M. Th.: Frontiers of Identity, Nation and State. Oxford 1999.

DOPSCH (1961) Dopsch, A.: Wirtschaftliche Grundlagen der europäischen Kulturentwicklung aus der Zeit von Caesar bis auf Karl d. Großen, Teil 1. Aalen 1961². (Neudruck der Ausgabe v. 1923)

DROGULA (2007) Drogula, F. K.: Imperium, potestas und the pomerium in der Römischen Republik. In: Historia (56) 2007. S. 412-452.

DÜLMEN (2001) Dülmen, R. van: Historische Anthropologie. Köln 2001².

DUMAYNE (1994) Dumayne, L.: The Effect of the Roman Occupation on the Enviroment of Hadrian's Wall. In: Britannia 25 (1994). S. 217-224.

DÜRR (1881) Dürr, J.: Die Reisen des Kaisers Hadrian, Wien 1881.

DYSON (1971) Dyson, S. L.: Native Revolts in the Roman Empire. In: Historia 20 (1971). S. 239-274.

DYSON (1974) Dyson, S. L.: The Role of Comparative Frontier Studies in Understanding the Roman Frontier. In: Limes IX 1974. S. 277-283.

DYSON (1985) Dyson, S. L.: The Creation of Roman Frontier. Princeton 1985.

E

EADIE (1986) Eadie, J. W.: The Evolution of the Roman Frontier in Arabia. The Defence of the Roman and Byzantine East. P. K. Freedman. Oxford, British Archaeological Reports. S. 243-253.

EBERHARDT (1991) Eberhardt, N.: Rez. Daverio Rocchi: Frontiera e confini uella frecia antica. In: Gnomon, Bd. 63/1 (1991), S. 62-64.

ECK (1998) Eck, W.: Provinz – Ihre Definition unter politisch-administrativem Aspekt. In: Eck, W.: Die Verwaltung des römischen Reiches in der Hohen Kaiserzeit. Bd. 2. Reinhardt, Basel 1998. S. 167-185.

ECK (1990) Eck, W.: Terminationen als administratives Problem: Das Beispiel der nordafrikanischen Provinzen. In: Mastino, A. (Hrsg.): L'Africa romana. Sassari 1990.

ECK (2001) Eck, W.: Die Provinzen. In: Fischer, Th. (Hrsg.): Die römischen Provinzen. Eine Einführung in ihre Archäologie. Darmstadt 2001. S. 42-53.

ECK (2001A) Eck, W.: Roma Caput Mundi. The Eternal City as Monument and Idea: the Elite of the Empire in the Public Space of the Capital, Rome. The 6th Syme Memorial Lecture delivered at Victoria University of Wellington, 21.3.2001. Wellington 2001.

ECK/FOERSTER (1999) Eck, W./Foerster, G.: Ein Triumphbogen für Hadrian im Tal von Beth Shean bei Tel Shalem. In: JRA 12 (1999) S. 217-238.

ECO (1991) Eco, U.: Semiotik. Entwurf einer Theorie der Zeichen. 2. korr. Aufl. München 1991.

EISNER (1979) Eisner, M.: Zur Typologie der Mausoleen des Augustus und den Hadrian. In: MDAI 86 (1979) S. 319-329.

ELIADE (1957) Eliade, M.: Das Heilige und das Profane. Hamburg 1957.

ELLIS (2000) Ellis, S.P.: Roman Housing. London 2000.

ELSNER (2000) Elsner, J.: The Itineriaium Burdigalense: Politics and Salvation in the Geography of Constantine's Empire. In: JRS 90 (2000) S. 181-195.

ELTON (1996) Elton, H.: Frontiers of the Roman Empire. London 1996.

ENGEL (1917) Engel, E.: Sprich Deutsch! Ein Buch zur Entwelschung. ^{2}Leipzig 1917.

ENGELS (1996) Engels, J.:Die Hypomnhmata-Schriften und die Anfänge der Politischen Biographie und Autobiographie in der griechischen Literatur. In: ZPE 96 (1993) S. 19–36.

Esch (1972)	Esch, A.: Limesforschung und Geschichtsvereine. Romanismus und Germanismus, Dilettantismus und Facharchäologie in der Bodenforschung des 19. Jahrhunderts, in: Geschichtswissenschaft und Vereinswesen im 19. Jahrhundert. Beiträge zur Geschichte historischer Forschung in Deutschland (Veröffentlichungen des Max-Planck-Instituts für Geschichte 1), Göttingen 1972. S. 163ff.
Euzennat (1989)	Euzennat, M.: Le Limes de Tingitane. Paris 1989.
Ewin (2000)	Ewin, A.: Hadrian's Wall. A social and Cultural History. Lancaster 2000.

F

Faber/Naumann (1995	Faber, R./Naumann B. (Hrsg.): Literatur der Grenze – Theorie der Grenze. Würzburg 1995.
Fabricius (1926)	Fabricius, E.: s.v. Limes, in: RE XIII, Sp. 572-671.
Falter (1999)	Falter, R.: Natur als Landschaft und als Gott. Fluß- und Berggötter in der Spätantike. In: Sieferle, R. P./ Breuninger, H. (Hrsg.): Natur-Bilder. Wahrnehmungen von Natur und Umwelt in der Geschichte, Frankfurt am Main/New York, S. 137-179.
Fears (1981)	Fears, J. R.: The cult Virtues and Roman Imperial Ideology. In: ANRW II, 17.2, S. 841.
Fears (1981)	Fears, J. R.: The Cult of Jupiter and Rome in Imperial Ideology. In: ANRW II, 17, 1. S. 3-141.
Febvre (1928)	Febvre, L.: Frontiers. In : Revue de synthése historique. 48. Suppl. Paris (1928).
Febrve (1938)	Febvre, L.: Une vue d'ensemble. Histoire et psychologie. (1938). In: Ders.: Combats pour l'histoire. Paris 1953. S. 207-220
Febvre (1988)	Febvre, L.: Das Gewissen des Historikers. Übers. u. hrsg. v. U. Raulff Berlin 1988.
Feest (1996)	Feest, Chr. F.: Die Grenze als Standort der Ethnologie. In: Zeitschrift für Ethnologie 122 (1996), S. 121- 130.
Fentress (1979)	Fentress, E.: Numidia and the Roman army. Oxford 1979.
Fentress (2000)	Fentress, E. (Hrsg.): Romanization and the city. Creation, Transformations, and Failures. Proceeding of a conference held at the American Academy in Rome to celebrate the 50th anniversity of the excavation at Cosa 14-16 May 1998. Portsmouth 2000.
Ferris (2000)	Ferris, I.M.: Enemies of Rome: Barbarians Through Roman Eyes. London 2003.
Fields (2003)	Fields, N.: Hadrian's Wall AD 122-410. Oxford 2003.
Filzinger (1980)	Filzinger, Ph.: Hic saxa loquuntur – Hier reden die Steine. Kl. Schriften zur Kenntnis der römischen Besatzungsgeschichte Südwestdeutschland Nr. 25. Stuttgart 1980.

FINDLATER (2002) Findlater, G.: Limes arabicus, via militaris and resource control in southern Jordan. In: Limes XVIII. S. 137-152.

FISCHER (1949) Fischer, E.: On Boundaries. In: World Politics (1948-1949), Vol. I, S. 196-222.

FISCHER (1999) Fischer, Th.: Zum Einfluß des Militärs auf die zivile Besiedlung in den Nordwestprovinzen des römischen Reiches. In: Hesberg, Henner von (Hrsg.): Das Militär als Kulturträger in römischer Zeit. Köln 1999.

FISHWICK (1978) Fishwick, D.: The Development of provincial Ruler Worship in the western Roman Empire. In: ANRW II, 16 (1978) S. 1201-1253.

FISCHER/ULBERT (1983) Fischer, Th./Ulbert, G.: Der Limes in Bayern von Dinkelsbühl bis Eining. Stuttgart 1983.

FISCHER (2008) Fischer, Th.: Der römische Limes in Bayern: Geschichte und Schauplätze entlang des UNESCO-Welterbes. Regensburg 2008.

FLACH (1985) Flach, D.: Einführung in die römische Geschichtsschreibung. Darmstadt 1985.

FLAIG (1993) Flaig, E.: Kampf um die soziale Zeit – in der römischen Antike. In: Historische Anthropologie (1993) S. 280-285.

FLAIG (2001) Flaig, E.: Wie man mit Gesten zwingt. Der Einsatz des Emotionalen in der Politik des antiken Rom. In: Sozialwissenschaftliche Informationen Heft 3 2001 – Emotionen und Politik. S. 72-83.

FLENSTED-JENSEN (2000) Flensted-Jensen, P./Nielsen, Th. H./Rubinstein, L. (Ed.): Polis & Politics. Studies in Ancient Greek History. Copenhagen 2000.

FLORSCHÜTZ (1894) Florschütz, B.: Der Limes im Taunus. In: NassA 26 (1894) S. 148.

FORELLI (1982) Forelli, G. et al.: Limes. In: Dizinario Epigraphico iv, tasc. 41-43/1-2, 4 (1982-85).

FORTMANN (1966) Fortmann, D.: Studien zur Gestaltung der Lieder Heinrichs von Morungen. Tübingen 1966.

FORNI (1987) Forni, G.:„Limes": nozioni e nomenclature. In: Sordi, Marta (Hrsg.): Il confine nel mondo classico. Contributo dell'Istituto di storia antica 13. Mailand 1987. S. 272-294.

FÖRTSCH (1993) Förtsch, R.: Archäologischer Kommentar zu den Villenbriefen des Jüngeren Plinius. Mainz 1993.

FOWLER (1899) Fowler, W. W.: Terminalia. The Roman Festivals. 1899. S.324-327.

FREEMAN/KENNEDY (1986) Freeman, P./Kennedy, D.: The Defence of the Roman and Byzantine East: Proceedings of a Collogium held at the University of Sheffield in April 1986, 2 Vols. Oxford 1986.

FREIS (1984) Freis, H.: Historische Inschriften zur römischen Kaiserzeit. Darmstadt 1984.

FRENCH French, D. H.: New Research on the Euphrates Frontier: Supplementary Notes 1 and 2. In: AFRBA, S. 79-101.

FRERE (1980) Frere, S. S.: The Flavian frontier in Scotland. Scottish Archaeological Forum 1 (1980) S. 89-97.

FRIJHOFF (1991) Frijhoff, W.Th.M.: Kultur und Mentalität: Illusion von Eliten? In: Österreichische Zeitschrift für Geschichte 2/1991. S. 7-33.

FRIJHOFF (1991) Frijhoff, W.: Kultur und Mentalität: Illusion von Eliten? In: Österreichische Zeitschrift für Geschichte 2/1991.

FÜNDLING (2006) Fündling, J.: Kommentar zur Vita Hadriani der Historia Augusta. Bonn 2006.

FUNKE (2000) Funke, P.: Grenzfestungen und Verkehrsverbindungen in Nordost-Attika. Zur Bedeutung der attisch-boiotischen Grenzregion um Dekeleia. In: Flensted-Jensen (2000). S. 121-132.

FUSHÖLLER (1979) Fushöller, D.: Tunesien und Ostalgerien in der Römerzeit. Zur historischen Geographie des östlichen Atlasafrikas vom Fall Karthagos bis auf Hadrians Limesbau. Bonn 1979.

G

GALESTIN (2005) Galestin, M.: Barriers for Barbarians? In: Limes XIX. S. 221-226.

GALLAZI/KRAMER (1998) Gallazi, C./Kramer, B.: Artemidor im Zeichensaal. Eine Papyrusrolle mit Text, Landkarte und Skizzenhandbüchern aus späthellenistischer Zeit. In: APF 44 (1998), S. 189-208.

GALSTERER (1976) Galsterer, H.: Herrschaft und Verwaltung im republikanischen Italien: d. Beziehungen Roms zu d. ital. Gemeinden vom Latinerfrieden 338 v. Chr. bis zum Bundesgenossenkrieg 91 v. Chr. München 1976.

GALSTERER (1996) Galsterer, H.: s.v. Coloniae, in: DNP 3, Sp. 84f.

GALSTERER (1999) Galsterer, H.: Das Militär als Träger der lateinischen Sprach- und Schriftkultur. In: Hesberg, H. v. (Hg): Das Militär als Kulturträger in römischer Zeit. (Schriften des Archäologischen Instituts der Universität zu Köln). Köln 1999. S. 37-50.

GARDNER (1996) Gardner, J. F.: Hadrian and the social legacy of Augustus. In: Labeo 42.1 (1996) S. 83-100.

GAUER (1985) Gauer, N.: Säulenmonimente in Rom und Europa. In: Bungert, H. (Hrsg.): Das antike Rom und Europa. Die Kaiserzeit und ihre Nachwirkungen. Vortragsreihe der Universität Regensburh Bd. 12. Regensburg 1985. S. 53-86.

GEBERT (1910) Gebert, W.: Limes. Untersuchungen zur Erklärung des Wortes und zu seiner Anwendung. Freiburg i.B. 1910.

GEERTZ (1995) Geertz, C.: Dichte Beschreibung. Beiträge zum Verstehen kultureller Systeme. Übersetzt v. : Luchesi und R. Bindemann. Frankfurt 1995.

GEHRKE (2004) Gehrke, H.-J.: Identität und Alterität. In: Wirbelauer, E. (Hrsg.): Oldenbourg Geschichte Lehrbuch: Antike. München 2004. S. 362-376.

GEIGER (1967) Geiger, Th.: Die soziale Schichtung des deutschen Volkes. Soziographischer Versuch auf statistischer Grundlage. [2]Darmstadt 1967.

GENSER (1990)	Genser, K.: Der Donaulimes in Österreich. Aalen 1990.
GERNENTZ (1918)	Gernentz, W.: Laudes Romae. Rostock 1918.
GESTRICH (1998)	Gestrich, A./Krauss, M. (Hrsg.): Migration und Grenze. Stuttgart 1998.(= Stutt. Beitr. z. hist. Migrationsforschung Bd. 4)
GIANFILLIPO (1983)	Gianfilippo, C.: Das Haus des Augustus auf dem Palatin. Mainz 1983.
GIBBON (1987)	Edward Gibbon, The History of the Decline and Fall of the Roman Empire, ed. Paul Korshin. New York 1987.
GIBSON (1932)	Gibson, W.: The Vallum Crossings. Newcastle upon Tyne 1932.
GILLAM/MANN (1970)	Gillam, J. P./Mann, J.C.: The northern British frontier from Antoninus Pius to Caracalla. Archaeologia Aeliana 4/48, (1970) S. 1-44.
GIRADET (1993)	Giradet, K. M.: „Traditionalismus" in der Politik des Oktavian/Augustus – mentalitätsgeschichtliche Aspekte. – In: Klio 75 (1993) S. 202-218.
GIRADET (2000)	Girardet, K.M.: Bundesstaaten im antiken Griechenland und das römische Imperium als „supranationale" Ordnung – Modelle für ein vereintes Europa von morgen ? In: Marti, R. (Hg.), Europa. Traditionen – Werte – Perspektiven. Beiträge zu einer Ringvorlesung der Philosophischen Fakultät der Universität des Saarlandes im Sommersemester 1999. St. Ingbert 2000. S. 13-48.
GLADIKOW (1992)	Gladikow, B.: Audi Iuppiter, Audite Fines. Religionsgeschichtliche Einordnung von Grenzen, Grenzziehungen und Grenzbestätigungen. In: Behrends, Okko/ Capogrossi, Luigi (Hrsg.): Die römische Feldmesskunst. Göttingen 1992.
GOETZ (1980)	Goetz, H.-W.: Orosius und die Barbaren. In: Historia 29 (1980) S. 356-376.
GOLDMANN (1988)	Goldmann, B.: Einheitlichkeit und Eigenständigkeit der Historia Romana des Appian. Hildesheim 1988.
GORBIG (1936)	Goerbig, W.: Der römische Grenzwall. Limes Romanus. Sonderdruck aus der Neuwieder Zeitung. Neuwied 1936.
GOTTLIEB (1989)	Gottlieb, G.: Gottlieb: Raumordnung im Römischen Reich. Zur regionalen Gliederung in den gallischen Provinzen, in Rätien, Noricum und Pannonien. München 1989.
GRAF (1997)	Graf, D.F.: Rome and the arabian Frontier. From the Nabataeans to the Saracens. Aldershot 1997.
GRAF (1998)	Graf, D.F.: s.v. Janus, in: DNP 5, Sp. 859-860.
GRAICHEN (2009)	Graichen, G.: Limes: Roms Grenzwall gegen die Barbaren. Frankfurt 2009.
GREEN/PERLMAN (1985)	Green, S. W./Perlman, S. (ed.): The Archaeology of Frontiers and Boundaries. London 1985.
GREGOROVIUS (1851)	Gregorovius, F.: Geschichte des Kaisers Hadrian und seiner Zeit. Königsberg 1851.

GREGORY/KENNEDY (1985) | Gregory, S./Kennedy, D.: Sir Aurel Stein's Limesreport. BAR International Series 272. Oxford 1985.

GRIES (1995) | Gries, R.: „Ins Gehirn der Masse kriechen!": Werbung und Mentalitätsgeschichte. Darmstadt 1995.

GROSS-ALBENHAUSEN/ FUHRMANN (2002) | Groß-Albenhausen, K./Fuhrmann, M. (Hrsg. und Übers.): S. Aurelius Victor: Die römischen Kaiser. Liber de Caesaribus. 2. Aufl. Darmstadt 2002.

GRUBEN (1976) | Gruben, G.: Die Tempel der Griechen 2. überar. u. erw. Aufl. München 1976.

GRÜNEWALD (2001) | Grünewald, Th. (Hrsg.): Germania inferior. Besiedlung, Gesellschaft und Wirtschaft an der Grenze der römisch-germanischen Welt. (ergänzungsbände zum Reallexikon der Germanischen Altertumskunde, Bd. 28). Berlin 2001.

GSCHNITZER (1994) | Gschnitzer, F.: Zur Terminologie der Grenze und des Gebietes im Griechischen. In: Olshausen/Sonnabend (1994). S. 21-34.

GUDEA (1977) | Gudea, N.: Der Limes Dakiens und die Verteidigung der obermoesischen Donaulinie von Trajan bis Aurelian. In: ANRW II, 6 (1977) S. 849-887.

GÜNTHER (2005/6) | Günther, W.: Konkurrenz für Olympia (?). Wie man Olympionike werden konnte, ohne in Olympia gesiegt zu haben., In: Aventinus. Die Historische Internetzeitschrift von Studenten für Studenten [aventinus antiqua Nr. 3 (Winter 2005)], http://www.aventinus-online.de/no_cache/persistent/artikel/7712/ [Letzter Aufruf am 06.12.2010]

GUTSFELD (1989) | Gutsfeld, A.: Römische Herrschaft und Widerstand im Nordafrika: militärische Auseinandersetzungen Roms mit den Nomaden. Stuttgart 1989.

H

HAAS (2006) | Haas, J.: Die Umweltkrise des 3. Jahrhunderts im Nordwesten des Imperium Romanum. Interdisziplinäre Studien zu einem Aspekt der allgemeninen Reichskrise im Bereich der beiden Germaniae sowie der Belgica und der Raetia. (Geographica Historica 22) Stuttgart 2006.

HABICHT (1985) | Habicht, Chr.: Pausanias und seine „Beschreibung Griechenlands". München 1985.

HAENSCH (1997) | Haensch, R.: Capita provinciarum: Statthaltersitze in der römischen Kaiserzeit. (Kölner Forschungen Bd. 7) Mainz 1997.

HAFFNER/SCHNURRBEIN (2000) | Haffner, A./Schnurbein, S. v. (Hrsg.): Kelten, Germanen, Römer im Mittelgebirgsraum zwischen Luxemburg und Thüringen. Akten des Internationalen Kolloquiums zum DFG-Schwerpunktprogramm „Romanisierung" in Trier vom 28. bis 30. September 1998. Bonn 2000.

HALBWACHS (1991) | Halbwachs, M.: Das kollektive Gedächtnis. Frankfurt 1991.

HALBWACHS (2002) | Halbwachs, M.: Soziale Morphologie. Ausgewählte Schriften. Hrsg. und aus dem franz. Übersetzt v. St. Egger. Konstanz 2002.

HALES (2003) Hales, S.: The roman House and social Identity. Cambrigde 2003.

HALFMANN (1986) Halfmann, H.: Itinera principium. Geschichte und Typologie der Kaiserreisen im Römischen Reich. Stuttgart 1986.

HALFMANN (2002) Halfmann, H.: Zu Tacitus' ‚Agricola' als Dokument römischer Herrschaftsauffassung. In: Ehrhardt, N./Günther, L.-M. (Hrsg.): Widerstand – Anpassung – Integration. Die griechische Staatenwelt und Rom. Festschrift Deininger. Stuttgart 2002. S. 255-263.

HÄNGER (2001) Hänger, Chr.: Die Welt im Kopf. Raumbilder und Strategie im Römischen Kaiserreich. Göttingen 2001.

HANNESTAD (1988) Hannestad, N.: Roman Art and imperial policy. Aarhus 1988.

HANSALL (1983) Hassall, M.: The building of the Antonine Wall. In: Britannia 14 (1983) S. 262-264.

HANSSELLMANN (1768)' Hanßellmann, Christian Ernst: Beweiss, wie weit der Römer Macht, in den mit verschiedenen teutschen Völkern geführten Kriegen, auch in die nunmehrige Ost-Fränkische, sonderlich Hohenlohische, Lande eingedrungen, dargestellt aus denen noch nicht bekannt gewesenen merkwürdigen römischen Monumenten und Ueberbleibseln; Nebst einer historischen Beschreibung der unterschiedlichen teutschen Völker, als gewesenen Inwohnern jetzgedachter Landen selbiger Zeit bis auf Ankunft der Franken. Schwäbisch Hall 1768

HARDIE (1998) Hardie, A.: Juvenal, Domitian and the accession of Hadrian. In: BICS 42 (1997-98) S. 117-144.

HARLEY (2001) Harley, J. B.: The New Nature of Maps. Essays in the History of Cartography. Ed. By P. Lexton/ J.H. Andrews. Baltimore 2001.

HARTSHORNE (1936) Hartshorne, R.: The Nature of Geography. Baltmore 1936.

HARVEY (1975) Harvey, D.: Philosophie und Methodologie in der Geographie. In: Winkler (Hrsg.): Probleme der Allgemeinen Geographie. WdF 299. Darmstadt 1975. S. 393-400. Engl. Orginal: Explanation in Geography. London 1969, S. 3-8. Übersetzt von Ruth Wullschleger und Paul Durrer.

HASELBERGER (1995) Haselberger, L.: The Rotunda in Rome – A Study of Hadrian's Pantheon. Paris 1995.

HAUBRICHS/SCHNEIDER (1994) Haubrichs, W./Schneider, R. (Hrsg.): Grenzen und Grenzregionen. Frontières et régions frontalières. Borders and Border-Regions. Saarbrücken 1994.

HAUPT (1885) Haupt, H.: Der römische Grenzwall in Deutschland nach der neueren Forschungen: mit besonderer Berücksichtigung Unterfrankens geschildert. Würzburg 1885.

HEIDEGGER (1960) Heidegger, M.: Sein und Zeit. Tübingen 1960.

HEILIGMANN (1990) Heiligmann, J.: Der Alblimes: ein Beitrag zur Besetzungsgeschichte Südwestdeutschlands. Stuttgart 1990.

HEIMBERG (1976) Heimberg, U.: Römische Landvermessung. Limitatio. Stuttgart 1976.

HEIMBERG (1998) Heimberg, U.: Was bedeutet „Romanisierung“ ? Das Beispiel Niedergermanien, in: Antike Welt 29 (1998) S. 19-40.

HEIMPEL (1972) Heimpel, H.: Geschichtsvereine einst und jetzt. In: Boockmann, H. u.a.: Geschichtswissenschaft und Vereinswesen im 19. Jahrhundert. Göttingen 1972.

HEINRICH (2010) Heinrich, P.: Perspektiven der Limesforschung. 5. Kolloquium der Deutschen Limeskommission. Beiträge zum Welterbe Limes Bd. 5. Stuttgart 2010.

HEKSTER (2003) Hekster, O.: Commodus – An Emperor at the Crossroads. Amsterdam 2003.

HELLER (1993) Heller, W.: Politische Grenzen und Grenzräume aus anthropogeographischer Sicht. In: Weisbrod, Bernd (Hrsg.): Grenzland. Beiträge zur Geschichte der deutschen Grenze. Hannover 1993. S. 173-193.

HENDERSON (1923) Henderson, B. W.: The Life and Principate of the Emperor Hadrian London 1923.

HERZ (1978) Herz, P.: Kaiserfeste der Prinzipatszeit. In: ANRW II 16.2, (1978) S. 1135-1200

HERZ (1985) Herz, P.: Zeugnisse römischen Schiffbaus in Mainz. Die Severer und die expeditio Britannica, Jahrbuch des Römisch-Germanischen Zentralmuseums 32, 1985, 422-435.

HERZOG (1900) Herzog, R.: Kritische Bemerkungen zu der Chronologie des Limes. In: Bonner Jahrbücher 105 (1900) S. 50-77.

HESBERG (1995) Hesberg, H. v. (Hg.): Was ist eigentlich Provinz ? Zur Beschreibung eines Bewußtseins. (Schriften des Archäologischen Instituts der Universität zu Köln). Köln 1995. S. 73-92.

HEUBNER (1963-82) Heubner, H. /Fauth, W.: P. Cornelius Tacitus. Die Historien, Buch 1–5. Kommentar. 5 Bde. Heidelberg 1963–1982.

HEUBNER (1984) Heubner, H.: Kommentar zum Agricola des Tacitus. Göttingen 1984.

HEURGON (1951) Heurgon, J.: The Amiens Patera. In: JRS 41, (1951) S. 22-24.

HIDBER (2006) Hidber, Th.: Herodians Darstellung der Kaisergeschichte nach Marc Aurel. (Schweizerische Beiträge zur Altertumswissenschaft, Bd. 29) Basel 2006.

HILDEBRANDT (2001) Hildebrandt, B.: Der Limes als Kulturgrenze. In: Barceló, P./Rosenberger, V. in verb. Mit Dotterweich, V. (Hrsg.): Humanitas – Beiträge zur antiken Kulturgeschichte. Festschrift für G. Gottlieb z. 65 Geb. München 2001. S. 97-106.

HILL (2004) Hill, P.R.: The Construction of Hadrian’s Wall. British Archaeological Report (British Series) 375, Oxford 2004.

HILTON (1904) Hilton, J.: The Pfahlgraben and Saalburg in Germany. Academic Journal Offprint from – Archaeological Journal 1903-04.

HODKIN (1882) Hodkin, Th.: The Pfahlgraben. An Essay towards a Description of the Barrier of the Roman Empire between the Danube and the Rhine. Reprinted from the "Archaeologia Æliana" Newcastle-on-Tyne 1882.

HOFMANN (2003) Hofmann, St-L./Kocka, J./Bauernkämper, A.: Geselligkeit und Demokratie: Vereine und zivile Gesellschaft im transnationalen Vergleich 1750-1914. Göttingen 2003.

HOLFORD-STEVENS (2004) Holford-Strevens, L. (Hrsg.): The worlds of Aulus Gellius. Oxford 2004.

HOLFORD-STREVENS (2005) Holford-Strevens, L.: Aulus Gellius. An Antonine scholar and his achievement. Oxford 2005.

HÖLKESKAMP (1996) Hölkeskamp, K.-J.: Exempla und mos maiorum. Überlegungen zum kollektiven Gedächtnis der Nobilität. In: Hans-Joachim Gehrke, H.-J./Möller, A. (Hrsg.): Vergangenheit und Lebenswelt. Soziale Kommunikation, Traditionsbildung und historisches Bewußtsein. (ScriptOralia. 90.) Tübingen 1996. S. 301-338.

HÖLSCHER (1987) Hölscher, T.: Römische Bildsprache als semantisches System. Abhandlungen der Heidelberger Akademie der Wissenschaften, Philosophisch-Historische Klasse 2. Heidelberg 1987.

HOLUM (1992) Holum, K. G.: Hadrian and Caesarea: An Episode in the Romanisation of Palestine. In: AncW 23.1 (1992) S. 51-61.

HOLUM (1997) Holum, K. G.: Iter Principis: Hadrian's Imperial Tour. In: BiblArchR 23.6 (1997) S. 50-51, 71.

HOLZHAUSEN (2000) Holzhausen, J.: Hadrians nous und seine animula. In: RhM 143.1 (2000) S. 96-109.

HORSLEY/KEARSLEY (1998) Horsley, G. H. R./Kearsley, R.A.: Another Boundary Stone between Tymbrianassos and Sagalassos in Pisidia. In: ZPE 121 (1998) S. 123-129.

HORSTER (1997) Horster, M.: Literarische Zeugnisse kaiserlicher Bautätigkeit. Eine Studie zu Baumassnahmen in Städten des Römischen Reiches während des Prinzipats. (Beiträge zur Altertumskunde, Bd. 91) Stuttgart/Leipzig 1997.

HOWEGO/HEUCHERT/BURNETT (2005) C. Howgego, C./Heuchert, V./Burnett, A.: Coinage and Identity in the Roman Provinces. Oxford 2005.

HÜBNER (2000) Hübner, W.: Geographie und verwandte Wisenschaften. Geschichte der Naturwissenschaften in der Antike Bd. 2. Stuttgart 2000.

HUSS (1998) Huß, W.: s.v. Fossa Regia, in: DNP 4 (1998) Sp.625.

HUSSERL (1913) Husserl, Ed.: I deen zu einer reinen Phänomenologie und phänomenologischen Philosophie. Erstes Buch: Allgemeine Einführung in die reine Phänomenologie Halle a. d. S. 1913.

HUSSERL (1936) Husserl, Ed.: Die Krisis der europäischen Wissenschaften und die transzendentale Phänomenologie. Hrsg. v. Elisabeth Ströker, 3. Aufl. Hamburg 1996.

I

IRELAND (1996)	Ireland, S.: Roman Britain. A Sourcebook. ²London 1996.
IRMSCHER (1996)	Irmscher, J.: Die Begründung der Limesforschung in Deutschland. In: Römische Forschungen in Niederösterreich Bd. V. Graz/Köln 1996. S. 137-145.
ISAAC (1988)	Isaac, B.: The meaning of the Terms Limes and Limitanei. In: JRS 78 (1988) S. 125-147.
ISAAC (1990)	Isaac, B., The Limits of Emprie. The Roman Army in the East. Oxford 1990.

J

JACKSON (2002)	Jackson, R. B.: At the Empire's Edge: Exploring Rome's Egyptian Frontier. Yale 2002.
JAHNKUHN (1977)	Jankuhn, H.: Siedlung, Wirtschaft und Gesellschaftsordnung der germanischen Stämme in der Zeit der römischen Angriffskriege. In: ANRW II, 5, 1. Berlin & New York 1977. S. 65-126.
JEHNE (1999)	Jehne, M.: Subsidiarität und Friedenssicherung im römischen Imperium, in: Wissenschaftliche Zeitschrift der TU Dresden 48/4, 1999. S. 4-8.
JEHNE (2006)	Jehne, M./ Pfeilschifter, R. (Hgg.): Herrschaft ohne Integration? Rom und Italien in republikanischer Zeit. Frankfurt 2006. S.171-206.
JOHNE (1998)	Johne, K.-P.: „Einst war sie ein hochberühmter und wohlbekannter Fluß“: Die Elbe in den Schriften des Tacitus. In: Imperium Romanum. Studien zu Geschichte und Rezeption. Festschrift für Karl Christ zum 75. Geburtstag. Herausgegeben von Peter Kneissl und Volker Losemann. Stuttgart 1998.
JOHNE 2006	Johne, K.-P.: Die Römer an der Elbe. Das Stromgebiet der Elbe im geographischen Weltbild und im politischen Bewusstsein der griechisch-römischen Antike. Berlin 2006.
JOHNSON (1987)	Johnson, A.: Römische *Kastelle* des 1. und 2. Jahrhunderts n. Chr. in Britannien und in den germanischen Provinzen des Römerreiches. Mainz 1987.
JOHNSON (1989)	Johnson, St.: Book of Hadrian's Wall. Bath 1989.
JONES (1968)	Jones, A.H.M.: The dediticii and the Constitutio Antoniniana. In: Studies in Roman Government and Law. Oxford 1968. S. 129-140.
JONES (1996)	Jones, C.P.: The Panhellenion. In: Chiron 26, (1996) S. 29-56.
JORNS (1974)	Jorns, W.: Zur Entwicklung des archäologischen Denkmalschutzes und Denkmalpflege in Hessen. In: Archiv für hessische Geschichte und Altertumskunde Bd. 32 (1974) S. 15-42.

K

Kaerst (1903)	Kaerst, J.: Die Antike Idee der Oekumene in ihrer politischen und kulturellen Bedeutung. Leipzig 1903.
Kaiser (1989)	Kaiser, R.: Der Zaun am Ende der Welt. Roman/Erzählung. Frankfurt 1989.
Kaser (1966)	Kaser, M.: Das römische Zivilprozessrecht. (Handbuch der Altertumswissenschaft, Band X, 3, 4.) München 1966.
Kellnner (1882)	Kellnner, H.: Über die Seele. Tertullians sämtliche Schriften. Köln 1882.
Kemkes/Willburger (2004)	Kemkes, M./Willburger, N.: Der Soldat und die Götter. Römische Religion am Limes. (Schriftenreihe des Limesmuseums Aalen Nr. 56) Stuttgart 2004.
Keppie (1980)	Keppie, L. J. F.: Milefortlets on the Antonine Wall. In: Hanson, and ders. (eds.): Roman Frontier Studies 1979: Papers presented to the 12th International Congress of Roman Frontier Studies. BAR International Series 71. Oxford. 1980. S. 107-112.
Kienast (1980)	Kienast, D.: Zur Baupolitik Hadrians in Rom. In: Chiron 10, 1980. S. 391-412.
Kienast (1996)	Kienast, D.: Römische Kaisertabelle:Grundzüge einer römischen Kaiserchronologie. 2. durchges. u. erw. Aufl. Darmstadt 1996.
Kier (1931)	Kier, H.: De Laudibus Vitae Rusticae. Diss. Phil. Marburg 1931.
Kierdorf (2001)	Kierdorf, W.: s.v. Proconsul, in: DNP 10, Sp.364f.
Kittsteiner (2004)	Kittsteiner, H. D. (Hrsg.): Was sind Kulturwissenschaften? 13 Antworten. Paderborn 2004.
Klee (1989)	Klee, M.: Der Limes zwischen Rhein und Main: vom Beginn des des obergermanischen Limes bei Rheinbrohl bis zum Main bei Grosskrotzenburg. Stuttagart 1989.
Klee (2006)	Klee, M.: Grenzen des Imperiums. Leben am römischen Limes. Stuttgart 2006.
Klee (2009)	Klee, M.: Der römische Limes in Hessen: Geschichte und Schauplätze des UNESCO-Welterbes. Regensburg 2009.
Klein (1968)	Klein, R.: Tertullian und das Römische Reich. Heidelberg 1968.
Klein (1981)	Klein, R.: Die Romrede des Aelius Aristides. Einführung. Darmstadt 1981.
Klein (1983)	Klein, R.: Die Romrede des Aelius Aristides. Herausgegeben, übersetzt und mit Erläuterungen versehen von Richard Klein. Darmstadt 1983.
Kleineberg/Marx/ Knobloch (2010)	Kleineberg, Andreas/Marx, Christian/Knobloch, Eberhard/Lelgemann, Dieter: Germania und die Insel Thule: Die Entschlüsselung von Ptolemaios' „Atlas der Oikumene". Darmstadt 2010.

KLOSE/NÜNNERICH-ASMUS (2006)	Klose, G./Nünnerich-Asmus, A. (Hrsg.): Grenzen des Römischen Reiches Mainz 2006.
KLOTZ (1930)	Klotz, A.: Beiträge zur Analyse des geographischen Kapitels im Geschichtswerk des Orosius In: Charisteria A. Rzach, Reichenberg Stiepel 1930, 120-130.
KNELL (2004)	Knell, H.: Bauprogramme römischer Kaiser. Mainz 2004.
KNEPPE (1994)	Kneppe, A.: Metus temporum: Zur Bedeutung von Angst in Politik und Gesellschaft in der römischen Kaiserzeit des 1. und 2. Jahrhunderts n. Chr. Stuttgart 1994.
KOEPP (1912)	Koepp, F.: Die Römer in Deutschland. Leipzig 1912.
KOESTERMANN (1963-68)	Koestermann, E.: Tacitus. Annalen. 4 Bde., Heidelberg 1963–1968.
KÖNIG (1971)	König, I.: Der Titel 'Proconsul' von Augustus bis Trajan. In: Schweizer Münzblätter 21 (1971) S. 42-54.
KORNEMANN (1905)	Kornemann, E.: Kaiser Hadrian und der letzte große Historiker von Rom. Eine quellenkritische Vorarbeit. Leipzig 1905.
KORNEMANN (1907)	Kornemann, E.: Die neuste Limesforschung. In: Klio 7 (1907) S. 73-118.
KORNEMANN (1939)	Kornemann, E.: Römische Geschichte II. Stuttgart 1939.
KORNEMANN (1980)	Kornemann, E.: Gestalten und Reiche. Essays zur Alten Geschichte. Bremen 1980.
KRAFT (2006)	Eusebius von Caesarea: Kirchengeschichte. Hrsg. Und eingeleitet von Heinrich Kraft. Übers. Von Philipp Haeuser, durchges. Von Hans Armin Gärtner. 5., unveränd. Aufl. (unveränd. Nachdr. Der 3. Aufl., 1989) Darmstadt 2006.
KRAGGERUD (1993)	Kragerud, E.: Hadrian's animula vagula.Diagnosis and Interpretation. In: SO 68 (1993) S. 72-95.
KRAGGERUD (1998)	Kraggerud, E.: Critica (I): On the vita Hadriani in the SHA. In: SO 73 (1998) S.133-138.
KRÄMER (1965)	Krämer, H. J.: Die Sage von R. und Remus in der lateinischen Literatur in: H. Flashar, K. Gaiser (Hrsg.): Synusia. Festschrift f. W. Schadewald, 1965, 355-402.
KRAUSE (2003)	Krause, C.: Villa Jovis: Die Residenz des Tiberius auf Capri. Sonderbände der Antiken Welt. Mainz (2003).
KRELLER (1954)	Kreller, H.: s.v. postliminium. in: RE XXII, 1 (1954) Sp. 863-873.
KREUCHER (2003)	Kreucher, G.: Der Kaiser Marcus Aurelius Probus und seine Zeit. Historia Einzelbände 175. Stuttgart 2003.
KRISTEK (1959)	Kristek, F.: Das Problem der Grenzen am nordpannonischen Limes. In: Tocik (1959) = Limes IV, S. 49-61.
KRISTOF (1959)	Kristof, L. D. K.: The Nature of Frontiers and Boundaries. In: Annals of the Assoc American Geographers 44 (1959). S.269-282.

KUBITSCHEK (1934)	Kubitschek, W.: Studien zur Geographie des Ptolemaios. I. Die Ländergrenzen. Sitzungsber. D. Akademie d. Wiss. Wien Phil.-hist. Klasse, 215. Bd. 5. Abh. Wien/Leipzig 1934.
KUDLIEN (1991)	Kudlien, F.: Sklaven-Mentalität im Spiegel antiker Wahrsagerei. (Forsch. Z. ant. Sklaverei 23) Stuttgart 1991.
KUHLMANN (1994)	Kuhlmann, P.A.: Die Giessener Literarischen Papyri und die Caracalla Erlasse. Edition, Übersetzung und Kommentar. Giessen 1994.
KUHLMANN (2002)	Kuhlmann, P.A.: Religin und Erinnerung: Die Religionspolitik Kaiser Hadrians. Gießen 2002.
KÜHN (1985)	Kühn, W.: Plinus Caecilius Secundus, Caius: Plinius der Jüngere. Lobrede auf den Kaiser Traian. Hrsg., überstetzt und mit Erläuterungen versehen. Darmstadt 1985.
KÜHNERT/RIEDEL/GORDESANI (1995)	Kühnert, B./Riedel, V./Gordesani, R. (Hrsg.): Prinzipat und Kultur im 1. und 2. Jahrhundert. Bonn 1995.
KUHNEN/BECKER (1992)	Kuhnen, H.-P./Becker, B. (Hrsg.): Gestürmt – Geräumt – Vergessen: der Limesfall und das Ende der Römerherrschaft in Südwestdeutschland. Stuttgart 1992.
KULENKAMPF (1991)	Kulenkampf, J.: Notiz über die Begriffe „Monument" und „Lebenswelt". In: Assmann/Harth (1991) S. 26-36.
KUNST (2003)	Kunst, Chr.: Leben und Wohnen in der römischen Stadt. Darmstadt 2003.

L

LANDER (1986)	Lander, J. : Did Hadrian Abandon Arabia? The Defence of the Roman and Byzantine East. P. K. Freeman. Oxford, British Archaeological Reports. S. 447-53.
LATTE (1960)	Latte, K.: Römische Religionsgeschichte. HAW V, 4. München 1960
LATTIMORE (1962)	Lattimore, O.: Studies in Frontier History: collected Papers, 1929-1958. Oxford 1962.
LAURENCE (2001)	Laurence, R.: Territory, Ethnonyms and Geography. The construction of identity in Roman Italy. In: Laurence, R./Berry, J. (Ed.): Cultural Identity in the Roman Empire. London 2001. S. 95-110.
LAURENCE/WALLACE-HADRILL (1997)	Laurence, R./Wallace-Hadrill, A. (Hrsg.): Domestic Space in the Roman World. Pompeii and Beyond. JRA Suppl. 22. London 1997.
LAUTER (1980)	Lauter, H., Ein frühaugusteisches Emblem in den Porticus Octaviae. Bulletino della Commissione Archeologica Comunale di Roma 87. Rom 1980. S. 47-55.
LE BOHEC (1993)	Le Bohec, Y.: Die römische Armee. Von Augustus bis Konstantin d. Gr. Stuttgart 1993.
LE GOFF (1974)	Le Goff, J.: Les mentalites: une histoire ambiguë. In : Ders./Pierre Nora (Hrsg.) : Faire del'histoire. Bd. 3. Paris 1974. S. 74-94.

LEBEGERN (2002)	Lebegern, R.: Zur Geschichte der Sperranlagen an der innerdeutschen Grenze 1945-1990. Erfurt 2002.
LEPPIN (1992)	Leppin, H.: Die Laus Pisonis als Zeugnis senatorischer Mentalität. In: Klio 74 (1992) S. 221-236.
LEVEAU (1993)	Leveau, Ph.: Territorium Urbis. Le Territoire de la Cité Romaine et ses Divisions: Du Vocabulaire aux Réalités administratives. In: Revue des etude anciennes. Bd. 95, 3-4 (1993), S. 459-471.
LEWIS (2001)	Lewis, M. J. T.: Surveying Instruments of Greece and Rome. Cambridge 2001.
LINDNER (1994)	Lindner, R. (Hg.): Die Wiederkehr des Regionalen. Über neue Formen kulturellen Identität. Frankfurt, New York 1994.
LINDSAY (1994)	Lindsay, H.: Suetonius as ab epistulis to Hadrian and the Early History of the imperial Correspondence In: Historia 43.4 (1994) S. 454.
LINDSAY (1994)	Lindsay, Hugh: Suetonius as ab epistulis to Hadrian and the Early History of the imperial Correspondence. In: Historia 43.4 (1994) S. 454.
LINKE (1998)	Linke, B.: s.v. Domus, in: DNP 3, Sp. 762/763.
LIPPOLD (1952)	Lippold, A.: Rom und die Barbaren in der Beurteilung des Orosius. Erlangen 1952.
LIPPOLD (1985/86)	Lippold, A.: Orosius. Die antike Weltgeschichte in christlicher Sicht. 2 Bde. Stuttgart 1985/86.
LÖHBERG (2006)	Löhberg, B.: Das 'Itineriarium Provinciarum AntoniniAugusti".Ein kaiserzeitliches Straßenverzeichnis des römischen Reiches. 2 Bde. Berlin 2006.
LUMMEL (1991)	Lummel, P.: Zielgruppen römischer Staatskunst: die Münzen der Kaiser Augustus bis Traian und die traianischen Staatsreliefs. München 1991.
LUND (1989A)	Lund, A. A.: Versuch einer Gesamtinterpretation der ‚Germania' des Tacitus, mit einem Anhang: Zur Entstehung und Geschichte des Begriffs ‚Germani'. In: ANRW II, 33, 3. S. 1858-1989.
LUND (1989B)	Lund, A. A.: Kritischer Forschungsbericht zur ‚Germania' des Tacitus. In: ANRW II, 33, 3. S. 1989-2222.

M

MACDONALD (1934)	MacDonald, G.: The Roman Wall in Scottland. Oxford 1934.
MACMULLEN (1982)	MacMullen, R.: The epigraphical Habit in the Roman World. In: AJPh 103 (1982) S. 233-246.
MACMULLEN (2000)	MacMullen, R.: Romanization in the Time of Augustus. New Haven/ London 2000.
MANN (1976)	Mann, J. C.: The Frontier of the Principate. In: ANRW II, 1. S. 508-533.
MARTIN (1997)	Martin, J.: Zwei Alte Geschichten. Vergleichende historisch-Untersuchungen zu Griechenland und Rom. In: Saeculum 48 (1997). S. 1-20.

MARTINET (2000) Martinet, H.: C. Tranquillus Sueton: Das Leben der römischen Kaiser. Hrg. von Hans Martinet. 2. Aufl. Düsseldorf 2000.

MATZ (2007) Matz, S.: Befestigung im Nirgendwo. In: Antike Welt Bd. 38 (2007), S. 55-59.

MAYER (1961) Mayer, E.: Römischer Staat und Staatsgedanke. 2. durchges. u. erg. Aufl. Darmstadt 1961.

MAYER (1990) Mayer, E.: Explaining the epigraphic Habit in the Roman Empire: the Evidence on Epitaphs. In: JRS 80 (1990) S. 74-96.

MCDONALD (1929) McDonald, W. F.: Clodius and the Lex Aelia Fufia. In: Journal of Roman Studies, Vol. 19, (1929), S. 164-179.

MCK CAMP (2000) McK Camp, J. II: Walls and the Polis. In: Flensted-Jensen, P./ Nielsen, Th. H./Rubinstein, L. (Ed.): Polis & Politics. Studies in Ancient Greek History. Copenhagen 2000.

MEDICK (1995) Medick, H.: Grenzziehung und die Herstellung des politische sozialen Raumes. Zur Begriffsgeschichte der Grenzen in der Frühen Neuzeit. In: Faber/Naumann (1995). S. 211-224.

MEDICK (2001) Medick, H.: Quo vadis Historische Anthropologie? Geschichtsforschung zwischen Historischer Kulturwissenschaft und Mikro-Historie. In: Historische Anthropologie (2001) S. 78-92.

MEIER (1988) Meier, Chr.: Die politische Kunst der griechische Tragödie. München 1988.

MEIER (2003) Meier, M.: Das andere Zeitalter Justinians. Göttingen 2003.

MELLOR (1981) Mellor, R.: The Goddess Roma. In: ANRW II 17, 2, 1981. S.950-1030.

MIDDELL/SAMMLER (1994) Middell, M./ Sammler, S. (Hrsg.): Alles Gewordene hat eine Geschichte. Die Schule der ANNALES in ihren Texten. Leipzig 1994.

MIELSCH (1987) Mielsch, H.: Die römische Villa. Architektur und Lebensform. München 1987.

MILANI (1987) Milani, C.: Il ‚confine': note linguistiche. In: Sordi, M. (Hrsg.): Il confine nel Mondo classico. Milano 1987.

MILLAR (1982) Millar, Fergus: Emperors, frontiers and foreign relations 31 BC to AD 378. In: Britannia 13 (1982) S. 1-25.

MILLER/STEFFEN (1977) Miller, D. H./Steffen, J. O. (Eds.): The Frontier: Comperative Studies. Norman 1977.

MINGHI (1977) Minghi, J. V.: Boundary studies in political geography. *Annals, Association of American Geographers* 53, 1963, S. 407-428.

MITCHELL (1993) Mitchell, S.: Anatolia. Land Men and God in Asia Minor II. Oxford 1993. S.94 + FN 150.

MITTELSTRASS (1975) Mittelstrass, J.: Methodologische Probleme einer Normativ-Kritischen Gesellschaftstheorie. Frankfurt 1975.

MOL (1976) Mol, H.: Identity and the Sacred. A sketch for a new social-scientific theory of religion. Oxford 1976.

MOMMSEN (1885) — Mommsen, Th.: Der Oberrheinische Limes. Vortrag gehalten in der archäologischen Gesellschaft in Berlin. In: Westdeutsche Zeitschrift für Geschichte und Kunst 4 (1885) S. 43-51.

MOMMSEN (1894) — Mommsen, Th.: Der Begriff des Limes. In: Westdt. Zeitschrift f. Geschichte und Kunst. XIII (1894) S. 132-143.

MOMMSEN (1904) — Mommsen, Th.:Römisches Staatsrecht. 2., unveränd. Nachdr. d. 3. Aufl. Leipzig 1969

MOMMSEN (1905) — Mommsen, Th.: Die Einheitliche Limesforschung. Vortrag gehalten am 50jährigen Stiftungsfest der archäologischen Gesellschaft zu Berlin. 9. Dezember 1890. In: Th. Mommsen, reden und Aufsätze. Berlin 1905.

MOMMSEN (1927) — Mommsen, Th.: Römische Geschichte. Bd.5. Die Provinzen von Caesar bis Diocletian. 10. Aufl. Berlin 1927.

MOMMSEN RSTR — Mommsen, Th.: Rom und das Ausland. In: Ders. Römisches Staatsrecht. Bd. 31. Graz 1952. S. 590-606.

MÖSSINGER (1954) — Mössinger, F.: Die Römer im Odenwald. Heppenheim 1954.

MOODIE (1957) — Moodie, A. E.: The Geography behind Politics. Michigan 1957.

MOSCHEK (2005) — Moschek, W.: Der neue Limes des Hadrian. Zu mentalitätsgeschichtlichen Aspekten und zur Absicht der Sperranlagen auf dem Limes. In: Limes XIX. S. 167-173.

MOSCHEK (2009) — Moschek, W.: The Limes: Between open Frontier and Border Line. In: Fryde, N./Reitz, D. (Eds.): Walls, Ramparts and Lines of Demarcation. Selected Studies from Antiquity to Modern Times. The Shape of War Bd. 1. Berlin 2009. S. 13-29.

MOSCHEK (2010) — Moschek, W.: Hitlers Limes. Der Westwall zwischen Aachen und Freiburg. In: Der Limes. Nachrichtenblatt der Deutschen Limeskommission, 4. Jg. Heft 1 2010, S. 28-31.

MÖSENEDER (1985) — Möseneder, K.: Der römische Circus als Bild der Welt und des Lebens. In: Bungert, H. (Hrsg.): Das antike Rom und Europa. Die Kaiserzeit und ihre Nachwirkungen. Vortragsreihe der Universität Regensburh Bd. 12. Regensburg 1985. S. 207-266.

MOWAT (1885) — Mowat, J. L. C.: A Walk along the Teufelsmauer and the Pfahlgraben. Oxford 1885.

MÜLLER (1995) — Müller, F. L.: Eutropii breviarium ab urbe condita – Eutropius, Kurze Geschichte Roms seit Gründung (753 v. Chr.–364 n. Chr.). Einleitung, Text und Übersetzung, Anmerkungen, Index nominum a) geographicorum b) historicorum. Stuttgart 1995.

MÜLLER (1996) — Müller, F. L. (Hrsg.): Herodian: Geschichte des Kaisertums nach Marc Aurel. Griechisch und deutsch. Mit Einleitung, Anmerkungen und Namenindex. Stuttgart 1996.

MÜLLER (1997) — Müller, K. E.: Geschichte der antiken Etnologie. Reinbek bei Hamburg 1997.

MÜLLER (2007)	Müller, M.: Beziehungsgrenzen der Kurfürsten von Brandenburg. In: Ulrich Knefelkamp, Kristian Bosselmann-Cyran (Hrsg.): Grenze und Grenzüberschreitung im Mittelaler. Göttingen 2007. S. 66-80.
MUNN (1993)	Munn, M.H.: The Defense of Attika: The Dema Wall and the boiotian War of 378-375 B.C. Berkeley/Oxford 1993.
MZIK (1938)	Mzik, H. v.: Theorie und Grundlagen der darstellenden Geographie. (geographika etaghsis I u II Vorwort. Ins Deutsche übertragen und mit Erläuterungen versehen von Hans v. Mzik unter Mitarbeit von Friedrich Höpfner. Wien 1938.

N

NAPOLI (1997)	Napoli, J.: Recheches sur les fortifications linéaires romaines. Rome 1997.
NENNINGER (2001)	Nenninger, M.: Die Römer und der Wald. Untersuchung zum Umgang mit einem Naturraum am Beispiel der römischen Nordwestprovinzen. (Geographica Historica Bd. 16) Stuttgart 2001.
NEUMAIER (1993)	Neumaier, H.: Christian Ernst Hansselmann: zu den Anfängen der Limesforschung in Südwestdeutschland. Stuttgart 1993
NICOLET (1991)	Nicolet, C.: Space, Geography and Politics in the early Roman Empire. Michigan 1991.
NIPPERDEY (1968)	Nipperdey, Th.: Kulturgeschichte, Sozialgeschichte, Historische Anthropologie. In: VSWG 55 (1968) S. 145-164.
NISSEN (1869)	Nissen, H.: Das Templum. Antiquarische Untersuchungen Berlin 1869.
NÖRR (1963)	Nörr, D.: Origo. Studien zur Orts-, Stadt und Reichszugehörigkeit in der. Antike. TRG 31, 1963. S. 525-600.
NÖRR (1965)	Nörr, D.: Imperium und Polis in der hohen Principatszeit. In: Gymnasium 72 (1965) S. 485-499.
NOLLÉ (1998)	Nollé, J.: Akklamationsmünzen des griechischen Ostens unter Septimius Severus und städtische Mentalität. In: Chiron 28 (1998) S. 323-354.
NUBER (1983)	Nuber, H. U.: Limesforschung in Baden-Württemberg. In: Denkmalpflege in Baden-Württemberg 12 (1983) S. 109-112.

O

OLEMANN (1990)	Olemann, F.: Römische Villen im Rheinland. In: Reutti, Fridolin: Die römische Villa. WdF Bd. 192 Darmstadt 1990. S. 172-190. Zuerst erschienen in: AA 43 (1928), Sp. 228-250.
OLIVER (1953)	Oliver, J. H.: The Ruling Power. A study of the Roman Empire in the second Century after Christ through the roman Oration of Aelius Aristides. In: Transactions of the American Philosophical Society, New Series – Vol. 43, 4 (1953).

OLIVER (1968)	Oliver, J. H.: The Civilizing Power. A Study on the Panathenaic Discurse of Aelius Aristides Against the Background of Literature and Cultural Conflict, with Text, Translation, and Commentary. In: Transactions of the American Philosophical Society, New Series – Vol. 58, 1 (1968).
OLIVER (1989)	Oliver, J.: Greek constitutions of early Roman emperors from inscriptions and papyri. American Philosophical Society178. Philadelphia 1989.
OLSHAUSEN/SONNABEND (1994)	Olshausen, E./Sonnabend, H. (Hrsg.): Grenze und Grenzland. 4. Stuttgarter Kolloquium zur historischen Geographie der Alten Welt, 2.-6. Mai 1990. Geographica Historia Bd. 7. Amsterdam 1994.
OPPER (2008)	Opper, Th.: Hadrian - Empire and Conflict. London 2008.
OPPER (2009)	Opper, Th.: Hadiran - Mäzen und Machtmensch. Darmstadt 2009.
ORR (1978)	Orr, D.G.: Roman Domestic Religion: The Evidence of the Household Shrines. In: ANRW II, 16 (1978), S. 1557-1591.
OSTERHAMMEL (1995)	Osterhammel, J.: Kulturelle Grenzen in der Expansion Europas. In: Saeculum 46 (1995) S. 101-138.
OSTERHAMMEL (2001)	Osterhammel, J: Geschichtswissenschaft jenseits des Nationalstaates. Studien zu Beziehungsgeschichte und Zivilisationsvergleich. Göttingen 2001.
OXÉ (1906)	Oxé, A.: Der Limes des Tiberius. In: BJ. 114 (1906) S. 99-133.

P

PAASI (1996)	Paasi, A.: Territories, boundaries, and consciousness: the changing geographies of the Finish-Russian border. Chichester/New York 1996.
PACKER (1997).	Packer, J.: Trajan's Forum: A Study of the Monuments. Los Angeles 1997.
PACKER (2002)	Packer, J.E.: The Forum of Trajan in Rome: A Study of the Monuments in Brief. Los Angeles 2002.
PERL (1981)	Perl, G.: Frontin und der , Limes', in: Klio 63, 1981. S. 563-583.
PHILIPS/GIEBEL (1998)	Philips, H./ Giebel, M.: C. Plinius Caecilius Secundus. Sämtliche Briefe. Lateineisch/Deutsch. Stuttgart 1998.
PICCALUGA (1974)	Piccalunga, G.: Terminus: I segni di confine nelle religione romana. SMSR 9, Quarterni. Rom 1974.
PIEPENBRINK (2003)	Piepenbrink, K. (Hrsg.): Philosophie und Lebenswelt in der Antike. Darmstadt 2003.
PIGANIOL (1962)	Piganiol, A.: Les documents cadastraux de la colonie romaine d'Orange, XVIe supplément à Gallia 1962.
PINA POLO (2004)	Pina Polo, F.: Die nützliche Erinnerung: Geschichtsschreibung, mos maiorum und die römische Identität. In: Historia 2004, Bd. 53 S. 147-172.

PIPPIDI (1974)	Pippidi, D. M. (ed.): Actes du IX Congress International d'etudes sur les Frontiéres Romaines. Bukarest 1974.
PITTS/ST JOSPEHS (1985)	Pitts I., F./St Joseph, J. K.: Inchtuthil: the Roman legionary fortress excavations 1952-65. Gloucester 1985.
PITTS/WORRELL (2003)	Pitts, M./Worrell, S.: 'Dish fit for the gods', British Archaeology (2003), 22-27.
PLANCK (1974)	Planck, D.: Archäologische Ausgrabungen. Stuttgart 1974.
PLANCK (1975)	Planck, D.: Neue Ausgrabungen am Limes. Limesmuseum Aalen 12. Stuttgart 1975.
PLANCK/THIEL (2009)	Planck, D./Thiel, A.: Das Limes-Lexikon: Roms Grenzen von A bis Z. München 2009.
PLATNER (1901)	Platner, S.B.: The pomerium and the roma quadrata. In AJPH XXII, 4 (1901) S. 420-425.
PLATNER/ASHBY (1929)	Platner, S. B./Ashby, T.: A Topographical Dictionary of Ancient Rome. London 1929.
POSNER (1991)	Posner, R.: Kultur als Zeichensystem. Zur semiotischen Explikation kulturwissenschaftlicher Grundbegriffe. In: Assmann/Harth (1991) S. 37-74.
POTTER (1992)	Potter, D.: Empty Areas and Roman Frontier Policy. In: AJPh 113 (1992) S. 269-274.
POTTER (1992)	Potter, D. S.: Empty areas and Roman frontier policy, in: AJPh. American Journal of Philology 113, 1992. S. 269-274.
POTTER (2004)	Potter, D. S.: The Roman Empire at Bay. AD 180–395. London u.a. 2004.
PRAYON (2002)	Prayon, Fr.: s.v. Templum, in: DNP 12/1. (2002) S. 130-131.
PREMERSTEIN (1908)	Premerstein, A.v.: Das Attentat der Konsulare auf Hadrian im Jahre 118 n. Chr. (Klio-Beiheft 8) Leipzig 1908.
PRESCOTT (1978)	Prescott, J. R. V.: Boundaries and Frontiers. London 1978.
PURCELL (2000)	Purcell, C.: Rome and Italy. In: CAH XI² (2000) S. 405-443.

R

RAAFLAUB (1989)	Raaflaub, K.: Die Entstehung des politischen Denkens beiden Griechen. In: HZ 248, (1989), S.1-32.
RADKE (1981)	Radke, J.: Die penates und Vesta in Rom in: ANRW 17, 1, (1981) S. 357.
RANKOV (2005)	Rankov, B.: Do Rivers make good frontiers? In: Limes XIX. S. 175-182.
RAPHAEL (1994)	Raphael, L.: Die Erben von Bloch und Febvre. „Annales"-Geschichtsschreibung und „nouvell histoire" in Frankreich 1945-1980. Stuttgart 1994.
RATZEL (1897)	Ratzel, F.: Politische Geographie. München/Leipzig 1897.

RATZEL (1923)	Ratzel, F.: Politische Geographie. Hrsg. v. E. Oberhummer. 3. Aufl. München, Berlin 1923.
RATZEL (1975)	Ratzel, F.: Anthropogeographie. Nachdruck der 1. Auflage 1882. Darmstadt 1975.
RAULLF/BRUGIERE (1989)	Raullf, U./ Bruguière, A. (Hrsg.): Mentalitäten–Geschichte: zur historischen Rekonstruktion geistiger Prozesse. Berlin 1989.
REBENICH (2002)	Rebenich, St.: Theodor Mommsen: eine Biographie. München 2002.
REUTER (1999)	Reuter, M.: Studien zu den numeri des Römischen Heeres in der Mittleren Kaiserzeit. In: Berichte der RGK 80 (1999) S. 357-501.
RICCOBONO (1968)	Riccobono, S.: ‚Constitutio Antoniniana' d. J. 212 n. Chr. In: FIRA (Fontes Iuris Romani Anteiustiniani) Bd. I (Leges). Florenz 1968.
RIESS (2005)	Riess, W.: Randgruppen: Banditen, Zöllner und andere. In: K. Noethlichs and J. Zangenberg (Ed.), Neues Testament und Antike Kultur. Vol. 2: Familie – Gesellschaft – Wirtschaft, Neukirchen-Vluyn 2005, S. 100-104.
ROESCHEN (1897)	Roeschen, A.: Wanderung durch die nördliche Wetterau. Von Butzbach über Münzenberg u. Arnsburg zum Pfahlgraben. Gießen 1897.
ROHDE/SCHNEIDER 2006	Rohde, D./Schneider, H. (Hrsg.): Hessen in der Antike. Die Chatten vom Zeitalter der Römer bis zur Alltagskultur der Gegenwart. Kassel 2006.
ROMM (1992)	Romm, J. S.: The Edges of the Earth in Ancient Thought: Geography, Exploration, and Fiction. Princeton 1992.
ROSEN (1982)	Rosen, K.: Ammianus Marcellinus. Erträge der Forschung Bd. 183. Darmstadt 1982.
ROSENBERGER (1992)	Rosenberger, V.: Bella et expiditiones. Die antike Terminologie der Kriege in Rom. (HABES 12) Stuttgart 1992.
ROSENBERGER (2001)	Rosenberger, V.: Griechische Orakel. Eine Kulturgeschichte. Darmstadt 2001.
ROUSSEAU (1989)	Rousseau, J.-J.: Kulturkritische und politische Schriften in zwei Bänden. 1. Bd. Berlin 1989.
RUDORFF (1852)	Rudorff, A.F.A.: Die Schriften der römischen Feldvermesser. Zeichnungen. Berlin 1852.
RUFIN (1993)	Rufin, J.-Chr.: Das Reich und die Neuen Barbaren. Berlin 1993.
RÜPKE (1990)	Rüpke, J.: Domi Militae. Die religiöse Konstruktion des Krieges in Rom. Stuttgart 1990.
RÜPKE/GLOCK (2005)	Rüpke, J./Glock, A.: Fasti Sacerdotum: Die Mitglieder der Pristerschaften und das sakrale Funktionspersonal römischer, griechischer, orientalischer und jüdisch-christlicher Kulte in der Stadt Rom von 300 v. bis 499 n. Chr. Teil 2 Biographien. Stuttgart 2005.

RÜSEN (2000) Vom Nutzen und Nachteil der Ethnologie für die Historie. Überlegungen im Anschluss an Klaus E. Müller. In: Schomburg-Scherff, S. (Hrsg.): Die offenen Grenzen der Ethnologie. Schlaglichter auf ein sich wandelndes Fach. Frankfurt 2000. S. 291-309.

RUSCHENBUSCH (1994) Ruschenbuch, E.: Die Grenze im athenischen Recht. In: Olshausen/ Sonnabend (1994), S. 303-308.

S

SAHIN (1993) Sahin, S.: Ein Ehrenmonument für Hadrian und Sabine in Rhodiapolis. In: EA 21 (1993) S. 92.

SAHIN (1994) Sahin, S.: Ein Vorbericht über den Stadiasmus Provinciae Lyciae in Patara. In: Lykia 1 (1994), 130 ff.

SAMBURSKY (1975) Sambursky, S.: Raumvorstellungen in der Antike – von der unendlichen Leer zur Allgegenwart Gottes. In: Brill, E. (Hrsg.): Die Vielheit der Welten. Eranos Jahrbuch 44 (1975) S. 167-198.

SARVEY (1894) Sarvey, D.v. Die Abgrenzung des Römerreiches. –In: Westdt. Zeitschrift f. Geschichte und Kunst. XIII (1894), S. 1-21.

SASSE (1958) Sasse, Ch.: Die Constitutio Antoninana. Eine Untersuchung über den Umfang der Bürgerrechtsverleihung aufgrund des Papyrus Giss. 40 I. Wiesbaden 1958.

SCHADEWALDT (1956) Schadewaldt, W.: Griechische Sternensagen. Frankfurt 1956.

SCHÄFER (2000) Schäfer, N.: Die Einbeziehung der Provinzialen in den Reichsdienst in augusteischer Zeit. Stuttgart 2000.

SCHALLMAYER (1984) Schallmayer, E.: Der Odenwaldlimes. Stuttgart 1984.

SCHALLMAYER (2010) Schallmayer, E.: Der Odernwaldlimes. 2. Auflage. Stuttgart 2010.

SCHALLMAYER (1995) Schallmayer, E.: Der Augsburger Siegesaltar. Zeugnis einer unruhigen Zeit. Begleitheft zur gleichnamigen Sonderausstellung im Saalburgmuseum. Bad Homburg v.d. h. 1995.

SCHALLMAYER (1999) Schallmayer, E. (Hrsg.): Traian in Germanien – Traian im Reich. Saalburg-Schriften 5. Bad Homburg v.d. Höhe 1999.

SCHALLMAYER (2000) Schallmayer, E.: Der Limes in Obergermanien und Raetien bis zum Ende des 2. Jahrhunderts n. Chr., in: Wamser, L. (Hg.), Die Römer zwischen Alpen und Nordmeer. Zivilisatorisches Erbe einer europäischen Militärmacht. Katalog-Handbuch zur Landesausstellung des Freistaates Bayern. Rosenheim 2000. Mainz 2000. S. 64 -74.

SCHALLMAYER (2003) Schallmayer, E.: Der Limes Marköbel und Kaiser Hadrian. Neue wissenschaftliche Erkenntnisse zum Obergermanisch-raetischen Limes und ihre öffentlichkeitswirksame Präsentation. In: Denkmalpflege und Kulturgeschichte H.2 (2003), S. 12-21.

SCHALLMAYER (2006) Schallmayer, E.: Der Limes. Geschichte einer Grenze. München 2006.

SCHALLMAYER (2006A) Schallmayer, E.: Der Obergermanisch-raetische Limes ist Weltkulturerbe. In: Jahrbuch Hochtaunuskreis 2006. S. 9-19.

SCHALLMAYER/ CASTRITUIS (1990)	Schallmayer, E./ Castrituis, H, : Kaiser Julian am obergermanischen Limes in den Jahren 357 bis 359 n. Chr. In: Beiträge zur Erforschung des Odenwaldes und seiner Randlandschaften VI. (1990). Hrsg. im Auftrag des Breuberg-Bundes von W. Wackerfuß. S. 1-16.
SCHALLMAYER/BECKER (2001)	Schallmayer, E./Becker, M.: s.v. Limes, in: RGA Bd. 18 (2001), Sp. 402-443.
SCHALLMAYER/ SCHMIDT (2001)	Schallmayer, E./Schmidt, W.: s.v. Limes, Forschungsgeschichte, in: DNP 15, 1 Sp. 156-170.
SCHEID (1990A)	Scheid, J.: Le collège des Frères Arvales. Étude prosopographique du recrutement (69–304). Rom 1990.
SCHEID (1990B)	Scheid, J.: Romulus et ses frères. Le collège des frères arvales, modèle du culte public dans la Rome des empereurs. École Française de Rome. Rom 1990.
SCHEID (1998)	Scheid, J.: Commentarii fratrum arvalium qui supersunt. Les copies épigraphiques des protocoles annuels de la confrérie avale (21 av. – 304 ap. J.-C.). Avec la collaboration de Paola Tassini et Jörg Rüpke. École française de Rome; Soprintendenza archeologica di Roma; Paris/Roma 1998.
SCHEITHAUER (2000)	Scheithauer, A.: Kaiserliche Bautätigkeit in Rom: Das Echo in der antiken Literatur. Stuttgart 2000.
SCHELIAH, (1931)	Scheliha, R. v.: Die Wassergrenze im Altertum. Breslau 1931.
SCHIEMANN (2000)	Schiemann, G.: s.v. Peregrinus, in: DNP 9, Sp. 540f.
SCHLEIERMACHER (1959)	Schleiermacher, W.: Der Römische Limes in Deutschland. Berlin 1959.
SCHNURRBEIN (1990)	Schnurbein, S. v.: Perspektiven der Limesforschung. In: Der römische Limes in Deutschland: 100 Jahre Reichs-Limeskommision. Hrsg. v. der RGK des DAI und dem Verband der Landesarchäologen in der BRD. Stuttgart 1992.
SCHNURRBEIN (1997)	Schnurrbein, S. v.: Die Organisation des Römischen Heeres und die Struktur des Limes in Germanien. In: Jorgensen, A.N./Clausen, B.L. (Hrsg.). Military Aspects of Skandinavian Society in a European Perspektive. AD 1-1300. Copenhagen 1997. S. 11-17.
SCHÖNBAUER (1931)	Schönbauer, E.: Reichsrecht gegen Volksrecht? Studien über die Bedeutung der Constitutio Antoniana für die römische Reichsentwicklung. Zeits. Sav. Stiftg. 51. 1931 S. 227-335.
SCHÖNBERGER (1985)	Schönberger, H.: Die römischen Truppenlager der frühen und mittleren Kaiserzeit zwischen Nordsee und Inn. In: Berichte der RGK 66 (1985) S. 321-495.
SCHORNDORFER (1997)	Schorndorfer, S.: Öffentliche Bauten hadrianischer Zeit in Kleinasien. Archäologische Untersuchungen. Münster 1997.
SCHUBERT (1993)	Schubert, Ch.: Die Macht des Volkes und die Ohnmacht des Denkens. Studien zum Verhältnis von Mentalität und Wissenschaft im 5. Jahrhundert v. Chr. (Historia Einzelschriften 77) Stuttgart 1993.

SCHUBERT (1996)	Schubert, Ch., Land und Raum in der römischen Republik. Die Kunst des Teilens. Darmstadt 1996.
SCHULTEN (1912)	Schulten, A.: s.v. gromatici, in: RE VII Sp. 1886ff
SCHULTZ (1904)	Schultz, O. T.: Das Leben des Kaisers Hadrian. Leipzig 1904.
SCHULTZ (1987)	Schultz, H.-D.: Pax Geographica. Räumliche Konzepte für Krieg und Frieden in der geographischen Tradition. In: Geographische Zeitschrift 75 (1987) S. 1-22.
SCHUMPETER (1919)	Schumpeter, J.: Zur Soziologie der Imperialismen. (1919) In: Ders.: Aufsätze zur Soziologie. Tübingen 1953.
SCHÜTZ/LUCKMANN (1979)	Schütz, A./Luckmann, Th.: Strukturen der Lebenswelt. Bd. 1. Frankfurt a. M. 1979.
SCHÜTZ/LUCKMANN (1984)	Schütz, A./Luckmann, Th.: Strukturen der Lebenswelt. Bd. 2. Frankfurt a. M. 1984.
SCHWARTZ (1899)	Schwartz, Ed.: s.v. Cassius Dio, in: RE 3, 2 (1899), Sp. 1684–1722.
SCOPRAN (1980)	Scopran, C.: Limes Scythiae: topographical and stratigraphical research on the late Roman fortifications on the lower Danube. (BAR Int. Ser. No. 88) Oxford 1980.
SEELENTAG (2004)	Seelentag, G.: Taten und Tugenden Traians – Herrschaftsdarstellung im Principat. Stuttgart 2004.
SEGAL (1997)	Segal, A.: From Function to Monument. Urban Landscapes pf Roman Palestine, Syria and Provincia Arabia. Oxbow Monograph 66. Oxford 1997.
SELLIN (1985)	Sellin, V.: Mentalität und Mentalitätsgeschichte. In: HZ 241 (1985) S. 555-598.
SETH (1933)	Seth, K.: Die Bau- und Denkmalsteine der alten Ägypter und ihre Namen. Sitzungsberichte d. Akad. d. Wiss. Berlin, phil.-hist. Klasse 1933. S. 850-915.
SHERK (1980)	Sherk, Robert K.: Roman Geographical Exploration and Military Maps." ANRW II, 1 (1974) S. 534-562.
SHERWIN-WHITE (1973)	Sherwin-White, A.N.: The Roman Citizenship. 2nd Edition. Oxford 1973.
SHERWIN-WHITE (1979)	Sherwin-White, A.N.: Die 'Tabula' von Bansa und die 'Constitutio Antoniniana'. In: Klein, R. (Hrsg.): Marc Aurel. Darmstadt 1979.
SHIPLEY (1933)	Shipley, F.W.: Agrippa's Building Activities in Rome. St. Louis 1933.
SIEBERT (2001)	Siebert, A.: s.v. Lituus, in: DNP 7, Sp. 365.
SIMMEL (1908)	Simmel, G.: Soziologie. Untersuchungen über die Formen der Vergesellschaftung. Berlin 1908.
SIMSHÄUSER (1977)	Simshäuser, W.: Untersuchungen zur Entstehung der Provinzialverfassung Italiens. In: ANRW II, 13 Berlin & New York 1977. S. 401-452.
SMALLWOOD (1966)	Smallwood, E.M.: Documents illustrating the principates of Nerva, Traian and Hadrian. Cambridge 1966.

SÖLCH (1924) Sölch, J.: Die Auffassung der „natürlichen Grenzen" in der wissenschaftlichen Geographie. Innsbruck 1924.

SÖLCH (2001) Sölch, R.: Die Topographie des römischen Heidenheim. Stuttgart 2001.

SOMMER (2004) Sommer, S.: Intra Leugam, Canabae, Kastellvici und der Obergermanisch-raetische Limes. In: Orbis Antiquus. Studia in honorem Ioannis Pisonis. Eds.: L. Ruscu, C. Ciongradi, R. Ardevan, C. Roman, C. Gazdac. Cluj (2004) S. 312-321.

SONNABEND (1998) Sonnabend, H.: Ovid in Tomi – Grenzwahrnehmung aus dem Exil. In: Gestrich/Krauss (1998), S. 40-48.

SOUTHERN (1989) Southern, P.: The Numeri of the Roman Imperial Army. In: Britannia 20 (1989). S. 81-140.

SPAFORTH (1999) Spawforth, A. J.S.: The Panhellenion again. In: Chiron 29 (1999) S. 339-352.

SPAFORTH (2000) Spawforth, A. J. S.: s.v. Panhellenion, in: DNP 9, Sp. 247.

SPAFORTH/WALKER (1985) Spaforth, A.J.S./Walker, S.: The World of the Panhellenion. In: JRS 75 (1985), S. 78-105.

SPEIDEL (1975) Speidel, M. P.: Ethnic units in the imperial army. In: ANRW II, 3 (1975), S. 202-231.

SPEIDEL (1983) Speidel, M. P.: Legionsabteilungen aus Mainz beim Holzschlag im Odenwald. In: Der Odenwald 30 (1983), S. 111-114.

SPEIDEL (1991) Speidel, M. P.: Swimming the Danube under Hadrian's eyes. A feat of the Emperor's Batavi Horse Guard. In: Ancient Society 22 (1991), S. 277-282.

SPEIDEL (2006) Speidel, M. P.: Emperor Hadrian's Speeches to the African Army – a New Text. Mainz 2006.

SPERLING (1999) Sperling, G.: Das Pantheon in Rom. Abbild und Maß des Kosmos. Neuried bei München 1999.

SPICKERMANN (2001) Spickermann, W.: s.v. Romanisation, in: DNP 10, Sp. 1121f.

STÄCKER (2003) Stäcker, J.: Princeps und Miles. Studien zum Bindungs- und Nahverhältnis von Kaiser und Soldat im 1. und 2. Jahrhundert. Hildesheim, Zürich, New York 2003.

STAHL (2003A) Stahl, M.: Gesellschaft und Staat bei den Griechen: Archaische Zeit (UTB 2430). Paderborn 2003.

STAHL (2003B) Stahl, M.: Gesellschaft und Staat bei den Griechen: Klassische Zeit (UTB 2431). Paderborn 2003.

STEIN-HÖLKESKAMP (2006) Stein-Hölkeskamp, E./Hölkeskamp, K.-J.(Hrsg.): Erinnerungsorte der Antike. Die römische Welt. München 2006.

STEPHAN (2002) Stephan, E.: Honoratioren, Griechen, Polisbürger. Kollektive Identitäten innerhalb der Oberschicht des kaiserzeitlichen Kleinasien. Gießen 2002.

STICKLER (1999) Strickler, T.: Traian ind er Spätantike. In: Schallmayer (1999). S. 107-113.

STIERLIN (1984) Stierlin, H.: Hadrien et l'architecture romaine. Fribourg 1984.

STIERLIN (1996) Stierlin, H.: The Roman Empire. Köln 1996.

STORONI MAZZOLANI (1970) Storoni Mazzolani, L.: The idea of the city in Roman thought: from walled city to spiritual commonwealth. London 1970.

STRACK (1933) Strack, P.L.: Untersuchungen zur römischen Reichsprägung des zweiten Jahrhunderts I-III, Stuttgart 1931, 1933, 1937. Bd. II: Die Reichsprägungen des Hadrian.

STRASBURGER (1968) Strasburger, H.: zur Sage von der Gründung Roms. In: Der.: Studien zur Alten Geschichte. Hildesheim/New York 1982. S. 1017-1055.

STRASBURGER (1990) Strasburger, H.: Vergil und Augustus. In: Studien zur Alten Geschichte. Hrsg. v. W. Schmitthenner u. R. Zoepffel. Bd. III. Heidelberg/New York 1990. S. 281-316.

STREUER (1999) Streuer, H.: s.v. Grenze. In: RGA Bd. 13 (1999), Sp.3-10.

STROBEL (1993) Strobel, K: Das Imperium Romanum im 3. Jahrhundert. Modell einer historischen Krise?. Historia Einzelschriften 75. Stuttgart 1993.

STROBEL 1984 Strobel, K.: Untersuchnungen zu den Dakerkriegen Trajans: Studien zur Geschichte des mittleren und unteren Donauraumes in der Hohen Kaiserzeit. Antiquitas Bd. 33. Bonn 1984.

STROH (2000) Stroh, W.: Das Rechtsproblem und der Aufbau von Ciceros Rede ,De domu sua' In: http://www.lrz.de/~stroh/schriften/dedomosua.pdf ; Zugriff am 19.09.2010.

STROHEKER (1966) Stroheker, K. F.: Die Außenpolitik des Antoninus Pius und der Historia Augusta. Bonn 1966.

STÜCKELBERGER (1998) Stückelberger, A.: Vom anatomischen Atlas des Aristoteles zum geographischen Atlas des Ptolemaios: Beobachtungen zu wissenschaftlichen Bilddokumentationen. In: Gattungen wissenschaftlicher Literatur in der Antike. W. Kullmann, J. Althoff, M. Asper (Hrsg.) ScriptOralia Bd. 95. Tübingen 1998. S. 287-307.

STÜCKELBERGER (2000) Stückelberger, A.: Klaudios Ptolemaios. In: Hübner (2000) S. 185-208.

STÜCKELBERGER/GRASSHOFF (2006) Stückelberger, Alfred/Grasshoff, Gerd (Hrsg.): Ptolemaios Handbuch der Geographie. 2 Bände. Basel 2006.

STÜCKELBERGER/MITTENHUBER (2009) Stückelberger, Alfred / Mittenhuber, Florian (Hrsg.): Ptolemaios Handbuch der Geographie. Ergänzungsband. Basel 2009.

SWAIN (1989) Swain, S.: Favorinus and Hadrian. In: ZPE 79 (1989), S. 150-158.

SWAIN (1991) Swain, S.: Plutarch, Hadrian, and Delphi. In: Historia 40 (1991), S. 318-330.

SYME (1983) Syme, R.: Historia Augusta Papers. Oxford 1983.

SYME (1986) Syme, R.: Fictional History Old and New: Hadrian. Oxford 1986.

SYME (1988) Syme, R.: Journeys of Hadrian. In: ZPE 73 (1988), S. 159-170.

T

Talbert/Brodersen (2004)	Talbert, R./ Brodersen, K. (Eds.): Space in the Roman World. Its Reception and Presentation. (Antike Kultur und Geschichte Bd. 5) Münster 2004.
Ternes/Chevallier (1976)	Ternes, Ch.-M.; Chevallier, R.: Die Provincia Germania Superior im Bilde der jüngeren Forschung. In: ANRW II, 5, 2 S. 721ff.
Thiel (2007)	Thiel, A.: Forschungen zur Funktion des Limes. Stuttgart 2007.
Thornton (1975)	Thornton, M.K.: Hadrian and his Reign. In: ANRW II, 2 (1975) S. 432-476.
Timpe (1989)	Timpe, D.: Entdeckungsgeschichte. in: RGA 7 (1989), S. 307-389.
Tocik (1959)	Tocik, A.: Limes Romanus Konferenz Nitra. Bratislava 1959.
Tomlin (2004)	Tomlin, R.S.O : 'Inscriptions', In : Britannia-4 (2004), S. 344-345.
Torelli (1982)	Torelli, M.: Typology and structure of Roman historical reliefs. Ann Arbor 1982.
Toynbee (1934)	Toynbee, J.: The Hadrianic School. Cambridge 1934.
Toynbee (1946)	Toynbee, A.: A Study of History. New York 1946.
Treu (1980)	Treu, M.: Alkaios. Griechisch und deutsch. 3. Aufl. hrsg. v. Treu, M., Tübingen 1980.
Trousset (1993)	Trousset, P. : La Frontiére Romaine : Concepts et Reprèsentations. In : Frontiérs d'empire. Actes de la Table Ronde International de Nemours 1992. Mémoires du Musèe de Préhistoire d'Ile-deFrance Nr. 5. Nemours 1993. S. 115-120.
Tuan (2007)	Tuan, Y.: Space and Place. The Perspective of Experience. Minneapolis. 5th Ed. London 2007.

U

Ueblacker (1985)	Ueblacker, M.: Das Teatro Marittimo in der Villa Hadriana. Mit einem Beitrag von Catia Caprino. Mainz 1985.

V

van Buren (1958)	van Buren, B.: s.v. Villa. In: RE 8 A. 1958.
Vermaseren (1957)	Vermaseren, M. J.: The Souvetaurilia in Roman Art. In: Bulletin van de Vereeniging tot Bevordering der Kennis van de antieke Beschaving. Jg. 32 (1957), Leiden. S. 1-12.
Vessey (1995)	Vessey, D.W.T.: Aulus Gellius and the cult of the past. In: ANRW II, 34, 2, (1995), S. 1863-1917.
Visy (1988)	Visy, Z.: Der pannonische Limes in Ungarn. Stuttgart 1988.
Visy (2003)	Visy, Z.(Hrsg.): The Roman Army in Pannonia. Pécs 2003.

VISY (2005) — Visy, Z. (Ed.): Limes XIX. Proceedings of the XIXth Congress of Roman Frontier Studies held in Pécs, Hungary, September 2003. Pécs 2005.

VÖLLI (2002) — Völli, U.: Semiotik: Eine Einführung in ihre Grundbegriffe. Tübingen/Basel 2002.

VOGEL (2004) — Berghoff, H./Vogel, J.: Wirtschaftsgeschichte als Kulturgeschichte: Dimensionen eines Perspektivenwechsels. Frankfurt, New York 2004.

VOGT (1929) — Vogt, J.: Orbis Romanus. Tübingen 1929.

VOGT (1942) — Vogt, J.: Raumerfassung und Raumordnung in der römischen Politik. In: Berve, H.: Das neue Bild der Antike. Leipzig 1942. S. 100-132.

VOGT (2000) — Vogt, Chr.: Kognitive Modelle und ethnische Identität. In: Schomberg-Scherff, S. (Hrsg.): Die offenen Grenzen der Ethnologie. Frankfurt 2000. S. 139-156.

VON HESBERG (1995) — Hesberg, H.v.(Hrsg.): Was ist eigentlich Provinz? Zur Beschreibung eines Bewußtseins. Schriften des Archäologischen Instituts der Universität zu Köln. Köln 1995.

W

WAGNER (1983) — Wagner, J.: Provincia Osrhoenae. New Archaeological Finds Illustrating the Military Organisation under the Severan Dynasty. In: St. Mitchell (Ed.): Proceedings of a colloquium held at University College, Swansea, in April 1981. British Institute of Archaeology at Ankara. Monograph No. 5. BAR International Series. S. 103-130.

WALDHERR (2005) — Waldherr, G.H.: Nero. Eine Biographie. Regensburg 2005.

WALLACE-HADRILL (1986) — Wallace-Hadrill, A.: Image and Authority in the Coinage of Augustus. In: JRS 76 (1986) S. 66-87.

WALLACE-HADRILL (2003) — Wallace-Hadrill, A.: The Streets of Rome as a representation of imperial Power. In: L. de Blois, P. Erdkamp, O. Hekster, G. de Kleijn & S. Mols (Eds.): The Representation and Perception of Roman Imperial Power. Proceedings of the third Workshop of the International Network "Impact of Empire (Roman Empire, c. 200 B. C. – A. D. 476)". Netherlands Institute in Rome, March 20 – 23 (2002). Amsterdam 2003. S. 189-206.

WALSER (1951) — Walser, G.: Rom, das Reich und die fremden Völker in der Geschichtsschreibung der frühen Kaiserzeit. Studien zur Glaubwürdigkeit des Tacitus. Baden-Baden 1951.

WALZ (1900) — Walz, R.: Die Ableitung des Wortes „Pfahl" als Bezeichnung des limes. In: Beilage zum Osterprogramm der Grossh. Augustinerschule zu Friedberg. Progr. Nr. 681. Friedberg 1900.

WATSON (1967) — Watson, A.: The Law of Persons in the Later Roman Republic, Oxford 1967.

WATSON (1993) — Watson, A.: International Law in Archaic Rome. War and Religion. London 1993.

WEBER (1907)	Weber, W.: Untersuchungen zur Geschichte des Kaisers Hadrian. Leipzig 1907
WEBSTER (1969)	Webster, G.: The Roman Imperial Army of the First and Second Centuries AD. London 1969.
WEISS (1981)	Weiss, F. (Hrsg.): Die attischen Nächte. 2 Bände, 1875–1876, Nachdruck Darmstadt 1981.
WELZ (1996)	Welz, F.: Kritik der Lebenswelt: eine soziologische Auseinandersetzung mit Edmund Husserl und Alfred Schütz. Opladen 1996.
WETZ (1995)	Wetz, F. J.: Edmund Husserl. (Reihe Campus; Bd. 1087: Einführungen) Frankfurt a.M./New York 1995.
WHEELER (1993)	Wheeler, E. L.: Methological Limits and the Mirage of Roman Strategy. In: The Journal of Military History 57 (Jan. 1993), S. 7-41 Part I und (April 1993), S. 215-240, Part II.
WHITTAKER (1994)	Whittaker, C.R.: Frontiers of the Roman Empire. A social and Economic Study. Baltimore/London 1994.
WHITTAKER (2000)	Whittaker, Charles R.: Frontiers. In: The Cambridge Ancient History. Second Edition. Volume XI. The High Empire, A. D. 70 – 192. (ed.) A. K. Bowman, P. Garnsey, D. Rathbone. Cambridge 2000. S. 293-319.
WHITTAKER (2000A)	Whittaker, Charles R.: Africa. In: The Cambridge Ancient History. Second Edition. Volume XI. The High Empire, A. D. 70 – 192. (ed.) A. K. Bowman, P. Garnsey, D. Rathbone. Cambridge 2000. S. 514-546.
WHITTAKER (2004)	Whittaker, Charles R.: Rome and its Frontiers: The Dynamics of Empire. London 2004.
WIEDEMANN (1986)	Wiedemann, Th.: The fetiales. In: CQ 36, 1986. S. 478-490.
WIEGELS (1999)	Wiegels, R.: Die Wiedergeburt einer römischen Inschrift – Neuzeitliche 'Irrungen und Wirrungen' über einen Trennfurter Götteraltar. In: Der Odenwald 46. Jg. Heft 4 (1999) S. 123-139.
WILLERS (1990)	Willers, D.: *Hadrians* panhellenisches Programm: Archäologische Beiträge zur Neugestaltung Athens durch *Hadrian*. Basel 1990.
WINNEFELD (1895)	Winnefeld, H.: Die Villa des Hadrian bei Tivoli. Berlin 1895.
WIRBELAUER (2004)	Wirbelauer, E. (Hrsg.): Oldenbourg Geschichte Lehrbuch: Antike. München 2004. S. 362-376.
WIRTH (1979)	Wirth, E.: Theoretische Geographie. Grundzüge einer theoretischen Kulturgeographie. Stuttgart 1979.
WISSOWA (1912)	Wissowa, G.: Religion und Kultus der Römer. Unver. Nachdr. d. 2. Aufl. v. 1912 (HdA 5/4) München 1971.
WITHE (1989)	White, G.L.: Überlegungen zur Donaulimesdarstellung auf der Trajanssäule in Rom. In: Germania 67 (1989), S. 179-187.
WITSCHEL (1999)	Witschel, Chr.: Krise-Rezession-Stagnation? Der Westen des römischen Reiches im 3. Jahrhundert n. Chr., Frankfurt/Main 1999.

WITTSTOCK (2003)	Wittstock, O.: Sueton – Kaiserbiographien. Lateinisch/Deutsch. Berlin 2003.
WITULSKI (2007)	Witulski, Th.: Der Kaiserkult in Kleinasien. Die Entwicklung der kultisch-religiösen Kaiserverehrung in der römischen Provinz Asia von Augustus bis Antoninus Pius. Studien zur Umwelt des Neuen Testaments Bd. 63. Fribourg 2007.
WOKART (1995)	Wokart, N.: „Differenzierungen des im Begriff der `Grenze'. Zur Vielfalt eines scheinbar einfachen Begriffs.". In: R. Faber/B. Naumann (Hrsg.1995). Literatur der Grenze – Theorie der Grenze, Würzburg 1995. S. 275-289.
WOLFF (1976)	Wolff, H.: Die Constitutio Antoniniana und Papyrus Giss. 40 I. 2 Bde. Köln 1976.
WOLFF (1995)	Wolff, H.: Die römische Erschliessung der Rhein- und Donauprovinzen aus dem Blickwinkel ihrer Zielsetzung. In: R. Frei-Stroba und M.A. Speidel (Hrsg.): Römischen Inschriften – Neufunde, Neulesungen und Neuinteprtationen. Festschrift für Hans Lieb. Arbeiten zur römischen Epigraphik und Altertumskunde 2 (Basel 1995). S. 309-340.
WOOLF (1998)	Woolf, G.: Becoming Roman. The origins of provincial civilization in Gaul. Cambrigde 1998.
WOOLF (2001)	Woolf, G.: s.v. Romanisierung, in: DNP 10, Sp. 1122.
WOOLISCROFT (2000)	Wooliscroft, D.: Roman Military Signalling. Stroud 2000.
WOOLISCROFT/HOFFMANN (2006)	Woolliscroft, D. J./Hoffmann, B.: Rome's First Frontier: The Flavian Occupation of Northern Scotland. London 2006.
WÖRRLE (1992)	Wörrle, M.: Neue Inschriftenfunde aus Aizanoi I. In: Chiron. Mitteilungen der Kommission für Alte Geschichte und Epigraphik des Deutschen Archäologischen Instituts 22, (1992). S. 337-376.
WUNDER (1990)	Wunder, H.: Kulturgeschichte, Mentalitätengeschichte, Historische Anthropologie. In: R. van Dülmen (Hg.): Das Fischer Lexikon. Geschichte. Frankfurt/Main 1990. S. 65-85.

Y

YATES (1858)	Yates, J.: Der Pfahl-Graben: kurze allgemeine Beschreibung des Limes Rhaeticus und Limes Transrhenanus des Römischen Reiches. Augsburg 1858.
YOURCENAR (1956)	Yourcenar, M.: Ich zähmte die Wölfin. Die Erinnerungen des Kaiser Hadrians. (Roman) Berlin/Darmstadt 1956.

Z

ZAHRNT (1979)	Zahrnt, Michael: Die „Hadriansstadt" von Athen. Zu FGrHist 257 F 19. In: Chiron 9 (1979), S. 393-298.
ZAHRNT (1979A)	Zahrnt, Michael: Vermeintliche Kolonien des Kaisers Hadrian. In: ZPE 71 (1988), S. 229ff.

ZAHRNT (1995) Zahrnt, M.: Identitätsvorstellungen in den östlichen Provinzen am Beispiel der Romrede des Aelius Aristides. In: Hesberg, H.v.(Hrsg.): Was ist eigentlich Provinz? Zur Beschreibung eines Bewußtseins Köln 1995. S. 133-152.

ZANKER (1987) Zanker, P.: Augustus und die Macht der Bilder. München 1987.

ZANKER (1988) Zanker, P.: Pompeji. Stadtbilder als Spiegel von Gesellschaft und Herrschaftsform. Trierer Winkemannprogramme 9 (1987). Mainz 1988.

ZANKER (2000) Zanker, P.: The City as Symbol: Rome and the creation of an urban imgage. In: E. Fentress (Hrsg.): Romanization and the city. Creation, Transformations, and failures. Proceedings of a conference held at the American Academy in Rome, 14 – 16 May 1998. Journal of Roman Archaeology Suppl. 38. Portsmouth 2000.

ZECCHINI (1998) Zecchini, G.: La Constitutio antoniniana e l'universalismo politico di Roma. In: Barzanò, A./Bearzot, C./Prandi, L./Zecchini, G. (Hrsg.): L'ecumenismo politico nella coscienza dell'occidente. Bergamo, 18 – 21 settembre 1995. Roma 1998. S. 349-358.

ZIEGLER (1964) Ziegler, K.-H.: Die Beziehungen zwischen Rom und dem Parther-Reich, Wiesbaden ^{2}1964.

ZIEGLER (1998) Ziegler, S.: Ptolemy Geography, Book 6. Middle East, Central and North Asia, China. Part 1, Text and English/German Translations. Hrsg. V. Humbach, H./Ziegler, S. Wiesbaden 1998.

ZIEGLER (2002) Ziegler, S.: Ptolemy Geography, Book 6. Middle East, Central and North Asia, China. Part 2. In collaboration with K. Frais. Maps in Simplified Reconstruction, Notes and Indexes with a Supplement: NW an W India. Hrsg. V. Humbach, H./Ziegler, S. Wiesbaden 2002.

ZILLING (2004) Zilling, H. M.: Tertullian. Untertan Gottes und des Kaisers. Paderborn 2004.

ZIMMERMANN (1991) Zimmermann, B.: Stadt und Fest. Zur Funktion athenischer Fest im 5. Jahrhundert v. Chr. In: Assmann/Harth (1991) S. 153-161.

ZIMMERMANN (1999) Zimmermann, M.: Kaiser und Ereignis. Studien zum Geschichtswerk Herodians. (Vestigia Bd. 52) München 1999.

ZIMMERMANN (1999) Zimmermann, M.: Geschichtsschreibung und politischer Wandel im 3. Jh. n. Chr. (Historia Einzelschriften 127) Stuttgart 1999.

ZOEPFFEL (1978) Zoepffel, R.: Hadrian und Numa. In: Chiron 8 (1978), S. 391-427.